Mannheimer Schriften zur Gesundheitswirtschaft

Band 2

Frank Deickert
Björn Maier
Siegfried Schwab (Hg.)

Roche Diagnostics Deutschland GmbH
Duale Hochschule Baden-Württemberg Mannheim
(Bis zum 28.2.2009 – 35 Jahre erfolgreich Berufsakademie, Staatliche Studienakademie)

Erfolgsfaktor Controlling
Risikomanagement und Personal

Centaurus Verlag & Media UG 2011

Zu den Herausgebern:

Dr. Frank Deickert ist Leiter von „Gesundheitsmarkt", Vertrieb Marketing Labordiagnostik bei Roche Diagnostics Deutschland GmbH.

Prof. Dr. Björn Maier ist Professor und Studiengangleiter an der Dualen Hochschule Baden-Württemberg Mannheim.

Prof. Dr. Dr. Siegfried Schwab ist Professor und Studiengangleiter an der Dualen Hochschule Baden-Württemberg Mannheim.

Die Herausgabe des Buches wurde durch die freundliche Unterstützung der Roche Diagnostics Deutschland GmbH ermöglicht.

Herausgeber und Verlag danken für die Unterstützung.

Bibliografische Informationen der Deutschen Nationalbibliothek

Die Deutsche Nationalbibliothek verzeichnet diese Publikation in der Deutschen Nationalbibliografie; detaillierte bibliografische Daten sind im Internet über http://dnb.d-nb.de abrufbar.

ISBN 978-3-86226-038-6   ISBN 978-3-86226-860-3 (eBook)
DOI 10.1007/978-3-86226-860-3
ISSN 2190-8850

Alle Rechte, insbesondere das Recht der Vervielfältigung und Verbreitung sowie der Übersetzung, vorbehalten. Kein Teil des Werkes darf in irgendeiner Form (durch Fotokopie, Mikrofilm oder ein anderes Verfahren) ohne schriftliche Genehmigung des Verlages reproduziert oder unter Verwendung elektronischer Systeme verarbeitet, vervielfältigt oder verbreitet werden.

© *CENTAURUS Verlag & Media KG 2011*

Umschlaggestaltung: Jasmin Morgenthaler
Satz: Vorlage der Herausgeber

Inhalt

Vorwort – Erfolgsfaktor: Controlling und Risikomanagement.
Zukunft der Gesundheitswirtschaft
Björn Maier .... *VII*

Vorwort – Arbeit und Arbeitswelt – Gegenwart und Zukunft
Siegfried Schwab und Silke Schwab .... *IX*

Balanced Scorecard in der Gesundheitswirtschaft und in
Non-Profit-Organisationen: Cockpit oder Kompass?
Björn Maier *1*

Das Critical Incident Reporting System als präventives Instrument des
Risikomanagements – dargestellt am Beispiel des Krankenhauses Hetzelstift
Stefanie Kolada *11*

Strategische Investitionsplanung im Krankenhaus
Johannes Rothfuss *27*

Konzeptionierung von Methoden des Projektcontrollings für das KfH
Anne-Christin Wenck *43*

Die Optimierung des internen Berichtswesens am Beispiel
der Klinikum Mittelbaden gGmbH
Susanne Winzer *57*

Kündigung bei weiterer Pflichtverletzung nach vorheriger Abmahnung
mit Erläuterungen und Anmerkungen von Siegfried Schwab unter Mitarbeit von
Silke Schwab und Heike Schwab *75*

Die Änderung von Anforderungen an Mitarbeiter als Kündigungsgrund
mit Anmerkungen von Siegfried Schwab unter Mitarbeit von Silke Schwab
und Heike Schwab *81*

Arbeit auf Abruf – Inhaltskontrolle von AGB
mit vertiefenden Anmerkungen von Siegfried Schwab unter Mitarbeit von
Silke Schwab und Heike Schwab *99*

Altersgruppenbildung zur Sozialauswahl - grob fehlerhafte Namensliste
mit Anmerkungen und Erläuterungen von Siegfried Schwab unter Mitarbeit von
Silke Schwab und Heike Schwab *115*

Außerordentliche Kündigung wegen unrechtmäßigen Einlösens von Leergutbons
(Fall „Emmely")
mit Erläuterungen und Anmerkungen von Siegfried Schwab unter Mitarbeit von
Silke Schwab und Heike Schwab *149*

Wettbewerbsverstoß während des Arbeitsverhältnisses – auch bei laufendem Kündigungsprozess?
mit vertiefenden Anmerkungen von Siegfried Schwab unter Mitarbeit von Silke Schwab und Heike Schwab 165

Die Arbeitszeitflexibilisierung in der neueren Rechtsprechung
mit Anmerkungen von Siegfried Schwab unter Mitarbeit von Silke Schwab und Heike Schwab 175

Abgeltungsanspruch des übergesetzlichen Urlaubsanspruchs bei Arbeitsunfähigkeit – Regelungsmacht der Tarifpartner
mit Erläuterungen und Anmerkungen von Siegfried Schwab unter Mitarbeit von Silke Schwab und Heike Schwab.. 189

Disziplinarische Einordnung einer Fachkraft für Arbeitssicherheit
mit Erläuterungen von Siegfried Schwab unter Mitarbeit von Silke Schwab und Heike Schwab 213

Kündigungsschutz vor Beginn der Elternzeit und Mutterschutz
mit Hinweisen von Siegfried Schwab unter Mitarbeit von Silke Schwab und Heike Schwab 225

Aktuelles zur Diskriminierung bei Stellenbesetzungen. Höhe der Entschädigung wegen altersbezogener Benachteiligung
mit vertiefenden Hinweisen von Siegfried Schwab unter Mitarbeit von Silke Schwab und Heike Schwab 241

Vorwort
Erfolgsfaktor: Controlling und Risikomanagement – Zukunft der Gesundheitswirtschaft

Sehr geehrte Damen und Herren,

ich freue mich, dass Sie nun schon den zweiten Band unserer Reihe „Mannheimer Schriften zur Gesundheitswirtschaft" in den Händen halten. Wir haben auch diesen Band unter ein Motto gestellt, das eine der zukünftigen Herausforderungen für die Organisationen im Gesundheitsbereich darstellt: „Controlling und Risikomanagement". Im positiven Sinne ist eine richtige Steuerung, ebenso wie ein zielgerichteter Umgang mit Chancen und Risiken, ein Erfolgsfaktor für jeden Betrieb.

Die Trends in der Gesundheitswirtschaft und die damit verbundenen Chancen sind eindeutig: Der Markt wächst und neue Geschäftsfelder entstehen. Damit verbunden sind aber auch eindeutige Anforderungen: Qualität und Wirtschaftlichkeit der einzelnen Organisationen müssen sich verbessern.

Das spannende daran ist sowohl für die Entscheider als auch die Wissenschaft die Mehrdimensionalität der Zielsysteme. Es genügt eben nicht nur die Kosten zu senken – die Regulation erfolgt immer auch über die Qualität der angebotenen Leistungen. Diese drückt sich sowohl in der direkten Behandlungsqualität aus, als auch in den Servicequalitäten.

Die Qualität als Indikator für Performance tritt immer deutlicher hervor. Manche Marktteilnehmer propagieren schon sehr stark eine Qualitätstransparenz um ihre Standards als Argument für eine bewusste Entscheidung des Nachfragers zu ihren Gunsten einzusetzen. Vorreiter dafür sind u.a. die großen privaten Klinikverbünde, die das Internetportal qualitätskliniken.de gegründet haben. Damit soll auch dargestellt werden, dass Wirtschaftlichkeit und Effizienzstreben eben nicht nur zur Kostenreduktion führen, sondern der zielgerichtete Mitteleinsatz auch die Qualität steigert.

Ein Ansatz zur Steigerung der Qualität ist sicherlich auch das Erkennen von Schwächen und (potentiellen) Risiken. Risiken müssen ebenso wie andere Einflüsse auf die Organisation zielgerichtet gesteuert werden. Es gilt aus Fehlern zu lernen, um sie zukünftig möglichst zu vermeiden und die Prozess- und Ergebnisqualität der Organisation dadurch nachhaltig zu steigern.

Der richtige Umgang mit Fehlern bzw. beinahe Zwischenfällen und Risiken führt auf Dauer zu einem neuen Verständnis einer Organisation. Die Organisation entwickelt sich – ein Wandlungsprozess wird in Gang gesetzt. Werden zu diesem Zwecke sowohl das individuelle, als auch das gesamtorganisatorische Wissen nutzbar gemacht, entsteht eine „Lernende Organisation". Die Anpassung an sich verändernde Rahmenbedingungen wird möglich, gerade in der Gesundheitswirtschaft eine wichtige Fähigkeit. Die Voraussetzungen für nachhaltigen Erfolg sind damit gelegt.

Möge Ihnen dieses Buch auf diesem Weg einige wichtige Anregungen von Akademikern, Studierenden und Praktikern geben.

Prof. Dr. Björn Maier

Duale Hochschule Baden-Württemberg Mannheim
Studiengangsleiter
Gesundheitswesen / Soziale Einrichtungen

Vorwort
Arbeit und Arbeitswelt – Gegenwart und Zukunft

Die Pleite eines Staates beginnt in den Köpfen. Nur veränderte Denkstrukturen werden nachhaltig etwas bewegen.

Wer mit der volkswirtschaftlichen Bedeutung des Humankapitals wirbt, das ältere Arbeitnehmer verkörpern, der kann gerade in einer alternden Gesellschaft auf Akzeptanz hoffen.

Familienpolitik, die keine Freiheiten nimmt, Chancen für Lebensentwürfe mit Kindern eröffnet ist konzeptionelle Ordnungspolitik. Dies heißt Kinderwünsche nicht durch die Angst vor einer Arbeitslosigkeit zu entmutigen.

Familienpolitik heißt nicht, die Bildschnitte einer Geometrie der Demographen zu optimieren, sondern aktiv die Familie für die Zukunftstüchtigkeit der Gesellschaft zu fördern.

Unsere Zukunftsprobleme werden wir nur dann lösen, wenn wir die richtigen Ideen haben und sie konsequent verwirklichen.

- Die Arbeitswelt ist in einem raschen Wandel begriffen. Neue Aufgaben und Arbeitsformen, Organisationsänderungen und vor allem die rasant schnelle Fortentwicklung moderner Bürotechnologien fordern von den Arbeitnehmer/Arbeitnehmerinnen ein hohes Maß an Flexibilität. Immer häufiger kommt hinzu, dass vorhandene Arbeitsplätze in Frage gestellt werden. Aus den vielfältigen Belastungen, Erwartungen und Ungewissheiten entstehen zusehends psychische Belastungen. Die Erwerbsarbeit macht krank. Stress wird zum Produktivitätskiller.

- Change Management bedeutet die Herausforderungen des Wandels für Mensch und Organisation aktiv zu leben, den Wandel zu gestalten und eine Kultur der Veränderung aufzubauen, die nicht nur auf äußeren Druck reagiert, sondern aus bewusster Überzeugung und anspornender Offenheit die Veränderung lebt. Unerlässlich ist hierfür ein ausgeprägtes Bewusstsein, persönliche Bodenhaftung, d. h. auch ein persönlicher Kontakt zu den Mitarbeitern. Nur mit Aufmerksamkeit und noch mehr mit orientierender Achtsamkeit, in die Intelligenz Kreativität und Tatendrang gleichsam einfließen, gelingt es Veränderungen erfolgreich zu gestalten. Veränderungen setzt Vertrauen in Bewährtes, voraus. Stabilität und Wandel müssen keine Gegensätze bilden. Veränderungen müssen aber aus innerer Überzeugung gelebt werden. Sie müssen wachsen. Erfolgreich umzusetzen sind sie nur in einer Kultur des Vertrauens, der Akzeptanz und des gegenseitigen Gebens und Nehmens.

- Jeder Wandel bringt Veränderungen mit sich, die sich in neuen Arbeitsweisen und Denkmustern, Organisationsänderungen – und Lösungsmustern widerspiegeln. Innovationen sind Realität gewordene Kreativität; Antworten auf neue Aufgaben oder die Erkenntnis, dass es in traditionellen Denkmustern keine sachgerechte Problemlösung gibt. Kreatives Handeln bedeutet, Freiräume aktiv zuzulassen, um Neues auszuprobieren, Fehler zu machen, um aus ihnen lernend Erkenntnisse zu ziehen. Wer Mut zur Kreativität aufbringt, der wird weniger aufgabenorientiert, stattdessen prozesshafter denken. Innovationen sind gelungene Realisierungsversuche von Ideen unter Überwindung beschränkender Innovationshindernisse. Satte Selbstzufriedenheit, hierarchische Verkrustungen, fehlende Erfahrung, Stress und Arbeitsüberlastung sind die häufigsten Innovationsbremsen. Die zentrale Herausforderung des Innovators besteht darin, ein tragfähiges emotionales Engagement für Ideen und Veränderungen zu wecken. Organisation ist ohne Zweifel eine wichtige Führungsaufgabe.[1] In der gezielten Veränderung der Organisationsstruktur und der Unternehmenskultur können sich Führungskräfte als Modernisierer beweisen. Wer Leistung und Bereitschaft zu Veränderungen fordert, muss Sinn geben. Gute und gut informierte, aktiv

---

[1] Schwab, Organisation als Führungsaufgabe, DÖD 7/87, S.141-144; Möglichkeiten und Grenzen der motivierenden Gestaltung des Arbeitsalltags durch den Vorgesetzten, DÖD 1/2 1988, S. 4-26; Mitarbeiterführung im Wandel der Zeit, PVT 6/88, S. 166 ff.

beteiligte MitarbeiterInnen können auch in weniger optimalen Organisationsstrukturen zum Innovationsmotor werden.[2] Deshalb sind die Erfolgschancen substantieller Veränderungs- und Modernisierungsbemühungen als geplanter Wandel in kleinen Schritten größer als bei einem radikalen und schnellen Umbau, top down „durchgezogen". Dieser kann zwar u. U. schneller Wirkung zeigen. Die kann aber auch im Scheitern der Organisationsänderung begründet sein. Die Organisation, das Unternehmen „verschwindet sich selbst".

- Zurück in die Zukunft? – Leadership statt kooperativer Führung?[3] Nach Szelznick ist Leadership[4] durch vier Funktionen umschrieben:
  - die Festlegung der institutionellen Aufgabe und Rolle
  - die institutionelle Inkorporierung des Ziels
  - die Wahrung der institutionellen Integrität
  - die Beilegung interner Konflikte.

Für Covey (sieben Wege zur Effektivität) bedeutet Führung, Mitarbeitern zu vermitteln, welchen Wert und welches Potenzial sie haben, so dass sie selbst die Entscheidung treffen, Leistungsträger zu werden. Corvey stellt einen Katalog von Führungstätigkeiten und -fähigkeiten zusammen:

---

[2] Schwab, Einführung moderner Bürotechnologie- Innovation als Basis des Erfolgs, DÖD 10/88, S. 238; Die Ordnungsverwaltung im Zeichen des technischen Wandels, DÖD 11/88, S. 254 ff.; Einführung von Informationstechnologie, VD 6/89, S. 132 ff.

[3] Vgl. Drauschke, KU 2009, 27; Schwab, Führung und Motivation 1988, S. 16 – der Mensch ist der zentrale Faktor im Leistungsprozess. Führung ist ein komplexer Prozess sozialer Interaktionen mit wechselseitigem Einfluss zwischen Führungskraft und geführten Mitarbeitern, bei dem Kommunikationsprozesse im Vordergrund stehen. Er ist aber latent durch Konflikte belastet, die sich aus den rationalen Notwendigkeiten der Aufgabenerfüllung und den sozialen Erwartungen der Mitarbeiter ergeben. Die Personalführung muss sich stark am Menschen orientieren, schließlich hat die Führungsbeziehung eine motivationale und emotionale Dimension. Gefragt sind soziales Empfindungsvermögen, Intuition, Phantasie und Gefühl des Vorgesetzten.

[4] Leader (altdeutsch charismatische Führungskräfte, vgl. Schwab, Führung und Motivation) können Mitarbeiter und Kollegen inspirieren, mitreißen, Achtung, Vertrauen und Zuneigung (u. E. im Führungsgeschehen eher gefährlich als nützlich) hervorrufen. Ein „erfolgreicher Leader" ist glaub- und vertrauenswürdig, führt mit personaler Autorität und hat vor allem Vertrauen zu und in die Persönlichkeit und Fähigkeiten seiner Mitarbeiter. **Sein Handeln ist geprägt durch freie und offene Meinungsäußerung, Fairness und Respekt vor Mitarbeitern und Andersdenkenden.** Er ist letztlich positiver Botschafter für neue Ideen und konstruktive Veränderungen. Dass er sich damit befasst, wie die Dinge richtig gemacht werden können, komplexe Sachverhalte bewältigen muss (Kotter) und Arbeitsabläufe gestaltet (Weatherby) liegt auf der Hand. Leader (Führungskräfte) sind letztlich mitarbeiter- und erfolgsbezogen tätig. Sie gestalten, verändern und bewahren herkömmlich gute betriebliche Ansätze, sie versuchen als Baumeister aber auch kreativ auf neue Herausforderungen zu reagieren und eine innovationsorientierte Unternehmenskultur zu gestalten, kreative Freiräume für erforderliche und vertrauensvolle Veränderungen zu organisieren. Für den **innovativen Erfolg unerlässlich ist das Vertrauen in die Fähigkeit der Mitarbeiter.** Nur in einem Klima des **wirkungsorientiertens Vertrauens kann sich Kreativität entfalten.**

- bei der Führung geht es darum, Veränderungen zu bewältigen
- Führung beinhaltet ein Gefühl von Bewegung
- Führer befassen sich damit was die Dinge für die Menschen bedeuten
- Sie sind Architekten (des Veränderungsprozesses)
- Führung konzentriert sich auf die Erschaffung einer Vision.

Es geht um Verbesserung der Effizienz, Steigerung intrinsischer Motivation durch Auslösen von Glücksgefühlen, die Menschen haben und aktiv erleben, wenn sie klare Ziele erfolgreich verfolgen, Herausforderungen und Können sich adäquat gegenüberstehen und in emotionalen und emphatischen Situationen ausgelebt werden können. Die Mitarbeiter sind motiviert, nicht überfordert, leistungsorientiert und schlicht zu frieden. Die Führungskraft war erfolgreich tätig.[5] Unterstützend wirkt eine innovationsfördernde Unternehmenskultur. Dazu gehören nach Traut-Mattausch[6] u. a. die Prinzipien der Transparenz, Autonomie, Partizipation und Rückmeldung sowie das Prinzip von persönlicher Wertschätzung und Fairness.[7,8]

- Die Zukunft der Arbeit[9] – Arbeit der Zukunft, oder wie kann man künftig mit einer alternden Belegschaft kreativ, flexibel und innovativ die anstehenden Aufgaben bewältigen. Die soziodemographischen Entwicklungen weisen den Weg. Da die Mitarbeiter nicht immer jünger werden können, wenn die Gesellschaft immer älter wir, müssen die älteren und bewährten Mitarbeiter qualifiziert und auf technologische Entwicklungen und Veränderungen vorbereitet werden. Altersgerechte Arbeitsplätze einschließlich einer alternsgerechten Arbeitszeitgestaltung sind ‚Ansätze zur Lösung. Zum gesamten Lösungspaket gehört auch neues, innovatives Wissen. Die Industriegesellschaft verändert sind über das

---

[5] Schwab, Führung und Motivation, S. 23 – die Leistungsbereitschaft wird wesentlich von der Arbeitszufriedenheit beeinflusst. Arbeitszufriedenheit kann man knapp umschrieben als Vergleich der Erwartungen Wertvorstellungen und Wünsche mit der betrieblichen Realität.
[6] KU 2009, 36.
[7] Ich habe bereits 1988 festgestellt: „Gegenseitige, rechtzeitige, umfassende und regelmäßige Information ist aus sachlichen und sozialpsychologischen Gründen notwendig und zur Aufgabenerfüllung erforderlich". Zentraler Grundwert für eine effektvolle Zusammenarbeit, ist gegenseitiges Vertrauen. Es muss daher das Ziel jeder Führungskraft sein, eine Vertrauensbasis zu schaffen, soziale Beziehungen zu seinen Mitarbeitern herzustellen. **Die Glaubwürdigkeit des Vorgesetzten wird durch klare Entscheidungen gestärkt.**
[8] **Führungskräfte werden nur dann erfolgreich sein, wenn es ihnen gelingt, mit anderen, d. h. insbesondere mit Kollegen und Mitarbeiten, an kooperativen Zielsetzungen aktiv mitzuwirken.** Operative Intelligenz und soziale Kompetenz, d. h. die Fähigkeit, sich in andere hineinzudenken und mit ihnen zu kommunizieren und zu handeln, befähigen Führungskräfte hierzu.
[9] Bullinger, Frauenhofer Magazin 2/2002.

Zwischenstadium Dienstleistungsgesellschaft rast zur Wissensgesellschaft. Wandel.

- Die Dynamik der demografischen Alterung ist die zwingende Herausforderung für eine geordnete Zukunft. Das Thema Familie rückt damit zusehends ins Zentrum der gesellschaftspolitischen Diskussionen: aus ökonomischen Gründen (die niedrige Geburtenrate und damit zwangsläufig verbunden die ungünstige demografische Entwicklung in Deutschland) und weil Kinder für die Gesellschaft und die Menschen wichtig sind, versucht man auf allen Ebenen (politisch und im Arbeitsverhältnis) stärker die Vereinbarkeit von Familie und Beruf in der Hoffnung zu fördern, die negativen demografischen Entwicklungen korrigieren zu können. Die Ursachen für den anhaltenden Geburtenrückgang sind vielfältig. Ökonomische Zwänge (durch die Finanz- und Wirtschaftskrise erheblich verschärft) sind in der Ursachenkette genauso vertreten wie die Bildungsexpansion und die wahrgenommenen Bildungsoptionen junger Frauen (und der damit verbundene spätere Berufseintritt durch das Studium an Universitäten und Fachhochschulen), die abnehmende Dauerhaftigkeit von Partnerschaften und der Bedeutungsverlust von Rechtsinstituten wie der Ehe bis hin zur Neuorientierung an postmateriellen Werten wie der Selbstentfaltung und Selbstverwirklichung. **Familienpolitik ist damit nachhaltige Zukunftspolitik.** Sie wirkt der Bevölkerungsschrumpfung entgegen und hat positive Effekte für die weitere Zukunft, da das Potenzial der Erwerbstätigen wieder größer wird. Durch qualitativ bessere familienpolitische Rahmenbedingungen soll der zunehmenden Kinderlosigkeit begegnet werden. Gefordert und gefördert wird eine nachhaltige Familienpolitik, die neben der Erhöhung der Geburtenrate eine Steigerung der Erwerbstätigkeit von Frauen anstrebt. Mütter sollen nach Erwerbsunterbrechungen leichter ins Berufsleben zurückfinden oder durch einen Ausbau der Kinderbetreuungseinrichtungen und Dienstleistungsangebote von vornherein Erwerbstätigkeit und Familie auch bei fortgesetzter Berufstätigkeit vereinbaren können. Nachhaltige Familienpolitik ist aber mehr als ökonomischer Charme. Sie ist Suche nach der verlorenen Zeit und der gestalterischen Verantwortung für den Einzelnen und die Gesellschaft.[10] Zukunftsfähigkeit setzt ein Familienverständnis als „Verantwortungsgemeinschaft von mindestens zwei Generationen voraus"[11]. Dies wird

---

[10] Vgl. Gruescu/Rürup, Nachhaltige Familienpolitik, APuZ 23-24/2005, S. 3 – 6; Allmendinger/ Dressel, Familien auf der Suche nach der gewonnen Zeit, APuZ 23/24/2005, S. 24 ff.

[11] Alle Unternehmen, auch Dienstleister im Bereich des Gesundheitswesens müssen ihre Personalpolitik so ausrichten, dass sie die unterschiedlichen Phasen des Berufslebens und die Wertestrukturen ihrer MitarbeiterInnen beachten und mit altersgerechten Maßnahmen verbinden. Eine **lebens-**

von einer soliden Basis aus ökonomischem Wachstum, sozialer Sicherung und Wohlstand gebildet. Nachhaltige, nicht nur bipolar ausgerichtete Familienpolitik wird nicht durch die Alternativen „mehr Betreuung" oder „mehr Geld" bestimmt, sondern von einer gesamthaften Betrachtung, die den neuen Charme der Familie als gesellschaftlichen Gewinn sieht und einen Rahmen an familienfreundlichen Maßnahmen schafft. Nur so wird die Familie zum Erfolgsfaktor.

- Der Ansatz des Diversity Managements[12] mit dem Ziel, die Vielfalt unter den Beschäftigten und Führungsebenen zu nutzen, zu fördern bzw. aufgaben- und zielorientiert zu optimieren, wird der demografischen Frage gerecht. Der demografische Trend wird zwangsläufig selbst mit einer kontinuierlichen Zuwanderung zu einem geringeren Pool von Erwerbstätigen in Deutschland führen. Dies gilt ohne Zweifel für den Bereich der Höherqualifizierten. Die Zahl an Beschäftigten heute kann möglicherweise durch eine höhere Erwerbsbeteiligung von Frauen, Zuwanderern und älteren MitarbeiterInnen stabilisiert werden. Ein akti-

---

phasenorientierte Unternehmensausrichtung und Personalpolitik hat die Förderung der Mitarbeiter im Blick, erschließt Motivationspotenziale und kann so leichter wirtschaftliche Ziele realisieren. Grundvoraussetzung für den Erfolg ist die Gewinnung und Bindung von MitarbeiterInnen und Führungskräften als PotenzialträgerInnen sowie der Erhalt und die Förderung von Beschäftigungsfähigkeit der MitarbeiterInnen. Dabei ist ein eine Personalpolitik zu verfolgen, die Leistungs- und Lernfähigkeit während des gesamten Erwerbsprozesses fördert, physische und psychische Belastungsmomente weitestgehend reduziert. In jungen Lebens- und Beschäftigungsjahren muss der Grundstein dafür gelegt werden, dass Mitarbeiter dauerhaft Leistungsträger im Betrieb sind. Lebensphasenorientierte Personalpolitik darf nicht statisch blockieren, sie muss dynamische Perspektiven aufzeigen und Langzeitbetrachtungen anstreben. Sie begegnet proaktiv den familienpolitischen, gesellschaftlichen und wirtschaftlichen Entwicklungen und Veränderung bzw. zeigt durch Flexibilisierung der Arbeitsorganisation Wege für beide Seiten im Beschäftigungsverhältnis auf, wie Berufs- und Lebensschwerpunkte unter Berücksichtigung der unternehmerischen und persönlichen Bedarfslage verknüpf werden können. Die Lebensphasenorientierung verlangt ein ganzheitliches und integratives Unternehmenskonzept.

[12] **Je vielfältiger die Belegschaft eines Unternehmens ist, das Unternehmen umso leistungsfähiger und robuster ist.** Eigentlich spricht auch alles, was wir wissen, dafür. Wir sprechen zum Beispiel über Biodiversität. Unsere Lebensumwelt ist am stabilsten, am robustesten, wenn sie möglichst viele Pflanzen und Tiere umfasst, weil aus der Summe der verschiedenen Eigenschaften immer ein sehr stabiles Gebilde erwächst. Genauso ist das mit uns Menschen. Jeder hat seine Stärken, jeder hat seine Schwächen. Wenn wir Alter, Geschlecht und Herkunft zusammenbringen und die Kraft aufbringen, eine gemeinsame Sprache zu finden, dann ergibt sich daraus ein sehr, sehr leistungsfähiges Gebilde, das hierarchisch vielleicht nicht immer besonders gut zu organisieren ist, das aber krisenfest und auch fähig ist, auf neue Situationen gut zu reagieren. Deshalb haben gerade auch international agierende Unternehmen die Chance, die in der Vielfalt liegt, als erste erkannt. Der Erfolg der Charta-Initiative zeigt, dass sich auch immer mehr mittlere und kleinere Betriebe diesem Gedankengang öffnen und damit natürlich auch etwas fördern, was unserer gesamten Gesellschaft zugute kommt: Europa ist der Kontinent der Toleranz. Die Toleranz ist die Seele unseres Kontinents, Angela Merkel, Kongresses „Diversity als Chance", Mi, 05.12.2007.

ves forderndes und integratives[13] Diversity Management, bereitet die betroffenen Unternehmen frühzeitig auf die Folgen der demografischen Entwicklung vor. Die Mischung macht's – der Mensch neigt zu Vereinfachungen. Junge auf dem neuesten fachwissenschaftlichen Stand ausgebildete, dynamische, innovative, wissensdurstige, flexible und karrierebewusste BewerberInnen möchten ältere/n Kollegen/in mit hinkenden theoretischen Kenntnissen und ausgeprägter praktischer Erfahrung, hoher Sozialkompetenz und reichem Erfahrungsschatz, aber leicht unbeweglich geworden, ergänzen.[14] So könnte eine Bewerbung in Zukunft aussehen. Die Betriebe würden beiden, den Älteren, aber auch den jüngeren Berufsanfängern/innen den roten Teppich ausrollen. Wurden bisher zunächst junge Mitarbeiter, dann Frauen oder Fachkräfte aus dem Ausland und erst zuletzt die Älteren gesucht, würde sich schlagartig alles verändern. Die Älteren[15] mit ihrer Kompetenz, Erfahrung, Führungsstärke und oft betrieblichen Loyalität nicht einzustellen wäre aus betriebswirtschaftlicher Sicht eine Dummheit, aus volkswirtschaftlicher Sicht eine Vergeudung und aus gesellschaftspolitischer Sicht eine Schande (Schmitz).

- Lebenszeitarbeitsmodelle müssen sich stärker an den Lebensphasen der Mitarbeiter (Berufseinstieg, Kindererziehung, gesicherte familiäre und gesellschaftliche Entwicklung bzw. Orientierung) als am Kalender ausrichten. Dies macht die Einführung individueller, alternsgerechter Arbeitszeitmodelle unerlässlich. Ein zeitgemäßes Personalmanagement liefert Anstöße, gestaltet die Zukunft und hilft Wissen zweckgerichtet und erfolgreich zu nutzen, Synergien einer ausgeprägten

---

[13] Die **gegenseitige Achtsamkeit und Wertschätzung** der unterschiedlichen Talente und Potentiale ist unerlässlich, damit man eine Organisation als eine beständig zusammen und voneinander lernende Gemeinschaft erfahren kann und darf. Führen und Leiten müssen als Aufgaben einer Kultur des Dienens verstanden und vorgelebt werden.

[14] **Die Unternehmenskultur, das Wertefundament, Werte als Symbol guter Ordnung, angeordnet zwischen Recht und Moral, hat maßgeblich Einfluss auf Denken und Handeln der Beschäftigten.** Eine lebensphasenorientierte Personalpolitik muss Vertrauen begründen und fördern, die Wertschöpfung aller Alterstruppen und die Akzeptanz familiärer Belange nicht nur zum Ausdruck bringen, sondern nachhaltig verwirklichen, Eigenverantwortung der MitarbeiterInnen fördern und die grundsätzlich positive Haltung von MitarbeiterInnen zum lebenslangen Lernen unterstützen. Die skizzierte personalpolitische Strategie für die Zukunft greift, wenn Betriebe offen für Probleme im privaten Bereich und tolerant gegenüber unterschiedlichen, alternativen Lebensentwürfen sind.

[15] Die Entwicklung einer **alternsgerechten Unternehmenskultur** bedeutet, dass die Beschäftigungsfähigkeit und Motivation älterer Mitarbeitergefördert, die Personalbindung von qualifizierten Mitarbeitern verbessert, die Gewinnung von ausgebildeten und qualifiziertem Nachwuchs forciert werden muss. Produktivitätserhalt durch gesundheitsfördernde Maßnahmen und Erhaltung der Innovationsfähigkeit durch gezielte und differenzierte Personalentwicklung sind strategisch orientierte Aufgaben des Personalmanagements.

und lebendigen Diversitätskultur zu erschließen und Zukunft denken und schließlich Ungewissheit reduzieren. Das vorhandene oder erschließbare Wissen kann als zielorientierte Ressource zur erfolgreichen Gestaltung des Wandels genutzt werden.

- Erfolg und Misserfolg entstehen in unserem Kopf. Wenn man ständig mit negativen Meldungen und Behauptungen konfrontiert wird, kann es zwangsläufig kaum ausbleiben, dass sich das auf die Motivation auswirkt. Motivation ist primär Eigenleistung. Wahrnehmungen beeinflussen die Motivation positiv und negativ. Es ist deshalb wichtig diese Wahrnehmungen zu steuern und in die Gegenwelt, das absolute Gegenstück zur Arbeitswelt zu entfliehen. Dort ist man freiwillig, ohne Pflicht und Stress. Man genießt den Prozess ohne den psychologischen Zwang, ergebnisorientiert handeln zu müssen. Man kann abschalten.[16]

Prof. Dr. Dr. Siegfried Schwab, Mag. rer. publ.
Diplom-Betriebswirtin (DH) Silke Schwab

---

[16] Die Entfaltung und nicht die Beschränkung dieser Freiheit bestimmt das Engagement des Einzelnen. Um die Geschäftsziele nachhaltig und dauerhaft zu erreichen, muss der Mensch als Person mit all seinen Talenten und Potentialen wiederentdeckt und gefördert werden. Der Einzelne muss so in die unternehmerische Gemeinschaft integriert werden, dass er durch den Sinn, den er in seiner Tätigkeit entdeckt, eine von innen herauskommende Motivation und Zufriedenheit erfährt, Anselm Bilgri.

Balanced Scorecard in der Gesundheitswirtschaft und in Non-Profit-Organisationen: Cockpit oder Kompass?

Björn Maier[1]

1. Einleitung

Die Balanced Scorecard ist eine Methodik zur Operationalisierung einer von der Geschäftsführung entwickelten Unternehmensstrategie. Sie hat sich in den letzten beiden Jahrzehnten zu einem wichtigen und beliebten Bestandteil des Controllings von Gesundheits- und Non-Profit-Organisationen entwickelt, dies gilt sowohl für den internationalen Bereich, als auch für deutschsprachigen Raum.[2] Dabei darf allerdings auch nicht übersehen werden, dass in Gesprächen mit Praktikern immer wieder Ernüchterung über den Aufwand zur Entwicklung und Umsetzung sowie den daraus resultierenden beschränkten „praktischen" Nutzen geäußert wird.[3]

Die Balanced Scorecard ist ein Steuerungselement, das durch seine Betrachtungsvielfalt zur qualitativen und quantitativen Verbesserung beitragen soll und damit die Erreichung unterschiedlicher strategischer Ziele unterstützt. Sie eignet sich aus diesem Grund insbesondere zum Einsatz bei Organisationen aus dem Non-Profit-Bereich, die größtenteils ein mehr- bzw. multidimensionales Zielsystem verfolgen.[4] Dieser Artikel zeigt die Möglichkeiten des Einsatzes dieser Controllingmethodik innerhalb der Organisationen auf. Er soll damit einen Beitrag zur richtigen Bewertung der damit verbundenen Möglichkeiten leisten und eine realistische Einschätzung, die mit der Erwartung an den Einsatz verbunden werden, erleichtern.

---
[1] Prof. Dr. Björn Maier ist Professor und Studiengangleiter (Gesundheitswesen/Soziale Einrichtungen) an der Dualen Hochschule Baden-Württemberg, Mannheim.
[2] Vgl. u.a. Drucker (1990); Fischbach/Spitaler (2004); Badelt/Meyer/Simsa (2007), oder auch: Badura/Schröder/Vetter (2009), S. 127-136.
[3] Vgl. u.a. Horváth et. al. (2009), S. 116-171; Niven (2005); Horvath & Partner (2004), S. 22-27.
[4] Vgl. u.a. Teterin (2006), S. 35-45; Witt/Purtschert /Schauer (2004), S. 17-27.

2. Methodik der Balanced Scorecard

Die Entwicklung der Balanced Scorecard geht zurück auf die beiden US-Amerikaner Kaplan und Norton, die diese strategische Methodik Anfang der 1990 Jahre erarbeiteten und verbreiteten.[5] Bei der Balanced Scorecard handelt es sich um ein Steuerungssystem für Unternehmungen und Organisationen, das auf der Annahme fußt, dass die Finanz- und Erfolgskennzahlen nur einen Teil der Unternehmensrealität abbilden und außerdem sehr häufig eine retrospektive Betrachtung darstellen und insbesondere zukünftige Entwicklungen und Potenziale unberücksichtigt lassen.[6]

Aus diesem Grund entwickelten Kaplan und Norton eine Methodik zur mehrdimensionalen Betrachtung von Organisationen, die neben der rein finanziellen Perspektive, auch die Prozess-, Lern-, und Kundensicht – als Perspektiven – in die Betrachtung mit einbezieht. Dabei dient die Balanced Scorecard nicht nur zur Information des Managements, sondern es werden auch Vorgaben und Maßnahmen mit einbezogen, die für die Umsetzung der Strategie erarbeitet werden.[7]

Inzwischen wurden relativ viele unterschiedliche Arten von Scorecards theoretisch – sowie auch für den praktischen Einsatz – ausgearbeitet, die teilweise auch abweichende Namen tragen und divergierende (teilweise auch mehr als vier) Perspektiven besitzen.[8] Wesentliche Kennzeichen einer Balanced Scorecard und grundsätzlich auch der entsprechenden Scorecard Derivate sind allerdings:

- Vision und Strategie der Organisation bilden die Grundlage für die Zielbildung, welche für die einzelnen Perspektiven vorgenommen wird.
- Bei der Entwicklung eines Balanced Scorecard Derivats muss als Zwischenschritt, die Entwicklung der für die Organisation – oder organisationalen Funktion – relevanten Perspektiven durchgeführt werden.
- Für die einzelnen Betrachtungsperspektiven werden Ziele formuliert, deren Erreichung die Organisation anstrebt. Diese Ziele stellen quasi eine erste Operationalisierung der Strategie dar.
- Die Erreichung dieser Ziele wird mit Hilfe von Kennzahlen gemessen. Diese Kennzahlen sind damit Steuerungsgrößen, an welcher der Grad der Strategieumsetzung ermittelt werden kann.

---

[5] Kaplan/Norton (1992), S. 71-79; Kaplan/Norton (1993), S. 134-147.
[6] Vgl. u.a. Coenenberg/Salfeld R. (2003).
[7] Vgl. Kaplan/Norton (1996); Kaplan/Norton (2001), S. 133-161; Horvath & Partner (2004), S. 37-75 und 121-152.
[8] Vgl. u. a. Kalwait (2008), S. 61-91; Burger/Buchhart (2002), S.207-218; Wurl/Maier (2001), S. 179-213; Reichmann (2001), S. 282-303; Pollanz (1999), S. 1277-1281

- Einen weiteren Schritt zur Operationalisierung der Strategie stellen dann die Vorgaben dar, die durch konkrete Maßnahmen ergänzt werden können.

Die vom Management entwickelten Vorgaben und Maßnahmen zur Zielerreichung stellen die Grundlage für die Umsetzung der Strategie dar. Sie müssen zu einem späteren Zeitpunkt unbedingt kontrolliert werden, so entsteht ein Management- und Steuerungszyklus[9], der für die Entwicklung der Organisation wesentlich ist.[10] Wie die konkrete Umsetzung und der Einsatz der Balanced Scorecard innerhalb dieses Zyklusses gestaltet werden soll, stellt eine der wesentlichen Grundfragen dieses Artikels dar (vgl. Abschnitt 5 und 5.).

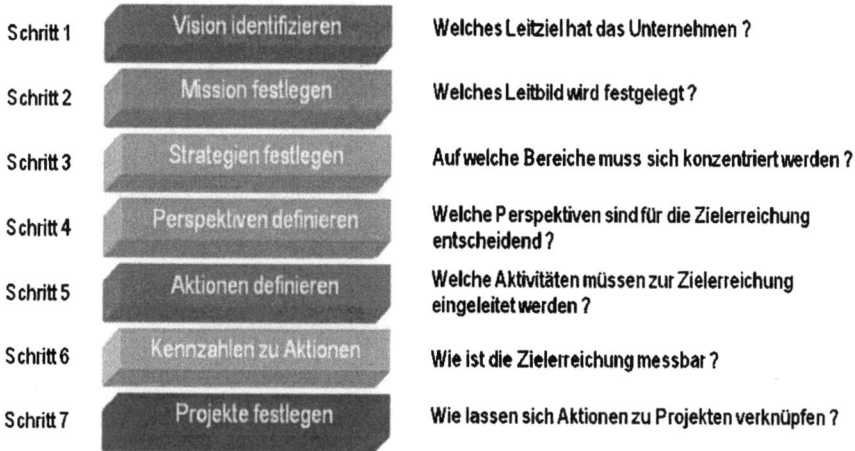

Abb.: 1: Notwendige Schritte zur Implementierung einer Balanced Scorecard.
Quelle: eigene Darstellung)

3. Eignung der Balanced Scorecard für die Gesundheitswirtschaft und Non-Profit-Organisationen

Die Balanced Scorecard besitzt durch die zuvor beschriebene Betrachtungsvielfalt der Organisation und den damit verbundenen expliziten Einbezug eines mehrdimensionalen Zielsystems der Organisation eine große Beliebtheit und Verbreitung vor

---
[9] Vgl. u.a. Gould/Penley (1985), S. 472-478; Castrogiovanni/Baliga/Kidwell (1992), S. 26-41.
[10] Vgl. Niven (2003); Greischel (2003); Horvath & Partner (2004), S. 153-165.

allem bei Organisationen der Gesundheitswirtschaft und bei Non-Profit-Organisationen, die neben der rein finanziellen Perspektive, weitere Perspektiven in ihrem Zielsystem verankert haben.

Die Ziele für Organisationen in diesem Bereich werden meist mit einem Zieldreieck beschrieben. Neben der Perspektive Kostendeckung bzw. angemessener Gewinn, sind dies die Ziele Qualität und Kundenzufriedenheit oder ggf. Prozesslaufzeiten. Dabei sind natürlich Zielkonflikte[11] nicht immer auszuschließen bzw. sie sind auch nicht im Zielbildungsprozess vollständig eliminierbar.

Bei konsequenter Anwendung und Umsetzung der wirtschaftlichen Prinzipien wird relativ schnell deutlich, dass ein rationales Verhalten zur Lösung dieser Konflikte nur durch die konsequente Anwendung des Minimal- bzw. Maximalprinzip durchgeführt werden kann. Dabei muss ein Faktor als konstant definiert werden, etwa die Forderung nach einer „befriedigenden Qualität des Outputs" und der andere Faktor kann dann entsprechend optimiert werden – in diesem Falle würde dies bedeuten, die „Kosten der Input-Faktoren" zu minimieren.

In einer Balanced Scorecard lassen sich von ihrer grundsätzlichen Konstruktion solche Zielkonflikte relativ gut abbilden, wenn die angestrebten Zielwerte mit entsprechenden Vorgaben und Maßnahmen verknüpft sind.

4. Mögliche Aufgaben und Rolle einer Balanced Scorecard

4.1. Das Cockpit: BSC als Reporting-Anwendung

Klassischerweise bilden Kennzahlensysteme mit Hilfe von quantitativen Kennzahlen den Stand und die Entwicklung einer Organisation ab. Dabei stehen finanzielle Betrachtungsweisen im Zentrum. Natürlich können aber auch Kennzahlen entwickelt werden, welche die Entwicklung anderer Organisations- bzw. Unternehmensbereiche (Service- und Qualitätsstandards, Kundenzufriedenheit etc.) abbilden.

In einem Reporting-System werden nun Kennzahlen in einer standardisierten Form und in standardisierten Intervallen, normalerweise monatlich bzw. quartalsweise zur Unterstützung der operativen Führung eines Betriebes zusammengefasst. Häufig erfolgt eine Aufbereitung der Zahlen in einem Bericht, das den entsprechenden Verantwortlichen dann personalisiert vorgelegt wird. Dieser Bericht kann auch

---

[11] Vgl. u.a. Gethmann (2004), S. 109-185; Schreyögg (2004), S. 1675-1680; MacDonald/McDonald/Wayne (2002), S. 67-74

als „Cockpit" bezeichnet werden, weil er die notwendigen Steuerungsinformationen in einer anschaulichen und oft auch personalisierten Form enthält. Die Vorteile eines solchen Reportings mithilfe eines Cockpits sind:

- Die identifizierten strategischen Erfordernisse der Organisation werden möglichst zielgenau in operative Anforderungen umgesetzt.
- Die steuerungsrelevanten Informationen für die Strategieumsetzung werden sukzessive erhoben und liegen den jeweiligen Verantwortlichen zeitnah vor.
- Sämtliche für die Strategie der Organisation identifizierten Bereich und Teilsysteme werden entsprechend berücksichtigt und reported.
- Abweichungen im operativen Bereich lassen sofort Rückschlüsse auf entsprechende Abweichungen von der Strategie zu und erlauben eine Nachsteuerung des Systems.
- Bei Abweichungen der Kennzahlenwerte können kurzfristig Maßnahmen eingeleitet werden, um eine strategiekonforme Unternehmensführung zu erreichen.

Die Nachteile dieses Reportings bzw. des Cockpits sind allerdings auch von zentraler Bedeutung:

- Durch eine zu große Vielfalt der Perspektiven und einem damit verbundenen Kennzahlenset könnten die zentralen Steuerungsinformationen verloren gehen.
- Gerade die kurzfristig wichtigen finanziellen Kennzahlen (Liquidität/Rentabilität und die damit verbundene Ausgaben- und Kostenentwicklung) könnten zu wenig Beachtung finden.
- Nicht jeder operative Manager wird in jedem Punkt den Bezug zwischen der strategisch anvisierten Größe und den Erfordernissen des Tagesgeschäfts sehen. Möglicherweise führen auch konkurrierende Ziele, die sich in unterschiedlichen Kennzahlen wiederspiegeln, zu Irritationen und Desinformationen.
- Eine Verdichtung des Kennzahlensets und die damit verbundene Aggregation von Informationen könnte zu einem Verlust von Transparenz und einer Überlagerung der Ursachen-/Wirkungszusammenhänge führen und damit Fehlsteuerungen begünstigen.
- Die ständige Erhebung aller für die Strategieumsetzung notwendigen Kennzahlen beansprucht Ressourcen der Organisation, führt ggf. sogar zu einer Überforderung bestimmter Teilsysteme (operatives Controlling etc.).
- Die Kosten-Nutzen-Relation des Cockpits ist unter diesen Bedingungen ggf. nicht mehr gegeben (Anspruch der Wirtschaftlichkeit an das Controlling).

4.2. Der Kompass: BSC als Navigationshilfe

Ein anderer Ansatzpunkt im Rahmen des Einsatzes einer Balanced Scorecard in der Praxis könnte sein, die ermittelten Kennzahlen und Ursachen-/Wirkungszusammenhänge nicht in ein sukzessives Reportingsystem umzuformen, sondern daraus eine Navigationsunterstützung für die Umsetzung der mittel- und langfristigen Organisationstrategie zu generieren. Der Einsatz dieses Steuerungssystems würde dann wie bei einem Wanderer erfolgen, der sich an bestimmten Punkten seines Weges mit dem Kompass rückversichert, dass der eingeschlagene Weg auch korrekt ist.

Die Vorteile einer solchen Vorgehensweise können wie folgt zusammengefasst werden:

- Alle relevanten Informationen zur strategischen Steuerung einer Organisation würden zu richtigen Zeit, für den richtigen Adressaten aufbereitet erhoben und ihn auch in der richtigen Situation erreichen, d.h. die Nutzer würden dann die Informationen erhalten, wenn sie die entsprechende Zeitautonomie für strategische Fragestellungen hätten.
- Bei sich abzeichnenden Zielkonflikten und sich wiedersprechende Steuerungsinformationen könnte das strategische Management diese Informationen auswerten und entsprechend für die anderen Hierarchieebenen und Organisationseinheiten aufbereiten.
- Komplexere und damit ressourcenaufwendigere Untersuchungen würden nur dann vorgenommen, wenn auch mit einer Veränderung der Kennzahlen nach Einleitung von Maßnahmen gerechnet werden kann (Beispiel: bestimmte Patientenbefragungen / Zufriedenheitsanalysen).
- Der „time lag" zwischen Ursache und Wirkung würde berücksichtigt, beispielsweise führen Maßnahmen zur Steigerung der Patientenzufriedenheit vermutlich erst nach einer bestimmten Zeit zu besseren Ergebnissen. Auch dies würde zur Schonung der Ressourcen der Organisation beitragen.

Natürlich ist auch der Einsatz der Balanced Scorecard als Kompass in der Organisation mit Nachteilen verbunden:

- Eine evtl. Lücke zwischen strategischen Zielen und operativer Vorgehensweise könnte bestehen bleiben bzw. größer werden. Eine Nachsteuerung wäre erst nach einer bestimmten Zeit möglich.
- Die kreativen „Kräfte" bestimmter Teilbereiche der Organisation würden u.U. von der Strategieentwicklung und ihrer Umsetzung ausgeschlossen. Dies würde

Teile der Organisation ggf. von der Organisationsentwicklung ausschließen und kreative Potenziale ungenutzt lassen.
- Das Commitment mit der Organisation könnte dadurch insgesamt leiden, kontinuierliche Verbesserungsprozesse und daraus resultierend eine lernende Organisation könnte dadurch verhindert werden.

5. Zusammenfassung

Für den Einsatz und die Nutzung einer Balanced Scorecard in der Gesundheitswirtschaft und in Non-Profit-Organisationen spricht, dass die Balanced Scorecard in der Lage ist durch die Einbeziehung mehrerer Betrachtungsperspektiven und damit auch Zielen, ein multidimensionales Zielsystem abzubilden.

Sie stellt damit eine Operationalisierung der strategischen Planung der Organisation dar. In der Balanced Scorecard werden Verbindungen zwischen der Strategie, Zielen und Maßnahmen hergestellt. Sie ist damit ein wichtiger Begleiter bei der strategiekonformen Umsetzung der Unternehmensführung.

Kritisch angemerkt werden muss noch, dass natürlich auch beim Einsatz einer Balanced Scorecard hinterfragt werden muss, ob die Erreichung oder Abweichung von Zielen durch die eingeleiteten Vorgaben und Maßnahmen erfolgte oder ob es andere Ursachen-/Wirkungsbeziehungen gibt, welche für die erreichten Ergebnisse verantwortlich sind. Dies stellt einen wichtigen Schritt im strategischen Kontrollprozess des Managements dar, hier sollte auch eine genaue Prämissenkontrolle durchgeführt werden.

6. Fazit

Die Entwicklung einer Balanced Scorecard stellt umfassende Anforderungen an eine Organisation. Schon die Formulierung einer Vision und Strategie ist häufig ein sehr schwieriges Unterfangen. Gerade in Organisationen, die keine eindeutige und eindimensionale Strategie- und damit Zielausrichtung haben, erfordert dies einen häufig sehr schwierigen Prozess, in denen die beteiligten Anspruchsgruppen und ihre Vertreter für Transparenz sorgen und ihre Ziele und Zielvorstellungen offen legen müssen.

Nicht weniger einfach und mit Sicherheit mit erheblichem personellen Ressourceneinsatz verbunden sind darauf aufbauend dann die nächsten Schritte: Die Ziele müssen in einem mehrstufigen Prozess operationalisiert und mit entsprechenden

Maßnahmen verbunden sein. Dabei darf nicht übersehen werden, dass die Definition geeigneter Kennzahlen, um Ursache- / Wirkungsbeziehungen zu identifizieren, die Organisation vor erhebliche Herausforderungen stellen kann, schließlich liegen nur in den seltensten Fällen ausreichend Informationen vor, um die Zusammenhänge genau zu analysieren und Störvariablen auszuschließen.

Auf Grundlage dieser Überlegungen muss der Einsatz einer Balanced Scorecard sehr genau geplant und vorbereitet werden. Es muss bei den beteiligten Mitgliedern der Organisation ein Verständnis für den Nutzen und die Möglichkeiten dieser Methode geben, aber auch die Grenzen müssen bekannt sein.

Aus diesen Gründen scheint es empfehlenswert die Balanced Scorecard mehr als Kompass, denn als Cockpit zu verwenden. Die geschilderten Nachteile dieser Einsatzweise können mit einer entsprechenden Kommunikationsstrategie für die einzelnen Anspruchsgruppen und Managementebenen sowie die Mitarbeiter überwunden werden. Denn es darf nicht übersehen werden: Die Balanced Scorecard mit ihrer Perspektivenvielfalt erlaubt es nicht nur dem Management zu steuern, sondern sie vermittelt allen zu informierenden Anspruchsgruppen (Eigen- und Fremdkapitalgeber bzw. Träger, Mitarbeiter und ggf. Öffentlichkeit etc.) ein umfassendes Bild über die Entwicklung der Organisation. Dies ist Grundlage für eine wünschenswerte und zielgerichtete Weiterentwicklung.

7. Literatur

Badelt, Christoph/Meyer, Michael/Simsa, Ruth: Handbuch der Nonprofit Organisation, Schäffer-Poeschel Verlag, Stuttgart, 2007

Badura, Bernhard/Vetter, Christian/Schröder, Helmut: Fehlzeiten Report 2008. Betriebliches Gesundheitsmanagement: Kosten und Nutzen, Springer Medizin Verlag, Heidelberg, 2009, S. 127-136

Burger, Anton/Buchhart, Anton: Risiko-Controlling, R. Oldenbourg Verlag München, Wien, 2002, S. 207-218

Castrogiovanni, Gary J./Baliga, B.R./Kidwell, Roland E.: Curing sick businesses: changing CEOS in turnaround efforts, Academy of Management Executive, 1992 Vol. 6 No. 3, S. 26-41

Coenenberg, A.G./Salfeld, R.: Wertorientierte Unternehmensführung, Stuttgart, 2003

Drucker Peter: Managing the Non-Profit-Organisation: Principles and Practices, Harper Business, New York, 1990

Fischbach, Petra/Spitaler, Gabriele: Balanced Scorecard in der Pflege: Eine Untersuchung im stationären Krankenhaus- und ambulanten Pflegebereich, Verlag/Hersteller: Kohlhammer, 2004

Gethmann, C. F. (2004): Gesundheit nach Maß? Eine transdisziplinäre Studie zu den Grundlagen eines dauerhaften Gesundheitssystems, Berlin, 2004, S.109-185

Gould, Sam/Penley, Larry E.: A Study of the correlates of the willingness to relocate, Academy of Management Journal, Jun. 85, Vol. 28 Issue 2, p472-478, 7p, 3 Charts

Horváth, P./Gamm, N./Möller, K./Kastner, M./Schmidt, B./Iserloh, B./Kliesch, G./Otte, R./ Braun, M./Matter, M./Pennig, St./Vogt, J./Köper, B.: Betriebliches Gesundheitsmanagement mit Hilfe der Balanced Scorecard, Forschungsprojekt F 2126, Bundesanstalt für Arbeitsschutz und Arbeitsmedizin, Dortmund/Berlin/Dresden, 2009, S. 116-171

Horvath & Partners: Balanced Scorecard umsetzen, Stuttgart, 2004, S. 22-27, 424

Kaplan, Robert S./Norton, David P.: The Balanced Scorecard – Measures that Drive Performance, Harvard Business Review, 1992, January-February, S. 71-79

Kaplan, Robert S./Norton, David P.: Putting the Balanced Scorecard to work, Harvard Business Review, 1993, September-October, S. 134-147

Kaplan ,Robert S./Norton, David P.: Translating Strategy into Action. The Balanced Scorecard, Harvard, 1996

Kaplan, Robert S./Norton, David P.: The Strategy-Focused Organisation. How Balanced Scorecard Companies Thrive, in: The New Business Environment, Harvard Business School Press, 2001, S. 133-161

Kalwait, Rainer: Risikomanagement in der Unternehmensführung, Weinheim, 2008, S. 61-91

MacDonald, Chris/McDonald, Michael/Norman, Wayne: Charitable Conflicts of Interest, Journal of Business Ethics; Aug. 2002, Vol. 39 Issue 1/2, p67-74

Greischel, Peter: Balanced Scorecard. Erfolgsfaktoren und Praxisberichte, München, 2003

Niven, Paul R.: Balanced Scorecard – Schritt für Schritt. Einführung, Anpassung und Aktualisierung, Weinheim, 2003

Niven, Paul R.: Balanced Scorecard Diagnostics. Maintaining Maximum Performance, Wiley Verlag, 2005

Reichmann, T.: Die Balanced Chance- and Risk-Card: Eine Erweiterung der Balance Scorecard, in: Lange, K./Wall, F., Risikomanagement nach dem KonTraG: Aufgaben und Chancen aus betriebswirtschaftlicher und juristischer Sicht, München, 2001, S. 282-303

Pollanz, M.: Ganzheitliches Risikomanagement im Kontext einer wertorientierten Unternehmensführung (Risk Adjused BSC), in: Der Betrieb, 52, 1999, Heft 25, S.1277-1281

Schreyögg, G. (2004): Handwörterbuch Unternehmensführung und Organisation, 4. Auflage, Stuttgart, 2004, S. 1675-1680

Teterin, Andrej: Unternehmensbewertung von Nonprofit-Unternehmen. Nutzenorientierte Beteiligungsbewertung am Beispiel von Krankenhäusern, Berliner Wissenschafts-Verlag, 2006, S. 35-45

Wurl, H./Maier, J. H: Balanced Scorecard und industrielles Risikomanagement – Möglichkeiten der Integration, in: Klingebiel, N. (Hrsg.): Performance Measurement & Balanced Scorecard, München, 2001, S. 179-213

Witt, Dieter/Purtschert, Robert/Schauer, Reinbert: Funktionen und Leistungen von Nonprofit-Organisationen. 6. Internationales Colloquium der NPO-Forscher. Technische Universität München 25. und 26. März 2004, Gabler Edition Wissenschaft, 2004, S. 17-27

Das Critical Incident Reporting System als präventives Instrument des Risikomanagements –

dargestellt am Beispiel des Krankenhauses Hetzelstift[1]

Stefanie Kolada

1. Einführung

1.1. Allgemeine Problemstellung

Sowohl in der fachlichen als auch in der nichtfachlichen Öffentlichkeit rücken medizinische Behandlungsfehler immer mehr in den Mittelpunkt. Im Jahr 2000 erregte das Institute of Medicine der US-amerikanischen National Academy of Science mit seinem Bericht „To err is human" große Aufmerksamkeit. In den USA erleiden laut dieser Studie zwischen 2,9 und 3,7% aller in Krankenhäusern aufgenommen Patienten[2] ein Adverse Event, das heißt eine Verletzung, welche im Rahmen des Behandlungsprozesses aufgetreten und nicht das geplante Ergebnis der angestrebten Therapie ist. Des Weiteren ergab die Studie, dass über die Hälfte dieser Adverse Events durch eine bessere Organisation, eine höhere Aufmerksamkeit oder wirkungsvollere Sicherheitsmaßnahmen vermeidbar gewesen wären. Die Anzahl an Todesfällen in Krankenhäusern, welche auf vermeidbare medizinische Fehler zurückzuführen sind, wird in den USA jährlich auf 44.000 bis 98.000 Patienten geschätzt.[3]

---

[1] Auszug aus Bachelorarbeit für die Prüfung zum Bachelor of Arts (BA) im Ausbildungsbereich Wirtschaft der Dualen Hochschule Baden-Württemberg Mannheim.
[2] Im Rahmen dieser Arbeit wird aus Gründen der Einfachheit und Lesbarkeit in der Regel nur die männliche Form von geschlechtsbezogenen Personensubstantiven angegeben. Gemeint sind dabei immer beide Geschlechter.
[3] Vgl. Kohn, L.T./Corrigan, J.M./Donaldson, M.S. (2000), S. 26.

Eine einheitliche, zusammenfassende Zahl vermuteter oder tatsächlich nachgewiesener medizinischer Behandlungsfehler liegt für Deutschland nicht vor. Allerdings weisen einige Untersuchungen vergleichbare Tendenzen auf. Das Robert-Koch-Institut kam in seinem Bericht „Medizinische Behandlungsfehler" zu dem Ergebnis, dass in Deutschland von circa 40.000 Behandlungsfehler-Vorwürfen pro Jahr auszugehen ist. Gegen den Versorgungsbereich der Krankenhäuser richten sich circa 60% der ermittelten Vorwürfe. Die tatsächliche Anzahl an Adverse Events in deutschen Krankenhäusern ist wesentlich höher einzuschätzen, da diese Zahl ausschließlich diejenigen Fälle erfasst, die durch eine Klage bekannt geworden sind.[4] Laut dem Aktionsbündnis Patientensicherheit wird die Mortalität von Krankenhauspatienten im Zusammenhang mit einem vermeidbaren unerwünschten Ereignis auf 0,1 % aller Patienten geschätzt. Allein in Deutschland ist daher bei 17 Millionen Patienten im Jahr von etwa 17.000 Todesfällen pro Jahr auszugehen.[5] Insgesamt sind zwischen 500.000 und 1.000.000 Menschen in deutschen Krankenhäusern von Irrtümern und medizinischen Fehlern betroffen.[6]

Eine bedeutende Rolle spielt hierbei auch die zunehmende Wahrnehmung medizinischer Behandlungsfehler in der Öffentlichkeit. Diese Wahrnehmung basiert zum einen auf der wachsenden Transparenz medizinischer Dienstleistungen und der damit verbundenen steigenden Anspruchshaltung der Versicherten. Zum anderen nimmt die Bereitschaft zu Regressforderungen deutlich zu. In diesem Zusammenhang wird das patientenseitige Qualitätsbewusstsein deutlich, welches sich mehr Transparenz auch hinsichtlich der Qualität medizinischer Maßnahmen und nicht nur bezüglich punktueller Fehlerhaftigkeit wünscht.[7]

Die Einrichtung eines klinischen Risikomanagements im Krankenhaus ist daher zwingend erforderlich, um langfristig die Patienten- und Mitarbeitersicherheit zu gewährleisten und sich vor allem in Zeiten von hartem Kosten- und Wettbewerbsdruck in der Gesundheitsbranche zu etablieren. Nachhaltige Erfolgsfaktoren eines Unternehmens wie Kosteneffizienz, Geschwindigkeit, Qualität und Mitarbeiterorientierung können durch Maßnahmen des klinischen Risikomanagements gestärkt werden. Zusätzlich werden durch das Einbeziehen der Mitarbeiter die Innovationskraft sowie das Ideenmanagement des Unternehmens gefördert.[8] Ein wichtiges Risi-

---

[4] Vgl. Hansis, M.L./Hart, D. (2001), S. 6-8.
[5] Vgl. Aktionsbündnis Patientensicherheit e.V. (2007), S. 8.
[6] Vgl. Bartens, W. (2008), S. 10.
[7] Vgl. Hansis, M.L./Hart, D. (2001), S. 4-5.
[8] Vgl. Hellmann, W. (2006), S. 19-20.

komanagement-Tool zur systematischen Risikoanalyse und Risikovorbeugung ist das CIRS, welches zur Erfassung von Fehlervorstufen beziehungsweise „Critical Incidents" eingesetzt wird.[9] Das folgende Krankenhaus der Regelversorgung beschäftigt sich mit der konkreten Umsetzung.

[...] Ziel der Bachelorarbeit ist die Beurteilung und die Bedeutung des Critical Incident Reporting Systems im Rahmen des Risikomanagements für das Krankenhaus darzustellen.

6. Umsetzung im Krankenhaus Hetzelstift

6.1. Ist-Situation

Die Leitung des Krankenhauses Hetzelstift hat die Implementierung eines CIRS im Rahmen eines Pilotprojektes auf der Intensivstation A beschlossen.
Der Beschluss umfasste folgende Vereinbarungen:

- Ziel des Meldesystems ist es, bestehende Ursachen für Risiken und Beinahefehler zu erfassen, um gezielte Verbesserungsmaßnahmen abzuleiten, die die Patientensicherheit erhöhen.
- Meldungen, über erkannte Risiken und Beinahefehler werden systematisch mithilfe eines einheitlichen Meldebogens gesammelt und ausgewertet. Alle Mitarbeiter und Mitarbeiterinnen werden gebeten, das System zu nutzen und somit alle erkannten Risiken zu melden. Die Intensivstation A dient als Pilotstation zur Einführung des Meldesystems.
- Eingehende Meldungen werden zunächst in der von der Klinikleitung benannten Arbeitsgruppe gesammelt und ausgewertet. Alle Mitarbeiter und Mitarbeiterinnen werden regelmäßig über die Auswertung der Meldungen informiert.
- Die Meldungen erfolgen ohne Nennung der Person. Die Leitung des Krankenhauses versichert allen Mitarbeitern und Mitarbeiterinnen die strikte Wahrnehmung der Anonymität. Es werden keine Versuche unternommen, die Identität der Meldenden zu ermitteln. Sollte die Identität trotz allem bekannt werden, verbürgt sich die Krankenhausleitung dafür, dass keine negativen Konsequenzen drohen. [...]

---

[9] Siehe hierzu: Glazinski, R./Wiedensohler (2004), S. 96-99.

6.1.2. Auswertung der Meldungen

Die Mitarbeiter hatten die Möglichkeit einen Meldebogen auf dem Stationsarbeitsplatz am Computer oder einen Meldebogen in Papierform auszufüllen. Dieser wurde dann über den CIRS-Briefkasten (nach dem 1-Schlüssel-Prinzip) an das Auswertungsteam weitergeleitet oder auf ein gesichertes Laufwerk per Email gesendet.

Das Auswertungsteam bestand aus der stellvertretenden Stationsleitung als CIRS-Verantwortlicher und zwei weiteren Pflegekräften als stellvertretende CIRS-Verantwortliche. [...]

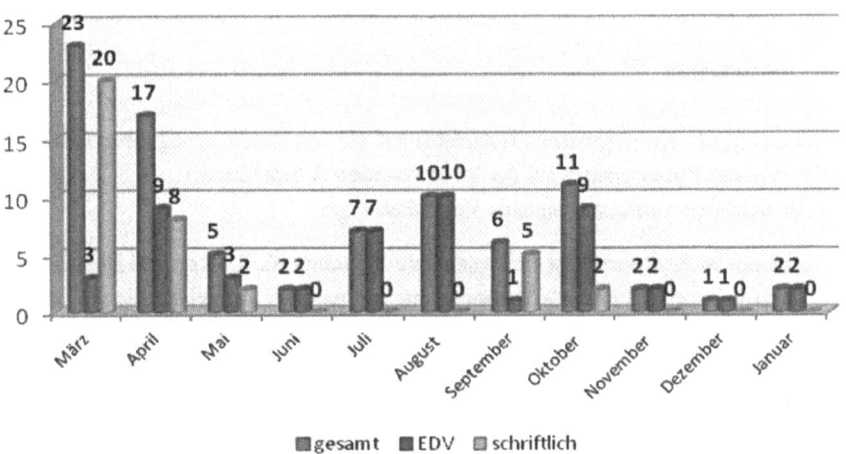

Abb.: Gesamtmeldungen während des Projektverlaufs

Insgesamt sind während des Projektverlaufs 86 Meldungen eingegangen.
Die meldende Berufsgruppe bestand zu 95,3% aus der Pflege, zu 3,5% aus dem ärztlichen Bereich, 1,2% meldeten ohne Angabe einer Berufsgruppe. [...]

Bei der Einschätzung der Ursachen der gemeldeten Beinahefehler wurden insgesamt 191 Ursachen bestimmt; auch hier bestand die Möglichkeit der Mehrfachnennung. Die häufigsten Fehlerursachen sind der menschlichen Risikoquelle zuzuordnen (59,2%). Aus dem Bereich organisatorische Risikoquelle werden insbesondere Kommunikationsprobleme und unklare sowie fehlende Anweisungen als Ursache der Beinahefehler gemeldet. Eine Übersicht aller Ursachen der gemeldeten Beinahefehler liefert die folgende Tabelle.

	Summe	%-Anteil an allen Fehlerursachen
Menschliche Risikoquelle		
Verwechslung	12	
Stress	12	
Unachtsamkeit	43	
Ungenügendes Fachwissen	24	
Übermüdung	4	
Fehleinschätzung	14	
Sonstiges	4	
	113	59,2%
Organisatorische Risikoquelle		
Unklare/ fehlende Verordnung, Anweisung, Doku.	14	
Ungünstige personelle Besetzung	2	
Personalknappheit	3	
Kommunikationsprobleme	12	
Sonstiges	4	
	35	18,3%
Risiken der Infrastruktur, Umgebung		
Hohe Arbeitsaktivität im Bereich	4	
Hoher Lärmpegel	0	
Zu wenig Platz	1	
Sonstiges	2	
	7	3,7%
Risikoquelle Technik/Material		
Gerät/Material nicht verfügbar	12	
Fehlende technische Kenntnisse/Handlingprobleme	10	
Werksseitiger Fehler	1	
Bedienungsfehler	5	
Technischer Gerätefehler	5	
Sonstiges	1	
	34	17,8%
Keine Angaben	2	1,0%
	191	100,0%

Tabelle: Ursachen der Beinahefehler

Die eingegangenen Meldungen wurden hinsichtlich Prioritätseinschätzung und Eintrittswahrscheinlichkeit bewertet. Von den 86 eingegangenen Meldungen waren 6 Meldungen bezüglich dieser Kriterien nicht auswertbar. Eine Übersicht der klassifizierten Beinahefehler, die potenzielle Risiken darstellen, liefert die nachfolgende Risikomatrix.

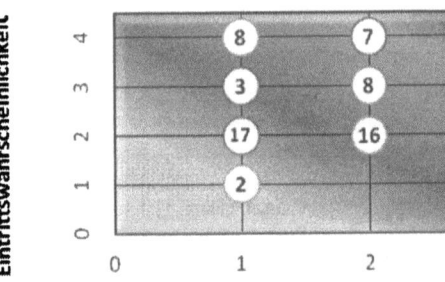

Legende:

Risikobedeutung:
Gesamtrisiko (GR) = Eintrittswahrscheinlichkeit x Prioritätseinschätzung
GR< 8 = Risikoklasse 1-2
9< GR< 12 = Risikoklasse 3-4
Bsp.: = Anzahl gemeldeter Fälle mit Prioritätseinschätzung 1 und Eintrittswahrscheinlichkeit 2, Gesamtrisiko = 2

Abb.: Risikomatrix

Insgesamt wurden sechs Risiken mit einer Eintrittswahrscheinlichkeit von drei und einer Prioritätseinschätzung von drei der Risikoklasse 3-4 zugeordnet. Bei diesen Risiken bestand ein grundlegender Handlungsbedarf.

Anhand der Risikomatrix wird deutlich, dass die Meldeschwelle sehr niedrig war und somit auch viele Beinahefehler erfasst wurden, die zu keinem großen Patientenschaden führen würden. Das Problem des „Underreporting" besteht im Krankenhaus Hetzelstift daher nur in geringem Maße.

Zusammenfassend lässt sich festhalten, dass die Meldebereitschaft anfangs sehr hoch war, jedoch während des Projektverlaufs enorm abgenommen hat. Zudem ist eine sehr geringe Beteiligung der Ärzte während des Projektverlaufs festzustellen.

Bei den angegebenen Ursachen der Beinahefehler kristallisieren sich die Optimierungspotenziale der Einrichtung heraus, welche nachfolgend erläutert werden. Die Risikoquelle, die aufgrund eines fehlenden Gerätes oder Materials besteht, ist seitens der Einrichtung in der Regel leichter zu beseitigen als bei den Humanfaktoren. Menschlichen Risikoquellen wie zum Beispiel Unachtsamkeit, fehlendes Fachwissen und Fehleinschätzungen müssen durch angebotene Fortbildungen sowie Schulungen kontinuierlich entgegengewirkt werden. Auch Kommunikationsprobleme lassen sich nicht schnell eliminieren. Hier bedarf es einer grundlegenden Kulturänderung innerhalb der Einrichtung. [...]

In diesem Zusammenhang wird die Notwendigkeit einer Sicherheitskultur deutlich, da unter anderem dadurch bereits im Voraus Unfälle verhindert werden können.

6.1.4. Befragung auf der Pilotstation

Im Rahmen des Pilotprojektes wurde eine anonyme Befragung auf der Intensivstation A durchgeführt, um die Erfahrung und Einstellung zu CIRS seitens der direkten Anwender zu ermitteln. Entsprechend der Anzahl des betroffenen Personals wurden 76 Fragebögen verteilt. Von den 76 Mitarbeitern sind 55 der Pflege und 21 dem ärztlichen Bereich zuzuordnen. Die Rücklaufquote betrug 26,3%. Unterteilt nach Berufsgruppen betrug die Rücklaufquote des Pflegepersonals 22% und die des ärztlichen Personals 38,1%.

Die Befragung ergab, dass die Mehrheit mit der Einführung von CIRS zufrieden war. Sie wurde als praxisnah und verständlich bewertet.

Das Personal empfand die CIRS-Einführung zu 50% als gut und zu 30% als sehr gut. Besonders eindeutig war, vor allem in der Pflege, der Wunsch nach mehr Informationen zu CIRS (insgesamt 65% der Befragten). Insbesondere wurden zu 69% häufigere Rückmeldungen und Gespräche auf der Station sowie zu 38% eine Fortbildung oder Schulung zum Thema CIRS als geeignete Formen der Informationsvermittlung angesehen.

Insgesamt haben 55% der an der Befragung teilgenommenen Mitarbeiter CIRS schon einmal genutzt. Von diesem Personenkreis haben 63,6% das Gefühl, dass auf ihre Meldung reagiert wurde. Nur 9% haben das Gefühl, dass auf ihre CIRS-Meldung nicht eingegangen wurde. In diesem Zusammenhang ist darauf hinzuweisen, dass nur zwei Ärzte angaben, CIRS schon einmal verwendet zu haben. Betrachtet man zusätzlich die Auswertung der CIRS-Meldungen hinsichtlich der teilnehmenden Berufsgruppe, wird deutlich, dass die Beteiligung der Ärzte mit 3,1% und die Ergebnisse der Befragung die gleiche Tendenz aufweisen. Allerdings zeigt die hohe

Rücklaufquote der Befragung auch, dass Interesse bezüglich CIRS sowie Teilnahmebereitschaft seitens der Ärzte grundsätzlich besteht.

Eindeutig war die Antwort auf die Frage, ob CIRS in Zukunft von den Mitarbeitern genutzt wird. Denn 95% gaben an, CIRS zukünftig nutzen zu wollen. [...]
Für eine erfolgreiche Umsetzung und nachhaltige Teilnahme an CIRS muss, wie bereits in den Anforderungen an CIRS erläutert, ein Nutzen für die Betroffenen zu erkennen sein. Eine sichtbare Veränderung und eine damit verbundene Verbesserung der Arbeitsbedingungen entscheiden, ob ein System scheitert oder langfristig Bestand hat. Die Ergebnisse liefern bereits Ansatzpunkte, warum die Anzahl der eingegangenen Meldungen so rapide abgenommen hat. Denn zwischen der Anzahl der Meldungen und der Akzeptanz des Systems besteht ein großer Zusammenhang. [...]
Zudem wurden eventuelle Gründe, warum CIRS nicht genutzt wird, abgefragt. [...]
Der Grund, keine Meldung zu verfassen, da die Meldung nicht ernst genommen wird, darf bei einer erfolgreichen Umsetzung nicht bestehen. Trotzdem traf dieser Grund bei 5% voll zu, bei 10% weitgehend zu und bei 30% teilweise zu. Zudem machten bei dieser Aussage 10% keine Angaben.

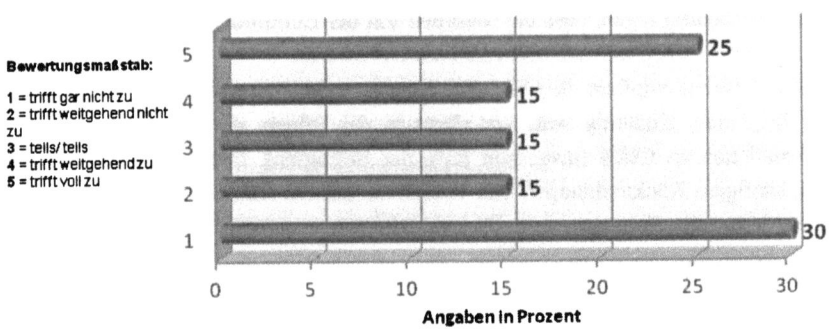

Abb.: Sorgen hinsichtlich Anonymität und Datenschutz, als Grund keine Meldung vorzunehmen

Sorgen hinsichtlich Anonymität und Datenschutz bestanden bei 25% der Befragten. Bei 30% existierten diese Bedenken überhaupt nicht. Diese Sorgen könnten durch einen offensiveren Umgang mit diesem Thema und einer deutlich formulierten „Non reprisal policy", die alle Mitarbeiter erreicht, minimiert werden. Dies gilt auch für

Befürchtungen vor negativen Konsequenzen beziehungsweise Disziplinarmaßnahmen. [...]

Ein weiterer wichtiger Erfolgsfaktor von CIRS ist die Besetzung des CIRS-Auswertungsteams ohne direkte Vorgesetzte, um mögliche Rückschlüsse auf die meldende Person zu vermeiden.

Im Krankenhaus Hetzelstift ist der Initiator und gleichzeitig auch CIRS-Verantwortliche die stellvertretende Stationsleitung. Sowohl in der Befragung als auch in der Auswertung ist zu erkennen, dass die Mitarbeiter trotzdem das System akzeptieren. Auch wenn die Stationsleitung die Mitarbeiter direkt motivieren kann, eine CIRS-Meldung zu tätigen, ist es langfristig im Sinne der Mitarbeiter, das Auswertungsteam neu zu strukturieren. [...]

Die Befragten hatten die Möglichkeit weitere Gründe, warum CIRS nicht genutzt wird, anzugeben. So wurden als Gründe Zeit und Personalmangel genannt. Zudem wurde angegeben, nicht an die Ernsthaftigkeit des Systems zu glauben. Auf dieses Problem sollte die Krankenhausleitung reagieren, da insbesondere die Ernsthaftigkeit über einen nachhaltigen Erfolg eines CIRS entscheidet. [...]

6.2. Optimierungspotenziale

Die Auswertung der CIRS–Meldungen und der Befragung liefert nicht nur viele Ansatzpunkte zur Verbesserung des Systems, sondern auch wertvolle Hinweise auf notwendige Änderungen beziehungsweise Ergänzungen im Hinblick auf eine geplante krankenhausweite Einführung. Das Pilotprojekt wurde erfolgreich abgeschlossen, daher sollten umgehend Entscheidungen in Bezug auf die weitere Vorgehensweise getroffen werden. Die Mitarbeiter haben weiterhin die Möglichkeit eine Meldung zu tätigen. Die Struktur sowie Organisation des CIRS ist unverändert geblieben. Da es sich jedoch um ein Projekt mit definiertem Anfang und Ende handelt, sollten die Rahmenbedingungen eines Projektes systematisch eingehalten werden. Zudem sollte nach Ablauf der Projektlaufzeit ein konkreter Maßnahmenplan erstellt werden. Bereits jetzt interessieren sich mehrere Chefärzte und Stationen für ein solches System und beginnen eigene Projekte zu starten, anstatt ein gemeinsames und einheitliches System für das gesamte Krankenhaus aufzubauen. Langfristig würde diese Entwicklung nicht nur den Aufbau einer interdisziplinären Sicherheitskultur erschweren, sondern auch organisationales Lernen verhindern. Falls eine krankenhausweite Etablierung nicht möglich ist, kann zunächst eine Ausweitung von CIRS auf die risikoreichsten Bereiche wie zum Beispiel OP, zentrale Notfallstation und Intensivpflege erfolgen.

Es muss ein stationsübergreifender Informationsaustausch zwischen allen Mitarbeiter und der Führungsebene stattfinden. Die frühzeitige Einbindung des Personals erleichtert zudem interessierte Mitarbeiter für diverse Funktionen innerhalb des CIRS zu finden. Denn je mehr Bereiche CIRS einführen wollen, umso mehr Meldekreise mit CIRS-Verantwortlichen müssen aufgebaut werden. Eine zentrale Stelle kann eine zeitnahe Erfassung und Bearbeitung nicht mehr gewährleisten. Die ärztliche und pflegerische Leitung der einbezogenen Bereiche müssen auf jeden Fall eine bewusste Entscheidung zur Implementierung treffen, um sich auch der Verantwortung als Vorgesetzter mit Vorbildfunktion bewusst zu sein.

Um das gegenseitige Lernen sicherzustellen, sollte in regelmäßigen Abständen ein CIRS-Erfahrungstreffen stattfinden, in dem alle CIRS-Verantwortlichen aus den verschiedenen Bereichen Diskussionen und mögliche Lösungswege besprechen können. Dieser interdisziplinäre und interprofessionelle Erfahrungsaustausch sollte dazu dienen, Erlerntes oder Erfahrenes im gesamten Krankenhaus zu verbreiten. Die Treffen sind sowohl hinsichtlich der Arbeitsweise der CIRS-Verantwortlichen, als auch in Bezug auf feste Zeitabstände zu strukturieren und einzuhalten. In jedem Fall lassen sich CIRS und die Aufgaben der CIRS-Verantwortlichen nicht neben der täglichen Arbeitsbelastung bewältigen. Hier bedarf es einer offiziellen Freistellung eines Mitarbeiters für eine genau definierte Stundenanzahl oder sogar Sonderpersonal, welches eine zeitnahe Bearbeitung sicherstellt. Zudem können sogenannte „Incentives", wie zum Beispiel Zusatzvergütungen oder Freistellungen von anderen Aufgaben, einen Anreiz zu mehr Mitarbeit an CIRS schaffen.

Momentan erfolgt die Auswertung und Erfassung im Krankenhaus Hetzelstift ohne Datenbanksoftware, obwohl der Versicherer ein kostenloses Programm anbietet. Dies erschwert nicht nur die Auswertung, sondern führt auch dazu, dass Meldungen nicht strukturiert erfasst und nachvollzogen werden können. Eine Nachkontrolle und explizite Rückmeldung von Verbesserungsmaßnahmen ist nur schwer möglich. Ein elektronisches Meldetool mit Anbindung an eine Datenbank würde für die Meldenden und das Auswertungsteam die optimale Lösung darstellen. Bei dem Aufbau einer Datenbank ist darauf zu achten, dass die Datenbank für spätere Auswertungen flexibel ist.

Des Weiteren ist die Datenpolitik zu definieren. Es muss genau festgelegt sein, wer spätestens nach wie vielen Tagen die Meldungen zu kontrollieren sowie zu erfassen hat und wer die Vertretung ist. Allein die CIRS-Verantwortlichen beziehungsweise Stellvertretungen dürfen einen Zugriff auf die eingegangenen Meldungen besitzen.

Die ursprünglichen Meldungen sind hierbei sicher zu anonymisieren und müssen später nach der Erfassung entweder durch den CIRS-Verantwortlichen oder durch das System automatisch gelöscht werden. Unklare Zuständigkeiten bezüglich der Bearbeitung der eingegangenen Meldungen, fehlende Erfahrung hinsichtlich der Verwaltung der Meldungen und lückenhafte Anonymität erschweren eine erfolgreiche Implementierung eines CIRS. Durch fest definierte Strukturen kann erst ein systematisches Arbeiten ermöglicht werden.

Durch CIRS-Besprechungen innerhalb des Meldekreises und regelmäßige Berichte in Mitarbeiterzeitschriften, Intranet und Aushängen mit zum Beispiel kurzen Schilderungen ausgesuchter Fälle und den daraufhin eingeleiteten Maßnahmen, kann die Mitarbeitermotivation im Hinblick auf die Teilnahmebereitschaft gefördert werden. Auf diesem Wege würden auch die meldenden Mitarbeiter für ihre freiwillige Zusatzarbeit Anerkennung sowie Motivationsschübe erfahren. CIRS-Besprechungen innerhalb eines Meldekreises sollten idealerweise mit verschiedenen Berufsgruppen durchgeführt werden. Diese Besprechungen ermöglichen, gemeinsam mit den Mitarbeitern Maßnahmenvorschläge zu erarbeiten, die auch für die Betroffenen praxistauglich sind.

Die abgeleiteten Maßnahmen sind durch die CIRS-Verantwortlichen zu kontrollieren. Es sollte überwacht werden, inwieweit die umgesetzten Maßnahmen das Risiko eines erneuten Auftretens des gleichen Beinahefehlers verhindern. Dies kann durch Analysen und Gespräche mit den Mitarbeitern, aber auch anhand der eingehenden Meldungen beziehungsweise ausbleibenden Meldungen in Bezug auf diese Problematik, festgestellt werden.

Abschließend sollte ein Schwerpunkt bei der Auswertung der gesamten CIRS-Meldungen insbesondere auf die Anzahl umgesetzter Maßnahmen und damit verbundenen Verbesserungen gesetzt werden. Denn diese Kennzahl zeigt, inwieweit das Gesamtsystem Krankenhaus in der Lage ist, das oberste Ziel der Patienten- und Mitarbeitersicherheit zu verwirklichen.

6.3. Chancen und Risiken von CIRS

Bei der Einführung von CIRS muss berücksichtigt werden, dass das System von der subjektiven Empfindung des Meldenden abhängig ist. Es werden Ereignisse erfasst, die der Meldende für wichtig erachtet beziehungsweise an die er sich gut erinnern kann. Eine exakte und wahrheitsgetreue Abbildung der Realität ist nicht immer gewährleistet. Des Weiteren führt das Problem des „Underreporting" dazu, dass seltene Ereignisse bevorzugt gemeldet werden und häufigere von dem Personal als banal eingestufte Ereignisse übergangen werden.

Häufig wird das System auch zweckentfremdet, um zum Beispiel andere Berufsgruppen und Mitarbeiter zu kritisieren oder persönliche Probleme anzusprechen. Auf diese Meldungen sollte auf keinen Fall reagiert werden, um das System nicht zu gefährden.

Ist die Meldung aufgrund zum Beispiel zu weniger Informationen nicht auswertbar, besteht keine Recherchemöglichkeit. Auch direkte Rücksprache mit dem Meldenden ist durch die Anonymisierung nicht möglich.

Trotz der aufgeführten Nachteile ist CIRS eine günstige Betriebstechnik mit hohem Informationsgehalt, die eine prospektive Analyse sowie Identifikation von klinischen Risiken ermöglicht. Vor allem seltene atypische Ereignisse werden erfasst und können durch rechtzeitige Bearbeitung die Patientensicherheit erhöhen. Dieser positive Aspekt führt zu einem Imagegewinn und damit verbundenen Wettbewerbsvorteil für die Einrichtungen. Ein offensiver Umgang mit der Thematik CIRS zum Beispiel in der Patienteninformationsbroschüre kann dem Patienten signalisieren, dass man sich in diesem Krankenhaus mit dieser Problematik ernsthaft auseinandersetzt und seinen Schwerpunkt auf die Patientensicherheit legt.

CIRS ist jedoch nur ein Baustein des Risikomanagements. Durch den Aufbau eines ganzheitlichen Risikomanagements entstehen weitere Vorteile für das Krankenhaus.

Der gesamte Behandlungsablauf kann durch aktives Risikomanagement zügig und störungsfrei organisiert werden. Auch finanziellen Einbußen aufgrund von Komplikationen kann entgegengewirkt werden. Im Gegensatz zu den früheren Tagessätzen, die einen verlängerten Krankenhausaufenthalt abfangen konnten, wirken sich Verzögerungen durch die Einführung der Diagnosis Related Groups defizitär auf das Ergebnis aus.

Zudem ermöglicht Risikomanagement eine Reduzierung der Regressforderungen und die Zahl der berechtgten Haftungsansprüche nimmt dadurch deutlich ab. Inwieweit die Einführung von CIRS und Risikomanagement zu einer Reduzierung der Versicherungsprämie führt, ist krankenhausindividuell zu ermitteln. In jedem Fall hilft sie, die Versicherungsprämie konstant zu halten. Ein wichtiger Vorteil, der ebenfalls für die Umsetzung eines ganzheitlichen Risikomanagements spricht, ist die Zertifizierung des Krankenhauses. Die Zertifizierungsansprüche hinsichtlich des Aufbaus und der Entwicklung eines Risikomanagementsystems haben in den letzten Jahren deutlich zugenommen. [...]

6.4. Fazit

Allein durch die Beschäftigung mit dieser Thematik innerhalb der Einrichtung entsteht eine neue Sichtweise und ein offenerer Umgang mit Fehlern sowie Fehlerursachen. Bereits die Identifikation von Fehlerquellen führt in vielen Fällen zu einer Fehlervermeidung.

Interessant und aufschlussreich ist die Auseinandersetzung mit Konzepten aus anderen Berufsgruppen wie zum Beispiel der Luftfahrt oder nationalen sowie internationalen Entwicklungen im Gesundheitswesen. So ist in den USA, wo Behandlungsfehlerklagen einen hohen Streitwert erreichen, das „Hospitalist – Konzept" entstanden. Ein Arzt steuert den Patienten im Sinne eines Patientenkoordinators während des gesamten Aufenthalts, um mögliche Adverse Events zu verhindern. In Großbritannien werden bereits in vielen Krankenhäusern umfangreiche Schadensdatenbanken, mit denen sich potenzielle Risiken finanziell bewerten lassen, aufgebaut. Zudem richten Krankenhäuser, wie zum Beispiel im Alexandria Hospital in Singapur, ein Vorschlagswesen für Patienten ein. Dadurch können Patienten aktiv Verbesserungen und Risiken zum Behandlungsablauf aus ihrer Sicht beschreiben. Im Universitätsklinikum Charlottesville in den USA wird vor jedem Eingriff eine Konsensbesprechung mit allen OP-Mitarbeitern durchgeführt, um Eingriffsverwechslungen zu vermeiden. Auch im Franziskus Hospital Münster wurde eine erfolgreiche Maßnahme zur Prophylaxe des postoperativen Delirs[10] entwickelt. Da in der Phase der Desorientierung Patienten besonders anfällig für Stürze und Verletzungen sind, die sowohl den Heilungsprozess des Patienten verzögern, als auch direkte Kosten in Form von Folgeoperationen und Liegezeitverlängerung verursachen, werden die Patienten von der Aufnahme bis zur Entlassung von qualifizierten Pflegekräften begleitet.[11]

Unabhängig davon, inwieweit die Realisierung der unterschiedlichen Konzepte in einem Krankenhaus in Deutschland möglich ist, liefern sie neue und kreative Ansatzpunkte und Gedankenanstöße zur Erhöhung der Patientensicherheit. Ein Patientenkoordinator oder eine Begleitperson im Sinne des Franziskus Hospital Münster

---

[10] Delirium wird als eine pathologisch veränderte Bewusstseinslage mit der Folge der Desorientierung, Verwirrtheit, illusionären Verkennung sowie Halluzinationen und einer ängstlich-unruhigen beziehungsweise erregenden Grundstimmung bezeichnet; vgl. http://www.rettungsforum.com/php_files/lexikon/index.php?definition=Delirium&id=118&suche=D, Zugriff am 20.03.2010 um 12 Uhr 30)

[11] Vgl. Eiff, W./Middendorf, C. (2007), S. 55-58.

erweist sich aufgrund des zunehmenden Personalmangels im Bereich der Medizin und Pflege als schwierig, könnte aber durch speziell geschulte Mitarbeiter zumindest für die Behandlung von Privatpatienten oder als Zusatzleistung in der Klinik angeboten werden.

Erst mit der Einführung eines CIRS und einem ganzheitlichen Risikomanagement ist das oberste Ziel der Patientensicherheit zu gewährleisten. Zur Risikoidentifikation von klinischen Risiken müssen zusätzlich eine retrospektive Analyse der Schadenshaftpflichtansprüche, ein Risikoaudit zur Analyse der Ist-Situation und eine Auswertung des Beschwerdemanagements durchgeführt werden. Zur Risikobewertung stehen zahlreiche Instrumente wie zum Beispiel die Fehlermöglichkeits- und einflussanalyse[12] zur Verfügung. Die Risikobewältigung und das Risikocontrolling dienen vor allem der Entwicklung, Umsetzung und Überwachung geeigneter Maßnahmen der Systemgestaltung, um Risikopotenziale zu beseitigen oder zu verringern. Sinnvoll ist die Darstellung aller ermittelten Risiken aus dem klinischen und betriebswirtschaftlichen Leistungsprozess in einem Risikoatlas, der nicht nur eine Übersicht über alle Risiken des Unternehmens, sondern auch eine schnelle Zuordnung ermittelter Risiken in die jeweilige vorher festgelegte Risikokategorie ermöglicht.

Die Grundvoraussetzung für ein nachhaltiges Risikomanagement stellt gleichzeitig das größte Hindernis dar. Denn die Unternehmenskultur entscheidet, inwieweit Mitarbeiter und die Führungsebene bereit sind, Abläufe zu verändern und offen über Fehler zu sprechen. Fehler müssen als unvermeidbarer Bestandteil menschlichen Handelns akzeptiert werden, um einen konstruktiven sowie sachgerechten Umgang mit Risiken zu erreichen. So ist man zum Beispiel in Dänemark und den Niederlanden bereits einen Schritt weiter, da sich dort im Laufe der Zeit ein offenes CIRS entwickelt hat, in dem Meldungen bewusst nicht anonym vorgenommen werden. Gelingt ein solches System, entsteht eine gute Basis innerhalb eines Teams, nachhaltig, offen und sachgerecht über Fehler sprechen zu können.

Für das Krankenhaus Hetzelstift hat sich die Einführung von CIRS gelohnt. Die aktive Beschäftigung mit dieser Thematik hat begonnen und das Interesse an geeigneten Instrumenten der Risikoprävention geweckt. Viele Mitarbeiter wurden mit der

---

[12] „Die Fehlermöglichkeits- und einflussanalyse (FMEA, Failure Mode and Effects Analysis) ist ein Instrument, um bei der Entwicklung oder Herstellung eines Produktes potentiell auftretende Fehler beziehungsweise Probleme bereits frühzeitig zu erkennen und zu vermeiden." (Dietzsch, M./ Althaus, K. (1999), S. 890) Es werden anhand mit einer Liste mit allen Systemteilen und deren Funktion mögliche Fehler jeder Systemkomponente und die Auswirkungen auf das Gesamtsystem untersucht. Daraufhin wird das Risiko des Auftretens eines Fehlers, die Wahrscheinlichkeit des Aufdeckens und seine Bedeutung analysiert; vgl. Middendorf, C. et al. (2004), S. 124.

Problematik erstmalig konfrontiert und erkannten die Wichtigkeit einer systemischen Perspektive auf die Entstehung von Fehlern. Bereits jetzt wurden Sicherheitslücken geschlossen und dadurch die Patientensicherheit erhöht. [...]

Literatur

Verzeichnis der Monografien, Zeitschriftenaufsätze etc.

Aktionsbündnis Patientensicherheit e.V. (Hg.): Empfehlung zur Einführung von Critical Incident Reporting Systemen (CIRS) – Praxistipps für Krankenhäuser, Witten 2007

Bartens, W. (Hg.): Auf Kosten der Patienten – Wie das Krankenhaus uns krank macht, Frankfurt am Main 2008

Dietzsch, M./Althaus, K.: Fehler und Risiken aufspüren – überall, in: Qualität und Zuverlässigkeit, Nr.7/1999, S. 889-892

Eiff, W./Middendorf, C.: Klinisches Risikomanagement – CKM Trendstudie zur Umsetzung in deutschen Krankenhäusern, in: Eiff, W. (Hg.): Risikomanagement – Kosten-/Nutzenbasierte Entscheidungen im Krankenhaus, Band 2, 2. erweiterte Auflage, Wegscheid 2007, S. 46-59

Glazinski, R./Wiedensohler, R.: Patientensicherheit und Fehlerkultur im Gesundheitswesen – Fehlermanagement als interdisziplinäre Aufgabe in der Patientenversorgung, Eschborn 2004

Hansis, M.L./Hart, D.: Medizinische Behandlungsfehler in Deutschland, in: Robert Koch-Institut (Hg.) Gesundheitsberichterstattung des Bundes Heft 04/2001, S. 3-14

Hellmann, W.: Strategie Risikomanagement – Konzepte für das Krankenhaus und die Integrierte Versorgung, Stuttgart 2006

Kohn, L.T./Corrigan, J.M./Donaldson, M.S.: To err is human: building a safer health system, Washington, USA 2000

Middendorf, C.: Klinisches Risikomanagement – Implikationen Methoden und Gestaltungsempfehlungen für das Management klinischer Risiken in Krankenhäusern, Münsteraner Schriften zu Medizinökonomie, Gesundheitsmanagement und Medizinrecht, Band 2, Münster 2004

Internetquellen

Rettungsforum: Definition Delirium, in:
http://www.rettungsforum.com/php_files/lexikon/index.php?definition=Delirium&id=118&suche=D

Strategische Investitionsplanung im Krankenhaus

Johannes Rothfuss

Der Rückgang der Fördermittel stellt Krankenhäuser zunehmend vor Probleme. Notwendige Investitionen bleiben aus, wirtschaftliches Arbeiten wird schwerer. Die langfristigen Folgen sind Einbußen bei der Qualität.

1. Einleitung

Mit imposanten 50 Mrd. Euro *Investitionsstau* macht die Deutsche Krankenhaus Gesellschaft die derzeitige Situation im Gesundheitswesen greifbar. Angesichts leerer Kassen der öffentlichen Hand, die eigentlich für die Finanzierung aufkommen soll, und einem hart umkämpften Patientenwettbewerb ist dies ein Zustand, bei dem die Krankenhäuser nicht nur um das Überleben ihrer Patienten, sonder vor allem um das eigene Überleben kämpfen müssen. Um langfristig dem Versorgungsauftrag gerecht zu werden, sind gleichzeitig Wirtschaftlichkeit und Qualität zu optimieren, das strategische Leistungsspektrum zu definieren und medizinische Schwerpunkte herauszubilden. Durch die gesellschaftlichen und medizinischen Entwicklungen der letzten Jahre, die zu massiven Anspruchsveränderungen gegenüber dem Krankenhaus führten, entwickelten sich Investitionen zu einem Wettbewerbsfaktor. Wie sonst soll das vorhandene Potential entfaltet werden können, wenn die Infrastruktur nicht entsprechend den heutigen Abläufen ausgerichtet ist? In diesem Zusammenhang rücken die Krankenhäuser selbst in die Finanzierungsverantwortung ihrer Investitionen und sehen sich mit dem Konflikt konfrontiert, die begrenzt verfügbaren Mittel optimal einzusetzen. Strategische Investitionsplanung ist gefragt. Denn ohne die helfende Finanzierung durch die Länder gewinnen strategische Gesichtspunkte der alternativ finanzierten Investitionen mehr Bedeutung denn je.

2. Ausgangssituation

Technische, wirtschaftliche und gesellschaftliche Veränderungen schaffen permanent neue Bedingungen, an die sich ein Krankenhaus anpassen muss, um wettbewerbsfähig zu bleiben.[1] Dabei stehen die Zielvorgaben Wirtschaftlichkeit und Qualität über allen Maßnahmen. Seit Einführung der German Diagnosis Related Groups (G-DRG), der fallbezogenen Pauschalvergütung, und verstärkt durch die gesamtwirtschaftlich angespannte Situation, sowie dem allgegenwärtigen demographischen Wandel befinden sich die Krankenhäuser in einem umkämpften Wettbewerbsmarkt. Einem Markt, der mit rund 260 Mrd. Euro Jahresumsatz ungefähr genauso bedeutend ist wie der der deutschen Automobilindustrie.[2]

Nach wie vor im System der dualen Finanzierung, in dem die Länder für Investitionen und die Krankenkassen für die Betriebskosten aufkommen (sollen), sieht sich das Krankenhaus von heute in einem regelrechten Spagat zwischen Wirtschaftlichkeitsstreben, Leistungsverdichtung und der Erweiterung des eigenen Angebots. Während Rationalisierungs- und Modernisierungsinvestitionen immer drängender werden, zieht sich die öffentliche Hand zunehmend aus der Krankenhausfinanzierung zurück.[3] Neben neuen Finanzierungsgedanken müssen nun vor allem auch Effektivität, Effizienz und Absichten der Investitionsvorhaben betrachtet werden. Die Fragen: *In was soll investiert werden? Wann soll investiert werden? Welche Ziele sollen langfristig verfolgt werden?* gewinnen in diesem Zusammenhang eine neue Bedeutung. Zwar erkannte man in Deutschland bereits Mitte der 60er Jahre den Bedarf die Krankenhausplanung unter strategischen Gesichtspunkten zu betrachten, die Umsetzung erfolgte jedoch nur vereinzelt. So nahm in Baden-Württemberg nur das Universitätsklinikum Heidelberg das Angebot des damals zuständigen Kultusministeriums an, eigens für die Krankenhausplanung und -entwicklung zuständige *Denkfabriken* zu installieren.[4]

---

[1] Vgl. Horst 2009 – Investition, S. 1.
[2] Vgl. Roeder/Günnewig et al. 2009 – Wettbewerb und Kooperation, S. 918.
[3] Vgl. Grabow 2009 – Die Baupauschale, S. 35.
[4] Utz Göbel, Leiter Planungsgruppe Medizin am Universitätsklinikum Heidelberg. Gespräch vom 15.03.2010.

3. Theoretische Hintergründe

Investition ist ein Begriff, der sowohl in ökonomisch angespannten Zeiten als auch in wirtschaftlichen Hochphasen allgegenwärtig ist. Die Ausprägung seiner Bedeutung muss demnach enorm sein. Hinterfragt man dieses Konstrukt, so bestätigt sich, dass die Auslegungen hierüber unterschiedlich sind. Häufig werden Investitionen auf den Erwerb von Anlagegegenständen (Gebäude, Grundstücke, Maschinen, Finanzanlagen) begrenzt. Teilweise beziehen sie sich auch auf das Umlaufvermögen, selten nur fallen jedoch ebenso immaterielle Vorgänge, wie zum Beispiel Personalentwicklung darunter.[5] In einem Investitionslexikon ist für den Begriff *Investition* die umfassende Beschreibung als „… zukunftsorientierte(r) Einsatz finanzieller Mittel für Güter, die zur Erfüllung bestimmter Ziele längerfristig genutzt werden sollen"[6], zu finden. Andere Ansätze beschreiben Investition als eine Zahlungsreihe, die in der Regel mit einer Auszahlung beginnt, auf die zu späteren Zeitpunkten Einzahlungen folgen, bzw. erweitern den Investitionsbegriff teilweise auch um den Einsatz von Personal.[7]

Einigkeit hingegen besteht über das Ziel von Investitionen: Der Verbesserung der Ertragsmöglichkeiten und Leistungsfähigkeiten, um ein dauerhaft ausreichendes Betriebsergebnis zu erreichen.[8] Auch die Langfristigkeit der Mittelbindung wird in allen Theorien genannt.[9]

Zur Unterscheidung von Investitionsarten und der Beschreibung der Investitionssystematik werden wiederum verschiedene Ansätze zu Grunde gelegt. Bezüglich des Investitionsumfangs lassen sich Investitionen beispielsweise, abhängig vom jeweils aufzubringenden Investitionsbetrag, in Groß- und Kleininvestitionen unterscheiden.[10] Ebenso werden anhand des Zwecks von Investitionen in der Literatur verschiedene Arten differenziert, wie zum Beispiel Erneuerungs- oder Ersatzinvestitionen.[11]

---

[5] Vgl. Horst 2009 – Investition, S. 9.
[6] Vgl. Lücke/Bloech 1991 – Investitionslexikon, S. 152.
[7] Vgl. Schmidt/Terberger 2006 – Grundzüge der Investitions- und Finanzierungstheorie, S. 52.
[8] Vgl. Kirchner, Kirchner 2002 – Investitions-Controlling im Krankenhaus, S. 33.
[9] Vgl. Hirth 2008 – Grundzüge der Finanzierung und Investition, S. 6.
[10] Vgl. Weber/Meyer et al. 2006 – Investitionscontrolling in deutschen Großunternehmen, S. 14; vgl. hierzu auch Bosse 2000 – Investitionsmanagement in divisionalen Unternehmen, S. 21 ff.
[11] Vgl. Weber/Meyer et al. 2006 – Investitionscontrolling in deutschen Großunternehmen, S. 14.

An Investitionen werden bestimmte Erwartungen bezüglich ihrer Nutzenstiftung, wie z. B. Kosteneinsparung oder Unternehmenswachstum, gestellt. Zusätzlich treten oft auch Folgewirkungen für andere Planungsbereiche des Unternehmens auf.[12]

Das vorrangige Ziel gilt demnach der Rentabilitätsmaximierung. Die kaufmännische Direktorin des Universitätsklinikums Heidelberg, Irmtraud Gürkan, konkretisiert dies noch und beschreibt Investitionen als unabdingbare Voraussetzung für eine kontinuierliche Verbesserung.[13]

Der planmäßige Ablauf von Einzelinvestitionen – die Investitionssystematik – unterscheidet fünf Phasen, die für jede Investition durchlaufen werden.

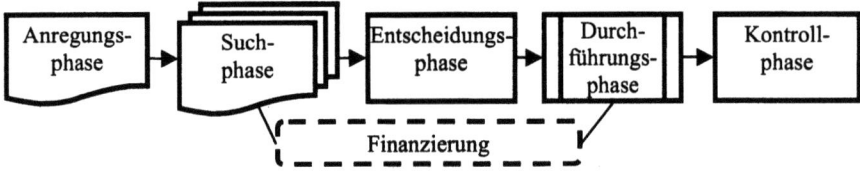

Abb. 1: Fünf Phasen des Investitionsverlaufs[14]

Voran steht hierbei die Anfangs- bzw. Anregungsphase, in der der Bedarf einer Investition erkannt wird. Dies kann durch interne Quellen (Mitarbeiter, Controlling, etc.) oder aber auch durch externe Vorgaben (Vorschriften, Gesetze, Berater) geschehen.

In der folgenden Suchphase werden die qualitativen und quantitativen Bewertungskriterien, sowie die zu beachtenden Nebenbedingungen und Alternativen ermittelt.

Die Durchführungsphase schließt unmittelbar an eine Entscheidungsphase an, in der eine Vorauswahl der Alternativen, sowie deren qualitative und quantitative Bewertung erfolgt. Da die Thematik der Finanzierung bei Investitionen stets eine bedeutende Rolle spielt, bzw. diese erst möglich machen, müssen parallel zu den beschriebenen Phasen mögliche Finanzierungsoptionen erörtert werden.[15]

---

[12] Vgl. Christians 2003 – Kapitalverwendung, S. 2.
[13] Vgl. Gürkan 29./30.04.2009 – Krankenhausinvestitionen, S. 14.
[14] Quelle: Eigene Darstellung.
[15] Hiermit beschäftigt sich Kapitel 2.2.

Den Abschluss eines jeden Investitionsprojekts bildet die Kontrollphase, deren Aufgabe die individuelle, summarische, einmalige oder mehrfache Kontrolle der erwünschten und unerwünschten Investitionswirkungen ist.[16]

3.1. Investitionsabsicht (Wieso wird Investiert?)

Zweck der Organisation eines Betriebes ist es, ein bestmögliches Zusammenwirken der Menschen und der sachlichen Organisationselemente zu gewährleisten, um eine dauerhafte Erreichung der gesetzten Ziele sicherzustellen.[17] Dabei schaffen sowohl technische, wirtschaftliche als auch gesellschaftliche und rechtliche Veränderungen laufend neue Situationen, an die sich die Unternehmen anpassen müssen, wenn sie ihre Existenz sichern und ihre Ziele erreichen wollen. Neben den Entscheidungen über Leistungsprogramm, Beschaffungs- und Absatzwege, sowie Organisation, Personalentwicklung und Finanzierung kommt den Investitionsentscheidungen bei diesem Anpassungsprozess eine besondere Bedeutung zu.[18] Dies liegt u. a. an der in der Regel langfristigen Bindung von Kapital, wodurch diese Entscheidungen in besonderer Weise mit Aspekten anderer Unternehmungsbereiche konkurrieren.[19] Zusätzlich erhalten die Investitionsentscheidungen zum einen dadurch besondere Bedeutung, dass unterlassene, verspätete und fehlerhafte Investitionen die Wettbewerbsfähigkeit einschränken und zur Störung des finanziellen Gleichgewichts führen können.[20] Zum anderen sind Investitionsentscheidungen als an bestimmte Zwecke gebundene, zielgerichtete Wahlhandlungen zu bewerten, die Gefahr laufen, Opfer einer nur kurzfristigen und kurzsichtigen Denkweise[21] zu werden.[22]

Aus diesen multiplen Anforderungen an die Integration von Investitionen in den Betriebsablauf, sowie durch die Beteiligung unterschiedlichster Unternehmensbereiche bei Planung, Steuerung, Realisierung und Kontrolle der Investitionen ergibt sich die klare Notwendigkeit einer Aufnahme der Investitionsplanung in die betriebliche Gesamtplanung.

---

[16] Vgl. Kirchner/Kirchner 2002 – Investitions-Controlling im Krankenhaus, S. 48.
[17] Vgl. Blohm/Lüder et al. 2006 – Investition, S. 5.
[18] Vgl. Horst 2009 – Investition, S. 1.
[19] Vgl. Bieg/Kußmaul 2009 – Investition, S. 32.
[20] Vgl. Horst 2009 – Investition, S. 1.
[21] Die kurzfristige Denkweise resultiert daher, dass Investitionen zuerst einmal mit Auszahlungen und Aufwendungen verbunden sind, die daraus folgenden Einnahmen/Einzahlungen jedoch erst später erfolgen. Vernachlässigt man also die Investition, sieht sich das Unternehmen kurzfristig in einer besseren Liquiditäts- und Erfolgslage. Langfristig ist jedoch unter Anwendung dieser Strategie die Wettbewerbsfähigkeit und somit auch die Existenz des Unternehmens gefährdet. Vgl. Blohm/Lüder et al. 2006 – Investition, S. 7.
[22] Vgl. Blohm/Lüder et al. 2006 – Investition, S. 7; vgl. hierzu auch Horst 2009 – Investition, S. 8.

„Um eine erfolgreiche Zukunft sicherzustellen, ist es wichtig, diese einigermaßen gut zu kennen, um die richtigen Pläne schmieden zu können."[23] Bereits aus dem ökonomischen Prinzip, nach dem der Investitionsbedarf immer größer sein wird als die Investitionsmöglichkeiten, ist die Notwendigkeit der Planung abzuleiten. Dabei sind meistens nicht einmal nur die Finanzen der begrenzende Faktor, sondern vor allem auch die personellen Möglichkeiten.[24] Ein sparsames, d.h. effizientes Haushalten ist demnach mit den vorhandenen Ressourcen erforderlich, um die Gefährdung der Qualität der Patientenversorgung auf Dauer durch eine zu niedrige Investitionsquote auszuschließen.[25] Dafür ist ein gut organisierter Prozess der Investitionsplanung, -durchführung und -kontrolle, verbunden mit einem wirksamen Investitionscontrolling notwendig, weil Investitionsentscheidungen aufgrund ihrer Komplexität, ihrer Langfristigkeit und ihres innovativen Charakters schwierig sind.[26] Der Anspruch an Investitionen ist es daher, langfristigen Anforderungen zu entsprechen und die Wettbewerbsfähigkeit der Unternehmung nachhaltig zu unterstützen.[27]

Insbesondere bei Großinvestitionen spielt der strategische Aspekt eine bedeutende Rolle. Wegen der massiven Kapitalbindung und schweren Revidierbarkeit stellen diese mit ihrem einmaligen Charakter bei der Planung oft besondere Anforderungen dar.[28] Für den strategischen Ansatz der Investitionsplanung ist es daher wichtig, sich unter Einbezug aller beteiligten Akteure über sämtliche (langfristigen) Einflüsse, die eine Investition mit sich bringt, im Klaren zu sein.

In der Praxis wird man diesen besonderen Koordinierungsansprüchen und den sich ständig wandelnden situativen Begebenheiten i. d. R. durch die Anwendung einer „rollenden" Vollplanung gerecht. Hierbei werden ein längerer Zeitraum von mehreren Jahren in Umrissen und jeweils ein kurzer Zeitraum etwa bis zu einem Jahr im Detail geplant. Mit Beginn eines jeden Planjahres wird das Folgejahr wieder anhand der aktuellen Entwicklungen detailliert festgelegt und zugleich die langfristige Planung um ein Jahr weiter-geschrieben."[29]

---

[23] Sobhani/Kersting 2009 – Das Ende der Planwirtschaft, S. 1030.
[24] Vgl. Kirchner/Kirchner 2002 – Investitions-Controlling im Krankenhaus, S. 33 ff.
[25] Vgl. Perridon/Steiner et al. 2009 – Finanzwirtschaft der Unternehmung, S. 1; vgl. hierzu auch Penter/Arnold 2009 – Wie stark sind die Innovationen, S. 13.
[26] Vgl. Horst 2009 – Investition, S. 18.
[27] Vgl. Horst 2009 – Investition, S. 22.
[28] Vgl. Weber/Meyer et al. 2006 – Investitionscontrolling in deutschen Großunternehmen, S. 20.
[29] Vgl. Blohm/Lüder et al. 2006 – Investition, S. 22.

4. Investitionen und Investitionsplanung im Krankenhaus

Die deutschen Krankenhäuser[30] bewegen sich bei zunehmendem Wettbewerb um Patienten in einem Spannungsfeld zwischen Orientierung auf Wirtschaftlichkeit und Sicherung der Qualität.[31] Dafür ist es notwendig, zielgerichtete Investitionen zu tätigen, wie zum Beispiel moderne Technik anzuschaffen, um auf Dauer die Qualität der Patientenversorgung und somit die Wettbewerbsfähigkeit zu erhalten.[32] Nahezu alle Krankenhäuser haben in den vergangenen Jahren hierfür nur unzureichend hohe Fördermittel erhalten.[33] Zwar ist die Gesundheitswirtschaft die einzige Branche, die derzeit wächst. Sie kämpft allerdings mit einer Finanzierungskrise, da die stark steigende Nachfrage nach Gesundheitsleistungen sowie die Innovationen in der Medizin nur partiell über beitragsfinanzierte Mittel der Solidargemeinschaft gegenfinanziert werden können.[34]

Der Rückgang der von der öffentlichen Hand zur Verfügung gestellten Mittel hat bis heute zu einem Investitionsstau bei Krankenhäusern in beträchtlichem Ausmaß geführt.[35] Aktuelle Maßnahmen der Politik zeigen, dass nicht mit steigenden Investitionsförderungen zu rechnen ist, sondern beabsichtigt wird die Vergabe der Fördermittel transparenter und gerechter zu machen und eine Grundlage für eine effizientere Verwendung der Fördermittel zu schaffen.[36] Gleichzeitig sollen den Krankenhäusern mehr unternehmerische Freiheit sowie eine größere Eigenverantwortung bei der Verwendung zukommen.[37] In diesem Rahmen wird die Bedeutung der strategischen Planung steigen, da sie in direktem Zusammenhang mit der Steigerung der Leistungsfähigkeit eines Krankenhauses steht und eigenfinanzierte Investitionen im System der dualen Krankenhausfinanzierung nicht vorgesehen sind.[38]

Die Investitionsquote öffentlicher deutscher Krankenhäuser beträgt zurzeit im jährlichen Durchschnitt 4,5 Prozent, was nicht ausreicht, um die vorhandene Infrastruktur

---

[30] Hierunter und im Folgenden sollen dabei nur KHG-finanzierte Krankenhäuser angesprochen werden, die Mittel der öffentlichen Hand beziehen. Privatwirtschaftliche Krankenhäuser, die beispielsweise als Aktiengesellschaft auftreten, haben andere Möglichkeiten der Mittelbeschaffung auf dem Wirtschaftsmarkt.
[31] Vgl. Grabow 2009 – Die Baupauschale, S. 34.
[32] Vgl. Penter/Arnold 2009 – Wie stark sind die Innovationen, S. 13.
[33] Vgl. Penter/Arnold 2009 – Vorsicht, Stau, S. 14.
[34] Vgl. Roeder/Günnewig et al. 2009 – Wettbewerb und Kooperation, S. 918.
[35] Vgl. Augurzky/Krolop et al. 2004 – Das Krankenhaus, S. 11.
[36] Vgl. Penter/Arnold 2009 – Vorsicht, Stau, S. 14.
[37] Vgl. Penter/Arnold et al. 2009 – Ziel erreicht, S. 66.
[38] Vgl. Kaissi/Begun 2008 – Strategic Planning Processes and Hospital, S. 209.

zu erhalten.[39] Diese Finanzierungsschwierigkeiten und die mittelfristigen Probleme einer schrumpfenden Erwerbsbevölkerung[40] bei gleichzeitigem Wachstum der therapeutischen und diagnostischen Möglichkeiten kann das Krankenhausfinanzierungsgesetz nicht lösen.[41] Um dies durchführen zu können, wird es für die Krankenhäuser erforderlich, ergänzend zu den Eigenmitteln aus dem operativen Geschäft auch zusätzliche Finanzierungsquellen, wie zum Beispiel Fremdfinanzierung durch Kreditaufnahmen, zu erschließen.[42] Das Krankenhaus muss hierfür den Markt, die Kunden, die Konkurrenz, den Leistungsbedarf und die eigene Qualität kennen und beurteilen, um daraus eine Strategie zum Erreichen der eigenen Zukunftsziele abzuleiten.[43] Eine Aufgabe, die für viele Krankenhäuser eine neue Herausforderung darstellt, da die strategische Investitionsplanung in diesem Zusammenhang bisher keine tragende Rolle gespielt hat.[44]

Krankenhausmanager sind dafür ausgebildet, entsprechend vorhersagbarer Trends zu planen, Qualität und Transparenz zu steigern und sich den Anforderungen der Digitalisierung zu stellen. In den vergangenen Jahren beherrschten jedoch unvorhersehbare politische und wirtschaftliche Ereignisse das Geschehen, die die Krankenhäuser zum Reagieren zwangen.[45]

5. Zukunftslage

Der Wandel von einer klar definierten dualen Finanzierung, in der die Verantwortung der Investitionsfinanzierung ausschließlich bei Land und Bund liegt, zu einer Teilmonistik ist demnach bereits in vollem Gange.[46]

Auch die Politik hat erkannt, dass für Innovationen und Ersatzinvestitionen aufgrund von Mehrbelastungen der Krankenhäuser und Finanznöten der öffentlichen Hand kein Spielraum verbleibt.[47] Dies zeigt sich neben dem bereits angesprochenen Investitionsstau auch daran, dass, während die gesamten Kosten der Krankenhäuser von 2002 bis 2007 um etwa 10% gestiegen sind, im gleichen Zeitraum ein Anstieg

---

[39] Vgl. Penter/Arnold 2009 – Wie stark sind die Innovationen, S. 13.
[40] Langfristig ist trotz der steigenden Lebenserwartung von einem Rückgang der Erwerbsbevölkerung aufgrund sinkender Geburtenraten auszugehen. Vgl. Statistisches Bundesamt Deutschland (Hg.) 2009 – Statistisches Jahrbuch 2009.
[41] Vgl. Grabow 2009 – Die Baupauschale, S. 37.
[42] Vgl. Penter/Arnold et al. 2009 – Ziel erreicht, S. 70.
[43] Vgl. Elmhorst 2008 – Mehr Wissen über den Markt, S. 25 ff.
[44] Vgl. Heyder 26.11.2009 – Zukunft der Investitionsplanung und -finanzierung, S. 19-23.
[45] Vgl. Green 2009 – The New Pace of Strategic, S. 31.
[46] Vgl. Gürkan 29./30.04.2009 – Krankenhausinvestitionen, S. 7.
[47] Vgl. Grabow 2009 – Die Baupauschale, S. 34.

der Zinsaufwendungen um 57% zu verzeichnen war.[48] Da die derzeitige Finanzierungsmethodik den aktuellen Ansprüchen nicht mehr ausreichend gerecht wird und nicht davon auszugehen ist, dass die Länder bei rückläufigem Steueraufkommen Krankenhäusern zukünftig ein höheres Fördervolumen zur Verfügung stellen werden, versucht die Politik, durch verschiedene Maßnahmen entgegenzuwirken.[49] Ein aktuelles Beispiel hierfür ist die Verabschiedung des Krankenhausfinanzierungsreformgesetzes. Zentraler Punkt hierin ist die in § 10 KHRG geregelte Reform der Investitionsfinanzierung. Hiernach soll die bisher gültige Methodik durch die Einführung einer leistungsorientierten Förderpauschale abgelöst werden, die wie für die Betriebskosten bereits üblich auch von den Krankenkassen ausgezahlt werden soll. In diesem Modell sollen die Kliniken zukünftig sowohl ihre Betriebsausgaben als auch ihre Investitionsaufwendungen allein aus der Vergütung finanzieren, die ihnen von den Krankenversicherungen für erbrachte Behandlungsleistungen gezahlt wird. Sämtliche Finanzmittel sollen gleichermaßen leistungsorientiert auf die Krankenhäuser durch Investitionszuschläge auf die diagnosebezogenen Fallpauschalen verteilt werden.[50] Zwar wird es dabei nach wie vor eine Unterscheidung zwischen einheitlichem Grundbedarf für die allgemeine Infrastruktur und besonderem Investitionsbedarf für ausgewählte Leistungsbereiche geben, aber dennoch soll das Gros der Investitionen über die Pauschalen finanziert werden.[51]

Diese Variante bedeutet mehr Verantwortung für die einzelnen Krankenhäuser, da künftig der Krankenhausträger seine Investitionsentscheidungen selbst ohne Einschaltung der Förderbehörden treffen kann. Hierdurch werden ihm mehr Flexibilität für die Durchführung von Investitionen und ergänzende Finanzierungsmaßnahmen eingeräumt.[52] Gleichzeitig verringert das Land mit der Einführung der Pauschalförderung seine Vormundschaft bei der Verwendung der Fördermittel, da diese nun nicht mehr an bestimmte Bauvorhaben geknüpft sind.[53] Vielmehr hat es nur noch eine Aufsichtsfunktion statt der bisher detaillierten Krankenhausplanung, wodurch die Eigenverantwortung und Kreativität der Krankenhäuser in den Vordergrund tritt.[54]

---

[48] Vgl. Penter/Arnold 2009 – Vorsicht, Stau, S. 14.
[49] Vgl. Gürkan 29./30.04.2009 – Krankenhausinvestitionen, S. 8; vgl. hierzu auch Grabow 2009 – Die Baupauschale, S. 37.
[50] Vgl. Rürup, IGES et al. 29.06.2009 – Effizientere und leistungsfähigere Gesundheitsversorgung, S. 3.
[51] Vgl. Steiner 18.11.2009 – Das G-DRG-System 2010, S. 25-26; vgl. hierzu auch Grabow 2009 – Die Baupauschale, S. 36.
[52] Vgl. Grabow 2009 – Die Baupauschale, S. 36.
[53] Vgl. Penter/Arnold et al. 2009 – Ziel erreicht, S. 67.
[54] Vgl. Gürkan 29./30.04.2009 – Krankenhausinvestitionen, S. 8.

Zentrale Kritik an dieser Reform ist, dass die geplante Leistungsorientierung anhand der Fallpauschalen keine Berücksichtigung der mit der Behandlung verbundenen Anlagenabnutzung zulässt und damit der Investitionsaufwand der Behandlung nicht abzuleiten ist.[55] Weiter äußern einige Krankenhausgeschäftsführer die Befürchtung, dass durch die insgesamt geringeren Förderbeträge pro Krankenhaus die Zinslasten und damit die Betriebskosten weiter steigen könnten. Hierdurch würde der Investitionsstau noch wachsen.

Die beschriebenen Faktoren lassen der Investitionsplanung in Zukunft eine wachsende Bedeutung zukommen, da die Eigeninitiative der Krankenhäuser gefordert ist. Alternative Finanzierungsquellen und stark begrenzte Investitionsmittel fordern die Kliniken auf, ein strategisches, langfristig orientiertes Denken zu pflegen, das bisher in diesem Ausmaß nicht üblich war.[56]

6. Praxisbeispiel

Bereits oben wurde das Problem der fehlenden Spezialisierung und Erfahrung der für die Investitionsplanung verantwortlichen Unternehmensleitung angesprochen. Das Universitätsklinikum Heidelberg begegnet diesem durch die Einschaltung einer Stabsstelle, deren Aufgabe ausschließlich und genau in den Bereichen Investitionsplanung, -entscheidung und -organisation liegt. Die bereits im Jahr 1966 gegründete Planungsgruppe Medizin ist die Interessenvertretung des Klinikumsvorstands, der Medizinischen Fakultät und der Nutzer in Investitionsprojekten hinsichtlich planerischer, strategischer und operativer Fragestellungen. Sie nimmt dabei eine führende und gestaltende Rolle bei der gesamten Bau- und Betriebsplanung ein und koordiniert die baulichen Investitionsprojekte sowohl im Bereich Neubau als auch bei Sanierungsobjekten mit dem Ziel, für die Aufgaben in Krankenversorgung, Forschung und Lehre optimale räumliche Bedingungen zu schaffen. Zusätzlich hat die Planungsgruppe die Aufgabe der Entwicklung innovativer Finanzierungsformen für große Investitionen. Als Stabsstelle organisiert, untersteht sie direkt dem Klinikumsvorstand und wird so der Forderung gerecht, die abschließende Verantwortung der Investitionsplanung bei der Geschäftsführung zu belassen. In den Projekten tritt die Stabsstelle als Inhouse-Projektsteuerer auf und übernimmt neben der Überwachung des Projektverlaufs bereits im Vorfeld die Verantwortung für Planung und Finanzierung. Dies geschieht immer unter dem Aspekt der Strategie, die das Universitäts-

---

[55] Vgl. Penter/Arnold et al. 2009 – Ziel erreicht, S. 68.
[56] Vgl. Penter/Arnold 2009 – Vorsicht, Stau, S. 14.

klinikum Heidelberg langfristig verfolgen will und beinhaltet die Analyse des Bedarfs durch so genannte Nutzungsanforderungen und den Einbezug beteiligter interner und externer Partner. Im Verlauf der Planung gilt es stets, die Projekte unter Berücksichtigung des laufenden Krankenhausbetriebes zu betrachten, um diesen durch die Investitionen nicht einzuschränken. Während dieses Vorgangs steht die Planungsgruppe Medizin in ständigem Kontakt mit dem Klinikumsvorstand, dem sie regelmäßig den Projektstand und die Kostenentwicklung berichtet.

Dass das Klinikum Heidelberg[57] im nationalen Vergleich eine der wenigen Einrichtungen ist, die auf eine so etablierte Stabsstelle zugreifen kann, die eigens für die Investitionsplanung und -überwachung zuständig ist, ist eine Tatsache, die gerade bei der aktuell üblichen Finanzierungsmethodik der Einzelförderung verwundert. Ist es doch essentiell, eine ausgereifte und professionelle Planung der Investitionen vorzuhalten, um die Fördermittel von Bund und Ländern zu erhalten und einen erfolgreichen Projektverlauf sicherstellen zu können.

Während Kleininvestitionen und Anpassungsinvestitionen für neue Geräte oder geänderte Nutzungsbedürfnisse parallel behandelt werden, wird für anstehende Großinvestitionen am Heidelberger Universitätsklinikum ein Gesamtplan erstellt, der basierend auf einem so genannten Generalplan die Großprojekte der nächsten 30 Jahre abbildet. Anhand dieses Plans ist es möglich, finanzielle Belastungen, die strategischen Ziele und anstehende Maßnahmen für die aktuelle Investitionsplanung im Blick zu haben und die Auswirkungen, die sich daraus ergeben, frühzeitig zu erkennen. Durch die Zuordnung von aufzubringenden finanziellen Mitteln für die einzelnen Maßnahmen lassen sich mögliche Finanzierungsmodelle langfristig erörtern. Ein weiterer Vorteil dieser langfristigen Planung ist, dass aufkommende Investitionsbedürfnisse anhand des erstellten Gesamtplans eingeordnet und bewertet werden können. So ist unter anderem auch gewährleistet, dass kostenintensive Investitionen in bestehende Strukturen, die in naher Zukunft im Rahmen der Gesamtplanung um- bzw. neugebaut werden sollen, in einem weitsichtigen Denkprozess eingeordnet und *nur* dementsprechend realisiert werden.

---

[57] Das Universitätsklinikum Heidelberg gilt als eine international renommierte Einrichtung der Spitzenmedizin und ist ein Krankenhaus der Maximalversorgung mit 13 Kliniken/Departments und acht Instituten, in denen rund 8.000 Mitarbeiter beschäftigt sind. Jährlich erhalten hier ca. 55.000 stationäre und über 800.000 ambulante Patienten eine hochleistungsmedizinische Versorgung. Um dieser Stellung gerecht zu werden und sie auch zukünftig bewahren zu können, bedarf es der laufenden Anpassung an veränderte Rahmenbedingungen. Neben rechtlichen und politischen Änderungen sind hier vor allem auch der medizinisch technische Fortschritt und die gewachsenen gesellschaftlichen Anforderungen an die Krankenhäuser zu nennen.

Auf einem umkämpften Gesundheitsmarkt gilt es, Patienten durch eine hochqualifizierte medizinische Versorgung und erstklassige infrastrukturelle Begebenheiten an sich zu binden, um die zukünftige Wettbewerbsfähigkeit und damit das langfristige Überleben des Klinikums sicherzustellen. Dies erfordert Anpassung, Erweiterung und ständige Innovation, um sowohl den betriebswirtschaftlichen Zielen der Unternehmensführung als auch den moralischen Forderungen einer Gesundheitseinrichtung gerecht zu werden. Innovationen, die Investitionen bedingen. Denn weder ein wirtschaftliches Arbeiten noch eine qualitativ hochwertige Behandlung sind mit dysfunktionalen Geräte- oder Gebäudestrukturen realisierbar.[58]

Unter Berücksichtigung der angespannten finanziellen Situation des Bundes und der Länder, dem Hintergrund der geplanten Umstellung der Investitionsfinanzierung, sowie den Vorhersagen, dass sich diese Situation auch in naher Zukunft nicht ändern bzw. sogar eher weiter verschlechtern wird, ist das Universitätsklinikum Heidelberg mit der beschriebenen Einrichtung der Planungsgruppe Medizin und der strategischen Gesamtplanung gut aufgestellt. Kritiker könnten dem gegenüber behaupten, dass das Vorhalten einer eigenen Planungsabteilung für die Investitionsplanung, die nicht als Architekten oder Ingenieure, sondern *nur* als Projektsteuerer und Nutzervertreter des Klinikums auftritt, in wirtschaftlich angespannten Zeiten ein Luxus ist. Doch in Anbetracht der Bedeutung, die der medizinische Fortschritt, die wachsenden Leistungszahlen und der steigende Anspruch der Patienten den Investitionen im Krankenhausbereich zukommen lässt, ist ein solcher *Luxus* begründet. Wäre doch die Gefahr gegeben, dass Investitionsprojekte, die von externen Beratungs- und Projektdienstleistern ohne Einblick in die Firmenstruktur, oder von einem provisorisch besetzten Planungsstab aus den Reihen der Angestellten ohne Erfahrung in der Projektarbeit begleitet werden, außer Kontrolle geraten. Womit in diesem Fall nicht nur der Projekterfolg, sondern auch die Qualität der Patientenbehandlung und damit die Wettbewerbsfähigkeit auf dem Gesundheitsmarkt gefährdet wäre.

7. Ausblick

Die Entwicklungen im Gesundheitswesen beschreiben Norbert Roeder et al. als Paradigmenwechsel zur Gesundheitswirtschaft.[59] Entwicklungen, die angesichts der chronischen Unterfinanzierung von Investitionen in den Krankenhäusern vielerorts

---

[58] Vgl. Gürkan 29./30.04.2009 – Krankenhausinvestitionen, S. 14.
[59] Vgl. Roeder/Günnewig et al. 2009 – Wettbewerb und Kooperation, S. 918.

zu einer veralteten Gebäudesubstanz und unwirtschaftlichen Prozessen geführt haben. Eine Tatsache, die die Krankenhäuser zwingt, unter erschwerten finanziellen Rahmenbedingungen ihre individuellen Erfolgsstrategien zu entwickeln und richtungweisende Entscheidungen für die kommenden Jahre zu treffen.[60]

Wie komplex solche Entscheidungsfindungsprozesse sein können und wie weitgefächert das Feld der Entscheidungsumsetzung ist, konnte auf den vergangenen Seiten dargelegt werden. Für Investitionen wurde vor allem festgestellt, dass als primäre Voraussetzung ein gemeinsam verfolgtes Ziel essentiell ist. Nur durch einen ganzheitlichen Ansatz ist es möglich, alle Beteiligten in einem Projekt zu integrieren und eine erfolgreiche Umsetzung garantieren zu können. Diese Anforderungen sind zwar nicht von Grund auf neu, aber im Krankenhaus weitgehend unbekannt. Durch die Krankenhausfinanzierungsreform mit dem mittelfristigen Trend zurück zur Monistik und durch die leeren öffentlichen Kassen ist die Bedeutung der strategischen Planungsansätze enorm gestiegen.[61]

Da Nicht-Investieren aus Wettbewerbsgründen nicht in Frage kommt und gerade für Krankenhäuser wegen der gesellschaftlichen und moralischen Verpflichtungen nicht in Frage kommen kann, sind die Einrichtungen gefordert, eigenständig für die Finanzierung ihrer Investitionen zu sorgen. Spätestens jetzt wird dabei die Bedeutung des strategischen Ansatzes erkannt. Als langfristig gebundenes Kapital bewirken Investitionen nicht nur Rationalisierungsmöglichkeiten, sondern stellen auch die Weichen für die zukünftige Ausrichtung des Leistungsspektrums und beeinflussen damit die Wettbewerbsfähigkeit.

Dass eine strategische Implementierung der Investitionsplanung im Krankenhaus möglich und vorteilhaft ist beweist das Universitätsklinikum Heidelberg. Hier wurde durch die Einrichtung einer Institution, deren Aufgabe ausschließlich die Entwicklung strategischer Ziele ist, eine Expertise entwickelt, durch die heute auf eine ausgereifte, moderne Gebäudestruktur zurückgegriffen werden kann.
Im Hinblick auf die wachsende Bedeutung der strategischen Investitionsplanung in der Zukunft werden nur die Krankenhäuser langfristig bestehen, die sich dieser Aufgabe gewachsen sehen.

---

[60] Vgl. Grabow 2009 – Die Baupauschale, S. 35.
[61] Vgl. Eberts/Ruhl et al. 2010 – Neubau oder Umbau, S. 2.

Literaturverzeichnis

Augurzky, Boris/Krolop, Sebastian/Liehr-Griem, Andreas/Schmidt, Christoph M./Terkatz, Stefan (Augurzky/Krolop et al. 2004 – Das Krankenhaus), Das Krankenhaus, Basel II und der Investitionsstau. RWI: Materialien 13. Rheinisch-Westfälisches Institut für Wirtschaftsforschung, Essen 2004

Bieg, Hartmut/Kußmaul, Heinz (Bieg/Kußmaul 2009 – Investition), Investition. 2. Aufl., Vahlen, München 2009

Blohm, Hans/Lüder, Klaus/Schaefer, Christina (Blohm/Lüder et al. 2006 – Investition), Investition. Schwachstellenanalyse des Investitionsbereichs und Investitionsrechnung. 9. Aufl., Vahlen, München 2006

Bosse, C. (Bosse 2000 – Investitionsmanagement in divisionalen Unternehmen), Investitionsmanagement in divisionalen Unternehmen. Strategiebestimmung, Koordination von Investitionsentscheidungen und Anreizsysteme. Dissertation, Chemnitz 2000

Christians, Uwe (Christians 2003 – Kapitalverwendung), Kapitalverwendung. Kapitel 3. In: http://www.uwechristians.de/html/img/pool//239_Skript_2007_Kapitel_C.pdf?sid=6f71 6d368927ffacc278cc320ad55601 vom 28.01.2010

Eberts, Elke/Ruhl, Stefan/Katzschmann, Wilhelmina (Eberts/Ruhl et al. 2010 – Neubau oder Umbau), Neubau oder Umbau – das ist hier die Frage. Die Krankenhausmodernisierung muss sorgfältig kalkuliert werden. In: Management & Krankenhaus, H. 3/2010 vom 01.03.2010, S. 2

Elmhorst, Dirk (Elmhorst 2008 – Mehr Wissen über den Markt), Mehr Wissen über den Markt. Wie sich der relevante Markt eines Krankenhauses bestimmen lässt. In: KU Gesundheitsmanagement, H. 11 vom 01.11.2008, S. 24-28

Grabow, Jan (Grabow 2009 – Die Baupauschale), Die Baupauschale – Ausweg aus dem Investitionsdilemma? Umstellung auf leistungsorientierte Investitionspauschalen am Beispiel NRW. In: KU Gesundheitsmanagement, H. 6 vom 01.06.2009, S. 34-37

Green, Jan (Green 2009 – The New Pace of Strategic), The New Pace of Strategic Planning. In: H&HN: Hospitals & Health Networks, Jg. 83, H. 11 vom 01.11.2009, S. 31-34

Gürkan, Irmtraud (Gürkan 29./30.04.2009 – Krankenhausinvestitionen), Krankenhausinvestitionen: Besser ohne die Länder? Veranstaltung vom 29./30.04.2009, aus der Reihe „8. Nationales DRG-Forum plus. Im Jahr eins des Gesundheitsfonds", Berlin 2009

Heyder, Ralf (Heyder 26.11.2009 – Zukunft der Investitionsplanung und -finanzierung), Zukunft der Investitionsplanung und -finanzierung: Ist die (Hochschul-)Medizin reif für die Monistik? Strategische Investitionsplanung: Organisation, Ziele, Instrumente, Risiken – Herausforderungen für Universitätsklinika und Krankenhäuser. Veranstaltung vom 26.11.2009, aus der Reihe „Strategische Investitionsplanung im Krankenhaus", Veranstalter: Verband der Universitätsklinika Deutschlands, Berlin 2009

Hirth, Hans (Hirth 2008 – Grundzüge der Finanzierung und Investition), Grundzüge der Finanzierung und Investition. 2. Aufl., Oldenbourg, München 2008

Horst, Klaus W. ter (Horst 2009 – Investition), Investition. 2. Aufl., Kohlhammer, Stuttgart 2009

Kaissi, Amer A./Begun, James W. (Kaissi/Begun 2008 – Strategic Planning Processes and Hospital), Strategic Planning Processes and Hospital Financial Performance. In: Journal of Healthcare Management, Jg. 53, H. 3 vom 01.03.2008, S. 197-209

Kirchner, Helga/Kirchner, Wilhelm (Kirchner/Kirchner 2002 – Investitions-Controlling im Krankenhaus), Investitions-Controlling im Krankenhaus. Kohlhammer, Stuttgart 2002

Lücke, Wolfgang/Bloech, Jürgen (Lücke/Bloech 1991 – Investitionslexikon), Investitionslexikon. 2. Aufl., Vahlen, München 1991

Penter, Volker/Arnold, Christoph (Penter/Arnold 2009 – Wie stark sind die Innovationen), Wie stark sind die Innovations- und Investitionskraft? Individuelle Chancen und Risiken – Zukunft deutsches Krankenhaus. In: KU Gesundheitsmanagement, H. 7 vom 01.07.2009, S. 13-16

Perridon, Louis/Steiner, Manfred/Rathgeber, Andreas W. (Perridon/Steiner et al. 2009 – Finanzwirtschaft der Unternehmung), Finanzwirtschaft der Unternehmung. 15. Aufl., Vahlen, München 2009

Roeder, Norbert/Günnewig, Matthias/Franz, Dominik (Roeder/Günnewig et al. 2009 – Wettbewerb und Kooperation), Wettbewerb und Kooperation – (k)ein Widerspruch(!)? In: Das Krankenhaus, H. 10, S. 918–928. 01.10.2009

Rürup, Bert/IGES, Institut GmbH/DIW, Berlin e. V./DIW econ, GmbH/Wille, Eberhard (Rürup/IGES et al. 29.06.2009 – Effizientere und leistungsfähigere Gesundheitsversorgung), Effizientere und leistungsfähigere Gesundheitsversorgung als Beitrag für eine tragfähige Finanzpolitik in Deutschland. Forschungsvorhaben für das Bundesministerium der Finanzen. Häussler, Berlin 29.06.2009

Schmidt, Reinhard H./Terberger, Eva (Schmidt/Terberger 2006 – Grundzüge der Investitions- und Finanzierungstheorie), Grundzüge der Investitions- und Finanzierungstheorie. 4. Aufl., Gabler, Wiesbaden 2006

Sobhani, Bidjan/Kersting, Thomas (Sobhani/Kersting 2009 – Das Ende der Planwirtschaft), Das Ende der Planwirtschaft. Ansätze für ein erweitertes Strategieverständnis. In: Das Krankenhaus, H. 11, S. 1030–1033, 01.11.2009

Steiner, Peter (Steiner 18.11.2009 – Das G-DRG-System 2010), Das G-DRG-System 2010. G-DRG-Systementwicklung aus Sicht der DKG. Vortrag im Rahmen der Informationsveranstaltung der Deutschen Krankenhausgesellschaft, 18.11.2009

Weber, Jürgen/Meyer, Matthias/Birl, Holger/Knollmann, Ramon/Schlüter, Hendrik/Sieber, Carsten (Weber/Meyer et al. 2006 – Investitionscontrolling in deutschen Großunternehmen), Investitionscontrolling in deutschen Großunternehmen. Ergebnisse einer Benchmarking-Studie. WILEY-VCH Verlag, Weinheim 2006

Konzeptionierung von Methoden des Projektcontrollings für das KfH[1]

Anne-Christin Wenck

1. Einleitung

Das KfH, Kuratorium für Dialyse und Nierentransplantation (im folgenden KfH genannt) ist eine gemeinnützige Einrichtung, dessen Aufgabe es ist, auch in einem von steigendem Kostendruck bestimmten Gesundheitswesen weiterhin zur flächendeckenden Versorgung nierenkranker Patienten dauerhaft beizutragen. Die Patienten können in den über 200 KfH-Nierenzentren, in denen von jeher die Behandlung an zahlreichen Standorten in der Verzahnung von ambulanter und stationärer Versorgung erbracht wird, auf das Wissen und Können der mehr als 1.000 Ärztinnen und Ärzten sowie der weiteren 6.000 Mitarbeiterinnen und Mitarbeitern vertrauen. Die enge Kooperation mit niedergelassenen Ärzten sowie die Nutzung neuer Versorgungsformen, wie zum Beispiel in Form der sogenannten Medizinischen Versorgungszentren, erweisen sich mehr und mehr als bedarfsgerechte Ergänzung.

Wie auch in anderen Unternehmen haben Projekte im KfH in den letzten Jahren stark an Bedeutung gewonnen. Dies ist darauf zurückzuführen, dass Projekte den „wesentlichen Motor für die Gestaltung von Veränderungsprozessen in Unternehmen" darstellen. Im Zuge dieser Entwicklung ergab sich der Bedarf, dass das entsprechende Regelwerk bezüglich der Durchführung von Projekten im KfH angepasst werden musste. Mit Erlass eines sogenannten Durchführungsbeschlusses wurde entschieden, ein professionelles Projektmanagement mit systemischer Ausrichtung im KfH aufzubauen. Bestandteil dieses Projekts ist die Entwicklung und Einführung

---

[1] Auszug aus Bachelorarbeit für die Prüfung zum Bachelor of Arts (BA) im Ausbildungsbereich Wirtschaft der Dualen Hochschule Baden-Württemberg Mannheim.
Betreuender Dozent: Dipl. Inform. (FH) Claus Hönle, PMP

erweiterter Methoden des Projektcontrollings im KfH. Zentrale Aufgabe eines Projektcontrollings ist zum einem die Dokumentation des Projektverlaufs im Hinblick auf Kosten, Termine und Projektleistung, um Transparenz im Projekt zu generieren. Zum anderen wird im Rahmen eines Projektcontrollings eine Abweichungsanalyse durchgeführt, um Steuerungsinformationen zur Zielerreichung bereitzustellen. Dabei wird deutlich, dass eine detaillierte und verbindliche Projektplanung eine essentielle Voraussetzung für ein Projektcontrolling ist.

2. Ziel der Bachelorarbeit

Ziel dieser Bachelorarbeit war es, Methoden eines Projektcontrollings für das KfH zu konzipieren. Hierzu wurden zu Beginn allgemeine Anforderungen an ein Projektcontrolling anhand einer Literaturrecherche herausgearbeitet. Ergänzend wurden die Erfahrungen mit bereits angewendeten Methoden des Projektcontrollings sowie die Erwartungen an ein Projektcontrolling der Projektverantwortlichen im KfH in Form von Leitfadeninterviews ermittelt. Auf Grundlage der Ergebnisse aus den Interviews, den allgemeinen Anforderungen an ein Projektcontrolling wurden Methoden des Projektcontrolling für das KfH entwickelt. Hierbei wurden außerdem folgende Kriterien berücksichtigt: praktische Umsetzbarkeit, leichte Verständlichkeit der Methode und Verfügbarkeit von Daten im KfH. Nach Abschluss der Methodenauswahl erfolgte die exemplarische Darstellung der Methoden in einem Berichtswesen.

3. Projektarten im KfH

Im KfH wird zwischen Pionierprojekte und Standortprojekte unterschieden. Pionierprojekte sind gekennzeichnet durch Erstmaligkeit bzw. Einmaligkeit, einer hohen Komplexität sowie der Beteiligung von internen und externen Organisationseinheiten. Zu Beginn der Planung steht noch nicht fest, wie der Projektverlauf gestaltet ist und welche Organisationseinheiten letztlich betroffen sind. Pionierprojekte werden in der Regel aus der KfH-Hauptverwaltung heraus initiiert und gesteuert.

Standortprojekte konzentrieren sich dagegen vor allem auf den Aufbau von Kooperationen und Standorten. Da diese Art der Projekte bereits vielfach durchgeführt worden ist, ist der inhaltliche Projektablauf bereits grundsätzlich bekannt. Die spezifische Herausforderung dieser Projekte liegt in einer realistischen und verbindlichen Planung von Zeiten und Meilensteinen. In der Regel ist der zeitliche Fortschritt von den Entscheidungsstrukturen der externen Partner abhängig. Diese können allerdings im Einzelfall nur bedingt vom KfH beeinflusst werden. Eine verbindliche Zeitplanung von Arbeitspaketen bzw. Aufgaben ist daher nur begrenzt möglich.

4. Ergebnisse der Leitfadeninterviews

Mithilfe einer Häufigkeitstabelle wurden die Aussagen aus den Leitfadeninterviews aufgelistet und durch die Anzahl der Nennungen gewichtet. Das Ergebnis der Interviews ergab, dass ein standardisiertes Projektcontrolling bereits in Ansätzen im KfH existierte. In der Regel beruhte die Durchführung von Projekten jedoch auf den Einschätzungen und Erfahrungen der Projektverantwortlichen.

Bezüglich der Erwartungen an ein Projektcontrolling zeigten die Interviews, dass aus Sicht der Pionierprojekte der Schwerpunkt eines Projektcontrollings im Bereich der Budget- und Terminüberwachung gesehen wird. Im Bereich Standortprojekte lagen die Erwartungen insbesondere bei der Termineinhaltung sowie der Dokumentation von Meilensteinen.

5. Allgemeine Anforderungen an ein Projektcontrolling

Wie das klassische Controlling[2] erfüllt das Projektcontrolling eine betriebswirtschaftliche Servicefunktion, jedoch mit der Besonderheit, dass das Projektcontrolling auf die Anforderung und die Situation von Projekten zugeschnitten ist.[3]

Hauptziel des Projektcontrollings ist die Sicherstellung des Projekterfolgs. Es ist somit ein wesentliches Führungsinstrument des Projektmanagements. Dabei beschränkt es sich nicht nur auf die Planung und Kontrolle der Kosten, sondern bezieht sämtliche Projektziele mit ein. Diese lassen sich dabei grundsätzlich in drei Dimensionen einordnen: Kosten, Zeit und Leistung. Demgegenüber steht eine begrenzte Anzahl von Ressourcen, die effizient einzusetzen sind. Zu beachten ist, dass zwischen den einzelnen Dimensionen Wechselwirkungen bestehen und deshalb nicht unabhängig voneinander betrachtet werden dürfen. Beispielsweise lässt sich die Qualität des Projektergebnisses erhöhen, wenn man mehr Zeit in das Projekt steckt. Die-

---

[2] Das klassische Controlling im Sinne von Péter Horváth und Thomas Reichmann; weitere Informationen siehe hierzu: Horváth, Péter/Reichmann, Thomas (Controlling, 2003), S. 122.
[3] Vgl. Deyhle, Albrecht (Der Controller in der Projektarbeit), S. 15.

ses hat aber zwangsweise einen Anstieg der Projektkosten zur Folge. Zur Verdeutlichung der drei Dimensionen und ihrer Wechselbeziehungen sind diese im so genannten „Magischen Dreieck" dargestellt.[4]

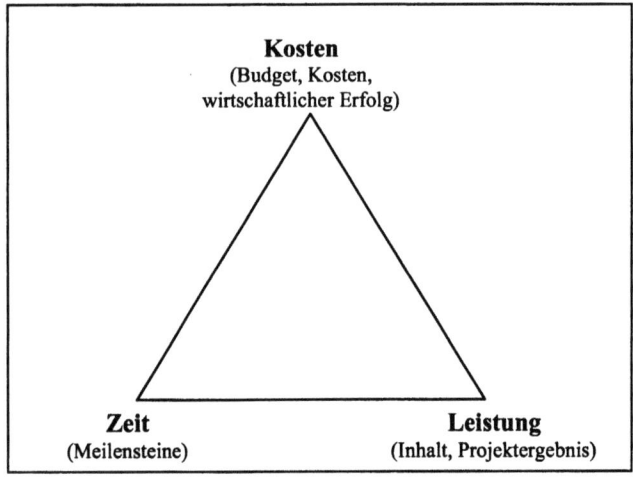

Abb. 1: Magisches Dreieck[5]

Projektcontrolling beginnt bereits in der Planung. Zum einen besitzen Controllinginformationen eine eingeschränkte Aussagekraft, sofern die Ist-Daten unrealistischen Plan-Daten gegenüber gestellt werden müssen. Zum anderen sind Planung und Kontrolle unmittelbar miteinander verbunden: „Planung ohne Kontrolle ist sinnlos, Kontrolle ohne Planung ist unmöglich." [6]

Anforderungen an ein Projektcontrolling im Bereich Analyse sehen einen Plan-Ist-Vergleich vor. Dieser sieht wie folgt aus: Mit Beginn der Umsetzung der geplanten Projektinhalte werden im Rahmen des Projektcontrollings die anfallenden Ist-Daten den Plan-Daten gegenüber gestellt.[7] Dieser Vergleich wird im Idealfall jeweils für alle Dimensionen durchgeführt.[8] Die Dokumentation der Ist-Daten in Form von Berichten kann regelmäßig, anlassbedingt oder ad hoc erfolgen. Nach Gegenüberstel-

---

[4] Vgl. Bea, F.X./Scheurer, S./Hesselmann, S. (Projektmanagement, 2008), S. 277-280; weitere Informationen siehe hierzu: Gerboth, Thomas (Prozesscontrolling, 2001), S. 33-34.
[5] Demleitner, Klaus (Projektcontrolling, 2006), S. 22.
[6] Wild, Jürgen (Unternehmensplanung, 1982), S. 44.
[7] Vgl. Bea, F.X./Scheurer, S./Hesselmann, S. (Projektmanagement, 2008), S. 278.
[8] Vgl. Füting, Ulrich Chr./Hahn, Ingo (Projektcontrolling, 2005), S. 13.

lung der Plan- und Ist-Daten findet eine Abweichungsanalyse statt. Dabei wird festgestellt, welche Auswirkung die Abweichung auf den weiteren Projektverlauf hat. Ergebnisse der Analyse können sein, dass Korrekturmaßnahmen einzuleiten sind oder das Projekt sogar abgebrochen werden muss.[9] Ziel ist es, kritische Abweichungen so früh wie möglich zu erkennen, um entsprechende Reaktionsmöglichkeiten offen zu halten.[10]

6. Konzeptionierung von Methoden des Projektcontrollings für das KfH

6.1. Methodenauswahl im Bereich Leistungscontrolling – Pionierprojekte

Auf Grundlage der Recherche und der Interviewergebnisse wurden mit Berücksichtigung der oben genannten Kriterien Methoden des Projektcontrollings für das KfH konzeptioniert. Die Methoden teilen sich dabei auf in das Leistungscontrolling, Termincontrolling und Kostencontrolling. Im Leistungscontrolling geht es um die Ermittlung eines Fortschrittsgrads. Laut der DIN 66901 wird der Fortschrittsgrad, auch Fertigungsstellungsgrad genannt, als das Verhältnis der zu einem Stichtag erbrachten Leistung zur Gesamtleistung eines Vorgangs oder eines Projekts definiert. Das Termincontrolling versucht mittels eines Soll-Ist-Vergleich sowie dem Soll-Wird-Vergleich in Bezug auf die zeitliche Komponente einen Überblick über die Terminsituation und -entwicklung im Projekt zu geben. Zur Sicherung der Wirtschaftlichkeit im Projektverlauf dient das Kostencontrolling, d.h. Unwirtschaftlichkeiten sowie Auswirkungen von Kostenabweichungen in Bezug auf Zeit, Projektinhalt etc. werden sichtbar gemacht werden.

Für die Einführung von Methoden des Leistungscontrollings im Bereich Pionierprojekte wird für das KfH die Ermittlung eines spezifischen Fortschrittsgrads empfohlen. Als Voraussetzung ist eine entsprechende Strukturplanung vorzusehen. Im Bereich Pionierprojekte wurde eine inhaltliche Überwachung nicht explizit im Bereich eines Projektcontrollings gesehen. Die Ermittlung eines Fortschrittsgrads ist dennoch zu empfehlen, da die drei Dimensionen nicht unabhängig voneinander betrachtet werden können.[11] Beispielsweise ist es wichtig, dass bei einer Kostenüberwachung der Projektfortschritt einbezogen wird, um eine Kostenabweichung einord-

---

[9] Vgl. Füting, Ulrich Chr./Hahn, Ingo (Projektcontrolling, 2005), S. 13.
[10] Vgl. Fiedler, Rudolf (Projektcontrolling, 2008), S. 195.
[11] Vgl. Bea, F.X./Scheurer, S./Hesselmann, S. (Projektmanagement, 2008), S. 277-280.

nen zu können.[12] Im Bereich Pionierprojekte dient der Fortschrittsgrad daher in erster Linie nicht der Überwachung, sondern der Dokumentation des Fortschritts, um ein umfassendes Projektcontrolling aller Dimensionen betreiben zu können.

Zur Messung des Fortschrittsgrades bietet sich für das KfH die Schätzung an. Vorteil der Schätzmethode ist, dass sie mit vergleichsweise wenig Aufwand betrieben werden kann. Bei standardisierten Methoden wird hingegen für jedes einzelne Arbeitspaket der Status und basierend hierauf der Fortschrittsgrad für das gesamte Projekt ermittelt. Zwar wird hierdurch eine gewisse Objektivität des Fortschrittsgrads sichergestellt, jedoch würde der Aufwand dieser Methode ihren Nutzen übersteigen und somit Akzeptanzprobleme bei den Anwendern hervorrufen. Daher eignet sich die Schätzmethode zurzeit am besten für das KfH.

Bei Anwendung der Schätzmethode ist zu beachten, dass bei der Ermittlung des Fortschrittsgrads im hohen Maße auf den Projektleiter zu vertrauen ist. Das Projektcontrolling bzw. der zuständige Lenkungsausschuss muss den angegebenen Fortschrittsgrad auf Plausibilität überprüfen. Dieses kann sich als schwierig herausstellen, da der zuständige Lenkungsausschuss sowie das Projektcontrolling nicht vergleichbare Projektkenntnisse wie ein Projektleiter haben. Besteht die Vermutung, dass der Fortschrittsgrad nicht realistisch eingeschätzt wurde, sollten die Überprüfungsintervalle kürzer gesetzt werden. Hierdurch können der Lenkungsausschuss sowie das Projektcontrolling die Projektentwicklung besser nachvollziehen.

Außerdem ist davon auszugehen, dass eine erfolgreiche Projektdurchführung auch im Sinne des Projektleiters ist. Je früher er Probleme meldet, desto mehr Möglichkeiten gibt es gegensteuernd einzugreifen. Ist dennoch der Fall eingetreten, dass der Projektleiter die Projektentwicklung in der Vergangenheit falsch eingeschätzt hat, wird sich dieses bemerkbar machen. Ist es im Einzelfall zu spät für geeignete Gegenmaßnahmen, sind alle entsprechenden Ansätze für organisatorisches Lernen anzuwenden. Vermutlich werden die Projektleiter nach Einführung der Methode zunächst einmal Erfahrungen in der Einschätzung eines Fortschrittsgrads sammeln müssen.

---

[12] Vgl. Fiedler, Rudolf (Projektcontrolling, 2008), S. 189.

6.2. Methodenauswahl im Bereich Leistungscontrolling – Standortprojekte

Im Bereich Standortprojekte ist die Ermittlung eines Fortschrittsgrads schwieriger, da der Projekterfolg nicht zwingend auf einer erfolgreichen Abfolge der einzelnen Arbeitspakete beruht, sondern auch wesentlich von einzelnen externen Entscheidungen abhängt. Eine planmäßige Bearbeitung der Arbeitspakete lässt daher nicht in jedem Falle darauf schließen, dass das Projekt sich im „grünen Bereich" befindet. Die externen Entscheidungen, die vom KfH nur bedingt beeinflusst werden können, haben erheblichen Einfluss darauf, wie erfolgreich das Projekt voranschreitet. Die Ermittlung eines Fortschrittsgrads ist daher aus den dargestellten Gründen im Bereich Standortprojekte zunächst nicht zu empfehlen.

6.3. Methodenauswahl im Bereich Termincontrolling – Pionierprojekte

Im Bereich der Pionierprojekte wird vorgeschlagen, das Termincontrolling mit Hilfe eines vernetzten Projektplanes in MS Project auszuführen. In Pionierprojekten findet eine möglichst detaillierte Terminplanung (auch auf Ebene der Arbeitspakete) statt, so dass prinzipiell die Voraussetzungen für ein Termincontrolling geschaffen sind. MS Project kann zudem über niedrige Lizenzgebühren von einer größeren Anzahl von Nutzern angewendet werden. Wichtig ist, dass die Anwender zuvor in der Nutzung von MS Project geschult werden, um so die Möglichkeiten dieser Software ausschöpfen zu können. Der vernetzte Balkenplan bietet sich ferner an, weil er im Gegensatz zum Netzplan schnell einen Überblick über die Terminsituation liefert. Zugleich ermöglicht MS Project, den Fertigungsstellungsgrad in den Balkenplan zu integrieren, so dass die zeitliche Dimension im Zusammenhang mit der leistungsmäßigen Dimension betrachtet werden kann.

6.4. Methodenauswahl im Bereich Termincontrolling – Standortprojekte

Bei Standortprojekten findet bislang häufig keine detaillierte Zeitplanung bezüglich von Arbeitspaketen statt. Dennoch gibt es gerade bei Standortprojekten Termine, deren Einhaltung für den Projekterfolg entscheidend ist und die somit eine wichtige Steuergröße darstellen. Hierzu gehören beispielsweise die Verabschiedung des Durchführungs- oder des Grundsatzbeschlusses, die Inbetriebnahme eines Standorts sowie diverse externe Termine mit Kooperationspartnern. Ein Termincontrolling muss daher auf die Transparenz bezüglich der Einhaltung dieser Termine fokussieren, weshalb sich eine Meilenstein-Trendanalyse anbietet. Damit das Diagramm nicht an Übersichtlichkeit verliert, sollten nur die wesentlichen Meilensteine, wie beispielsweise die Inbetriebnahme eines Standorts oder die Verabschiedung des Durchführungs- oder des Grundsatzbeschlusses, berücksichtigt werden.

6.5. Methodenauswahl im Bereich Kostencontrolling – Pionierprojekte

Bei der Auswahl einer geeigneten Methode im Bereich des Kostencontrollings wird das Zeit-/Kosten-Trenddiagramm mit Berücksichtigung des Projektfortschritts (siehe Abb. 2) empfohlen. Das Zeit-/Kosten-Trenddiagramm bietet die Möglichkeit um eine leistungsbezogene Dimension erweitert zu werden. Die Erweiterung sollte wie folgt aussehen: Anhand der Einschätzungen des Projektleiters wird ein Plan-Fortschrittsgrad ermittelt. Demgegenüber wird zum Berichtszeitpunkt der tatsächliche Fortschrittsgrad dargestellt. Auf den Plan-Fortschrittsgrad kann verzichtet werden, wenn geprüft wurde, dass zwischen Kostenanfall und Projektfortschritt ein unmittelbarer Zusammenhang besteht. Das Diagramm stellt somit alle drei Dimensionen in übersichtlicher Weise dar.

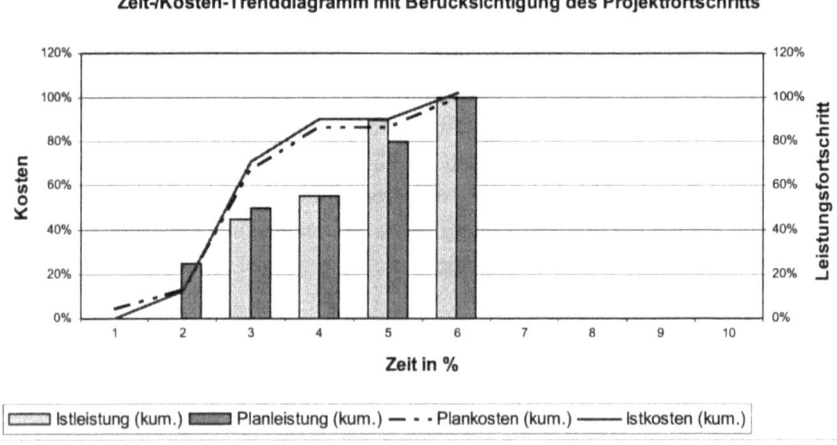

Abb. 2: Zeit-/Kosten-Trenddiagramm mit Berücksichtigung des Projektfortschritts[13]

---

[13] Eigene Darstellung in Anlehnung an Fiedler, Rudolf (Projektcontrolling, 2008), S. 195.

6.6. Methodenauswahl im Bereich Kostencontrolling – Standortprojekte

Im Bereich der Standortprojekte ist auch eine Zuordnung der angefallenen Mitarbeiterstunden für das Projekt geplant. Allerdings wird sich die Zuordnung nur auf das gesamte Projekt und nicht auf einzelne Arbeitspakete beziehen können, da eine Strukturplanung wie bereits erwähnt, bei diesen Projekten nur in Ansätzen möglich ist. Im Rahmen eines Projektstatus-/Fortschrittsberichts können aber die bis dahin angefallenen Ist-Kosten dem genehmigten Budget gegenüber gestellt werden.

Im Anschluss an die Methodenauswahl wurde ein Projektstatus/-Fortschrittsbericht sowie ein Projektabschlussbericht für ein Projektberichtswesen entwickelt.

7. Bedeutung eines Berichtswesens

Um sich der schnell verändernden Unternehmensumwelt entsprechend anzupassen, wird es immer wichtiger, notwendiges Know-How im Unternehmen aufzubauen und weiterzugeben. Anhand von Wissen können Informationen entsprechend ausgewertet und fundierte Grundlagen für Entscheidungen gebildet werden. Hierdurch lässt sich außerdem das Handeln des Unternehmens wirtschaftlich optimieren. Projektberichterstattung ist das Vernetzen von Wissen und ist daher ein zentrales Instrument der lernenden Organisation.

8. Entwurf eines Projektstatus-/Fortschrittsberichts

Die DIN 69901 fasst den Projektstatus- und den Projektfortschrittsbericht unter Projektbericht zusammen und beschreibt diesen als „einen an einen bestimmten Empfänger oder Empfängerkreis gerichtete Darstellung über Entwicklung und Stand eines Projekts". Es ist grundsätzlich empfehlenswert, den Projektstatus-/Fortschrittsbericht in schriftlicher Form erstellen zu lassen. Eine mündliche Übermittlung der relevanten Informationen kommt höchstens einer Vorabinformation gleich. Beispielsweise kann der schriftliche Projektstatus-/Fortschrittsbericht in kritischen Situation als Diskussionsgrundlage für die Projektverantwortlichen dienen. Der entwickelte Berichtsentwurf für Pionierprojekte gliedert sich gemäß dem Prinzip „vom Groben ins Feine" in vier Abschnitte:

- Projektstammdaten
- Gesamtübersicht

- Detailinformationen
- Geplante Tätigkeiten des kommenden Berichtszeitraumes

Projektstammdaten / Gesamtübersicht

Zu Beginn werden in einer Kopfzeile Projektstammdaten angegeben. Die Gesamtübersicht ist chronologisch aufgebaut: Projektstatus, Projektentwicklung und Prognose. Der Projektstatus wird über geschaltete Ampeln für die drei Dimensionen Zeit, Kosten und Projektleistung angezeigt. Aus dem Zusammenwirken der Bewertung der verschiedenen Dimensionen ergibt sich der Status des Gesamtprojekts. Dabei wird jene Dimension am stärksten berücksichtigt, die im Projekt höchste Priorität und somit die größte Aufmerksamkeit besitzt. Die priorisierte Dimension wird im Bericht hierzu grau unterlegt. Die Darstellung durch die Ampelsymbolik wird empfohlen, da die Projektampeln in einfacher Form klare, eindeutige Aussagen über den Projektstatus vermitteln und sich diese Darstellung in der Praxis bewährt hat. Außerdem trägt die Ampelschaltung durch die Visualisierung zu einem leichteren Verständnis bei und hilft die dargestellten Informationen länger in Erinnerung zu behalten.

Die Projektentwicklung wird in Pionierprojekten durch das Zeit-/Kosten-Trenddiagramm mit Berücksichtigung des Projektfortschritts, bei Standortprojekten durch die Meilenstein-Trendanalyse repräsentiert. Ein Überblick über erwartete Risiken mit bereits ergriffenen Maßnahmen verdeutlicht die zukünftige Entwicklung des Projekts. Die Gesamtübersicht endet mit einer Auflistung der zu treffenden Entscheidungen durch den Lenkungsausschuss. Die Struktur in der Gesamtübersicht dient dem Lenkungsausschuss als Informationsquelle, so dass er am Ende die von ihm geforderten Entscheidungen treffen kann. Genauere Informationen zu der Gesamtübersicht werden in den darauf folgenden Detailinformationen erklärt.

Detailinformationen

Die Detailinformationen geben genauere Erklärungen bezüglich Kosten- und Zeiteinhaltung, Entwicklung der Projektleistung und der Ressourcenverfügbarkeit. Die Detailinformation zur jeweiligen Projektdimension zeigt zunächst entstandene Planabweichungen und/oder erwartete Risiken auf, stellt die Gründe diesbezüglich dar und geht abschließend auf (ergriffene) Gegenmaßnahmen ein. Diese Struktur bietet eine gute Grundlage, um Entscheidungen bezüglich des weiteren Projektverlaufs treffen zu können. Der Bericht endet mit einem Ausblick über die geplanten Tätigkeiten des kommenden Berichtszeitraums.

9. Entwurf eines Projektabschlussberichts für das KfH

Der Projektabschlussbericht wird nach Projektdurchführung verfasst und dient der Dokumentation des Gesamtergebnisses sowie der Nachbetrachtung des Projektverlaufs. Beim Aufbau eines Projektabschlussberichts bietet sich die enge Anlehnung an die Struktur des Projektstatus-/Fortschrittsberichts an. Die Gliederung eines Projektabschlussberichts sieht daher wie folgt aus (siehe Abb. 3 Projektabschlussbericht):

- Projektstammdaten
- Gesamtübersicht
- Abweichungsanalyse
- Erfahrungen und Empfehlungen

Die Projektstammdaten sind identisch zum Projektstatus-/Fortschrittsbericht. In der Gesamtübersicht wird zunächst der Status des gesamten Projekts mit Hilfe einer Ampel dargestellt. Die Ampel beruht dabei auf den Einschätzungen des Projektleiters, da eine Berücksichtigung der unterschiedlich gewichteten Dimensionen je nach Projekt zur Ermittlung des Projektstatus durch eine einheitliche mathematische Berechnung nicht möglich ist. Die Einschätzung des Projektleiters sollte sich dabei an folgenden Beschreibungen orientieren:

- **ROT:** Das Projekt wurde abgebrochen
- **ORANGE:** Das Projekt wurde erfolgreich unter erheblichen Planabweichungen durchgeführt
- **GRÜN:** Das Projekt wurde erfolgreich durchgeführt (gemäß Projektplan)

Der Verlauf des Projekts wird durch die Meilenstein-Trendanalyse bzw. das Zeit-/Kosten-Trenddiagramm mit Berücksichtigung des Projektfortschritts abgebildet. Darauf folgend wird bezüglich jeder Dimension eine Abweichungsanalyse durchgeführt, um somit die Ampel in der Gesamtübersicht zu erklären. Aufbauend hierauf werden zum Ende des Berichts spezifische Erfahrungen aus dem Projekt aufgelistet, um daraus Empfehlungen für Folgeprojekte ableiten zu können. Hier wird zwischen inhaltlichen und methodischen Empfehlungen unterschieden. Inhaltliche Empfehlungen sind solche, die sich auf Erkenntnisse für gleichartige Projekte beziehen, während methodische Empfehlungen an die Standardprozesse im Projektmanagement gerichtet sind. Der Projektabschlussbericht wird vom Projektleiter erstellt und ist an den entsprechenden Lenkungsausschuss adressiert.

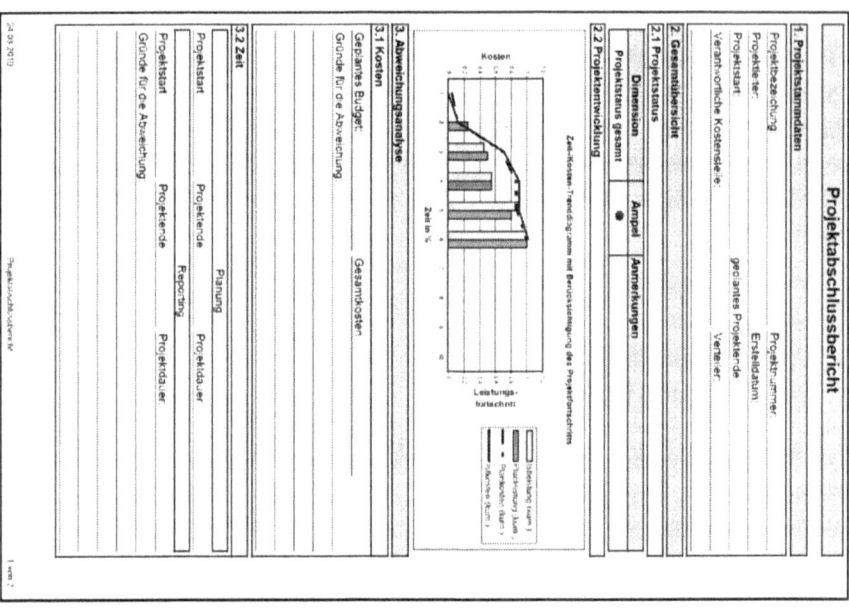

Abb. 3: Projektabschlussbericht

10. Ausblick

Die Ergebnisse dieser Arbeit sind als Empfehlungen zu betrachten und werden im weiteren Verlauf innerhalb des Teilprojekts zur Einführung eines Projektcontrollings im KfH sowie in Abstimmungsgesprächen mit dem Lenkungsausschuss weiter diskutiert. Zudem erfolgt ein Anwendungstest mit ausgewählten Projektleitern, um die Methoden auf ihre praktische Umsetzbarkeit und Akzeptanz zu prüfen. Die empfohlenen Methoden sind dann gegebenenfalls dementsprechend anzupassen.

11. Literatur

Bea, Franz Xaver/Scheurer, Steffen/Hesselmann, Sabine, (Projektmanagement, 2008), Projektmanagement, Stuttgart 2008

Demleitner, Klaus (Projektcontrolling, 2006), Projekt-Controlling – Die kaufmännische Sicht der Projekte, Renningen 2006

Deyhle, Albrecht (Projektmanagement, 2005), Der Controller in der Projektarbeit, Offenburg 2005

Fiedler, Rudolf (Projektcontrolling, 2008), Controlling von Projekten, 4. Auflage, Wiesbaden 2008

Füting, Christian Ulrich; Hahn, Ingo (Projektcontrolling, 2005), Projektcontrolling leicht gemacht – Wie hält man Kosten und Termine ein?, Bielefeld 2005

Gerboth, Thomas (Prozesscontrolling, 2001), Statistische Prozessregelung bei administrativen Prozessen im Rahmen eines ganzheitlichen Prozesscontrollings

Horváth, Péter; Reichmann, Thomas (Controlling, 2003), Vahlens Großes Controlling Lexikon, 2. Auflage, München 2003

Wild, Jürgen (Unternehmensplanung, 1982), Grundlagen der Unternehmensplanung, 4. Auflage, Opladen 1982

Die Optimierung des internen Berichtswesens am Beispiel der Klinikum Mittelbaden gGmbH[1]

Susanne Winzer

1. Einleitung

Der Gesundheitsbereich steht in entwickelten Volkswirtschaften vor einem wesentlichen Problem, der Finanzierung von Gesundheitsleistungen. Diese Finanzierung wird von der demografischen Entwicklung, den Beschäftigungsproblemen sowie dem schnellen medizintechnischen Fortschritt beeinflusst.[2] Der daraus resultierende zunehmende Kostendruck sowie der Wettbewerb untereinander machen ein optimales Controlling in Krankenhäusern dringend erforderlich, um die Wirtschaftlichkeit sicherzustellen. Durch ein leistungsfähiges Controlling besteht die Möglichkeit in einem sich ständig wandelnden Gesundheitssystem bestehen zu bleiben.[3]

Zu Beginn dieser Arbeit werden die theoretischen Grundlagen des operativen Controllings im Gesundheitswesen beleuchtet, sowie der Controlling-Regelkreis und seine Anforderungen mit den möglichen Schwachstellen diskutiert. Im Folgenden werden zwei der wesentlichen Instrumente des operativen Controllings dargestellt (Interne Budgetierung und Kennzahlensysteme). Zum Ende folgt eine Bewertung des operativen Controllings, bei dem Vorteile und Probleme gegenübergestellt werden.

---

[1] Auszug aus Bachelorarbeit für die Prüfung zum Bachelor of Arts (BA) im Ausbildungsbereich Wirtschaft der Dualen Hochschule Baden-Württemberg Mannheim.
Betreuender Dozent: Prof. Dr. Björn Maier.
[2] Vgl. Zapp, Winfried/Oswald, Julia (Controllinginstrumente, 2009), S. 5.
[3] Vgl. Schirmer, Herbert (Krankenhaus Controlling, 2006), S. 39.

Um das Spannungsfeld zwischen Erlösen und Kosten auf ein Minimum zu reduzieren, bedient sich das Krankenhausmanagement unterschiedlicher Controllinginstrumente. Dadurch ist ein Vermeiden einer monetären Schieflage realistisch und die Erzielung eines ausgeglichenen Ergebnisses möglich.[4] Das Controlling kann aber seine optimale Wirkung erst entfalten, wenn die aufbereiteten Ergebnisse *greifbar* werden, was bedeutet, dass erst durch eine effiziente Nutzung von Berichten bzw. Reports eine optimale und zielbringende Wirkung erreicht wird. Das interne Berichtswesen prägt die Controllingqualität und bildet *das Kernstück des Controllings*.[5]

Der dritte Gliederungspunkt befasst sich daher mit den theoretischen Grundlagen des internen Berichtswesens. Dabei wird aufgezeigt, welche Bedeutung dem Berichtswesen zukommt und welche Anforderungen und Ziele verfolgt werden. Im Anschluss werden die Berichtsarten und deren Inhalt erläutert. Ergänzend werden die Organisation und der Aufbau des Berichtswesens diskutiert. Abschließend folgt eine Bewertung.

Kapitel vier analysiert das derzeitige Berichtswesen der Klinikum Mittelbaden gGmbH. Dabei werden auch die steigenden Anforderungen verdeutlicht. Dargestellt wird, wie derzeit Berichte erstellt werden und welche Probleme und Schwächen hierbei sichtbar werden.

Im fünften Abschnitt wird, aufbauend auf den in Kapitel vier identifizierten Schwachstellen, der Optimierungsprozess dargestellt. Eine konkrete Optimierungsmaßnahme (Managementübersicht) wird anhand von Zielen, Anforderungen und Aufbau detailliert erläutert. Das Kapitel endet mit einer Diskussion der Verbesserungen und Vorteile des neuen Berichtswesens.

Das letzte Kapitel dient als Fazit und gibt einen Ausblick über die aktuelle Optimierung des Controllings im Klinikum Mittelbaden.

Ziel dieser Arbeit ist die Optimierung des Berichtswesens der Klinikum Mittelbaden gGmbH, damit sich diese den zukünftigen Herausforderungen erfolgreich stellen und somit das Spannungsfeld zwischen Kosten und Erlösen ökonomisch ausgeglichen bewältigen kann.

---

[4] Vgl. Conrad, Hans-Joachim (Controlling im Krankenhaus, 2008), S. 3.
[5] Vgl. Neuhäuser-Metternich, Sylvia/Witt, Frank-Jürgen (Kommunikation und Berichtswesen, 2000), S. 291.

2. Ist-Analyse des Berichtswesens im Klinikum Mittelbaden

2.1. Operatives Controlling

In Folge des ökonomischen Wandels, der in den letzten Jahren auch verstärkt Unternehmen im sozialen und gesundheitlichen Sektor zum konsequenten Handeln nach dem Wirtschaftlichkeitsprinzip zwingt, sehen sich auch Krankenhäuser organisatorisch neuen Herausforderungen gegenüber. Dabei unterstützt das Controlling die Führungsebene, um ein ganzheitliches System zu entwickeln, das auch in Zukunft die zielgerichtete, langfristige Steuerung des Unternehmens verbessert bzw. ermöglicht. Hierfür wird ein Informationsmanagement geschaffen, das alle medizinischen, pflegerischen und betriebswirtschaftlichen Notwendigkeiten abdeckt und somit die Steuerbarkeit des Controlling-Regelkreises gewährt.[6] Im Krankenhaussektor ist das operative Controlling somit zu einem unverzichtbaren Instrument zur Krisenvorsorge und -bewältigung geworden.[7]

Herausforderungen des operativen Controllings bestehen u.a. in der Verfügbarkeit der notwendigen Daten. Bezugsquelle ist i.d.R. das betriebliche Rechnungswesen. In diesem Bereich wird ausschließlich mit monetären Größen gearbeitet, was einen Verlust von Informationen leistungswirtschaftlicher Art bedeutet. Ferner werden veränderte Umwelteinflüsse erst dann verzeichnet, wenn sie sich bereits in Ist-Zahlen widerspiegeln. Daher können fundierte Zukunftsentscheidungen nicht alleine auf Daten des Rechnungswesens basieren. Erwartung an das operative Controlling ist allerdings, eine exakte Vorhersage der künftigen internen und externen Einflussgrößen.[8]

In Anbetracht dieser Herausforderungen wird eine weitere Zunahme der Bedeutung des krankenhausspezifischen Controllings erwartet.[9]

2.2. Internes Berichtswesen

Durch das Berichtswesen werden Soll-Ist-Abweichungen analysiert und somit die Definition und Initiierung von Gegenmaßnahmen überhaupt erst ermöglicht. Da-

---
[6] Vgl. Ptak, Hildebrand (Controlling im Krankenhauswesen, 2009), S. 56.
[7] Vgl. Schirmer, Herbert (Krankenhaus Controlling, 2006), S. 11.
[8] Vgl. Müller, Armin (Grundzüge Controlling, 2009), S. 221.
[9] Vgl. Schirmer, Herbert (Krankenhaus Controlling, 2006), S. 11.

durch ist das Krankenhaus in der Lage, z.B. Einsparpotentiale zu erkennen und Entscheidungen zu treffen.[10] Zur Implementierung eines effektiven Berichtswesens sind die Empfängerorientierung und die Festlegung des Berichtszwecks von entscheidender Bedeutung.[11] Eine einheitliche Gestaltung und eine zielorientierte Berichterstattung dienen dazu, die Wirtschaftlichkeit in den einzelnen Gebieten eines Krankenhauses zu optimieren und damit Kosten einzusparen. Gestaltungsfehler in der Auswahl der Grafiken sowie ungeeignete Vergleiche können die Leistungsfähigkeit sowie das Vertrauen in das Controlling und damit das Verständnis für das Reporting insgesamt beeinträchtigen.[12] Mögliche Konsequenzen wären, dass die Informationen falsch interpretiert würden und der Empfänger die wesentlichen Aspekte übersehen könnte.[13]

Eine umfassende und fehlerfreie Datengrundlage sowie der Einsatz adäquater EDV-Systeme sind als weitere Voraussetzungen sicherzustellen.[14] Zur Optimierung des Berichtswesens ist eine laufende Weiterentwicklung notwendig.[15] Durch die stetig wachsenden Aufgaben und Anforderungen steigt die Verantwortung des Krankenhauscontrollings. Anhand von Controlling-Cockpits ist es möglich, diese neuen Aufgaben zu bewältigen, um dem Wirtschaftlichkeitsprinzip Folge leisten zu können.[16]

2.3. Analyse des Berichtswesens

2.3.1. Einführung

Aufbauend auf den theoretischen Kernaspekten des operativen Controllings und des internen Berichtswesens konnten vier wesentliche Berichte aus dem Finanz- und Personalcontrolling detailliert analysiert werden. Aufgrund der Zusammenfassung dieser Arbeit werden die Berichte kurz nach Inhalt und Zweck erläutert, sowie nach den bekannten Merkmalen gegliedert. Eine anschließende Gegenüberstellung dieser Berichte zeigt Gemeinsamkeiten und differenzierende Merkmale auf. Ergebnisse

---

[10] Vgl. Schirmer, Herbert (Krankenhaus Controlling, 2006), S. 289.
[11] Vgl. Weber, Jürgen/Schäffer, Utz (Einführung Controlling, 2008), S. 240.
[12] Vgl. Waniczek, Mirko (Berichtswesen, 2004), S. 136 ff.
[13] Vgl. Fischer, Dirk (Controlling, 2009), S. 118 f.
[14] Vgl. Waniczek, Mirko (Berichtswesen, 2004), S. 136 ff.
[15] Vgl. Waniczek, Mirko (Berichtswesen, 2004), S. 141 ff.
[16] Vgl. Röming, Sven; Kazmierczak, Krzysztof (Controlling, 2004), S. 27.

daraus wurden mit den theoretischen Grundlagen verglichen und Verbesserungsmöglichkeiten abgeleitet.[17]

2.3.2. Belegungsstatistik[18]

Berichtsinhalt: Eine Belegungsstatistik enthält quantitative Angaben über die Belegung, d.h. die Auslastung der einzelnen Einrichtungen. Im nächsten Detailgrad differenziert dieser Bericht nach verschiedenen Abteilungen, um Vergleiche zwischen den Einrichtungen zu ermöglichen und einen Überblick über die Auslastung zu erhalten. Für die Erstellung der Belegungsstatistik sind zunächst die Belegungstage zu ermitteln. Belegungstage sind die Tage, an denen ein Patient ein Bett vollstationär belegt, wobei nach dem Fallpauschalensystem für Krankenhäuser der Aufnahmetag sowie jeder weitere Tag des Aufenthaltes, ohne den Entlassungstag, zu den Belegungstagen gezählt wird.[19]

Berichtszweck ist die Dokumentation und Steuerung von Abläufen der jeweiligen Stationen. Durch die monatliche Darstellung der Belegungstage lässt sich eine genaue Auslastung ermitteln. In der Belegungsstatistik werden darüber hinaus weitere Kennzahlen aufgelistet. Darunter etwa die Anzahl der Patienten, die Anzahl der ambulanten Operationen (AOP), die durchschnittliche Verweildauer (Dauer des Aufenthalts) sowie der Nutzungsgrad, welcher die durchschnittliche Auslastung der Betten in Prozent angibt. Hierfür wird die tatsächliche Belegung mit der maximal möglichen Belegung oder der Planbelegung ins Verhältnis gesetzt.

Nach den bekannten Berichtsmerkmalen stellt sich die *Belegungsstatistik* wie folgt dar:

Formale Merkmale: Die Belegungsstatistik wird in tabellarischer Form präsentiert und umfasst eine Seite. Die Tabelle zeigt einen standardisierten Aufbau und beinhaltet keine grafischen Elemente. Die Übermittlung der Berichte erfolgt i.d.R in Papierform an die jeweiligen Verantwortlichen.

Inhaltliche Merkmale: Die Belegungsstatistik enthält sechs Kennzahlen. Die zweidimensionale Tabelle zeigt in der Vertikalen die Kennzahlen Patientenzahl, Anzahl

---

[17] Auskunft Herr Köninger an die Verfasserin vom 08.02.2010.
[18] Auskunft Herr Siegel an die Verfasserin vom 09.02.2010.
[19] Vgl. Gesundheitsberichterstattung des Bundes: www.gbe-bund.de, Aufruf vom 10.02.2010 um 08.45 Uhr.

AOP, Verweildauer, Nutzungsgrad (Planbetten), Pflegetage (Belegungstage) und Nutzungsgrad (belegbare Betten) auf. Die Kennzahlen des aktuellen Jahres werden mit den beiden Vorjahren verglichen. In den Spalten werden die Monatswerte aufgelistet und in der letzten Spalte die Jahressummen addiert.

Personale Merkmale: Berichtsträger ist das Finanzcontrolling. Empfänger der Belegungsstatistik sind u.a. die kaufmännische Leitung, der ärztliche Direktor, Chefärzte, die Pflegedienstleitung sowie der Aufsichtsrat.

Zeitliche Merkmale: Der Berichtstermin ist auf den 5. des Folgemonats festgelegt und die Erstellung erfolgt monatlich.

Fazit: In der Belegungsstatistik erhält der Empfänger die Daten zielgerichtet und systematisch aufgearbeitet. Die Patientenzahl, die daraus resultierende Verweildauer sowie die Differenzen lassen den Steuerungsbedarf für die einzelnen Bereiche erkennen

2.3.3. DRG-Kennzahlenbericht[20]

Berichtsinhalt: DRG-Kennzahlenberichte zeigen neben der Anzahl der DRG-Fälle, der Verweildauer und dem Nutzungsgrad auch den Casemix sowie den Casemix-Index auf. Die Verweildauer wird aus dem Quotient der Verweildauertage und der Anzahl der DRG-Fälle ermittelt. Der Nutzungsgrad der jeweiligen Belegung ist mit der Formel (Verweildauer*100%)/(Planbetten*Monatstage) zu errechnen. Unter dem Casemix versteht man die Summe der abgerechneten Relativgewichte in einer festgelegten Periode. Der daraus resultierende Schweregrad pro Fall wird als Casemix-Index bezeichnet.

Berichtszweck: Die Anzahl der DRG-Fälle weist auf die Zahl der Patienten in den jeweiligen Bereichen hin und dient daher zur Planung der Auslastung bzw. weiterer oder zusätzlicher Leistungen. Durch Casemix und Casemix-Index kann eine optimale Planung und Steuerung von Leistungsschwerpunkten ermöglicht werden.[21]

Nach den bekannten Merkmalen stellt sich der *DRG-Kennzahlenbericht* wie folgt dar:

---

[20] Auskunft Herr Siegel an die Verfasserin vom 09.02.2010.
[21] Vgl. Schirmer, Herbert (Krankenhaus Controlling, 2006), S. 45.

Formale Merkmale: Die Darstellung erfolgt in einer Tabelle in standardisierter Form (eine DINA4-Seite). Im DRG-Kennzahlenbericht wird die Entwicklung des Casemix in einer Grafik verdeutlicht. Die Übermittlung der Berichte erfolgt in Papierform an die jeweiligen Empfänger.

Inhaltliche Merkmale: In diesem Bericht werden fünf Kennzahlen aufgezeigt. In vertikaler Struktur befinden sich die Anzahl der DRG-Fälle (ohne interne Verlegungen), die Verweildauer, der Nutzungsgrad, der Casemix und der Casemix-Index. Im Vergleich dazu werden die Istdaten des vergangenen Jahres sowie teilweise die Soll- und Istdaten des laufenden Jahres aufgezeigt. In den Spalten werden die Monatswerte ausgewiesen. In der letzten Spalte dient die Jahressumme als Vergleichs- und Richtwert.

Personale Merkmale: Berichtsträger ist das Finanzcontrolling. Empfänger der Berichte sind u.a. der Aufsichtsrat, die Geschäftsführung, die Chefärzte und die Pflegedienstleitung.

Zeitliche Merkmale: Der Bericht wird im monatlichen Rhythmus erstellt und spätestens zum 15. des folgenden Monats an die Empfänger verteilt.

Fazit: Durch die laufende Berichterstattung der DRG-Kennzahlen werden die Verantwortlichen im Erlösbereich mit den wichtigsten Informationen versorgt, die zur Steuerung des Krankenhauses notwendig sind. Regelmäßigkeit und Aktualität der Berichte stellen einen wichtigen Erfolgsfaktor dar. Die Erlösplanung dient zur Sicherung der mittelfristigen Zukunftsfähigkeit des Krankenhauses.[22]

2.3.4. Personalbericht[23]

Berichtsinhalt: Personalberichte geben einen umfassenden Überblick über die aktuelle Situation des Personalbereichs. Sie sind in verschiedene Detailstufen gegliedert, beginnend mit groben Übersichten über das jeweilige Haus bis hin zu Analysen auf Ebene einzelner Mitarbeiter. Abschließend folgen Benchmarking-Vergleiche und eine Darstellung wesentlicher Kennzahlen. Zunächst werden die aktuelle Stellenbesetzung sowie die Entwicklung der Überstunden und der Resturlaubstage mit entsprechenden Rückstellungen aufgezeigt sowie wesentliche Kennzahlen, z.B.

---

[22] Vgl. Schirmer, Herbert (Krankenhaus Controlling, 2006), S. 45.
[23] Auskunft Herr Ganter an die Verfasserin vom 09.02.2010.

DRG-Fälle je Vollkraft oder Casemix je Vollkraft in den Akutkrankenhäusern dargestellt. Dabei wird im Monatsvergleich der Verlauf auf Ebene der Kostenstelle aufgezeigt, welche in der nächsten Detaillierungsstufe auf Ebene einzelner Mitarbeiter nachvollzogen werden kann.

Mittels Benchmarking mit allen Einrichtungen innerhalb des Klinikums Mittelbaden werden im Anschluss Überstunden, Resturlaub sowie nicht verplanter Urlaub verglichen. Schließlich folgt eine Analyse von relevanten Kennzahlen. Hierzu zählen die Fluktuationsrate und der Anteil langzeitkranker Mitarbeiter. Weitere Kennzahlen befinden sich noch im Aufbau.

Berichtszweck: Personalberichte dienen zur Planung und Steuerung von Personalkosten. Eine vorausschauende Personalplanung ermöglicht z.B. die Verringerung von Rückstellungen. Die Kontrollfunktion des Personalberichts zeigt sich u.a. beim Abbau von Resturlaub. Die Personalverantwortlichen der Stationen haben somit bei hohen Beständen an Resturlaub die Möglichkeit, Maßnahmen zum Abbau zu initiieren.

Nach den relevanten Merkmalen lässt sich der *Personalbericht* wie folgt beschreiben:

Formale Merkmale: Der Bericht umfasst etwa 15 Tabellenblätter je Empfänger. Die Darstellung wird durch Grafiken und Tabellen mit Kennzahlen verdeutlicht. Aufgrund des großen Umfangs werden die Berichte elektronisch per E-Mail versendet.

Inhaltliche Merkmale: Der Bericht zeigt Kennzahlen und Plan-Ist-Vergleiche. Die tabellarische Darstellung und die jeweilige Grafik verdeutlichen den Inhalt und weisen, falls notwendig, den Empfänger auf Handlungsbedarf in den jeweiligen Bereichen hin.

Personale Merkmale: Berichtsträger ist das Personalcontrolling. Hauptadressaten sind die kaufmännische Leitung, Chefärzte und die Pflegedienstleitung. Die Empfänger der Personalberichte werden in drei Gruppen, die unterschiedlich detaillierte Informationen erhalten, eingeteilt. So erhält beispielsweise die kaufmännische Leitung einen detaillierteren Bericht als die Pflegedienstleitung, da diese nur einen Bericht über ihren Verantwortungsbereich zur Verfügung gestellt bekommt.

Zeitliche Merkmale: Der Personalbericht wird im monatlichen Rhythmus erstellt. Die Berichte werden zum Ende des Folgemonats, mit Abschluss des Dienstplans, finalisiert. Die zu ermittelnden Daten werden aus dem Dienstplanprogramm (Zeiterfassungsprogramm) zur Auswertung genutzt. Voraussetzung für die Ermittlung ist ein gültiger Abschluss. Aus organisatorischen Gründen kann dies erst ab Mitte des Folgemonats vollzogen werden.

Fazit: Da Personalkosten ungefähr 70% der gesamten Kosten eines Krankenhauses ausmachen, ist deren zeitnahes und umfassendes Controlling von zentraler Bedeutung. Mit den verschiedenen Detailstufen des Personalberichts wird eine aussagekräftige Basis geschaffen, um den Entscheidungsträgern die Definition von Maßnahmen zu ermöglichen. Die grafischen und tabellarischen Gestaltungsformen lassen den Empfänger die erhaltenen Informationen besser verarbeiten und eine Handlung kann anschließend zielführend erfolgen. Aufgrund des nötigen Abschlusses der Dienstpläne kann eine aktuellere Berichterstattung nicht erfolgen.

2.3.5. Laborstatistik[24]

Berichtsinhalt: Die Laborstatistik umfasst zwei Bestandteile und wird für jedes Akutkrankenhaus erstellt. Für jede Laborleistung wird ein interner monetärer Punktwert festgelegt, mittels welchem die internen Gesamtkosten des Labors ermittelt werden. Der erste Bestandteil, die Leistungsübersicht, zeigt in welchem Umfang einzelne Stationen Laborleistungen in Anspruch genommen haben. Der zweite Teil, die interne Verrechnung, stellt die erbrachten Leistungen, bewertet mit den monetären Punktwerten, nach Standort dar und bildet somit die Grundlage für interne Kostenverrechnungen.

Berichtszweck ist primär, die internen Laborkosten zu kontrollieren und einen Entwicklungstrend nachzuvollziehen. Das sekundäre Ziel ist die interne Kostenverrechnung der jeweiligen Abteilungen untereinander.

Die Berichtsmerkmale der *Laborstatistik* zeigen sich wie folgt:

Formale Merkmale: Die Laborstatistik ist ein mehrseitiger Bericht in einer einheitlichen tabellarischen Form. Die Übermittlung erfolgt elektronisch.

---

[24] Auskunft Herr Ganter an die Verfasserin vom 09.02.2010.

Inhaltliche Merkmale: Die Leistungsübersicht zeigt Monatswerte für das laufende Jahr (Istwerte bzw. Hochrechnungen) und vergleicht die Jahressumme mit dem Vorjahr ohne die Differenz zu errechnen.

Personale Merkmale: Die Laborstatistik wird durch das Personalcontrolling erstellt und u.a. dem Finanzcontrolling, der Geschäftsführung, dem ärztlichen Direktor sowie den Chefärzten ausgehändigt.

Zeitliche Merkmale: Aufgrund der Dauer von einzelnen Laborleistungen wird der Bericht monatlich, jeweils zum 8. Tag des Folgemonats erstellt.

Fazit: Durch die Leistungsübersicht der Laborstatistik wird ein Vergleich zwischen den Abteilungen möglich. Jahresvergleiche und Hochrechnungen ermöglichen eine Kontrolle der angefallenen Kosten je Abteilung.

2.4. Zusammenfassung der Berichte

Für einen übersichtlichen Vergleich der vier dargestellten Berichte werden diese anhand ausgewählter Kriterien unterschieden:

	Belegungsstatistik	DRG-Kennzahlenbericht	Personalbericht	Laborstatistik
Berichtsart	Standardbericht	Standardbericht	Standardbericht	Standardbericht
Form	Tabelle	Tabelle + Grafik	Tabelle + Grafik	Tabelle
Umfang (in Seiten)	1	1 - 2	ca. 15	3 - 4
Übertragungsweg	Papierform	Papierform	Elektronisch	Elektronisch
Kommentierung	Keine	Keine	Keine	Keine
Vergleichsgrößen	Vorjahr / Vorvorjahr	Vorjahr / Plan / Ist	Plan / Ist	Vorjahr
Berichtsträger	Finanzcontrolling	Finanzcontrolling	Personalcontrolling	Personalcontrolling
Zeitaufwand	0,5 Std. pro Haus	1 Std. pro Haus	ca. 1 Woche insgesamt	ca 1,5 Std. insgesamt
Berichtsfertigstellung	5. Tag des Folgemonats	15. Tag des Folgemonats	30. Tag des Folgemonats	8. Tag des Folgemonats

Abb. 1: Zusammenfassung der Berichte[25]

---

[25] eigene Darstellung

2.5. Ergebnisse und Potentiale aus der Analyse

Die Vergleichsanalyse zeigt teilweise deutliche Unterschiede hinsichtlich der untersuchten Kriterien. Die grundlegenden Eigenschaften, wie etwa ein systematischer Aufbau, stringente Qualität der Daten sowie die Einheitlichkeit im Zeitablauf wird in allen Berichten eingehalten. Bei den Kriterien Umfang, Form und Kommentierung gibt es jedoch Möglichkeiten zur Optimierung.

Hinsichtlich des Berichtsumfangs gibt die Theorie keine einheitlichen Empfehlungen ab. Insofern ist strittig, ob eine Seite oder mehrere Seiten prinzipiell einen besseren Überblick ermöglichen. Ein optimaler Bericht sollte daher nicht an der Seitenzahl gemessen werden. Die Empfängerorientierung spielt dabei eine wesentlichere Rolle.

Beim formalen Aufbau ist mehrheitlich eine Kombination aus Tabellen und Grafiken zu empfehlen. Diese Verzahnung führt zu einem besseren Verständnis des Sachverhalts, da eine Grafik schnell und prägnant Abweichungen aufzeigen kann und Tabellen ergänzend die Detail-Informationen vermitteln. In den Berichten des Finanzcontrollings wird auf grafische Elemente fast gänzlich verzichtet. Somit fehlt dem Berichtsempfänger eine visuelle Unterstützung beim Lesen des Berichts. Dies kann neben erhöhtem Zeitaufwand auch Fehlinterpretationen und Fehlhandlungen zur Folge haben. Die Nutzung einer Ampelfunktion (Rot = kritischer Punkt/Handlungsbedarf, Gelb = beobachten, Grün = im Plan) oder wie bereits in den theoretischen Grundlagen beschrieben, der Einsatz eines Cockpits, würden dem Empfänger die Steuerungsfunktion erleichtern und somit effektiver und zielführender handeln lassen.

Verglichen mit den theoretischen Grundlagen ist die fehlende Kommentierung ein wesentlicher Kritikpunkt. Keiner der dargestellten Berichte gibt eine schriftliche Analyse der generierten Daten wieder. Zur optimalen Erfüllung der Controllingaufgaben ist eine aussagekräftige Abweichungsanalyse von zentraler Bedeutung, um die Steuerung bestmöglich sicherzustellen. Fehlende schriftliche Stellungnahmen des Berichtsträgers tragen unter Umständen dazu bei, dass die Erkenntnisse, die der Berichtsträger bei der Generierung des Berichts bereits gewonnen hat, nicht allen Berichtsempfängern kommuniziert werden. Somit stehen die Berichtsempfänger selbst vor der Aufgabe, die berichteten Ergebnisse zu interpretieren, was insbesondere bei einer hohen Anzahl von Empfängern zu unterschiedlichen Analyseergebnissen führen könnte.

Ergänzend zu den Kommentierungen würde sich der Steuerungseffekt durch regelmäßige, standardisierte Gespräche bzw. Konferenzen zwischen Träger und Empfänger der Berichte erhöhen lassen. Diese zusätzlichen Instrumente (Gespräche und Kommentierung) sind vor allem für die Berichtsträger zeitaufwendig, fördern aber das Verständnis für den Berichtsinhalt und tragen wesentlich zu einer besseren Empfängerorientierung bei.

Abgesehen von den definierten Kriterien ist die Verteilung der Berichte teilweise zu überprüfen. Diese geschieht mitunter in unregelmäßigen Abständen. Der Bericht wird zwar zum geplanten Zeitpunkt erstellt, jedoch ist die anschließende Verteilung nicht immer optimal gegeben. So sind Berichte, die beispielsweise im Intranet veröffentlicht werden, teilweise nicht aktuell und werden nur unregelmäßig aktualisiert.

Ein weiteres Optimierungspotential besteht in der stärkeren Empfängerorientierung. Diese ist nicht in allen Berichten vollständig gewährleistet. So können etwa mit den alten EDV-Systemen im Finanzcontrolling keine Berichte auf Kostenstellenebene erstellt werden. Mit der Einführung von SAP wird diese Schwachstelle ab dem Jahr 2011, sobald dieses neue System auch Vergleichzahlen aus dem Vorjahr liefern kann, minimiert. Eine weitere Herausforderung besteht darin, zusätzliche bzw. sich ändernde Anforderungen der jeweiligen Empfänger bei der Gestaltung der Berichte zu berücksichtigen. Hierbei sind zum einen bestehende Berichte auf deren Nutzen und Verwendung zu überprüfen und zum anderen, z.B. durch Vorabgespräche, neue Berichte zu konzipieren.

Zusammenfassend sind bei der Optimierung folgende Bereiche zu berücksichtigen und zu ergänzen:

- Verstärkter Einsatz von Grafiken, um das Verständnis zu verbessern
- Zusätzliche Nutzung von Ampel- oder Cockpit-Funktion ermöglicht eine optimierte Steuerung
- Ergänzung von Kommentierungen zur effektiveren Analyse der Daten
- Verbesserung der Empfängerorientierung indem Berichtsempfänger frühzeitig und regelmäßig in die Konzipierung der Berichte eingebunden werden

Die herausgearbeiteten Schwachstellen und die daraus resultierenden Verbesserungsvorschläge bilden eine breite Basis zur Optimierung des Berichtswesens.

3. Optimierung des Berichtswesens im Klinikum Mittelbaden

3.1. Managementübersicht[26]

3.1.1. Einleitung

Die Managementübersicht stellt ein Teil der Optimierung im Klinikum Mittelbaden dar und wird in der Folge kurz erläutert. Dabei sollen die Anforderungen des Empfängers und die optimale Struktur eines Berichts berücksichtigt werden, um dem Steuerungsprozess optimal zu dienen.

3.1.2. Ziele

Das Ziel der Managementübersicht ist, eine strukturierte und einheitliche Übersicht der wichtigsten Ergebnisse aus der Gesamtheit der bestehenden Berichte zu generieren. Der einheitliche Aufbau soll den Steuerungseffekt gewährleisten und so die Interpretierbarkeit der Ergebnisse erhöhen. Für das Management ist dabei wichtig, alle wesentlichen Kennzahlen zu erhalten, um effektiv („kurz und bündig") informiert zu sein. Die Gestaltung wird an die individuellen Bedürfnisse des Managements angepasst. Die Anwenderfreundlichkeit soll dabei im Fokus stehen. Durch die Managementübersicht soll ein kostengünstiges, qualitativ hochwertiges und schnelles Reportinginstrument geschaffen werden, das in Zukunft als weiterer Bestandteil des Berichtswesens etabliert werden soll.

3.1.3. Anforderungen

Das Management hat verschiedene Anforderungen an die Übersicht gestellt. Zunächst sollen ausschließlich Schaubilder und Grafiken verwendet werden. Dadurch soll der Steuerungsbedarf unmittelbar ersichtlich werden, ohne dass weitere Informationen benötigt werden, z.B. Tabellen oder schriftliche Kommentierungen.

Zweite Anforderung ist eine direkte Gegenüberstellung der erreichten Istwerte mit den angestrebten Sollwerten sowie einer tolerierbaren Schwankungsbreite. Bei Istwerten außerhalb der Toleranzgrenzen muss eine detaillierte Abweichungsanalyse durch das Controlling erfolgen (Management by Exceptions).

---

[26] Auskunft Herr Köninger an die Verfasserin vom 25.02.2010.

Eine weitere Anforderung an die Managementübersicht ist eine Aussagefähigkeit auf aggregiertem Niveau. Der Empfängerkreis, welcher sich aus der Geschäftsführung sowie den kaufmännischen Leitern zusammensetzt, gibt eine verdichtete Darstellung auf oberster Ebene vor. Aussagen auf Ebene einzelner Abteilungen oder Stationen sind nicht gewünscht.

Letzte Anforderung ist die Einführung standardisierter regelmäßiger Gespräche, um eine dauerhafte Informationsversorgung zu gewährleisten. Gegebenenfalls bestehende Informationsdefizite können so unmittelbar thematisiert und beseitigt werden.

3.1.4. Aufbau und Gliederung der Übersicht

Die ausgewählten acht Kenngrößen werden auf zwei Seiten zusammengestellt. Ergänzend zeigt eine Ampelfunktion auf, ob Istwerte im Bereich der Planwerte liegen oder ob Gegenmaßnahmen ergriffen werden müssen. In den Schaubildern werden die Toleranzgrenzen farblich markiert, sodass die Empfänger die bereits vorab festgelegten Schwankungsbereiche erkennen können.

Für jeden der drei Bereiche (Akutkrankenhäuser, Pflegeeinrichtungen und Kurzzeitpflege) wird eine separate Managementübersicht erstellt, um auf die Spezifikationen der einzelnen Bereiche eingehen zu können.

Für die Akutkrankenhäuser, bei denen der Erlösbereich maßgeblich ist, sind DRG-Kennzahlen, wie etwa die Casemix-Entwicklung, der Casemix-Index, die Fallzahlen, die Belegungszahlen, Vollkräfte pro DRG sowie Personalkosten und medizinische Sachkosten von Bedeutung. In den Pflegeeinrichtungen ist zunächst die Anzahl der Bewohner sowie die Einteilung nach Pflegestufen relevant, d.h. maßgeblich sind die Verteilung der Bewohner auf die einzelnen Pflegestufen, der daraus generierte Umsatz sowie die jeweilige Entwicklung. Des Weiteren sind Personal- und Sachkosten aussagekräftige Stellgrößen. Für die Managementübersicht der Kurzzeitpflege sind die Auslastung der Betten, die Entwicklung direkter Kosten und die Anzahl der Vollzeitkräfte wichtig.

3.1.5. Bewertung

Der kompakte Aufbau mit den übersichtlichen grafischen Elementen ist empfängerorientiert und zielführend gewählt. Die Schaubilder sind flexibel anpassbar und steuerbar. Die Daten werden aus den korrekten Quellen zuverlässig ermittelt. Die Aktualität wird ebenso wie ein einheitlicher und systematischer Aufbau sichergestellt. Die vorhandenen Grafiken ermöglichen eine Anpassung an veränderte Gegebenheiten und sind kompatibel mit den unterschiedlichen Anforderungen. Die regelmäßigen Gespräche mit dem Management dienen zur Erkennung möglicher Schwachstellen und stellen eine vertiefende Diskussion dar. Das Klinikum Mittelbaden ist daher in der Lage, die Vorteile eines strukturierten Controllings verstärkt zu nutzen. Die EDV-technische Umsetzung dieser Übersicht wird in den kommenden Wochen stattfinden, sodass das Management in Kürze von diesem neuen Reportinginstrument profitieren kann.

Die Managementübersicht stellt den ersten Schritt im Rahmen der Optimierung des Berichtswesens im Klinikum Mittelbaden dar. Durch die Analyse ist ersichtlich geworden, dass Handlungsbedarf besteht. Weitere Optimierungsmaßnahmen im Berichtswesen sollen sukzessive umgesetzt werden.

4. Fazit und Ausblick

4.1. Fazit

Die vorliegende Arbeit hat, aufbauend auf den theoretischen Grundlagen (Art, Umfang, Ausprägungsformen sowie Bedeutung) des operativen Controllings (Kapitel zwei) und des internen Berichtswesens (Kapitel drei), die praktische Relevanz bei der aktuellen Optimierung des Berichtswesens im Klinikum Mittelbaden aufgezeigt.

Die Ist-Analyse konnte neben der Darstellung der aktuellen Organisation des Controllings vor allem das derzeitige Berichtswesen exemplarisch vorstellen. Eine zusammenfassende Vergleichsanalyse lieferte erste Anhaltspunkte für Potentiale zur anschließenden Optimierung. Die Ergebnisse der Ist-Analyse sind vor allem durch aussagekräftige Gespräche mit Controlling-Mitarbeitern erzielt worden. Schwachstellen und Kritikpunkte wurden offen angesprochen, um eine breite Basis für eine dauerhafte Optimierung zu schaffen.

Das Gesamtprojekt *Optimierung des Berichtswesens* befindet sich derzeit noch in der Detailanalysephase. Ein ganzheitliches Konzept wird in den nächsten Monaten erstellt. Vorab wurde ein einzelnes Reportinginstrument (die Managementübersicht) bereits beschlossen und befindet sich kurz vor der Einführung. Diese verdeutlicht somit bereits die Wirksamkeit der vorliegenden Arbeit und die Ernsthaftigkeit des

Umsetzungswillens. Aufbauend auf diesem ersten Ansatzpunkt wird das Berichtswesen Schritt für Schritt verbessert.

4.2. Ausblick

Das Controlling mitsamt dem Berichtswesen nimmt branchenweit in Anbetracht des gestiegenen Kostendrucks und verstärkten Wettbewerbs einen immer größer werdenden Stellenwert ein. Für das Krankenhausmanagement liegt die Hauptaufgabe in der Erfüllung des Versorgungsauftrags und der langfristigen Existenzsicherung. Dabei spielt Transparenz in den erbrachten Leistungen und den daraus resultierenden Kosten eine zentrale Rolle. Die zukünftige Ausgestaltung des strategischen und operativen Controllings mit seinen Funktionen ist dabei von herausragender Bedeutung. Controlling stellt das maßgebliche Managementinstrument dar.[27]

Auch im Klinikum Mittelbaden wird daher das bestehende Berichtswesen intensiv optimiert, die Empfängerorientierung verstärkt sowie die im Verlauf dieser Arbeit herausgearbeiteten Kritikpunkte in Verbesserungsvorschläge übergeleitet.

Nur durch eine gute Kooperation untereinander und ein breites Verständnis für neue Rahmenbedingungen wird das Klinikum Mittelbaden künftig das Spannungsfeld zwischen Kosten und Erlösen, sowie den gleichzeitig ansteigenden Qualitätsanforderungen in hervorragender Weise ausgleichen können.[28] In Anbetracht dieser wachsenden Herausforderungen ist ein Krankenhaus bereits heute, wie auch noch verstärkt in der Zukunft, gehalten, wie ein Wirtschaftsunternehmen zu denken und zu handeln.

Literaturverzeichnis

Conrad, Hans-Joachim (Controlling im Krankenhaus, 2008), Controlling im Krankenhaus: Controlling als Instrument zur Sicherung des wirtschaftlichen Erfolges von Krankenhäusern, 1. Auflage, Kulmbach 2008

Fischer, Dirk (Controlling, 2009), Controlling: Balanced Scorecard, Kennzahlen, Prozess- und Risikomanagement, Ein Handbuch für die erfolgreiche Praxis, München 2009

---

[27] Vgl. Zapp, Winfried; Oswald, Julia (Controllinginstrumente, 2009), S. 289.
[28] Auskunft Herr Köninger an die Verfasserin vom 25.02.2010.

Müller, Armin (Grundzüge Controlling, 2009), Grundzüge eines ganzheitlichen Controlling, 2. Auflage, München 2009

Neuhäuser-Metternich, Sylvia/Witt, Frank-Jürgen (Kommunikation und Berichtswesen, 2000), Kommunikation und Berichtswesen, Controller Band 6, München 2000

Ptak, Hildebrand (Controlling im Krankenhauswesen, 2009), Controlling im Krankenhauswesen, Eine betriebswirtschaftliche Problemanalyse, Hamburg 2009

Röming, Sven/Kazmierczak, Krzysztof (Controlling, 2004), Controller brauchen moderne Instrumente, Artikel in KU Special, Nummer 24, Ausgabe 5/2004, Kulmbach 2004

Schirmer, Herbert (Krankenhaus Controlling, 2006), Krankenhaus Controlling, Handlungsempfehlungen für Krankenhausmanager, Krankenhauscontroller und alle mit Controlling befassten Führungs- und Fachkräfte in der Gesundheitswirtschaft, 3. Auflage, Renningen 2006

Waniczek, Mirko (Berichtswesen, 2004), Berichtswesen optimieren: So steigern Sie die Effizienz in Reporting und Controlling, Frankfurt/Wien 2004

Weber, Jürgen/Schäffer, Utz (Einführung Controlling, 2008), Einführung in das Controlling, 12. Auflage, Stuttgart 2008

Zapp, Winfried/Oswald, Julia (Controllinginstrumente, 2009), Controllinginstrumente für Krankenhäuser, 1. Auflage, Stuttgart 2009

Verzeichnis der Internetquellen

Gesundheitsberichterstattung des Bundes:
http://www.gbe-bund.de/gbe10/ergebnisse.prc_tab?fid=8148&suchstring=&query_id=
&sprache=D&fund_typ=DQM&methode=&vt=&verwandte=1&page_ret=0&seite=1&p
_lfd_nr=53&p_news=&p_sprachkz=D&p_uid=gast&p_aid=86568896&hlp_nr=2&p_jan
ein=J, Aufruf vom 10.02.2010 um 8:45 Uhr

Gesprächsverzeichnis

Herr Köninger, Leiter Finanzen und Controlling, Gespräche vom 08.02.2010 und 25.02.2010
Herr Siegel, Finanzcontrolling, Gespräch vom 09.02.2010
Herr Ganter, Personalcontrolling, Gespräch vom 09.02.2010

Kündigung bei weiterer Pflichtverletzung nach vorheriger Abmahnung[1/2]

1. Spricht der Arbeitgeber wegen einer bestimmten Vertragspflichtverletzung eine Abmahnung aus, so kann er wegen des darin gerügten Verhaltens des Arbeitnehmers das Arbeitsverhältnis nicht mehr, außerordentlich oder ordentlich, kündigen.
2. Treten anschließend weitere Pflichtverletzungen zu den abgemahnten hinzu oder werden frühere Pflichtverletzungen dem Arbeitgeber erst nach Ausspruch der Abmahnung[3] bekannt, kann er auf diese zur Begründung einer Kündigung zu-

---

[1] Mit Erläuterungen und Anmerkungen von Prof. Dr. Dr. Siegfried Schwab, Mag. rer. publ. unter Mitarbeit von Diplom-Betriebswirtin (DH) Silke und Referendarin Heike Schwab.
In der Abmahnung liegt in der Regel ein Verzicht auf das Recht zum Ausspruch einer ordentlichen verhaltensbedingten oder außerordentlichen Kündigung. Der Arbeitgeber gibt damit zu erkennen, dass das für eine Dauerschuldverhältnis erforderliche Vertrauensverhältnis zwischen beiden Vertragsparteien nicht so gestört ist, **dass ihm die Fortsetzung des Arbeitsverhältnisses auf keinen Fall mehr zumutbar ist.** Der Kündigungsverzicht gilt allerdings nicht für Kündigungsgründe, die erst nach Ausspruch der Abmahnung oder bekannt werden, da sie nicht in die Willensentschließung einbezogen werden konnte. Soweit die Kündigung in unmittelbarem zeitlichem Zusammenhang mit einer Abmahnung erfolgte, spricht dies dafür, dass die Kündigung in Wahrheit wegen der bereits erfolglos abgemahnten (vergangenheitsbezogen) Pflichtverletzungen erfolgte, vgl. Kortmann, ArbRAktuell 2010, 301787. Bei der Abmahnung, die nunmehr in § 314 Abs. 2 BGB gesetzlich verankert wurde, handelt es sich um die **Ausübung eines arbeitsvertraglichen Gläubigerrechts** durch den Arbeitgeber. Als Gläubiger der Arbeitsleistung weist er den Arbeitnehmer als seinen Schuldner auf dessen vertragliche Pflichten hin und macht ihn auf die Verletzung dieser Pflichten aufmerksam (**Rügefunktion**). Zugleich fordert er ihn für die Zukunft zu einem vertragstreuen Verhalten auf und kündigt, wenn ihm dies angebracht erscheint, individualrechtliche Konsequenzen für den Fall einer erneuten Pflichtverletzung an (**Warnfunktion**), vgl. BAG, NZA 2002, 288 = NJOZ 2002, 603 = EzBAT BAT § 11 Nr. 10; BAG, NZA 1997, 145 = AP BGB § 611 Nebentätigkeit Nr. 2.

[2] BAG, Urteil vom 26.11.2009 – 2 AZR 751/08 (LAG Thüringen Urteil 11.12.2007 7 Sa 367/06).

[3] BAG, Urteil vom 12.01.2006 – 2 AZR 179/05; Trotz formeller Unwirksamkeit kann eine **Abmahnung ihre Warnfunktion erfüllen, wenn sie sachlich berechtigt ist und der Arbeitnehmer ihr den Hinweis entnehmen kann, der Arbeitgeber erwäge für den Wiederholungsfall die Kündigung,** BAG, Urteil vom 19.02.2009 – 2 AZR 603/07, BeckRS 2009, 67762 = NZA 2009, 894. Sind diese Voraussetzungen gegeben, ist der Arbeitnehmer unabhängig von formellen Unvollkommenheiten der Abmahnung gewarnt. Aus der **formellen Unwirksamkeit einer Abmahnung kann der Arbeitnehmer nicht entnehmen, der Arbeitgeber billige das abgemahnte Verhalten,** vgl. auch BAG, NZA 1992, 1028 – Auch eine wegen Nichtanhörung des Arbeitnehmers nach § 13 Abs. 2 S. 1 BAT formell unwirksame Abmahnung entfaltet die regelmäßig vor einer verhaltensbedingten Kündigung nach § 1 Abs. 2 KSchG aufgrund der ständigen Rechtspre-

rückgreifen und dabei die bereits abgemahnten Verstöße unterstützend heranziehen.

Die Parteien streiten über die Wirksamkeit einer verhaltensbedingten Kündigung. Die Bekl. betreibt ein Hotel, in dem der Kl. seit dem November 1996 als Barkeeper beschäftigt war. Nachdem die Bekl. den Kl. Mitte Dezember 2005 mündlich abgemahnt hatte, sprach sie mit Schreiben vom 28.12.2005 wegen der Nichtbefolgung einer Anweisung und rufschädigender Äußerungen über den Geschäftsführer und den Direktionsassistenten eine weitere Abmahnung aus. Der Kl. war ab dem 28.12.2005 arbeitsunfähig. Mit Schreiben vom 29.12.2005 kündigte die Bekl. das Arbeitsverhältnis **außerordentlich, hilfsweise ordentlich** mit der Begründung, der Kl. habe sich geschäftsschädigend gegenüber Mitarbeitern und Gästen verhalten. Sie hat die Kündigung ferner auf eine Missachtung des betrieblichen Alkoholverbots und den unbefugten, kostenlosen Ausschank von Alkohol an ehemalige Mitarbeiter gestützt. Wegen des Alkoholausschanks erstattete die Bekl. Strafanzeige. Die StA stellte das Ermittlungsverfahren nach Vernehmung zweier Zeugen ein.[4]

---

chung des BAG. Damit ist aus diesseitiger Sicht klargestellt, dass die **Warnfunktion** nicht voraussetzt, dass eine in allen Facetten rechtmäßige Abmahnung vor Ausspruch einer verhaltensbedingten Kündigung ausgesprochen wurde. Zur Erfüllung der Warnfunktion ist aber (nur) eine inhaltlich hinreichend bestimmte Abmahnung notwendig.
Eine **Abmahnung, die inhaltlich klar genug bestimmt** ist, jedoch formalen Anforderungen an den Ausspruch einer Abmahnung (z.B. Anhörung des Betroffenen vor Aufnahme in die Personalakte) nicht genügt, **kann die Warnfunktion erfüllen.** Somit ist die rechtskräftige Verurteilung des Arbeitgebers zur Entfernung einer Abmahnung aus der Personalakte dann kein Hinderungsgrund zum Ausspruch einer verhaltensbedingten Kündigung, wenn diese Verurteilung auf Grundlage formeller Fehler der Abmahnung erfolgt. Die Frage der **inhaltlich ausreichenden Bestimmtheit einer Abmahnung ist folglich unabhängig von weiteren Rechtmäßigkeitsvoraussetzungen der Abmahnung selbst zu prüfen,** so Müller, ArbRAktuell 2009, 290105. Der Zweck der Kündigung ist nicht eine Sanktion für eine begangene Vertragspflichtverletzung, sondern die Vermeidung des Risikos weiterer erheblicher Pflichtverletzungen. Es geht um die Verwirklichung der Vertragspflichten in der Zukunft. Wenn sie nicht mehr erwartet werden kann, erscheint die einseitige Lösung vom Vertrag als gerechtfertigt. Die vergangene Pflichtverletzung muss sich deshalb noch in der Zukunft belastend auswirken, BAG, NZA 2008, 589 = NJW 2008, 1900 = AP KSchG 1969 § 4 Nr. 64 = EzA KSchG § 4 n.F. Nr. 82; BAG, NZA 2007, 922 = NJW 2007, 2653 = AP KSchG 1969 § 1 Verhaltensbedingte Kündigung Nr. 57 = EzA KSchG § 1 Verhaltensbedingte Kündigung Nr. 71 RN 15. Eine negative Prognose liegt vor, wenn aus der konkreten Vertragspflichtverletzung und der daraus resultierenden Vertragsstörung geschlossen werden kann, der Arbeitnehmer werde auch zukünftig den Arbeitsvertrag nach einer Kündigungsandrohung erneut in gleicher oder ähnlicher Weise verletzen, Oetker, § 1 KSchG, RN 197. Die **Abmahnung dient der Objektivierung der negativen (kündigungsrelevanten) Prognose.** Liegt eine ordnungsgemäße Abmahnung vor und verletzt der Arbeitnehmer erneut seine vertraglichen Pflichten, kann regelmäßig davon ausgegangen werden, es werde auch zukünftig zu weiteren Vertragsstörungen kommen, Oetker, in ErfK, § 1 KSchG RN 197.

[4] Der Kl. hat Kündigungsschutzklage erhoben. Er hat die ihm vorgeworfenen Pflichtverletzungen bestritten. Auch seien sie bereits abgemahnt worden. Mögliche kritische Äußerungen seien sach-

Die Bekl. hat vorgetragen, am 25.12.2005 habe der Kl. die Weisung ihres Geschäftsführers, das Radio lauter zu stellen, unterlaufen. Gegenüber dem vorgesetzten Direktionsassistenten habe er sich negativ und abfällig dahin geäußert, er selbst sei seit neun Jahren im Betrieb und wenn dieser dort zwei Jahre „überstehe", sei er „der King". Gegenüber zwei Gästen habe der Kl. unter anderem geäußert, **dass sie zu Weihnachten nicht mehr zu kommen bräuchten, die finanzielle Situation sei katastrophal und das Haus bankrott.** Nachdem ihr Geschäftsführer am 29.12.2005 davon Kenntnis erhalten habe, dass der Kl. drei am 15.11.2005 neu eingestellte Mitarbeiter durch abträgliche Äußerungen über die Geschäftsführung und den Betrieb gezielt verunsichert habe, sei die Kündigung erfolgt. Erst Anfang Januar 2006 habe die Bekl. erfahren, dass der Kl. zwei Mitarbeitern kostenfrei alkoholische Getränke ausgegeben und damit nicht nur gegen das ihm bekannte betriebliche Alkoholverbot verstoßen, sondern ihr bewusst einen erheblichen Vermögensschaden zugefügt habe.[5]

Eine schwere, schuldhafte Vertragspflichtverletzung kann die außerordentliche oder ordentliche Kündigung eines Arbeitsverhältnisses nach § 626 Abs. 1 BGB bzw. § 1 Abs. KSchG rechtfertigen. Ein Grund zur Kündigung kann nicht nur in der Verletzung einer vertraglichen Hauptleistungspflicht, sondern auch in der Verletzung einer vertraglichen Nebenpflicht liegen.[6] Dabei gilt das Prognoseprinzip. Zweck einer verhaltensbedingten Kündigung ist nicht eine Sanktion für die begangene Pflichtverletzung, sondern die Vermeidung künftiger Pflichtenverstöße – gegebenenfalls selbst bis zum Ablauf der Kündigungsfrist. Die fragliche Pflichtverletzung muss sich deshalb noch für die Zukunft belastend auswirken.[7] Eine entsprechende Prognose ist berechtigt, wenn aus der konkreten Vertragspflichtverletzung und der daraus resultierenden Vertragsstörung geschlossen werden kann, der Arbeitnehmer werde den Arbeitsvertrag auch künftig erneut in gleicher oder ähnlicher Weise verletzten.[8] Das ist häufig ungewiss. **Eine Kündigung wegen einer Vertragspflicht-**

---

lich gerechtfertigt und durch das Recht auf freie Meinungsäußerung gedeckt. Er habe nicht kostenlos Alkohol an Kollegen ausgegeben. Der Kl. begehrt die Feststellung, dass das zwischen den Parteien bestehende Arbeitsverhältnis nicht aufgelöst wurde.

[5] Das ArbG hat nach Beweisaufnahme der Klage stattgegeben. Das LAG (2010, 67190) hat die Berufung der Bekl. zurückgewiesen. Die Revision der Bekl. hatte Erfolg.

[6] BAG, AP BGB § 611 Direktionsrecht Nr. 77 RN 28; BAG, NZA-RR 2006, 636 = AP BGB § 626 Krankheit Nr. 14.

[7] BAG, NZA 2008, 589 = NJW 2008, 1900 = AP KSchG 1969 § 4 Nr. 64 BAG, NZA 2007, 922 = NJW 2007, 2653 = AP KSchG 1969 § 1 Verhaltensbedingte Kündigung Nr. AP KSCHG1969 § 1 57 = EzA KSchG § 1 Verhaltensbedingte Kündigung Nr. 71 RN 15.

[8] BAG, NZA 2009, 1168 Os. = NJOZ 2009, 3929 RN 14; BAG, NZA 2008, 589 = NJW 2008, 1900 = AP KSchG 1969 § 4 Nr. AP KSCHG1969 § 64 RN 38.

verletzung setzt deshalb regelmäßig eine einschlägige Abmahnung voraus.[9] Diese dient der Objektivierung der negativen Prognose. Liegt eine solche Abmahnung vor und verletzt der Arbeitnehmer gleichwohl erneut seine vertraglichen Pflichten, kann regelmäßig davon ausgegangen werden, es werde auch künftig zu weiteren Vertragsstörungen kommen.[10] **Außerdem ist in Anwendung des Verhältnismäßigkeitsgrundsatzes die Abmahnung als milderes Mittel einer Kündigung vorzuziehen, wenn schon durch ihren Ausspruch das Ziel, die künftige Einhaltung der Vertragspflichten zu bewirken, erreicht werden kann.**[11] Zutreffend hat das LAG angenommen, dass der Arbeitgeber auf das Recht zum Ausspruch einer außerordentlichen oder ordentlichen Kündigung durch eine entsprechende Willenserklärung einseitig verzichten kann.[12] Ein solcher Verzicht ist ausdrücklich oder konkludent möglich. **Regelmäßig liegt im Ausspruch einer Abmahnung der konkludente Verzicht auf das Recht zur Kündigung aus den in ihr gerügten Gründen.** Der Arbeitgeber gibt mit einer Abmahnung zu erkennen, dass er das Arbeitsverhältnis noch nicht als so gestört ansieht, als dass er es nicht mehr fortsetzen könnte.[13]

---

[9] Der Zweck der Kündigung ist nicht eine Sanktion für eine begangene Vertragspflichtverletzung, sondern die Vermeidung des Risikos weiterer erheblicher Pflichtverletzungen. Es geht um die Verwirklichung der Vertragspflichten in der Zukunft. Wenn sie nicht mehr erwartet werden kann, erscheint die einseitige Lösung vom Vertrag als gerechtfertigt. Die vergangene Pflichtverletzung muss sich deshalb noch in der Zukunft belastend auswirken, st. Rspr., vgl. zuletzt BAG, NZA 2008, 589 = NJW 2008, 1900 = AP KSchG 1969 § 4 Nr. 64 = EzA KSchG § 4 n.F. Nr. 82; BAG, NZA 2007, 922 = NJW 2007, 2653 = AP KSchG 1969 § 1 Verhaltensbedingte Kündigung Nr. 57 = EzA KSchG § 1 Verhaltensbedingte Kündigung Nr. 71 RN 15. Eine negative Prognose liegt vor, wenn aus der konkreten Vertragspflichtverletzung und der daraus resultierenden Vertragsstörung geschlossen werden kann, der Arbeitnehmer werde auch zukünftig den Arbeitsvertrag nach einer Kündigungsandrohung erneut in gleicher oder ähnlicher Weise verletzen, Oetker, in ErfK, § 1 KSchG RN 197. Die Abmahnung dient der Objektivierung der negativen Prognose. Liegt eine ordnungsgemäße Abmahnung vor und verletzt der Arbeitnehmer erneut seine vertraglichen Pflichten, kann regelmäßig davon ausgegangen werden, es werde auch zukünftig zu weiteren Vertragsstörungen kommen Oetker, in ErfK, § 1 KSchG, RN 199. Der Arbeitnehmer bleibt auch dann gewarnt, wenn die Abmahnung an einem Formfehler leidet.

[10] BAG, NZA 2009, 1168 Os. = NJOZ 2009, 3929 RN 14; BAG, NZA 2008, 589 = NJW 2008, 1900 = AP KSchG 1969 § 4 Nr. AP KSCHG1969 § 64 RN 38.

[11] BAG, NZA 2009, 1168 Os. = NJOZ 2009, 3929 RN 14.

[12] BAG, NZA 2006, 880 Os. = NJOZ 2006, 2617 = AP KSchG 1969 § 1 Verhaltensbedingte Kündigung Nr. 52 RN 22; BAG [10.11.1988], NZA 1989, 633 = NJW 1989, 2493 = AP KSchG 1969 § 1 Abmahnung Nr. 3 = EzA BGB § 611 Abmahnung Nr. 18; BAG, Urteil vom 13.12.2007 Aktenzeichen 6 AZR 145/07, BAGE 125, 208 = NZA 2008, 403 = NJW 2008, 1243 RN 24; KR-Fischermeier, 9. Aufl., § 626 BGB, RN 280.

[13] BAG, NZA 2006, 880 Os. = NJOZ 2006, 2617 = AP KSchG 1969 § 1 Verhaltensbedingte Kündigung Nr. 52 RN 22; BAG, NZA 1989, 633 = NJW 1989, 2493 = AP KSchG 1969 § 1 Abmahnung Nr. 3 = EzA BGB § 611 Abmahnung Nr. 18 [zu II 2]; BAGE 125, 208 = NZA 2008, 403 = NJW 2008, 1243 RN 24.

Das BAG hält an dieser Rechtsprechung auch angesichts der jüngsten Kritik[14] fest. Gegen seine Auffassung wird vorgebracht, eine Abmahnung könne nur dann als konkludente Erklärung eines Kündigungsverzichts verstanden werden, wenn der Arbeitgeber gewusst oder zumindest damit gerechnet habe, er sei nicht nur zur Abmahnung, sondern auch zur Kündigung berechtigt gewesen. Angesichts der generellen Unsicherheit über die Wirksamkeit einer Kündigung lasse sich dies nicht allein aus dem Ausspruch einer Abmahnung schließen. Es könne ebenso gut sein, dass der Arbeitgeber lediglich das Risiko der Unwirksamkeit einer Kündigung nicht habe eingehen wollen.

Das überzeugt nicht. Auf diese Weise wird die Existenz des Gestaltungsrechts und die materiell-rechtliche Wirksamkeit seiner Ausübung in eines gesetzt. Dem fehlt im Hinblick auf §§ 133, 157 BGB die sachliche Berechtigung. Nach Maßgabe dieser Bestimmungen kommt es für das Verständnis des Inhalts einer Willenserklärung auf den objektiven Empfängerhorizont an. Der Empfänger einer Abmahnung erkennt, dass der Arbeitgeber wegen der in ihr gerügten Vorwürfe von der formal ebenfalls bestehenden – und ihm bekannten – Möglichkeit einer Kündigung gerade keinen Gebrauch macht. Aus Empfängersicht erklärt der Arbeitgeber deshalb mit der Ankündigung, (erst) im Wiederholungsfall eine Kündigung auszusprechen, stillschweigend zugleich, eben dies auf Grund der aktuell gerügten Pflichtenverstöße nicht tun zu wollen. Darin liegt sein bewusster Rechtsverzicht. Auf das dafür maßgebliche Motiv kommt es nicht an. Auch wenn der Arbeitgeber mit dem Ausspruch einer Abmahnung nur das Risiko der Unwirksamkeit einer Kündigung hat vermeiden wollen, ändert dies nichts am objektiven Inhalt seiner Erklärung.

Treten weitere Gründe zu den abgemahnten hinzu oder werden sie erst nach dem Ausspruch der Abmahnung bekannt, sind diese vom Kündigungsverzicht nicht erfasst. Der Arbeitgeber kann sie zur Begründung einer Kündigung heranziehen und dabei auf die schon abgemahnten Gründe unterstützend zurückgreifen.[15] Kündigt der Arbeitgeber im unmittelbaren zeitlichen Zusammenhang mit einer vorausgegangenen Abmahnung, kann dies allerdings dafür sprechen, dass die Kündigung in Wirklichkeit wegen der bereits abgemahnten Pflichtverletzung erfolgt, zumal dann, wenn der Arbeitnehmer zwischen Abmahnung und Kündigungserklärung – wie hier – nicht mehr gearbeitet hat. Es ist insbesondere in einem solchen Fall Sache des Arbeitgebers, im Einzelnen darzulegen, dass neue oder später bekannt gewordene Gründe hinzugetreten sind und erst sie seinen Kündigungsentschluss bestimmt haben.

---

[14] Raab, in: Festschrift für Buchner, S. 704.
[15] BAG, NZA 2006, 880 Os. = NJOZ 2006, 2617 = AP KSchG 1969 § 1 Verhaltensbedingte Kündigung Nr. 52 RN 22; BAGE 125, 208 = NZA 2008, 403 = NJW 2008, 1243 RN 24.

Die Änderung von Anforderungen an Mitarbeiter als Kündigungsgrund[1]

BAG: Unzureichende schriftliche Deutschkenntnisse können ordentliche Kündigung rechtfertigen[2]

Kann ein Arbeitnehmer in deutscher Sprache abgefasste Arbeitsanweisungen nicht lesen, kann dies eine ordentliche Kündigung rechtfertigen. Dies hat das Bundesarbeitsgericht mit Urteil vom 28.01.2010 entschieden. Der Arbeitgeber dürfe von seinen Arbeitnehmern die Kenntnis der deutschen Schriftsprache verlangen, soweit sie für deren Tätigkeit erforderlich sei. Darin liege keine nach § 3 Abs. 2 AGG verbotene mittelbare Benachteiligung wegen der ethnischen Herkunft. Der Arbeitgeber verfolge ein legitimes Ziel im Sinne des AGG, wenn er beispielsweise aus Gründen der Qualitätssicherung schriftliche Arbeitsanweisungen einführt, so das BAG in seiner Begründung.[3]

Personalmaßnahmen[4] wegen mangelnder schriftlicher Deutschkenntnisse[5/6]

Ändert der Unternehmer das Anforderungsprofil einer Tätigkeit in der Weise, dass die Beherrschung der deutschen Sprache in Wort und Schrift verlangt wird, und ist

---

[1] Mit Anmerkungen von Prof. Dr. Dr. Siegfried Schwab, Mag. rer. publ. unter Mitarbeit von Diplom-Betriebswirtin (DH) Silke Schwab und Referendarin Heike Schwab.
[2] BAG, Urteil vom 28.01.2010 – 2 AZR 764/08.
[3] Der Kläger wurde 1948 in Spanien geboren und ging dort zur Schule. Seit 1978 war er als Produktionshelfer bei der Beklagten, einem Unternehmen der Automobilzulieferindustrie mit etwa 300 Arbeitnehmern, beschäftigt. Erforderlich für die Stelle war nach einer vom Kläger unterzeichneten Stellenbeschreibung aus dem Jahr 2001 die Kenntnis der deutschen Sprache in Wort und Schrift. Der Kläger absolvierte im September 2003 auf Kosten der Beklagten während der Arbeitszeit einen Deutschkurs. Mehrere ihm empfohlene Folgekurse lehnte er ab. Seit März 2004 ist die Beklagte nach den entsprechenden Qualitätsnormen zertifiziert.
[4] Herbert/Oberrath, DB 2009, 2434 ff., **Beherrschung und Verwendung der deutschen Sprache bei der Begründung des Arbeitsverhältnisses** – um möglichst reibungslose betriebliche Abläufe

zu gewährleisten, ist es sachlich gerechtfertigt, von jedem Bewerber zumindest solche Sprachfertigkeiten zu verlangen, die für eine angemessene Kommunikation zwischen Arbeitgeber und Arbeitnehmer bzw. der Arbeitnehmer untereinander erforderlich sind. Nach der Auffassung des ArbG Berlin das Erfordernis von Deutschkenntnissen generell keine mittelbare Benachteiligung darstellen und gänzlich AGG-irrelevant sein. Es gehe „nicht um die (Mutter)Sprache des Bewerbers als Ausdruck und Merkmal seiner ethnischen Zugehörigkeit, sondern um seine Sprachkenntnisse in einer anderen (Fremd)Sprache" vgl. Maier, Anm. zu ArbG Berlin vom 26.09.2007, AuR 2008 S. 112 (113); Tolmein, jurisPR-ArbR 4/2008 Anm. 3; Greßlin, BB 2008, S. 115. Der **Begriff der ethnischen Herkunft ist nach der Regierungsbegründung zum AGG „EG-rechtlich" auszulegen.** Das Vorliegen einer Ethnie ist objektiv nach der Verkehrsanschauung zu bestimmen. Ausschlaggebend ist die Wahrnehmung einer Gruppe abgegrenzt in Gebräuchen, Herkunft und Erscheinung, äußerem Erscheinungsbild, Sprache und Religion, vgl. Adomeit/Mohr, Kommentar zum Allgemeinen Gleichbehandlungsgesetz, § 1 RN 33 f. Die Zurückweisung eines Bewerbers wegen mangelnder Kompetenz in der deutschen Sprache hat mit dessen ethnischer Herkunft an sich nichts zu tun, Hunold, Ausgewählte Rechtsprechung zum Antidiskriminierungsrecht, NZA-RR 2009, 113.

[5] LAG Hamm, Urteil vom 17.07.2008 – 16 Sa 544/08 (ArbG Herford, Urteil vom 30.10.2007 – 3 Ca 749/07) (nicht rechtskräftig); Hunold, NZA-RR 2009, 17; Bissels/Lützeler, Rechtsprechungsübersicht zum AGG, BB 2008, 666; Hunold, Die Kündigung wegen mangelhafter Kenntnisse des Mitarbeiters NZA 2000, 802. Bissels/Wisskirchen/Schmidt, „Der unzeitgemäße Arbeitnehmer": Die **Änderung von Anforderungen an Mitarbeiter als Kündigungsgrund**, NZA 2008, 1386 – problematisch wird die Veränderung des Arbeitslebens, wenn die Mitarbeiter nicht willens oder in der Lage sind, sich die erforderlichen und vom Arbeitgeber geforderten Qualifikationen anzueignen. Dazu rechnen auch die berufsbezogenen und -adäquaten Sprachkenntnisse, Nach LAG Hessen (19.07.1999), LAGE § 1 KSchG Betriebsbedingte Kündigung Nr. 55. Die Umsetzung der Qualitätssicherung in deutscher Sprache ist Teil der vertraglich geschuldeten Leistung des Arbeitnehmers. Die Weiterbildungspflicht des Arbeitnehmers korrespondiert mit seiner vertraglichen Leistungspflicht.

[6] Die an einen ausländischen Arbeitnehmer, dessen Muttersprache nicht deutsch ist, gerichtete Aufforderung, einen Deutschkurs zu besuchen, stellt keine Belästigung im Sinne von § 3 Abs. 3 AGG aufgrund der ethnischen Herkunft dar, LAG Schleswig-Holstein, Urteil vom 23.12.2009 – 6 Sa 158/09. Geklagt hatte eine aus dem ehemaligen Jugoslawien stammende Frau, deren Muttersprache kroatisch ist. Sie ist seit vielen Jahren bei der Beklagten als Reinigungskraft, vertretungsweise als Kassiererin in einem Schwimmbad beschäftigt. Die Beklagte hatte sie Mitte 2006 zweimal erfolglos aufgefordert, an einem Deutschkurs teilzunehmen, da es in der Verständigung mit Kollegen, Vorgesetzten und Kunden immer wieder zu Problemen gekommen sei. Die Klägerin warf der Beklagten vor, sie aufgrund ihrer Nationalität zu diskriminieren. Die Aufforderung, einen Deutschkurs zu besuchen, stelle keine den Entschädigungsanspruch auslösende Belästigung gemäß § 3 Abs. 3 AGG dar. Die von der Klägerin als unerwünscht empfundene Aufforderung der Beklagten sei erkennbar nicht aus Gründen der Rasse oder wegen der ethnischen Herkunft erfolgt. Für die Beklagte habe weder die Herkunft der Klägerin noch deren kroatische Muttersprache eine Rolle gespielt. Eine mittelbare Diskriminierung liege nicht vor, denn nicht jede als unerwünscht empfundene Verhaltensweise sei eine Belästigung im Sinne des § 3 Abs. 3 AGG. Wesentlich für eine Belästigung im Sinne § 3 Abs. 3 AGG ist die durch die unerwünschte Verhaltensweisen bezweckte oder bewirkte Verletzung der Würde der Person sowie die Schaffung eines feindlichen Umfelds, Schlachter, in ErfK, § 2 AG, RN 15. Hinzukommen müsse, dass durch Einschüchterungen, Anfeindungen, Erniedrigungen, Entwürdigungen oder Beleidigungen ein feindliches Umfeld geschaffen werde. Hiervon könne auch bei einer mit Nachdruck geforderten Aufforderung zum Besuch eines Deutschkurses nicht ausgegangen werden. Durch die Kritik wegen der mangelnden Sprachkompetenz werde einem ausländischen Arbeitnehmer nicht dessen Würde abgesprochen.

ist ein seit langem beschäftigter Arbeitnehmer ausländischer Herkunft nicht in der Lage, die deutsche Sprache so zu erlernen, dass er Arbeitsanweisungen lesen kann, so liegt eine mittelbare Diskriminierung des Arbeitnehmers vor, wenn die Arbeit so organisiert werden kann, dass die schriftliche Sprachbeherrschung nicht erforderlich ist.

Die unternehmerische Entscheidung ist wegen Verstoßes gegen § 2 Abs. 1 Nr. 2 AGG unwirksam. Eine hierauf gestützte betriebsbedingte Kündigung erweist sich als sozialwidrig.[7]

Die Parteien streiten um die Wirksamkeit einer ordentlichen Kündigung sowie um einen Anspruch des Kl. auf vorläufige Weiterbeschäftigung. Der verwitwete Kl. war seit dem 04.04.1978 bei der Bekl. als Produktionshelfer im Spritzguss beschäftigt. Bei der Bekl. handelt es sich um ein Unternehmen der Automobilzulieferer-Industrie mit der Fertigung von Kunststoffteilen. Sie beschäftigt regelmäßig etwa 300 Arbeitnehmer. Ein Betriebsrat ist gebildet. Bei der Bekl. handelt es sich um ein Unternehmen der Automobilzulieferer-Industrie mit der Fertigung von Kunststoffteilen. Sie beschäftigt regelmäßig etwa 300 Arbeitnehmer. Ein Betriebsrat ist gebildet. Zu den Hauptaufgaben des Kl. zählt die Ausführung der übertragenen Arbeiten gemäß mündlichen und schriftlichen Anweisungen, z. B. das Überwachen der automatischen Behälterfüllung, das Einpacken von Teilen nach Packvorschrift sowie die Produktionskontrolle. Er hat unter anderem Fehler bzw. Störungen an den Produktionsanlagen und den gefertigten Produkten zu erkennen und zu melden.

Der Kl. absolvierte im September 2003 auf Kosten der Bekl. während der Arbeitszeit einen Deutschkurs. Einen ihm auf Grund seines Kenntnisstands und der Einschätzung des Lehrers empfohlenen Folgekurs lehnte der Kl. ab. Am 30.06.2006 schloss die Bekl. mit dem Betriebsrat eine Betriebsvereinbarung zur Durchführung von internen Audits zur Abklärung des Vorliegens der notwendigen Mitarbeiterqualifikation nach der Norm TS 16949 bei Mitarbeitern mit Defiziten in der deutschen Sprache. Ein am 12.04.2007 für mehrere Mitarbeiter durch einen externen Gutachter durchgeführtes Prozessaudit zu Vorgabedokumenten in der Produktion, Personalqualifikation, Produktionsprüfung endete für den Kl. mit dem Ergebnis, dass er nicht in der Lage sei, die vom Kunden geforderten Vorgaben und Spezifikationen einzuhalten. Der ArbG trägt im Prozess u. a. vor: Auch wenn der Kl. nahezu 30 Jahre bei der Bekl. gearbeitet habe, ohne dafür Deutschkenntnisse zu benötigen, so könnten Änderungen der Betriebsstruktur, die wegen der Zertifizierung notwendig geworden seien, auch Änderungen an die Anforderungen an die Arbeitsplätze mit sich bringen. Erfülle ein Arbeitnehmer diese Anforderungen nicht, so könne dies eine fristge-

---

[7] Dem steht § 2 Abs. 4 AGG nicht entgegen.

rechte Kündigung aus dringenden betrieblichen Erfordernissen begründen. Die arbeitgeberseitige Entscheidung sei nur auf Willkürlichkeit oder offenbare Unsachlichkeit hin zu überprüfen. Mit seiner Unkenntnis der deutschen Sprache gefährde der Kl. bei den entsprechenden Audits den Fortbestand der Zertifizierung, was zwangsläufig zur Folge habe, dass die Bekl. am Wettbewerb nicht mehr oder nur gehindert teilnehmen könne. Darüber hinaus sei die Kündigung aus personenbedingten Gründen gerechtfertigt. Der Kl. habe sich dazu verpflichtet, die deutsche Sprache so zu beherrschen, dass er mündliche und schriftliche Anweisungen befolgen könne.

Die Kündigung des Arbeitsverhältnisses ist weder **durch dringende betriebliche Erfordernisse**, die einer Beschäftigung des Kl. im Betrieb der Bekl. entgegenstehen, bedingt, noch aus personen- oder verhaltensbedingten Gründen sozial gerechtfertigt (§ 1 Abs. 2 S. 1 KSchG). Der Kündigung liegt ein einheitlicher Lebenssachverhalt zu Grunde, der allerdings personen- und betriebsbedingte, möglicherweise auch verhaltensbedingte Gesichtspunkte berührt. In einem solchen Fall ist die Abgrenzung, welchem dieser Bereiche die Beurteilung der Kündigung unterworfen werden soll, auf Grund der jedenfalls nicht aufgegebenen Rechtsprechung des BAG nach der Sphäre auszurichten, aus der die Störung des Arbeitsverhältnisses primär kommt.[8]

Im Entscheidungsfall ist der Kündigungssachverhalt maßgeblich durch die Entscheidung der Bekl. bestimmt, im Hinblick auf die Isozertifizierung das Anforderungsprofil am Arbeitsplatz des Kl. so zu bestimmen, dass der Stelleninhaber die deutsche Sprache nicht nur mündlich, sondern auch schriftlich beherrscht, um prozessbegleitende Dokumente lesen und Formulare gegebenenfalls auch ausfüllen zu können. Ohne diese Änderung des Anforderungsprofils hätte der Kl., wie seit mehr als 29 Jahren, seine Arbeitsaufgabe ohne Weiteres erfüllen können. Der Auslöser für die Kündigungsentscheidung der Bekl. liegt damit in ihrer unternehmerischen Betätigung. Der Prüfungsmaßstab für die vorliegende Kündigung richtet sich nach den

---

[8] BAG (20.11.1997), BAGE 87, 153 = NZA 1998, 323 – bei einer Kündigung, die auf mehrere Gründe gestützt wird, zunächst zu prüfen ist, ob jeder Sachverhalt für sich allein geeignet ist, die Kündigung zu begründen; erst wenn die isolierte Betrachtungsweise nicht bereits zur Sozialwidrigkeit der Kündigung führt, ist im Wege einer einheitlichen Betrachtungsweise zu prüfen, ob die einzelnen Kündigungsgründe in ihrer Gesamtheit Umstände darstellen, die bei wertender Würdigung in Abwägung der Interessen der Vertragsparteien und des Betriebes die Kündigung als billigenswert und angemessen erscheinen lassen. bei so genannten Mischtatbeständen, nämlich wenn ein letztlich einheitlicher Lebenssachverhalt zwei oder gar drei der in § 1 Abs. 2 KSchG genannten Bereiche, also verhaltens-, personen- und betriebsbedingte Gesichtspunkte berührt, die Abgrenzung, welchem dieser Bereiche die Beurteilung der Kündigung unterworfen werden soll, aufgrund der bisherigen Rechtsprechung des BAG nach der Sphäre auszurichten, aus der die Störung des Arbeitsverhältnisses primär kommt, BAGE 46, 191.

Grundsätzen für eine betriebsbedingte Kündigung.[9] Dringende betriebliche Erfordernisse für eine Kündigung i. S. von § 1 Abs. 2 KSchG können sich aus innerbetrieblichen oder außerbetrieblichen Gründen ergeben. Vorliegend geht es um innerbetriebliche Gründe. Eine Kündigung ist aus diesen Gründen gerechtfertigt, wenn sich der Arbeitgeber zu einer organisatorischen Maßnahme entschließt, bei deren innerbetrieblicher Umsetzung das Bedürfnis für die Weiterbeschäftigung eines oder mehrerer Arbeitnehmer entfällt. Diese Entscheidung ist grundsätzlich nicht auf ihre sachliche Rechtfertigung oder ihre Zweckmäßigkeit zu überprüfen, sondern nur darauf, ob sie offenbar unsachlich, unvernünftig oder willkürlich ist.[10] Auch die Gestaltung des Anforderungsprofils der jeweiligen Arbeitsplätze gehört zu den Unternehmensdispositionen des Arbeitgebers, für die der angegebene weite Prüfungsmaßstab gilt. Die Entscheidung des Arbeitgebers, bestimmte Tätigkeiten nur von Arbeitnehmern mit bestimmten Qualifikationen ausführen zu lassen, ist von den Arbeitsgerichten grundsätzlich jedenfalls dann zu respektieren, wenn die Qualifikationsmerkmale einen nachvollziehbaren Bezug zur Organisation der auszuführenden Arbeiten haben.[11]

---

[9] BAG, Urteil v. 19.12.1991 – 2 AZR 402/91, RzK I 5c Nr. 41.
[10] BAGE 92, 61 = NZA 1999, 1095 = NJW 2000, 378 – Betriebsbedingte Kündigung – Unternehmerentscheidung – Die Entscheidung des Arbeitgebers, den Personalbestand auf Dauer zu reduzieren, gehört zu den so genannten unternehmerischen Maßnahmen, die zum Wegfall von Arbeitsplätzen führen und damit den entsprechenden Beschäftigungsbedarf entfallen lassen können. Es gelten die Grundsätze der abgestuften Darlegungslast: Zunächst hat der Arbeitgeber darzulegen, dass und wie die von ihm getroffene Maßnahme durchgeführt werden soll. Dann ist es Sache des Arbeitnehmers, vorzutragen, warum die getroffene Maßnahme offensichtlich unsachlich, unvernünftig oder willkürlich sein soll. Alsdann hat sich der Arbeitgeber hierauf weiter einzulassen.
[11] BAG, NZA 2006, 266 –
1. Die **Gestaltung des Anforderungsprofils** der jeweiligen Arbeitsplätze **unterliegt der Unternehmerdisposition** des Arbeitgebers. Soweit für die sachgerechte Erledigung der Arbeitsaufgabe bestimmte persönliche oder sachliche Voraussetzungen erforderlich sind, kann die unternehmerische Entscheidung, welche Anforderungen an den Stelleninhaber zu stellen sind, nur auf offenbare Unsachlichkeit gerichtlich überprüft werden.
2. **Sind allerdings die Organisationsentscheidung des Arbeitgebers und sein Kündigungsentschluss** ohne nähere Konkretisierung **praktisch deckungsgleich**, so kann die **Vermutung, die Unternehmerentscheidung sei aus sachlichen Gründen erfolgt**, nicht stets von vornherein greifen. In diesen Fällen muss der **Arbeitgeber** konkrete Angaben dazu machen, wie sich die Organisationsentscheidung auf die Einsatzmöglichkeiten für den Arbeitnehmer auswirkt und in welchem Umfang dadurch ein konkreter Änderungsbedarf besteht.
3. **Erhöhte Anforderungen an die Darlegungslast** des Arbeitgebers sind insbesondere dann zu stellen, wenn der Arbeitgeber durch eine **unternehmerische Entscheidung das Anforderungsprofil für Arbeitsplätze ändert, die bereits mit langjährig beschäftigten Arbeitnehmern besetzt sind.** Sonst hätte der Arbeitgeber die nahe liegende Möglichkeit, unter Berufung auf eine gerichtlich nur eingeschränkt überprüfbare Unternehmerentscheidung eine missbräuchliche Umgehung des Kündigungsschutzes des betreffenden Arbeitnehmers dadurch zu erzielen, dass er in sachlich nicht gebotener Weise die Anforderungen an die Vorbildung des betreffenden Arbeitsplatzinhabers verschärft (z. B. perfekte französische Sprachkenntnisse, um mit ein oder zwei

Auf Grund seiner ethnischen Herkunft beherrscht der Kläger die deutsche Sprache nicht in gleicher Weise wie vergleichbare deutsche Arbeitnehmer. Dem Kl. kann vorgehalten werden, dass er dies nicht einmal versucht hat, die deutsche Sprache in vom ArbG bezahlten Sprachkursen besser zu erlernen.

Die unterschiedliche Behandlung des Kl. steht dennoch nicht in Einklang mit § 1 AGG, wonach unter anderem Benachteiligungen wegen der ethnischen Herkunft verhindert bzw. beseitigt werden sollten und verstößt gegen § 2 Abs. 1 Nr. 2 AGG. Danach sind Benachteiligungen aus einem in § 1 genannten Grund unter anderem in Bezug auf die Beschäftigungs- und Arbeitsbedingungen unzulässig. Zu den Beschäftigungs- und Arbeitsbedingungen gehören nicht nur die vertraglichen Vereinbarungen derjenigen Bedingungen, zu denen die Arbeit zu leisten ist, sondern alle mit dem Arbeitsverhältnis verbundenen Umstände.[12]

§ 2 Abs. 4 AGG steht diesem Ergebnis nicht entgegen. Diese Vorschrift bestimmt, dass für Kündigungen ausschließlich die Bestimmungen des allgemeinen und besonderen Kündigungsschutzes gelten. Welchen Stellenwert diese Vorschrift im Einzelnen besitzt, ist im Schrifttum umstritten.[13] Hierauf kommt es für die vorliegende Entscheidung aber auch nicht an. Die Kündigung als solche ist nicht wegen Verstoßes gegen § 2 Abs. 1 Nr. 2 AGG unwirksam, sondern die der Kündigung zu Grunde liegende unternehmerische Entscheidung, die nicht gegen geltendes Recht verstoßen darf.

Durch die von der Bekl. an die schriftlichen Deutschkenntnisse des Kl. gestellten Anforderungen wird dieser wegen seiner **ethnischen Herkunft mittelbar benachteiligt (§ 3 Abs. 2 AGG).**[14]

Als Angehöriger eines fremden Volkes bzw. einer fremden Kultur wird er von dem Merkmal der ethnischen Herkunft erfasst.[15] Er wird durch die Anforderungen

---

Kunden fremdsprachlich zu korrespondieren). Der **Arbeitgeber hat insoweit darzulegen**, dass es sich bei der zusätzlich geforderten Qualifikation für die Ausführung der Tätigkeit nicht nur um eine „wünschenswerte Voraussetzung", sondern um ein **nachvollziehbares, arbeitsplatzbezogenes Kriterium für eine Stellenprofilierung handelt.** Außerdem hat der Arbeitgeber bei einer betrieblich erforderlichen Anhebung des Stellenprofils konkret darzulegen, dass die Kündigung nicht durch mildere Mittel, insbesondere Umschulung und Fortbildung des Arbeitnehmers zu vermeiden war.

[12] EuGH, NZA-RR 1996, 121; Schlachter, in ErfK, 8. Aufl., § 2 AGG RN 7.
[13] Vgl. Schlachter, § 2 RN 16 f.
[14] Zur Ausländerdiskriminierung wegen unzureichender Sprachkenntnisse s. ArbG Berlin (26.09.2007 – 14 Ca 10356/07), BeckRS 2008, 50553. Krit. Hunold, NZA-RR 2009, 17 – alle Mitarbeiter müssen Deutsch können. Die Stellenbeschreibungen sind für deutsche und ausländische Mitarbeiter gleich. Also fehlt es an einer Ungleichbehandlung als Voraussetzung für eine Benachteiligung. Siehe dazu Bauer/Göpfert/Krieger, AGG, 2. Aufl. (2008), § 1 RN 9. Auch die Überschriften zu §§ 8, 10 AGG „zulässige unterschiedliche Behandlung" belegen das.

schriftlicher Deutschkenntnisse „in besonderer Weise" benachteiligt, weil er als gebürtiger Spanier, der in Spanien seine Schulbildung genossen hat, diese Anforderung weniger leicht erfüllen kann als deutsche bzw. in Deutschland in der Schule ausgebildete Personen. Dies ist ausreichend, um das Tatbestandsmerkmal zu erfüllen.[16] Deutlich wird dies im vorliegenden Verfahren auch daran, dass im Betrieb der Bekl. weitere Mitarbeiter und Mitarbeiterinnen wie der Kl. von dieser Anforderung betroffen sind. Eine ungünstigere Behandlung kann durch ein rechtmäßiges Ziel sachlich gerechtfertigt sein, wenn die Mittel zur Erzielung dieses Ziels angemessen und erforderlich sind. Es handelt sich hierbei um Rechtfertigungsgründe. Differenzierende Regeln oder Maßnahmen, die nicht unmittelbar an das geschützte Merkmal anknüpfen, dürfen verwendet werden, sofern sie in einem erkennbaren Sachzusammenhang zu einem rechtmäßigen Ziel stehen. Mithin muss die Differenzierung einem selbst nicht diskriminierenden Zweck dienen und sie muss in einer dem Verhältnismäßigkeitsgrundsatz entsprechenden Weise eingesetzt werden.

Kündigung eines „Low performers"[17]

1. Eine verhaltensbedingte Kündigung wegen Leistungsminderung setzt voraus, dass der Arbeitnehmer auf Grund nicht angemessener Ausschöpfung seiner **persönlichen Leistungsfähigkeit** längerfristig die Durchschnittsleistung vergleich-

---

[15] Falke, in: Rust/Falke, § 1 AGG RN.
[16] Vgl. Schlachter, § 3 RN 8.
[17] LAG Schleswig-Holstein, Urteil vom 27.05.2008 – 5 Sa 398/07; LAG Düsseldorf, ArbRAktuell 2009, 123 = BeckRS 2009, 63544 mit Anm. Emmert/Küsters, der Arbeitnehmer genügt nur dann seiner arbeitsvertraglichen Pflicht, wenn er unter angemessener Ausschöpfung seiner persönlichen Leistungsfähigkeit arbeitet. Vgl. zur Minderleistung, Maschmann, Die mangelhafte Arbeitsleistung, NZA-Beil. 2006, 13; Hunold, Unzureichende Arbeitsleistung als Abmahn- und Kündigungsgrund, BB 2003. 2345; Tschöpe, „Low Performer" im Arbeitsrecht, BB 2006, 213.
Das BAG konkretisiert den vertraglichen Leistungsinhalt über das arbeitgeberseitige Direktionsrecht und das persönliche, subjektive Leistungsvermögen des Arbeitnehmers. Für eine Kündigung eines Lowperformers bedarf es:
- Einer schweren Störung des objektiven Vertragsgleichgewichts – maßgeblich ist die geschuldete Leistung.
- Einer erheblichen Leistungsschwäche hinsichtlich Umfang, Dauer, Folgen der Schlechtleistung im Verhältnis zu Leistungen vergleichbarer Arbeitnehmer.
- Ausschluss arbeitgeberseitiger Ursachen/Störungsquelle.
- Bei steuerbarem Verhalten: vorheriger Abmahnung.
- Negative Zukunftsprognose, LAG Düsseldorf, BeckRS 2009, 63544; LAG Sachsen, BeckRS 2009, 54863.
- Unzumutbarkeit der Vertragsfortsetzung – Fehlen eines milderen Mittels.

barer Arbeitnehmer in erheblichem Maße unterschreitet. Die Leistungspflicht des Mitarbeiters ist subjektiv bestimmt.[18]

2. Anknüpfungspunkt für die Feststellung, dass ein Arbeitnehmer unter Verstoß gegen seine arbeitsvertraglichen Pflichten bewusst langsam arbeitet, sind einerseits die vertraglich geschuldete Arbeitsleistung[19] sowie die Durchschnittsleistung der mit dem betreffenden Arbeitnehmer vergleichbaren Arbeitnehmer.

---

[18] Auf Pflichtverletzungen beruhende Schlechtleistungen sind geeignet, eine ordentliche Kündigung zu rechtfertigen. Der Arbeitnehmer muss unter angemessener Ausschöpfung seiner persönlichen Leistungsfähigkeit arbeiten. Ob eine Leistung als Schlechtleistung anzusehen ist, beurteilt sich nach den vertraglichen Vereinbarungen der Parteien. Ist die Arbeitsleistung im Vertrag, wie meistens, der Menge und der Qualität nach nicht oder nicht näher beschrieben, so richtet sich der Inhalt des Leistungsversprechens zum einen nach dem vom Arbeitgeber durch Ausübung des Direktionsrechts festzulegenden Arbeitsinhalt und zum anderen nach dem persönlichen, subjektiven Leistungsvermögen des Arbeitnehmers. Der Arbeitnehmer muss tun, was er soll, und zwar so gut, wie er kann. Auch wenn grundsätzlich von einem individuellen Leistungsmaßstab des Arbeitnehmers auszugehen ist, so BAG, AP § 123 GewO Nr. AP GEWO § 27; NJW 1991, 111 = AP § 11 MuSchG 1968 Nr. AP § 3 und BAGE 50, 330 = NZA 1986, 435, so wird doch von der Rechtsprechung gefordert, dass der Arbeitnehmer die übertragenen Arbeiten unter Anpassung der ihm möglichen Fähigkeiten ordnungsgemäß zu verrichten hat. Die Leistungspflicht ist damit nicht starr, sondern dynamisch. Sie orientiert sich an der Leistungsfähigkeit des Arbeitnehmers. Ein objektiver Maßstab ist nicht anzusetzen, BAG, NZA 1992, 1031. Der Arbeitsvertrag als Dienstvertrag begründet keine „Erfolgshaftung" des Arbeitnehmers. Der Dienstverpflichtete schuldet das „Wirken", nicht ein konkretes „Werk". Dennoch kann der Arbeitnehmer seine Arbeitspflicht nicht selbst und ohne Bindungen bestimmen. Dem Arbeitnehmer ist es nicht gestattet, das Verhältnis von Leistung und Gegenleistung einseitig nach seinem Belieben auszugestalten, BAGE 55, 275. Ob der Arbeitnehmer seiner vertraglichen Verpflichtung nachkommt, ist für den Arbeitgeber anhand objektivierbarer Kriterien nicht immer erkennbar. Der Umstand, dass der Arbeitnehmer unterdurchschnittliche Leistungen erbringt, muss nicht zwangsläufig bedeuten, dass der Arbeitnehmer seine persönliche Leistungsfähigkeit nicht ausschöpft. Es gelten insoweit die Regeln der abgestuften Darlegungslast. Dem **Arbeitgeber obliegt die Darlegungs- und Beweislast bzgl. der Schlechtleistung gem. § 1 Abs. 2 S. 4**, Henssler, in MünchKommt, § 1 KSchG, RN 273. Bei einer Kündigung wegen qualitativer Minderleistung des Arbeitnehmers ist es zunächst Sache des Arbeitgebers, zu den aufgetretenen Leistungsmängeln das vorzutragen, was er über die Fehlerzahl, die Art und Schwere sowie Folgen der fehlerhaften Arbeitsleistung des Arbeitnehmers wissen kann. Kann der Arbeitgeber darlegen, dass der Arbeitnehmer längerfristig die durchschnittliche Fehlerhäufigkeit aller mit vergleichbaren Arbeiten beschäftigter Arbeitnehmer erheblich überschreitet, so kann dies ein Anhaltspunkt dafür sein, dass der Arbeitnehmer vorwerfbar seine vertraglichen Pflichten verletzt. Da jedoch der Vergleich durchschnittlicher Fehlerquoten für sich noch keinen hinreichenden Aufschluss darüber gibt, ob durch die fehlerhafte Arbeit des gekündigten Arbeitnehmers das Verhältnis von Leistung und Gegenleistung stark beeinträchtigt ist, muss der Arbeitgeber weitere Umstände darlegen. Anhand der tatsächlichen Fehlerzahl, der Art, Schwere und Folgen der fehlerhaften Arbeitsleistung des betreffenden Arbeitnehmers ist näher darzulegen, dass die längerfristige deutliche Überschreitung der durchschnittlichen Fehlerquote nach den Gesamtumständen darauf hinweist, dass der Arbeitnehmer vorwerfbar seine vertraglichen Pflichten verletzt.

[19] Der ArbN schuldet in Erfüllung seiner Hauptleistungspflicht eine Leistung von mittlerer Art und Güte (vgl. § 243 Abs. 1 BGB, d. h. eine solche, die der Arbeitnehmer bei angemessener Anspannung seiner individuellen Kräfte und Fähigkeiten erbringen kann, BAG AP MuSchG 1968 § 11

3. Sofern die Fertigung eines Werkstücks nur wenige Minuten dauert (hier: 3 Min.) ist es zur Ermittlung des Parameters „Tagesdurchschnittsleistung vergleichbarer Mitarbeiter" nicht geeignet, diese einzelne Fertigungsdauer auf die tägliche Arbeitszeit hochzurechnen (z. B. 60 Min.: 3 Min. x 8 Std. = 170 Stück). Bei dieser Hochrechnung wird nicht berücksichtigt, dass während eines achtstündigen Arbeitstags die Leistungsfähigkeit – je nach Anforderung, Belastung und Eintönigkeit der Arbeit – ganz normalen Schwankungen unterliegt.

Die Parteien streiten um die Wirksamkeit einer von der Bekl. ausgesprochenen Kündigung und die Begründetheit des Auflösungsantrags des Kl. Der jetzt 46-jährige verheiratete Kl. ist ausgebildeter Maschinenschlosser/Industriemechaniker und wurde am 01.01.1998 von der Bekl. als CNC-Fräser eingestellt. Ausweislich des zu Grunde liegenden Arbeitsvertrags kann der Kl. „neben der Bedienung und Programmierung von CNC-Fräsmaschinen ... auch für alle anderen in der Werkstatt anfallenden Arbeiten bedarfsweise eingesetzt werden". Sein derzeitiges Monatsgehalt beträgt 3200 Euro brutto. Bis Mitte Februar 2007 zählten zu den Aufgaben des Kl. das Programmieren, Einrichten und Bedienen von CNC-Fräsmaschinen. Während einer Besprechung vom 14.02.2007 wurde dem Kl. mitgeteilt, dass „wegen Bedarfs an Wellen (Luftrohr, Abstandsstücke usw.) die Drehbank in der Montagehalle in den Fertigungsablauf hinein bezogen" werde. Der Kl. wurde angewiesen, diese Teile bis auf Weiteres ab dem 15.02.2007 zu fertigen. Ab dem 15.02.2007 arbeitete der Kl. an der Drehbank und fertigte Luftrohre. Mit Gewerkschaftsschreiben vom 22.02.2007 wandte sich der Kl. gegen die Zuweisung dieser „einfachen Arbeiten (Gewinde schneiden an Rohren)" und forderte seinen alten Arbeitsplatz ein. Dem widersprach die Bekl. mit Schreiben vom 26.02.2007 und erklärte, dass es sich um hochwertige

---

Nr. 3 – für die Frage, ob eine Arbeitnehmerin in dieser Weise mit ihrer Arbeitsleistung zurückhält, ist auf die Leistung abzustellen, die diese Arbeitnehmerin bei angemessener Anspannung ihrer individuellen Kräfte und Fähigkeiten erbringen könnte. Der Arbeitgeber muss im Einzelnen darlegen und im Streitfall beweisen, dass die genannten Voraussetzungen für eine Lohnminderung erfüllt sind, Blomeyer, Münchner Handbuch zum Arbeitsrecht, § 48 RN 66. Der Arbeitnehmer hat in der vorgegebenen Arbeitszeit unter angemessener Anspannung seiner Kräfte und Fähigkeiten ständig zu arbeiten, d. h. die vertraglich übernommene Arbeitsaufgabe („die versprochenen Dienste") zu erfüllen. Der quantitative Leistungsumfang darf folglich konstitutionsbedingt, z. B. auch alters- oder krankheitsbedingt im Rahmen einer dem ArbG zumutbaren Bandbreite schwanken, schließlich kann vom ArbN nicht verlangt werden, dass er sich selbst gesundheitlich schädigt, Däubler, Arbeitsrecht II 6.1.2.2. Der ArbN muss auch ohne ausdrückliche Vereinbarung **sorgfältig und konzentriert arbeiten**. Ist die Mindest-Arbeitsqualität nicht konkret geregelt, bestimmt sie sich subjektiv, Blomeyer, a.a.O., RN 70; Boemke/Kreuder, in Däubler/Hjort/Hummel/Wolmerath, Arbeitsrecht, BGB § 611 RN 467. Unter Schlechtleistung, Maschmann, NZA Beil. 1/2006, 13 ff. sind alle Verletzungen arbeitsvertraglicher Pflichten zu verstehen, die weder Verzug noch Unmöglichkeit oder Unzumutbarkeit der Arbeitsleistung zur Folge haben.

Teile handele, für die die Ausbildung des Kl. als Industriemechaniker gefragt sei. Ebenfalls mit Schreiben vom 26.02.2007 erteilte die Bekl. dem Kl. die Rüge, dass seine Arbeitsleistung in den letzten Monaten, insbesondere seit ca. einer Woche stark nachgelassen habe. Am 05.03.2007 mahnte die Bekl. den Kl. wegen deutlicher Unterschreitung der durchschnittlichen Tagesleistung von 170 Stück (8,5 Stunden) an den Tagen 27.02. (90 Stück), 28.02. (81 Stück) und 01.03.2007 (74 Stück) ab. Die Zeit pro Rohr sei mit 2,5 Minuten vorgegeben, die durchschnittliche Leistung sei mit 3 Minuten pro Rohr hinreichend bemessen. Mit Schreiben vom 13.03.2007 erhielt der Kl. eine zweite Abmahnung, da er ausweislich der anliegenden Zusammenfassung seiner Tagesleistungen in der Zeit vom 01.03. bis 13.03.2007 die Durchschnittsleistung nur zu etwa 50%, am 05.03.2007 sogar nur zu 30% erreicht habe. Am 23.04.2007 erkrankte der Kl. Mit Schreiben vom 24.04.2007 sprach die Bekl. die streitgegenständliche ordentliche Kündigung zum 31.07.2007 aus. Die Arbeitsunfähigkeit des Kl. währte bis zum 02.06.2007. Am Montag, den 04.06.2007, nahm der Kl. seine Arbeit an der Drehbank wieder auf. Mit Schreiben vom 07.06.2007 kündigte die Bekl. dem Kl. fristlos. Der hiergegen gerichteten Kündigungsfeststellungsklage des Kl. gab das ArbG mit zwischenzeitlich rechtskräftigem Urteil vom 16.08.2007[20] statt.[21]

Gegen dieses ihm am 19.09. 2007 zugestellte Urteil hat der Kl. am 09.10.2007 beim LAG Berufung eingelegt und diese nach gewährter Fristverlängerung bis zum 19.12.2007 am 13.12.2007 begründet. Die Berufung hatte Erfolg.

---

[20] 2 Ca 752c/07.

[21] Das ArbG hat mit Urteil vom 16.08.2007 die Klage abgewiesen. Zur Begründung hat es ausgeführt, dass der Kl. die ihm mögliche Arbeitsleistung bei Weitem nicht erbracht habe. Nach § 1 des Arbeitsvertrags sei der Kl. vertraglich verpflichtet gewesen, für die Bekl. für einen vorübergehenden Zeitraum als Dreher zu arbeiten. Nach dem Ergebnis der Beweisaufnahme sei das Gericht davon überzeugt, dass die vom Kl. zu fertigenden Luftrohre innerhalb einer Zeit bis zu drei Minuten fertig zustellen gewesen seien. Der Ansatz der Bekl., dass im Laufe eines 8,5-stündigen Arbeitstags 170 Luftrohre gefertigt werden könnten, sei jedoch zu hoch gegriffen. Unter Berücksichtigung von kurzen Arbeitsunterbrechungen für das Einrichten der Maschine, der Materialbeschaffung und Gesprächen mit Kollegen und Vorgesetzten sei von einer Tagesfertigung zwischen 150 und 160 Stück auszugehen. Vom 27.02. bis 01.03.2007 habe der Kl. jedoch nur 74 bis 90 Luftrohre und in der Zeit vom 05.03. bis 13.05.2007 nur zwischen 53 und 86 Luftrohre gefertigt, so dass der Kl. mehr als ein Drittel hinter der von ihm erwarteten Stückzahlen geblieben sei. Demgegenüber habe der Kl. nicht substanziiert vorgetragen, warum es ihm nicht möglich gewesen sei, mehr als die tatsächlich geschaffte Anzahl von Luftrohren fertig zustellen. Zur Überzeugung des Gerichts habe der Kl. auch in der Zeit nach Ausspruch der zweiten Abmahnung vom 13.03.2007 bis zum Ausspruch der Kündigung die ihm zumutbare Arbeitsleistung nicht erbracht. So habe der Zeuge B ausgesagt, dass der Kl. in diesem Zeitraum auch immer nur 70 bis 90 Stück pro Tag geschafft habe. Entlastende Umstände habe der Kl. substanziiert nicht vorgetragen. Die ordentliche Kündigung sei mithin sozial gerechtfertigt und die Kündigungsschutzklage abzuweisen. Infolgedessen sei auch der Auflösungsantrag nicht begründet.

Entgegen der Auffassung des ArbG hat die Bekl. nicht schlüssig dargelegt, dass die streitgegenständliche Kündigung vom 24.04.2007 gem. § 1 Abs. 2 KSchG sozial gerechtfertigt ist. Die Bekl. begründet die verhaltensbedingte Kündigung damit, dass der Kl. absichtlich die an der Drehbank zu erzielende Tagesdurchschnittsleistung deutlich, d.h. um mehr als ein Drittel, unterschritten habe. Das ArbG hat die vom BAG[22] entwickelten Grundsätze zur verhaltensbedingten Kündigung auf Grund von erheblicher Minderleistung, zutreffend wiedergegeben. Zur Vermeidung unnötiger Wiederholungen wird insoweit auf die Entscheidungsgründe S. 9 bis 11 erster Absatz verwiesen. Gemessen an die an eine verhaltensbedingte Kündigung auf Grund von Minderleistung zu stellenden Voraussetzungen hat die Bekl. nicht substanziiert dargelegt, dass der Kl. überhaupt in vorwerfbarer Weise in erheblichem Maße von der Durchschnittsleistung vergleichbarer Arbeitnehmer nach unten abgewichen ist. Ungeachtet dessen musste die Interessenabwägung, die das ArbG nicht vorgenommen hat, vorliegend auch zu Gunsten des Kl. ausfallen. Nach den allgemeinen prozessualen Grundsätzen trägt der Arbeitgeber im Rahmen der Prüfung der sozialen Rechtfertigung einer Kündigung die Darlegungslast[23], dass der Arbeitnehmer schuldhaft gegen seine arbeitsvertraglichen Pflichten verstoßen hat.

Eine **schuldhafte Schlechtleistung in Form einer Minderleistung**[24] liegt vor, wenn der Arbeitnehmer auf Grund nicht angemessener Ausschöpfung seiner per-

---

[22] Urteil vom 11.12.2003, BAGE 109, 87 = NZA 2004, 784 = NJW 2004, 2545 = AP KSchG 1969 § 1 Nr. 48 Verhaltensbedingte Kündigung; BAG, NZA 2008, 693 = NJW 2008, 3019.

[23] Nach Auffassung des BAG soll hinsichtlich **quantitativen** und **qualitativen** Minderleistungen eine unterschiedliche Darlegungslast des Arbeitgebers bestehen. Wie diese beiden Kategorien abzugrenzen sind, erklärt das BAG allerdings nicht. So bleibt unklar, warum die Tätigkeiten eines Kommissionierers (so der Fall in BAG, NZA 2004, 784) und die Tätigkeit eines Lager- und Versandmitarbeiters (so der Fall in NZA 2008, 793) kündigungsrechtlich unterschiedlich zu beurteilen sein sollen. Die vom BAG für „qualitative" Minderleistungen aufgestellten zusätzlichen Hürden können Arbeitgeber wegen tatsächlicher Unmöglichkeit kaum überwinden, da sich in der Praxis bei einer über einen längeren Zeitraum geführten Fehlerdokumentation nicht für jeden einzelnen Fehler bestimmte (schwerwiegende) betriebliche Ablaufstörungen nachweisen lassen, Steinau, NJW-Spezial 2008, 372.

[24] Zur BAG-Entscheidung, NZA 2008, 693 – auf Pflichtverletzungen beruhende Schlechtleistungen sind geeignet, eine ordentliche Kündigung zu rechtfertigen. Der Arbeitnehmer muss unter **angemessener Ausschöpfung seiner persönlichen Leistungsfähigkeit arbeiten. Ob der Arbeitnehmer dieser Verpflichtung nachkommt, ist für den Arbeitgeber anhand objektivierbarer Kriterien nicht immer erkennbar. Es gelten insoweit die Regeln der abgestuften Darlegungslast.** Bei einer Kündigung wegen qualitativer Minderleistung des Arbeitnehmers ist es zunächst Sache des Arbeitgebers, zu den aufgetretenen Leistungsmängeln das vorzutragen, was er über die Fehlerzahl, die Art und Schwere sowie Folgen der fehlerhaften Arbeitsleistung des Arbeitnehmers wissen kann. Kann der Arbeitgeber darlegen, dass der Arbeitnehmer längerfristig die durchschnittliche Fehlerhäufigkeit aller mit vergleichbaren Arbeiten beschäftigter Arbeitnehmer erheblich überschreitet, so kann dies ein Anhaltspunkt dafür sein, dass der Arbeitnehmer vorwerfbar seine vertraglichen Pflichten verletzt).s. die Anm. von Hunold in NJW 2008, 3022 – die Ver-

sönlichen Leistungsfähigkeit längerfristig die Durchschnittsleistung vergleichbarer Arbeitnehmer in erheblichem Umfang unterschreitet. Ausweislich des Arbeitsvertrags als spezieller Dienstvertrag schuldet der Arbeitnehmer das Arbeiten oder „Wirken" und nicht das „Werk" oder eine objektiv festlegbare Normalleistung.[25] Da indessen die subjektive Leistungsfähigkeit des Arbeitnehmers für den Arbeitgeber[26]

---

gleichsgruppe. Zu deren Abgrenzung werden verbreitet Versuche unternommen, jüngere oder leistungsstärkere Mitarbeiter möglichst aus der Vergleichsgruppe zu eliminieren. Dann sinkt der Durchschnittswert, und die Abweichung der Leistung des Mitarbeiters vom Durchschnitt fällt geringer aus. So hat das LAG Hamm entschieden, die vom Arbeitgeber angegebene Durchschnittsleistung der Arbeitnehmer könne **jedenfalls bei körperlichen Arbeiten grundsätzlich nur für gleichaltrige Arbeitnehmer bzw. Arbeitnehmer der gleichen Altersstufe als Vergleichsmaßstab herangezogen werden**, LAG Hamm, BB 2005, 2245 = BeckRS 2005, 40927. Das BAG hat in seiner Entscheidung vom 17.01.2008 (NJW 2008, 3019 = NZA 2008, 793) hervorgehoben, dass es **auf die durchschnittliche Fehlerhäufigkeit aller** mit vergleichbaren Arbeiten beschäftigten Arbeitnehmer ankommt. Zur **Beweislast bei Kündigung wegen Minderleistung** s. LAG Hamm, BeckRS 2005, 40927 = BB 2005, 2245, der ArbG hat bei einer Kündigung wegen Minderleistung seine Darlegungslast zunächst erfüllt, wenn er vorträgt, dass die Leistungen des Arbeitnehmers über längere Zeit hinter der Durchschnittsleistung vergleichbarer Arbeitnehmer **erheblich** zurückblieben sei. Auch bei einem Prämiensystem sei die Durchschnittsleistung aussagefähig und nicht deshalb zu beanstanden, weil in die Berechnung auch überdurchschnittliche Leistungen eingingen. Es sei deshalb zu prüfen, ob der Kl. das Zahlenwerk und seine Aussagefähigkeit im Einzelnen ausreichend bestritten habe und/oder dargelegt habe, warum er mit seiner deutlich unterdurchschnittlichen Leistung dennoch seine persönliche Leistungsfähigkeit ausgeschöpft habe. Hier könnten altersbedingte Leistungsdefizite und betriebliche Umstände eine Rolle spielen. Lege der Arbeitnehmer derartige Umstände plausibel dar, sei es alsdann Sache des Arbeitgebers, sie zu widerlegen; zur Arbeitsvergütung bei Minderleistung vgl. BAG, NZA 2007, 1015 Os. = NJOZ 2007, 3900; zur personenbedingten Kündigung wegen Minderleistung s. LAG Nürnberg, NZA-RR 2008, 178 – Eine Kündigung wegen **personenbedingter Minderleistungen ist nur berechtigt**, wenn – auch zur Überzeugung des Gerichts – feststeht, dass keine Besserung der Arbeitsleistung (Ausfahren von Farben und Materialien mit wechselnden Touren zu verschiedene Kunden) erwartet werden kann; hierfür kann der erfolglose Ausspruch einer Abmahnung Indiz sein. Der Verhältnismäßigkeitsgrundsatz erfordert es, dass der Arbeitgeber vor Ausspruch der Kündigung alles Zumutbare unternimmt, um die Ursache der Minderleistung zu erforschen und entsprechende Hilfestellungen zu versuchen. Daher kann der Arbeitgeber nicht offen lassen, ob beim Fahrer Lade-, Lese- oder Orientierungsprobleme für die regelmäßigen Verspätungen ursächlich sind. Im Übrigen sind ihm gewisse altersbedingte Abschläge zuzumuten.

[25] BAG, NZA 2008, 693 = NJW 2008, 3019.
[26] Wetzling/Habel, Die Beanstandung der Arbeitsleistung und die leistungsbedingte Kündigung, BB 2009, 1638 – eine wesentliche Leistungsunterschreitung entsteht meist daraus, dass Mitarbeiter im Zuge mehrerer Jahre **vor neue berufliche Herausforderungen** gestellt werden. Maßstab für die Einschätzung, ob ein Mitarbeiter nach Art und Umfang, „Menge und Qualität" zureichend tätig oder eher als „unzeitgemäßer Arbeitnehmer", eventuell sogar als „Schwachleister bzw. Low Perfomer" anzusehen ist, ist in erster Linie das Anforderungsprofil der übertragenen Aufgabe, BAG, Urt. v. 07.07.2005, NZA 2006, 266; Tschöpe, BB 2006, 214; Hunold/Wetzling, Umgang mit leistungsschwachen Mitarbeitern, 2006, S. 221 ff. und Wisskirchen/Bissels/Schmidt, NZA 2008, 1390. Stellt der ArbG fest, dass das Eignungsprofil der Mitarbeiter mit dem (geänderten) Anforderungsprofil der konkret besetzten Stelle nicht mehr übereinstimmt, hat der ArbG in Erfüllung seiner **funktionalen Fürsorgepflicht** für eine **Anschlussqualifizierung** des Mitarbeiters zu sorgen. Eine Abmahnung ist bei Leistungsmängeln in Konkretisierung des Verhältnismäßig-

nur schwer feststellbar ist, genügt der Arbeitgeber insoweit seiner Darlegungspflicht für eine erhebliche Minderleistung, wenn er Tatsachen vorträgt, aus denen ersichtlich ist, dass die Leistungen des betreffenden Arbeitnehmers **deutlich hinter denen vergleichbarer Arbeitnehmer zurückbleiben, also die Durchschnittsleistung erheblich unterschreiten.** Erst wenn der Arbeitgeber vorgetragen hat, dass die über einen längeren Zeitraum konkret gemessenen Leistungen des Arbeitnehmers den Durchschnitt im vorgenannten Sinne unterschritten haben[27], ist es Sache des Arbeitnehmers, hierauf zu entgegnen, gegebenenfalls das Zahlenwerk und seine Aussagefähigkeit im Einzelnen zu bestreiten und/oder darzulegen, warum er mit seiner deutlich unterdurchschnittlichen Leistung dennoch seine persönliche Leistungsfähigkeit ausgeschöpft hat. Anknüpfungspunkt für die Feststellung, dass ein Arbeitnehmer seine persönliche Leistungsfähigkeit gerade nicht angemessen ausschöpft und damit unter Verstoß gegen seine arbeitsvertraglichen Pflichten bewusst langsam arbeitet, sind einerseits die vertraglich geschuldete Arbeitsleistung sowie die durchschnittlichen Leistungen der mit dem betreffenden Arbeitnehmer vergleichbaren Arbeitnehmer.[28]

Unstreitig sind weder vor noch nach dem klägerischen Einsatz an der Drehbank massenweise Luftrohre gefertigt worden. Zur Beurteilung einer erheblichen Minder-

---

keitsgrundsatzes erforderlich, weil der ArbG in der Regel nicht ausschließen kann, dass sich der Mitarbeiter durch die ernsthafte Androhung der Kündigungsmaßnahme einen vielleicht entscheidenden Motivationsruck verpasst, die neuen Anforderungen zu bewältigen oder zumindest angemessen in den Griff zu bekommen, das LAG Nürnberg hat in seinem Urteil vom 12.06.07, NZA-RR 08, 178 bei einer „personenbedingten Minderleistung" eine erfolgte Abmahnung als wichtiges Indiz dafür angesehen, dass eine Besserung der Verhältnisse nicht zu erwarten sei.

[27] Zur **außerordentlichen Kündigung bei bewusster Minderleistung** vgl. LAG Köln, NZA-RR 2000, 25 – kündigt ein Arbeitgeber einem Arbeitnehmer, der dauerhaft eine erheblich unter dem Durchschnitt liegende Arbeitsmenge produziert, nach Abmahnung **wegen bewusster Zurückhaltung der Arbeitskraft außerordentlich**, muss er im Kündigungsschutzprozess die nicht ganz unplausible Entschuldigung des Arbeitnehmers, die Minderleistungen seien behinderungsbedingt und damit nicht vorwerfbar ausräumen, auch wenn sich der Arbeitnehmer während des Arbeitsverhältnisses nicht darauf berufen hat. Die **bloße Ankündigung, sich krankschreiben zu lassen** (zur außerordentlichen Kündigung bei angekündigter Krankheit des Arbeitnehmers s. LAG Köln, NZA-RR 1998, 533 und BAG, NZA 1993, 308) ist noch kein Kündigungsgrund, solange es sich dabei auch um den Hinweis auf ein rechtmäßiges Verhalten handeln kann. Friemel/Walk, Die Kündigung wegen Schlecht- und Minderleistung, NJW 2005, 3669 – bei Berücksichtigung des individuellen Leistungsvermögens darf der Arbeitnehmer dieses in keiner Weise dauerhaft unterschreiten. Vertragsparteien gehen im Rechtsleben typischerweise davon aus, dass die Leistung des anderen Teils der eigenen gleichwertig (äquivalent) ist. Dabei ist auf die objektive Normalleistung abzustellen, die der Arbeitgeber bei Abschluss des Arbeitsvertrags erwarten durfte, vgl. auch Tschöpe, „Low Performer" im Arbeitsrecht, BB 2006, 213.

[28] Hieran gemessen hat die Bekl. bereits nicht ausreichend dargelegt und unter Beweis gestellt, dass ein mit dem Kl. vergleichbarer Mitarbeiter an der Drehbank durchschnittlich pro Tag 200, 170 oder auch nur 150 Rohre bearbeiten kann.

leistung des Kl. stand der Bekl. mithin ein Vergleichsmaßstab gar nicht zur Verfügung. Die Fertigung der Luftrohre an der Drehbank war eine Premiere. Die Bekl. konnte auf Durchschnittstagesleistungen anderer vergleichbarer Mitarbeiter nicht zurückgreifen.

Ungeachtet dessen musste vorliegend auch die **Interessenabwägung zu Gunsten des Kl.** ausfallen. Trotz der behaupteten Schlecht- bzw. Minderleistung des Kl. überwiegt das Interesse des Kl. an der Fortsetzung des Arbeitsverhältnisses gegenüber dem Beendigungsinteresse der Bekl. Bei Würdigung der Gesamtumstände wäre es der Bekl. zumutbar gewesen, an dem Arbeitsverhältnis mit dem Kl. festzuhalten. Hierbei ist zu berücksichtigen, dass der Kl. bereits seit Januar 1998 und damit bei Ausspruch der Kündigung seit neuneinhalb Jahren bei der Bekl. beschäftigt war. Er hatte mithin bereits einen nicht unbeträchtlichen Bestandsschutz erworben. Auf Antrag des Kl. war das Arbeitsverhältnis gegen Zahlung einer Abfindung aufzulösen.[29]

Hieran gemessen ist es dem Kl. **nicht mehr zumutbar**, das Arbeitsverhältnis mit der Bekl. fortzusetzen. Die Bekl. hat nach Ausspruch der streitgegenständlichen

---

[29] Stellt das Gericht fest, dass das Arbeitsverhältnis durch die Kündigung nicht aufgelöst ist, die Fortsetzung des Arbeitsverhältnisses dem Arbeitnehmer gleichwohl nicht zuzumuten ist, hat das Gericht auf Antrag des Arbeitnehmers das Arbeitsverhältnis aufzulösen und den Arbeitgeber zur Zahlung einer angemessenen Abfindung zu verurteilen, § 9 Abs. 1 S. 1 KSchG. Dabei muss kein wichtiger Grund i. S. von § 626 Abs. 1 BGB vorliegen, der dem Arbeitnehmer die Fortsetzung des Arbeitsverhältnisses auch nur bis zum Ablauf der Kündigungsfrist unzumutbar macht. Vielmehr reicht es aus, wenn dem Arbeitnehmer die Fortsetzung des Arbeitsverhältnisses auf unbestimmte Dauer i. S. von § 9 KSchG unzumutbar ist. Als Auflösungsgründe, die die Unzumutbarkeit der Fortsetzung des Arbeitsverhältnisses bedingen können, sind nur solche Umstände geeignet, die in einem inneren Zusammenhang zu der vom Arbeitgeber erklärten sozialwidrigen Kündigung stehen oder die im Laufe des Kündigungsrechtsstreits entstanden sind. Das Verhalten des Arbeitgebers im Zusammenhang mit der ausgesprochenen sozialwidrigen Kündigung kann dabei je nach den Umständen geeignet sein, die Unzumutbarkeit der Fortsetzung des Arbeitsverhältnisses zu begründen. Nach der Regierungsbegründung ist dabei insbesondere an solche Fälle zu denken, in denen als Kündigungsgründe unzutreffende und ehrverletzende Behauptungen über das Verhalten oder die Person des Arbeitnehmers leichtfertig aufgestellt worden sind oder das Vertrauensverhältnis im Laufe des Kündigungsrechtsstreits ohne wesentliches Verschulden des Arbeitnehmers zerrüttet worden ist. Darüber hinaus kommen solche Umstände in Betracht, die den Schluss nahe legen, dass der Arbeitgeber den Arbeitnehmer im Falle der Rückkehr in den Betrieb gegenüber den übrigen Mitarbeitern benachteiligen oder sonst wie unkorrekt behandeln wird. Die Unzumutbarkeit kann sich mithin aus den Umständen der Kündigung selbst, aber auch aus Umständen ergeben, die nach Ausspruch der Kündigung liegen, wenn der Arbeitgeber den Arbeitnehmer beispielsweise im Laufe des Kündigungsschutzprozesses beleidigt. Zwar lässt allein die Tatsache, dass der Arbeitgeber im Laufe des sachlich geführten Kündigungsschutzprozesses erneut kündigt, für sich genommen noch keinen Rückschluss auf die Unzumutbarkeit zu (BAG). Indessen kann der Ausspruch einer so genannten Trotzkündigung oder einer aus Sicht eines vernünftig denkenden und handelnden Arbeitgebers von vornherein aussichtslosen fristlosen Kündigung Indiz für die Unzumutbarkeit sein. Die Frage der Unzumutbarkeit ist unter Zugrundelegung aller Umstände, die bis zum Zeitpunkt der letzten mündlichen Verhandlung vor dem Tatsachengericht über den Auflösungsantrag vorliegen, zu beurteilen.

Kündigung aus Sicht des Gerichts eine – gemessen an der Situation – völlig überzogene und damit von vornherein aussichtslose fristlose Kündigung wegen Minderleistung ausgesprochen.[30] Die offensichtliche Unwirksamkeit der fristlosen Kündigung folgt daraus, dass der Kl. erst wenige Tage vor Ausspruch der fristlosen Kündigung seine Arbeit nach einer sechswöchigen, durch Arbeitsunfähigkeitsbescheinigungen nachgewiesenen Krankheit wieder aufgenommen hatte. **Nach einer mehrwöchigen Arbeitsunfähigkeit gebietet es die vom Arbeitgeber geschuldete Fürsorgepflicht, dem Arbeitnehmer eine (Wieder-)Einarbeitungszeit zuzubilligen.** Hierbei ist auch zu berücksichtigen, dass nach dem eigenen Vorbringen der Bekl., die sich insoweit ersichtlich die Aussage des Zeugen B zu Eigen gemacht hat, der Spezialauftrag (Fertigung von rund 2000 Rohren an der Drehbank) bei Ausspruch der fristlosen Kündigung bereits erledigt war. Nach der ständigen Rechtsprechung des BAG **gilt auch im Rahmen der verhaltensbedingten Kündigungen das so genannte Prognoseprinzip.** Der Kündigungszweck muss mithin zukunftsgerichtet sein, weil mit der verhaltensbedingten Kündigung das Risiko weiterer Vertragsverletzungen ausgeschlossen werden soll. Es kommt mithin entscheidend darauf an, **ob eine Wiederholungsgefahr besteht oder ob das vergangene Ereignis sich auch künftig weiter belastend auswirkt.**[31] Zukünftige Vertragsstörungen waren aber angesichts der Tatsache, dass der Auftrag bereits abgearbeitet war und der Kl. somit wieder vertragsgerecht als CNC-Fräser hätte beschäftigt werden müssen, nicht zu befürchten. Insbesondere hat die Bekl. keine konkreten Tatsachen dafür vorgetragen, dass der Kl. auch bei vertragsgerechter Beschäftigung an der CNC-Fräsmaschine Minderleistungen erbracht hat, die Rückschlüsse auf sein künftiges Verhalten bis zum Ablauf der ordentlichen Kündigungsfrist zugelassen hätten. Die fristlose Kündigung muss mithin als eine von vornherein unbegründete Trotzkündigung angesehen werden. Hierdurch wird deutlich, dass die Bekl. nicht willens war, den Kl. auch nur bis zum Ablauf der noch knapp zweimonatigen Kündigungsfrist vertragsgerecht zu beschäftigen, sondern sich in jedem Fall von der Kl. trennen wollte ...

Zudem hat die Bekl. ohne ersichtlichen Grund die dem Kl. ersichtlich zustehenden Lohnansprüche nicht gezahlt. Sie hat eine ab 01.04.2007 zuerkannte allgemeine Lohnerhöhung sowie den unstreitigen Juli-Lohn bis zum Ausspruch der fristlosen Kündigung erst nach entsprechender Verurteilung gezahlt.[32] Alle diese in Zusam-

---

[30] ArbG Neumünster, Urt. v. 16.08.2007 – 2 Ca 752c/07.
[31] Vgl. nur BAG (21.11.1996), NZA 1997, 487 = NJW 1997, 2195 = AP BGB § 626 Nr. 130.
[32] ArbG Neumünster, Urt. v. 16.08.2007 – 2 Ca 613c/07. Trotz unstreitiger Aufforderung hat die Bekl. dem Kl. noch immer kein Arbeitszeugnis erteilt, auf das der Kl. zweifelsohne Anspruch hat.

menhang mit der ordentlichen sozialwidrigen Kündigung stehenden Umstände rechtfertigen insgesamt den Schluss, dass es dem Kl. auf Grund des Verhaltens der Bekl. nicht zumutbar ist, das Arbeitsverhältnis mit der Bekl. fortzusetzen.
Das Arbeitsverhältnis war somit nach § 9 Abs. 1 S. 1 KSchG durch Urteil gegen Zahlung einer Abfindung aufzulösen. **Die Höhe der Abfindung ist gesetzlich nicht absolut bestimmt, sondern nur auf einen Betrag von bis zu zwölf Monatsverdiensten begrenzt, § 10 Abs. 1 KSchG.** Der Grundsatz der **Angemessenheit der Abfindungshöhe** folgt aus § 9 Abs. 1 S. 1 KSchG selbst. Der **beantragte Abfindungsbetrag**[33] in Höhe von 15.800 Euro ist gem. § 10 KSchG auch angemessen. Es handelt sich hierbei um den so genannten Regelsatz in Höhe eines halben Monatsgehalts pro Beschäftigungsjahr.[34] Das Gericht sah auch keine Veranlassung, diesen Regelwert nur deshalb abzusenken, weil der Kl. eine nahtlose Anschlussbeschäftigung gefunden hat. Denn in dem neuen Arbeitsverhältnis verdient der Kl. monatlich 600 Euro brutto weniger als bei der Bekl. Dies bedeutet auf Dauer eine erhebliche Gehaltseinbuße.

Wie viele Minder- oder Fehlleistungen muss ein ArbG als sozialadäquates oder wirtschaftliches Betriebsrisiko hinnehmen – 25%, 30%[35], mehr, weniger?[36/37]

Es drängt sich mithin der Eindruck auf, dass die Bekl. nicht gewillt war, ihrerseits die arbeitsvertraglichen Pflichten zu erfüllen.

[33] Maßgebend ist der Monatsverdienst des Monats, in dem das Arbeitsverhältnis gemäß § 9 Abs. 2 KSchG endet. Zu den zu berücksichtigenden Geldbezügen gehören die Grundvergütung wie Gehalt und Lohn und alle Zuwendungen mit Entgeltcharakter, also z. B. ein 13. Monatsgehalt, Tantiemen, Provisionen, Umsatzbeteiligungen und Jahresabschlussvergütungen. Zu berücksichtigen sind ferner alle Zulagen – etwa für Schicht-, Nacht- und Akkordarbeit. Unberücksichtigt bleiben Gratifikationen wie Weihnachts-, Urlaubs- und Jubiläumszuwendungen und Aufwendungsersatzleistungen – etwa Spesen oder eine Schmutzzulage. Zu den zu berücksichtigenden Sachbezügen gehört etwa ein zur Privatnutzung überlassener Dienstwagen. Maßgebend ist die individuelle (nicht zwingend gleichzusetzen mit der betriebsüblichen) Arbeitszeit des Arbeitnehmers.

[34] LAG Schleswig-Holstein, Urt. v. 17.12.2002 – 2 Sa 415/02.

[35] Kennt der ArbG lediglich die **objektiv messbaren Arbeitsergebnisse**, so genügt er seiner Darlegungslast, wenn er Tatsachen vorträgt, aus denen ersichtlich ist, dass die Leistungen des betreffenden Arbeitnehmers deutlich hinter denen vergleichbarer Arbeitnehmer zurückbleiben, also die Durchschnittsleistung erheblich unterschreiten. Davon kann dann gesprochen werden, wenn, gemessen an der durchschnittlichen Leistung der vergleichbaren Arbeitnehmer, das Verhältnis von Leistung und Gegenleistung stark beeinträchtigt ist. Das bei einer langfristigen Unterschreitung der Durchschnittsleistung um deutlich mehr als ein Drittel der Fall. Hat der Arbeitgeber vorgetragen, dass die Leistungen des Arbeitnehmers über einen längeren Zeitraum den Durchschnitt erheblich unterschritten haben, ist es Sache des Arbeitnehmers, hierauf zu entgegnen, gegebenenfalls das Zahlenwerk und seine Aussagefähigkeit im Einzelnen zu bestreiten und/oder darzulegen, warum er mit seiner deutlich unterdurchschnittlichen Leistung dennoch seine persönliche Leistungsfähigkeit ausschöpft. Hier können altersbedingte Leistungsdefizite, Beeinträchtigungen durch Krankheit, aber auch betriebliche Umstände eine Rolle spielen, LAG Rheinland-Pfalz, BeckRS 2009 61403 mit Anm. Kohte, jurisPR-ArbR 42/2009 Anm. 2. Eine **längerfristige deutliche Unterschreitung der durchschnittlichen Arbeitsleistung kann ein Anhaltspunkt dafür**

sein, dass ein ArbN weniger arbeitet als er könnte. Seiner Darlegungspflicht wird der ArbG nicht gerecht, wenn er für einen längeren Zeitraum von fast 14 Monaten keine Aussage zur maßgebenden Durchschnittsleistung treffen kann bzw. wenn die Vergleichsgruppe nicht nachvollziehbar abgegrenzt ist.

[36] Wenn die Leistungen des Arbeitnehmers die normale Durchschnittsleistung vergleichbarer Arbeitnehmer (die deutlich zurückbleiben) langfristig um ein Drittel oder mehr unterschreiten, grundlegend BAG, NZA 2004, 784 = AP KSchG 1969 § 1 Verhaltensbedingte Kündigung Nr. 48 = EzA § 1 KSchG Verhaltensbedingte Kündigung Nr. 62.

[37] Die Weiterbildungspflicht des Arbeitnehmers korrespondiert mit seiner vertraglichen Leistungspflicht. Die Fortbildung ist insoweit Teil der geschuldeten Arbeit. Die Erbringung der Arbeitsleistung und die Fortbildung zur Erhaltung und Anpassung der Arbeitskraft können angesichts der rasanten technologischen Entwicklung und der Notwendigkeit lebenslangen Lernens nicht voneinander getrennt werden, Wisskirchen/Bissels/Schmidt, „Der unzeitgemäße Arbeitnehmer": Die Änderung von Anforderungen an Mitarbeiter als Kündigungsgrund, NZA 2008, 1388. Die Erkenntnis und Forderung nach lebenslangem Lernen präsentiert sich gleichzeitig als strategische Antwort auf die Herausforderungen eines beschleunigten Strukturwandels und demografischer Alterung. Der sich verschärfende internationale Standortwettbewerb und die technologischen Modernisierungsprozess verändern schlagartig die Arbeitswelt. **LLL kommt deshalb eine Schlüsselrolle zur Erhaltung der individuellen Beschäftigungsfähigkeit zu (Employability).** Lebenslanges Lernen wird durch den mit der demografischen Entwicklung entstehenden Problemdruck zum Sachzwang. Mit der sich abzeichnenden „Greying Society" ist gleichzeitig ein sinkender Anteil junger qualifizierter Arbeitskräfte verbunden. Das bedeutet keinesfalls das „Ende der Arbeit", aber stellt ein ernst zu nehmendes Problem dar. Ein manifester Arbeitskräfteengpass bei gleichzeitiger Strukturarbeitslosigkeit ist zu erwarten. Inwieweit das Arbeitskräfteangebot durch Zuwanderung und Frauenerwerbsbeteiligung sich verbessert, bleibt abzuwarten. Die Pisa Studien haben Mängel in der Grundbildung aufgezeigt. Zu große Stoffmengen und eine fehlende Output-Orientierung sind festzustellen. Damit eine möglichst breite Teilhabe an der Wissens-Dienstleistungsgesellschaft ermöglicht wird und sichergestellt ist, **müssen Basisqualifikationen gestärkt werden.** Selbst in einfachen Dienstleistungsberufen sind im Zuge der Veränderungen relativ breite Grundkenntnisse (z. B. Kunden- und Serviceorientierung, EDV – Kenntnisse) erforderlich. Die Grundbildung soll die spätere Berufsfähigkeit sicherstellen. Der „Rucksack der Erstausbildung" soll auf das spätere Berufsleben vorbereiten. Deshalb darf er nicht bis zum Rande der Unbeweglichkeit mit Wissen voll gepackt werden. Tragfähig ist der Rucksack für Leben dann, wenn er mit einer gesunden Mischung aus haltbaren Grundfertigkeiten und unmittelbarem, aber alterungsanfälligem Anwendungswissen bepackt wird. Er wird während eines durchschnittlichen Berufslebens bedarfsorientiert „nachbepackt" werden müssen. Dabei muss man sich verinnerlichen, das 50 % des einem Gelernten in vielen Bereichen nach relativ kurzer Zeit nicht mehr aktuell ist („Halbwertszeit des Wissens"). Dies zeigt die Notwendigkeit berufsbegleitender Weiterbildung. Problembewusst und zukunftsorientiert ist bei der Erstausbildung das LLL Prinzip mit einer zielgruppenadäquaten Fort- und Weiterbildung zu verwirklichen. **Die Notwendigkeit LLL oder berufsbegleitender Erhaltungsqualifizierung beginnt nicht erst mit 50. Sie setzt eigentlich bereits mit dem Ende der Ausbildung ein und ist ein stetiger fortlaufender Prozess.** Der demografisch bedingte, altersmäßige Arbeitskräfteengpass und die Veränderung der Arbeitskräftestruktur machen es notwendig, statt auf den bisher gepflegten Jugendkult, auf einen Mix aus Alt und Jung („Tandemlösungen") zu setzen. Sonst verlieren die Betriebe frühzeitig Erfahrungswissen (Tacid Knowlege). Das betrifft nicht nur das spezielle, branchenspezifische Fachwissen. Verloren gehen auch der gewachsene Machbarkeitssinn und wertvolle soziale Kontakte und gelebte Sozialkompetenz. Weiterbildungsaktivitäten müssen geplant werden. Dazu rechnet auch, den ältern ArbeitnehmerInnen den Sinn und Nutzen, Perspektiven einer berufsqualifizierenden Weiterbildung aufzuzeigen, denn Mitarbeiter, die für die Personalentwicklung oder für die Weiterbildung nicht mehr interessant sind, fühlen und verhalten sich entsprechend. Im Übrigen ist für

die Gestaltung des beruflichen Weiterbildungsangebots zu beachten, dass es Älteren nach einer längeren Lernentwöhnung häufig schwerer fällt, sich neues Wissen zu erarbeiten und anzueignen. Die häufig festzustellende geringe Nachfrage an Fortbildungsmaßnahmen durch Ältere ist die Langzeitfolge gelebter Weiterbildungsabstinenz. Deshalb muss die Weiterbildung durch entsprechende Anreize und ein zukunftsorientiertes Qualifikationsmanagement bereits in den mittleren Jahren ansetzen. Bei der Grundbildung muss ein grundlegender bildungspolitischer Wandel diesen betrieben Qualifizierungsprozess begleiten. Der Anteil an höheren Bildungsabschlüssen muss gesteigert werden. Gleichzeit ist alles daran zu setzen, den Anteil von un- und gering qualifizierten Personen signifikant zu verringern. Bildung ist Ursache und Antwort auf den demografischen Wandel. Der demografische Wandel und der Bedeutungsgewinn von kontinuierlicher Bildung verstärken sich gegenseitig. Die Offensive für mehr Bildung ist Zeichen für den Aufbau in eine Wissensgesellschaft neuer Dimensionen. Sie bringt auch gesellschaftliche Veränderungen, löst aber nicht allein die demografischen Probleme. Die sinkende Fertilität – ein Aspekt und Ursache des demografischen Wandels ist auf gesellschaftliche Veränderungen zurückzuführen. Häufig sehen (Ehe)Paare in der Entscheidung für Kinder oder für eine bestimmte Kinderzahl „Investitionsentscheidungen", bei denen neben den Bildungszielen der Eltern die zu erwartenden Ausbildungskosten des/der Kindes/Kinder ebenso eingestellt werden, wie die Verfügbarkeit von ausreichender Kinderbetreuung im Falle weiterer Berufstätigkeit. „Lernen mach Spaß" und „Lernen ist in" – Bildung ist ein wesentlicher Beitrag zur Existenzsicherung, aber Bildung alleine nicht der Problemlöser für all die anstehenden Fragen und Herausforderungen des demografischen Wandels. „Um unsere Gesellschaft für die vielschichtigen Zukunftsfragen zu interessieren und sie zur aktiven Teilnahme an Lösungen zu motivieren bedarf es bildungspolitischer Offensiven" Die Politik ist für die Schaffung von nachhaltigen Rahmenbedingungen zuständig. Staatliche Bildungsoffensiven, nachhaltige Aktionspläne werden aber scheitern, wenn sich die Betroffenen nicht eigenverantwortlich beteiligen. Neben der Selbstverantwortung ist auch die Unterstützung der Sozialpartner unerlässlich, soll das Unternehmen „Bildung" gelingen.

Arbeit auf Abruf –
Inhaltskontrolle von AGB[1/2]

1. § 12 Abs. 1 S. 2 TzBfG[3] erfordert die Festlegung einer Mindestdauer der wöchentlichen und der täglichen Arbeitszeit. Die Arbeitsvertragsparteien können wirk-

---

[1] Mit vertiefenden Anmerkungen von Prof. Dr. Dr. Siegfried Schwab, Mag. rer. publ. unter Mitarbeit von Diplom-Betriebswirtin (DH) Silke Schwab.
BAG, Urteil vom 07.12.2005 – 5 AZR 535/04, NJW 2006, 1373 = NZA 2006, 423 = BB 2006, 829 = RdA 2007, 249 mit Anmerkung Pleßner – Arbeit auf Abruf nach § 12 TzBfG bringe es gerade mit sich, dass aufgrund der äußerst flexiblen Lage der Arbeitszeit innerhalb des vereinbarten Arbeitszeitrahmens regelmäßig die Ausübung einer weiteren Teilzeittätigkeit tatsächlich nicht möglich sei. Zudem stehe die Chance auf einen Einsatz über die vereinbarte Mindestarbeitszeit hinaus und die damit zusammenhängende Mehrverdienst der eher geringen Beeinträchtigung bei der persönlichen Zeitplanung der Klägerin ausgleichend gegenüber. Dabei dürfe auch nicht unberücksichtigt bleiben, dass die konkrete Arbeitszeit mit einer vertraglichen Ankündigungsfrist von einer Woche anzugeben ist.

[3] § 12 TzBfG regelt die Arbeit auf Abruf, auch **kapitalorientierte variable Arbeitszeit** genannt, vgl. Hromadka, Poolsystem und Abrufarbeit als flexible Arbeitszeitmodelle, in Festschrift für Heinze, 2005, 321 ff.: Arendt, in HK-ArbR, § 12 TzBfG, RN 1. Ein Abrufarbeitsverhältnis i.S.d § 12 TzBfG liegt vor, wenn im Arbeitsvertrag die Dauer der Arbeitszeit nur auf einen bestimmten Zeitraum bezogen festgelegt wird und der Arbeitgeber nach **billigem Ermessen** entscheiden kann, wie viel Arbeit er zu welchem Zeitpunkt in Anspruch nehmen will, vgl. Bayreuther, in Beck'scher-Online-Kommt, § 23 TzBfG, RN 1. Arbeit auf Abruf kann mit jedem ArbN, also auch mit Leiharbeitnehmern vereinbart werden. Unerheblich ist, ob sie einen rechtlichen Sonderschutzstatus haben (z. B. stillende Mutter oder Schwerbehinderter) vgl. Boecken, RN 13. Abrufarbeitsverhältnisse sind durch die zeitliche Dispositionsbefugnis des ArbG und die angemessene Verfügbarkeit des ArbN geprägt. Das Weisungsrecht des ArbG zur Konkretisierung der Arbeitszeit muss der ArbG nach billigem Ermessen ausüben. Der ArbG kann flexibel und nach Arbeitsanfall die Arbeitsleistung abrufen. Da dieser interessenorientierte Arbeitseinsatz einseitig für den ArbN Belastungen und Einschränkungen zur Folge hat, hat der Gesetzgeber in § 12 TzBfG zum Schutz des ArbN einen gesetzlichen Rahmen für eine sozial vertretbare und interessenausgewogene Ausgestaltung solcher Arbeitsverträge errichtet, LAG Düsseldorf, NZA-RR 2003, 407; Preis, in ErfK, § 12 TzBfG, RN 10. Der Rechtsnatur handelt es sich bei der Abrufvereinbarung um einen **rechtsgeschäftlichen Vorgang**, Boecken, in Boecken/Joussen, § 12 TzBfG, RN 6. Die Schutzregelung des § 12 Abs. 1 S. 2 TzBfG verlangt eine **ausdrückliche Vereinbarung**; eine Vereinbarung durch schlüssiges Verhalten reicht nicht. Die Vereinbarung kann auch mündlich getroffen werden. Der ArbG muss aber im Streitfall wegen der Nachweispflicht für die wesentlichen Vertragsbindungen auch den Nachweis über die vereinbarte Lage der Arbeitszeit erbringen. Aus Zweckmäßigkeitserwägungen ist daher zur **Schriftform** zu raten. Mit dem rechtzeitigen und ordnungsgemäßen Abruf ist der ArbN zur vertraglich vereinbarten Leistungserbringung verpflichtet, Boecken, § 12 RN 9.

sam vereinbaren, dass der Arbeitnehmer über die vertragliche Mindestarbeitszeit hinaus Arbeit auf Abruf leisten muss.

2. Mit der Vereinbarung von Arbeit auf Abruf, die über eine vertragliche Mindestarbeitszeit hinausgeht, verlagert der Arbeitgeber abweichend von § 615 BGB einen Teil seines Wirtschaftsrisikos auf den Arbeitnehmer.[4]

3. Bei der Angemessenheitsprüfung sind das Interesse des Arbeitgebers an einer Flexibilisierung der Arbeitszeitdauer und das Interesse des Arbeitnehmers an einer festen Regelung der Dauer der Arbeitszeit und der sich daraus ergebenden Arbeitsvergütung angemessen zum Ausgleich zu bringen

4. Die bei einer Vereinbarung von Arbeit auf Abruf einseitig vom Arbeitgeber abrufbare Arbeit des Arbeitnehmers darf nicht mehr als 25% der vereinbarten wöchentlichen Mindestarbeitszeit betragen.

5. Bei einer ergänzenden Vertragsauslegung ist darauf abzustellen, was die Parteien bei angemessener Abwägung ihrer Interessen nach Treu und Glauben als redliche Vertragsparteien vereinbart hätten, wenn sie die Unwirksamkeit der Klausel bedacht hätten. Zur Feststellung des mutmaßlichen Parteiwillens ist die

---

Der ArbN hat keinen Anspruch gegen den ArbG auf Abruf zu einem bestimmten Zeitpunkt und auf eine die gesetzliche Mindestdauer überschreitende Beschäftigung.

[4] Die Annahme des BAG, bei einem über 25% hinausgehenden Anteil abrufbarer Arbeitsleistung eine unangemessene Benachteiligung des Arbeitnehmers anzunehmen (§ 307 BGB), ist verfassungsrechtlich nicht zu beanstanden. Soweit die **Privatautonomie** ihre regulierende Kraft nicht zu entfalten vermag, weil ein Vertragspartner kraft seines Übergewichts Vertragsbestimmungen einseitig setzen kann, müssen staatliche Regelungen ausgleichend eingreifen, um den Grundrechtsschutz zu sichern, BVerfGE 98, 365 [395] = NZA 1999, 194; Zundel, **Wirksamkeit arbeitsvertraglicher Klauseln insbesondere unter dem Aspekt der AGB-Kontrolle, NJW 2006, 1237 ff.** – eine Widerrufsmöglichkeit als Anpassungsinstrument ist rechtswirksam zu vereinbaren, wenn der widerrufliche Anteil nicht mehr als 25% bis 30% des Gesamtverdienstes ausmacht und der Tariflohn nicht unterschritten wird. Die Wirksamkeit des Vorbehalts setzt nunmehr allerdings die explizite vertragliche Bindung des Widerrufsrechts an einen oder mehrere konkrete Sachgründe voraus. Merkmale, an denen etwa erforderliche Schutzvorschriften ansetzen können, lassen sich nur typisierend erfassen. Mit dieser Entscheidungspraxis ist davon auszugehen, dass zur Existenzsicherung mindestens das rechnerische Zeitäquivalent von 25 % Gesamtverdienst als für den ArbN verlässige Größe als feste Arbeitszeit vertraglich vereinbart werden muss.
Dem Gesetzgeber steht ein besonders **weiter Beurteilungs- und Gestaltungsraum** zur Verfügung. Er muss zwar den konkurrierenden Grundrechtspositionen der Beteiligten ausreichend Rechnung tragen, besitzt aber auch insoweit eine weite Gestaltungsfreiheit (vgl. BVerfGE 81, 242 [255] = NJW 1990, 1469. Der Arbeitnehmer befindet sich beim Abschluss des Arbeitsvertrags typischerweise in einer Situation struktureller Unterlegenheit, Beschluss vom 23.11.2006 – 1 BvR 1909/06, NJW 2007, 286 ff. Die von Verfassungs- wegen zu berücksichtigende strukturelle Unterlegenheit des Arbeitnehmers besteht nicht nur bei der Begründung eines Arbeitsverhältnisses, sondern auch im bestehenden Arbeitsverhältnis. Sie endet entgegen der Auffassung der Bf. auch nicht durch das Erreichen des allgemeinen Kündigungsschutzes (§§ 1, 23 KSchG). Dieser ändert nichts an dem ungleichen wirtschaftlichen Kräfteverhältnis der Arbeitsvertragsparteien. Der einzelne Arbeitnehmer ist typischerweise ungleich stärker auf sein Arbeitsverhältnis angewiesen als der Arbeitgeber auf den einzelnen Arbeitnehmer.

tatsächliche Vertragsdurchführung von erheblicher Bedeutung. Sie gibt Aufschluss über das von den Parteien wirklich Gewollte.

Die Parteien streiten über den zeitlichen Umfang der Arbeitspflicht. Die Kl. ist seit Juli 1998 bei der Bekl. als gewerbliche Arbeitnehmerin beschäftigt. Am 01.10.2002 schlossen die Parteien einen neuen, von der Bekl. vorformulierten, 22 Seiten umfassenden Arbeitsvertrag. Zu dem Neuabschluss des Arbeitsvertrags kam es, weil die Bekl. bestehende arbeitsvertragliche Regelungen zum nächstmöglichen Zeitpunkt einheitlich verändert, wenn dies ihrer Auffassung nach wegen einer geänderten Gesetzeslage oder veröffentlichter Rechtsprechung notwendig ist. In dem Arbeitsvertrag vom 01.10.2002 heißt es:

§ 4 Arbeitszeit
*§ 4.1: Die regelmäßige **wöchentliche Arbeitszeit beträgt dreißig Stunden**. Die Parteien sind sich darüber einig, dass der Arbeitnehmer keinen Anspruch gegen den Arbeitgeber hat, ihn wöchentlich mehr als dreißig Stunden zu beschäftigen. Die Arbeitswoche beginnt am Montag und endet am Samstag. Der Beginn und das Ende der täglichen Arbeitszeit sowie die Pausenregelung richten sich nach den individuellen Vereinbarungen zwischen dem Arbeitnehmer und dem Arbeitgeber. Der Arbeitgeber teilt dem Arbeitnehmer den Beginn und das Ende der Arbeitszeit jeweils eine Woche vorher mit.*

§ 4.2: Der Arbeitnehmer erklärt sich ausdrücklich damit einverstanden und verpflichtet sich, auf eine Aufforderung des Arbeitgebers mehr als dreißig Stunden zu arbeiten. Die Arbeit wird je nach Arbeitsanfall jeweils eine Woche vorher eingeteilt. Für die geleisteten Arbeitsstunden von der dreißigsten Stunde bis einschließlich der vierzigsten Stunde erhält der Arbeitnehmer dieselbe Stundenvergütung je geleisteter Arbeitsstunde wie für die Arbeitsstunden innerhalb der Regelarbeitszeit.

§ 4.3: Der Arbeitnehmer verpflichtet sich, gelegentlich auch nachts, an Sonn- und Feiertagen und über vierzig Stunden in der Woche zu arbeiten. Diese Arbeit muss schriftlich durch den Arbeitgeber genehmigt oder auf ausdrückliche Anweisung des Arbeitgebers geleistet werden. Die Arbeitsstunden, welche der Arbeitnehmer nachts, an Sonn- und Feiertagen oder ab der einundvierzigsten Stunde pro Woche arbeitet, können durch den Arbeitgeber mit Freizeit abgegolten werden.
Es besteht kein Anspruch des Arbeitnehmers auf Abgeltung mit Freizeit. Sofern keine Freizeitabgeltung, sondern eine Vergütung erfolgt, sind diese Stunden entsprechend den Arbeitsstunden in der Regelarbeitszeit zu vergüten.

§ 4.4: Die Parteien sind sich einig, dass der Arbeitnehmer keinen Anspruch gegenüber dem Arbeitgeber hat, mehr als dreißig Stunden in der Woche, nachts oder an Sonn- und Feiertagen beschäftigt zu werden. Dies gilt auch dann, wenn der Arbeitgeber den Arbeitnehmer mehrfach mit der Arbeit in dem vorgenannten Umfang beschäftigt und dabei keinen ausdrücklichen Vorbehalt erklärt hat.

§ 4.7: Zwischen den Vertragsparteien besteht Einigkeit, dass der betriebsübliche Schichtbetrieb in einer Kalenderwoche jeweils sonntags um 22 Uhr beginnt ('erste Schicht') und an dem darauffolgenden Samstag um 22 Uhr endet ('letzte Schicht').

§ 10: Umwandlungsrecht von Entgelt in Freizeit *Ein Freizeittag ist in seinem Stundenumfang mit dem Regelstundenumfang eines Arbeitstages dieses Arbeitsvertrages identisch....*

§ 24 Nebenabreden oder Vertragsänderungen
§ 24.1: Die Parteien stellen fest, dass außer den hier getroffenen Abreden keine sonstigen Vereinbarungen bestehen. Vorsorglich heben die Parteien alle bisher zwischen ihnen etwa vereinbarten arbeitsrechtlichen Regelungen auf. Im übrigen sind sie sich einig, dass jede den Arbeitsvertrag betreffende Erklärung (z. B.: Kündigung, Nebenabreden etc.) der Schriftform unterliegt. Dies gilt insbesondere auch für den Fall der Aufhebung der Schriftform.

§ 25 Sonstige Bestimmungen
§ 25.1: Falls einzelne Bestimmungen dieses Vertrages rechtsunwirksam sein sollten, wird hiervon die Gültigkeit der übrigen Bestimmungen nicht berührt. Die Parteien vereinbaren für diesen Fall eine Neufassung der entsprechenden Bestimmungen, durch die der mit der rechtsunwirksamen Bestimmung verbundene juristische und wirtschaftliche Zweck erreicht wird bzw. am ehesten erreicht werden kann. Im Zweifel steht dem Arbeitgeber gem. § 315 BGB ein Bestimmungsrecht zu.

Die Kl. arbeitete bis zu ihrer Erkrankung im Februar 2003 in einem Zwei-Schicht-System von 7 Uhr bis 15.30 Uhr und von 22 Uhr bis 7 Uhr, jeweils unter Einschluss einer halbstündigen Pause. Die tatsächlich erbrachte wöchentliche Arbeitszeit betrug in der Zeit vom 01.10.2002 bis zum Beginn der Erkrankung im März 2003 durchschnittlich 35,02 Stunden. Als die Kl. nach ihrer Genesung am 04.04.2003 wieder zur Arbeit erschien, wies die Bekl. ihr einen Arbeitsplatz in einer anderen Abteilung zu und beschäftigte sie nur noch 30 Stunden wöchentlich. Mit ihrer am 14.04.2003 beim ArbG eingegangenen und der Bekl. am 19.04.2003 zugestellten Klage hat die Kl. geltend gemacht, die Arbeitszeitregelung im Arbeitsvertrag vom 01.10.2002 sei unwirksam. Sie sei in der Vergangenheit, wie auch alle übrigen Mitarbeiter der Produktion, stets im Rahmen der von der Bekl. festgelegten Schichtzeiten mit einer Arbeitszeit von acht Stunden täglich bzw. 40 Stunden wöchentlich beschäftigt worden. Daraus ergebe sich, dass die Parteien tatsächlich eine Arbeitszeit von 40 Stunden gewollt hätten.

Die **Erweiterung oder Beschränkung des Antrags** und insbesondere der Wechsel vom Leistungs- zum Feststellungsantrag bei unverändertem Sachverhalt stellen aber gem. § 264 Nr. 2 ZPO keine **Klageänderung** dar.[5] Die Kl. konnte deshalb in der Revisionsinstanz von dem zunächst erhobenen Leistungsantrag zu einem Feststellungsantrag[6] übergehen. Gegenstand der Feststellungsklage ist ein Rechtsverhältnis i. S. von § 256 Abs. 1 ZPO. Eine Feststellungsklage muss sich nicht auf das Rechtsverhältnis im Ganzen beziehen, sondern kann auf einzelne daraus entstehende Rechte, Pflichten oder Folgen begrenzt sein.[7] Vorliegend streiten die Parteien über den zeitlichen Umfang der geschuldeten Arbeitsleistung und damit über eine Pflicht aus dem Arbeitsverhältnis. Die Kl. hat ein rechtliches Interesse an der begehrten Feststellung (§ 256 Abs. 1 ZPO). Sie kann nicht auf den Vorrang der Leistungsklage verwiesen werden. Zwar ist das rechtliche Interesse an der Erhebung einer Feststellungsklage in der Regel zu verneinen, wenn eine Leistungsklage möglich ist. Allerdings kann auch in diesem Fall **ein Feststellungsinteresse gegeben** sein, wenn das angestrebte Urteil mit seiner lediglich ideellen, der Vollstreckung nicht zugänglichen Wirkung geeignet ist, den Konflikt der Parteien endgültig zu lösen und weitere Prozesse zwischen ihnen zu verhindern.[8] Diese Voraussetzungen liegen hier vor,

---

[5] Eine Antragsbeschränkung ist in der Revisionsinstanz noch zulässig, BAG, NZA 2006, 48. Objektive Klageänderung ist die Änderung des Klageantrages oder des Klagegrundes. Bleibt der Klagegrund (der konkrete Lebenssachverhalt) gleich, liegt eine bloße Erweiterung oder Beschränkung der Klage vor. Wird der Klageantrag geändert (Leistungs- statt Feststellungsklage) liegt eine Klageänderung i. S. des § 263 ZPO vor. Unerheblich ist insoweit, ob der Klagegrund geändert wurde, Saenger, HK-ZPO, § 263 RN 3f. Die subjektive Klageänderung ist mit einer Parteiänderung, einem Parteiwechsel oder einer Parteierweiterung auf der Kläger oder Beklagtenseite (Beklagtenbeitritt durch Begründung einer einfachen oder notwendigen Streitgenossenschaft, §§ 59 ff. ZPO) verbunden. Keine Klageänderung ist die quantitative oder qualitative Erweiterung oder Beschränkung des Antrags § 264 Nr. 2 ZPO.
[6] Bei dem **Feststellungsinteresse** handelt es sich um eine Ausprägung des **Rechtsschutzinteresses**. Es ist eine besondere Zulässigkeitsvoraussetzung, BGH, NJW – RR 2001, 957; Saenger, § 256 ZPO, RN 9. Am Feststellungsinteresse fehlt es, wenn ein einfacherer und zumindest gleich effektiver Weg zur Erreichung des Rechtsschutzziels besteht. Die Prozessökonomie gebietet die Beschreitung des prozesswirtschaftlicheren Weges, Saenger, a.a.O., RN 16.
[7] BAG, Urt. v. 28.09.2005 – 5 AZR 181/04; BAG, NJOZ 2003, 2631 = AP BGB § 613a Nr. 245 = EzA BGB 2002 § 613a Nr. 6.
[8] BAG, Urt. v. 28.09.2005 – 5 AZR 181/04; BAG, Urt. v. 21.05.1992 – 6 AZR 187/91.

weil die Parteien allein über den zeitlichen Umfang der geschuldeten Arbeitsleistung streiten und die Vollstreckbarkeit eines gleichwertigen Leistungsantrags wegen des auch insofern fortbestehenden Weisungsrechts der Bekl. zweifelhaft bliebe.

Die Kl. hat keinen Anspruch, regelmäßig wöchentlich 40 Stunden beschäftigt zu werden. Eine **Konkretisierung der Leistungspflicht des Arbeitnehmers im Wege stillschweigender Vertragsergänzung** setzt voraus, dass über den bloßen Zeitablauf hinaus Umstände vorliegen, die ein schutzwürdiges Vertrauen des Arbeitnehmers auf Beibehaltung des bisherigen Leistungsinhalts für die Zukunft begründen.[9] Die in § 4.1 S. 1 des Arbeitsvertrags vorgesehene **regelmäßige wöchentliche Arbeitszeit von 30 Stunden bestimmt die Arbeitszeit der Kl. nicht abschließend.** Nach § 4.2 S. 1 ist die Kl. vielmehr verpflichtet, auf eine Aufforderung der Bekl. mehr als 30 Stunden in der Woche zu arbeiten, wobei ein vertraglicher Anspruch der Kl., mehr als 30 Stunden beschäftigt zu werden, nach § 4.1 S. 2 und § 4.4 S. 1 des Arbeitsvertrags nicht besteht. Diese Arbeitszeitvereinbarung verstößt zwar nicht gegen § 12 TzBfG, sie ist aber nach § 307 BGB unwirksam. Die den Vertragsschluss begleitenden Umstände sind gem. § 310 Abs. 3 Nr. 3 BGB nicht bei der Auslegung der Allgemeinen Geschäftsbedingungen, sondern bei der Prüfung der unangemessenen Benachteiligung nach § 307 Abs. 1 u. 2 BGB zu berücksichtigen. Eine Vereinbarung zur Leistung von Überstunden liegt vor, wenn sich der Arbeitnehmer verpflichtet, bei einem vorübergehenden zusätzlichen Arbeitsbedarf länger als vertraglich vereinbart zu arbeiten. Überstunden werden wegen bestimmter besonderer Umstände vorübergehend zusätzlich geleistet.[10] Die Parteien haben in § 4.2 S. 1 des Arbeitsvertrags Arbeit auf Abruf (§ 12 TzBfG) und nicht die Verpflichtung zur Leistung von Überstunden vereinbart. Das ergibt die Auslegung des Arbeitsvertrags. Dies ergibt sich bereits aus dem Wortlaut der Vereinbarung. Die Kl. hat auf eine Aufforderung der Bekl. mehr als 30 Stunden in der Woche zu arbeiten. Der Gesamtzusammenhang der vertraglichen Arbeitszeitregelung bestätigt die Wortlautauslegung. Die Bekl. teilt nach § 4.2 S. 2 die Arbeit „je nach Arbeitsanfall" eine Woche vorher ein. Damit wird erkennbar die für Arbeit auf Abruf geltende Ankündigungsfrist des § 12 Abs. 2 TzBfG berücksichtigt. Nach § 4.3 des Arbeitsvertrags ist die Kl. verpflichtet, „gelegentlich auch nachts, an Sonn- und Feiertagen und über

---

[9] BAG, NZA 2005, 184 Os. = NJOZ 2005, 578 = AP BetrVG 1972 § 87 Arbeitszeit Nr. 111 = EzA BetrVG 2001 § 87 Arbeitszeit Nr. 5]; BAG, Urt. v. 30.10.1991 – 5 AZR 6/91.
[10] BAGE 100, 25 [30 f.] = NZA 2002, 439. Besteht dagegen für den Arbeitnehmer eine selbständige, **nicht auf Unregelmäßigkeit oder Dringlichkeit beschränkte Verpflichtung**, auf Anforderung des Arbeitgebers zu arbeiten, handelt es sich um Arbeit auf Abruf i. S. von § 12 TzBfG (vgl. Arnold, in: Arnold/Gräfl, Praxiskomm. z. TzBfG, § 12 RN 23; Jacobs, in: Annuß/Thüsing, TzBfG, § 12 RN 11; Boewer, TzBfG, § 12 RN 21; Preis, Der Arbeitsvertrag, 2. Aufl., II A 90 RN. 101; Lindemann, Flexible Gestaltung von Arbeitsbedingungen nach der Schuldrechtsreform, S. 266.

vierzig Stunden" in der Woche zu arbeiten. Aus dem Zusatz „gelegentlich" ergibt sich, dass von dieser Klausel ein vorübergehender Arbeitsbedarf erfasst werden soll. Demgegenüber betrifft die in § 4.2 umschriebene Arbeitsverpflichtung gerade nicht eine auf Grund besonderer, unvorhergesehener Umstände vorübergehend zu erbringende Arbeitsleistung. Vielmehr geht es, wie die Ankündigungsfrist von einer Woche zeigt, darum, einen plan- und vorhersehbaren, jedoch unter Umständen schwankenden Personalbedarf der Bekl. zu decken. Für Arbeit, die nach § 4.2 auf Anforderung der Bekl. geleistet wird, erhält die Kl. nach § 4.2 S. 3 des Arbeitsvertrags bis zur 40. Stunde die reguläre Stundenvergütung. Demgegenüber können die nach § 4.3 erbrachten Arbeitsleistungen – wie bei Überstunden verbreitet vorgesehen – vom Arbeitgeber durch Freizeit abgegolten werden. Weiterhin ist zu berücksichtigen, dass die Arbeit nach § 4.3 S. 2 des Arbeitsvertrags schriftlich durch den Arbeitgeber genehmigt oder auf ausdrückliche Anweisung des Arbeitgebers geleistet werden muss. Dies entspricht den Anforderungen an vergütungspflichtige Überstunden.[11] Die in § 4.2 des Arbeitsvertrags geregelte Arbeitspflicht auf Anforderung der Bekl. verstößt nicht gegen § 12 Abs. 1 TzBfG.

Gem. § 12 Abs. 1 S. 1 TzBfG können Arbeitgeber und Arbeitnehmer vereinbaren, dass der Arbeitnehmer seine Arbeitsleistung entsprechend dem Arbeitsanfall zu erbringen hat (Arbeit auf Abruf).[12] Merkmal der Arbeit auf Abruf ist nach dieser **Legaldefinition das Recht des Arbeitgebers, entsprechend dem Arbeitsanfall Lage und Dauer der Arbeit bestimmen zu können.**[13]

---

[11] BAG, NZA 2005, 895 Os. = NJOZ 2005, 3045 = AP BGB § 611 Mehrarbeitsvergütung Nr. BAG, NZA 2002, 1340 = AP BGB § 611 Mehrarbeitsvergütung Nr. 40.

[12] § 12 betrifft **Arbeitsverhältnisse bei denen die Arbeitsleistung nach dem aktuellen Arbeitsanfall zu erbringen ist. Für die Festlegung des konkreten Arbeitsbedarfs ist die subjektive Sicht des ArbG maßgebend.** Das Vorliegen eines Arbeitsbedarfs ist objektiv kaum nachprüfbar, Preis, in ErfK, § 12 TzBfG, RN 2. Der Arbeitnehmer nimmt die Arbeit erst nach Aufforderung durch den Arbeitgeber auf. Der Abruf zur Arbeitsleistung selbst **ist eine einseitige, empfangsbedürftige Erklärung des Arbeitgebers i.S.v. § 106 GewO**, mit der die konkrete Arbeitspflicht des Arbeitnehmers in den Grenzen der Billigkeit verbindlich festgelegt wird. Mit **dem Zugang der konkretisierenden Leistungsbestimmung beim Arbeitnehmer** ist diese verbindlich, wenn die Ankündigungsfrist eingehalten wurde. § 12 findet auch auf „Mischarbeitsverhältnisse" mit partieller Abrufarbeit Anwendung, Arendt, RN 5. besteht die Möglichkeit, auf saisonale Schwankungen dergestalt zu reagieren, dass während eines bestimmten Zeitraums Vollzeit gearbeitet wird und während eines anderen Zeitraums nach Abruf. **Arbeit auf Abruf liegt nicht im Falle von Arbeitsbereitschaft, Rufbereitschaft, Bereitschaftsdienst und bei Anordnung von Überstunden vor.** Verträge, nach denen jemand lediglich zur Erbringung einer Arbeitsleistung berechtigt, aber nicht verpflichtet ist, unterliegen nicht den Vorgaben des § 12 TzBfG, da § 12 ausdrücklich eine Verpflichtung des Arbeitnehmers zur Arbeitsleistung voraussetzt. Dies betrifft z.B. sog. Pool-Vereinbarungen, nach denen der Unternehmer eine Gruppe von Personen zusammenstellt, die eine bestimmte Arbeit verrichten können und an dieser interessiert sind

[13] Arnold, in: Arnold/Gräfl, Praxiskomm. zum TzBfG, § 12 RN 16. § 12 TzBfG regelt die Arbeit auf Abruf, auch kapitalorientierte variable Arbeitszeit genannt, vgl. Hromadka, Poolsystem und

Nach § 12 Abs. 1 S. 2 TzBfG muss die Vereinbarung über die Abrufarbeit eine bestimmte Dauer der wöchentlichen und täglichen Arbeitszeit festlegen. Hieraus wird im Schrifttum hergeleitet, § 12 Abs. 1 TzBfG stehe in Teilzeitarbeitsverhältnissen Vereinbarungen entgegen, die dem Arbeitgeber das Recht einräumen, die Dauer der wöchentlichen Arbeitszeit einseitig festzulegen. Dies gelte auch dann, wenn eine Mindestarbeitszeit vertraglich vereinbart sei.[14] Diese Auslegung des § 12 Abs. 1 S. 2 TzBfG ist vom Wortlaut des Gesetzes nicht geboten. Sie berücksichtigt nicht den gesetzlichen Gesamtzusammenhang und den Zweck der Regelung.

Soweit § 12 Abs. 1 S. 2 TzBfG bei der Vereinbarung von Abrufarbeit die Festlegung einer bestimmten Dauer der wöchentlichen und täglichen Arbeitszeit fordert, kann dies auch eine Mindestdauer sein. Auch das ist eine bestimmte Dauer der Arbeitszeit. Dass § 12 Abs. 1 S. 2 TzBfG nur die Festlegung einer Mindestdauer der wöchentlichen und der täglichen Arbeitszeit fordert, legt vielmehr § 12 Abs. 1 S. 3 und 4 TzBfG nahe. Dort sind die Folgen fehlender Vereinbarungen über die Dauer der wöchentlichen und der täglichen Arbeitszeit geregelt. Die Dauer der gesetzlich fingierten Arbeitszeit soll einen Mindestschutz der Arbeitnehmer gewährleisten. Dieser Zweck der gesetzlichen Fiktion trifft auf den Grundtatbestand des § 12 Abs. 1 S. 2 TzBfG in gleicher Weise zu. Durch die Vereinbarung einer Mindestarbeitszeit soll verhindert werden, dass der Arbeitgeber den Arbeitnehmer während des bestehenden Arbeitsverhältnisses überhaupt nicht zur Arbeitsleistung heranzieht (so die Gesetzesbegründung zu dem durch § 12 TzBfG).[15] Nur bei einer vereinbarten

---

Abrufarbeit als flexible Arbeitszeitmodelle, in Festschrift für Heinze, 2005, 321 ff.: Arendt, in HK-ArbR, § 12 TzBfG, RN 1. **Der ArbG kann flexibel und nach Arbeitsanfall die Arbeitsleistung abrufen.** Da dieser interessenorientierte Arbeitseinsatz einseitig für den ArbN Belastungen und Einschränkungen zur Folge hat, hat der Gesetzgeber in § 12 TzBfG zum Schutz des ArbN einen gesetzlichen Rahmen für eine sozial vertretbare und interessenausgewogene Ausgestaltung solcher Arbeitsverträge errichtet, LAG Düsseldorf, NZA-RR 2003, 407; Preis, in ErfK, § 12 TzBfG, RN 10.

[14] Jacobs, in: Annuß/Thüsing, TzBfG, § 12 RN 24; Boewer, TzBfG, § 12 RN 24; Lindemann, S. 256; Meinel/Heyn/Herms, TzBfG, § 12 RN 29; ErfK/Preis, 6. Aufl., § 12 TzBfG, RN 23; HWK/Schmalenberg, § 12 TzBfG, RN 7.

[15] § 12 TzBfG verlangt die **Festlegung einer Mindestdauer** der wöchentlichen und täglichen Arbeitszeit. Fehlt eine Festlegung der wöchentlichen Arbeitszeit oder entsprechend die Festlegung über die Anforderungen des § 12 TzBfG, dann ist die Absprache zwischen den Vertragsparteien gem. § 134 BGB unwirksam. Der Vertrag bleibt allerdings mit einer fingierten Mindestarbeitszeit wirksam. **Existenzsicherung und sozialer Mindestschutz** sollen durch eine fingierte Mindestarbeitszeit gesichert werden. Mühlmann, Flexible Arbeitsvertragsgestaltung – Die Arbeit auf Abruf, RdA 2006, 356 ff. – Ohne genaue Festlegung von Arbeitszeit und Vergütung hätte der Arbeitgeber die rechtlich nicht begrenzte Möglichkeit, unter Missachten der sozialen Schutzwirkung des § 2 KSchG die wesentlichen Arbeitsbedingungen einseitig festzulegen und zu ändern und im Extremfall, das Arbeitsverhältnis auslaufen zu lassen, indem dem Arbeitnehmer keine Arbeit mehr zugewiesen würde, Link/Fink, AuA 2001, 155, 157; Rolfs, TzBfG, § 12 RN 1. Mit der Festlegung der wöchentlichen Arbeitszeit soll der ArbN eine **verlässliche Grundlage für die Be-**

Mindestdauer der wöchentlichen und der täglichen Arbeitszeit macht die nach § 12 Abs. 1 S. 1 TzBfG zulässige Vereinbarung von Arbeit auf Abruf überhaupt Sinn. Denn die mit der Arbeit auf Abruf bezweckte Flexibilisierung der Arbeitszeit[16] kann nur erreicht werden, wenn hinsichtlich der Dauer der wöchentlichen und täglichen Arbeitszeit keine starren gesetzlichen Vorgaben bestehen. Die im Schrifttum vertretene Auslegung des § 12 Abs. 1 S. 2 TzBfG führt demgegenüber zu einem „Aus" der Arbeit auf Abruf.[17]

Der Schutz des Arbeitnehmers vor einer unangemessenen Verlagerung des Beschäftigungsrisikos zu seinen Lasten rechtfertigt nicht mehr die Annahme, Arbeit auf Abruf sei gem. § 12 Abs. 1 S. 2 TzBfG nur im Rahmen einer vertraglich vereinbarten festen Dauer der wöchentlichen und täglichen Arbeitszeit zulässig.[18] Die Inhaltskontrolle vom Arbeitgeber vorformulierter arbeitsvertraglicher Regelungen, die eine bestimmte Dauer der wöchentlichen Arbeitszeit festlegen und den Arbeitnehmer darüber hinaus verpflichten, auf entsprechende Anweisung des Arbeitgebers weitere Arbeit zu leisten, richtet sich nach §§ 305ff. BGB. Einseitige Leistungsbestimmungsrechte, die dem Verwender das Recht einräumen, die Hauptleistungs-

---

rechnung seines Arbeitentgeltes erhalten, Küttner/Reinecke, Arbeit auf Abruf, RN 64; Hunold, NZA 2001, 899; Busch, NZA 2001, 594; Däubler, ZIP 2001, 222. Dadurch wird auch verhindert, dass der ArbG das **Beschäftigungsrisiko einseitig auf den ArbN abwälzt** und ihn bei schlechter Auftragslage nicht zur Arbeitsleitung heranzieht. Neben dem Sicherheitsbedürfnis des ArbN wird das Bedürfnis des ArbG, die Arbeitszeit variabler zu gestalten adäquat berücksichtigt, Arendt, RN 4. **Gleichzeitig wird das einseitige zeitkonkretisierende Leistungsbestimmungsrecht hinsichtlich der Arbeitszeit eingeschränkt.**

[16] Heinze, Flexible Arbeitszeitmodelle, NZA 1997, 681 ff. – Die Flexibilisierung der Arbeitszeit hat für die Arbeitsvertragsparteien erhebliche Vorteile: **Verlängerung der Betriebs- und Maschinenlaufzeiten, Anpassung der Arbeitszeiten an den Arbeitsanfall,** höhere Arbeitsproduktivität und Vermeidung teurer Überstunden. Vor allem aber kann die Einführung flexibler Arbeitszeiten betriebsbedingte Kündigungen vermeiden, die Motivation der Mitarbeiter durch eingeräumte Zeitsouveränität erheblich steigern, Stresssituationen abbauen und den Betriebsablauf menschengerechter gestalten. Bei **Leistungsstörungen** gelten die allgemeinen Grundsätze. § 3 Abs. 1 EFZG sichert die Lohnfortzahlung für die **unverschuldete Arbeitsunfähigkeit** für den Zeitraum von sechs Wochen. Der ArbG bleibt **zur Leistung verpflichtet,** obwohl der ArbN seine Gegenleistung nicht erbringen kann. § 3 begründet einen unmittelbaren Anspruch gegen den ArbG.

[17] Busch, NZA 2001, 593.

[18] Die **Vereinbarung von größeren Bezugsräumen (Monat/Jahr) ist möglich.** Dies kommt den beiderseitigen Interessen nach einer flexiblen Gestaltung des Arbeitslebens entgegen. Bei der Jahresarbeitszeit werden nur Volumen und Bezugszeitraum festgelegt. Der Arbeitnehmer erhält dabei eine gleichmäßige monatliche Vergütung, die der vereinbarten durchschnittlichen Arbeitszeit entspricht. Die **Jahresarbeitszeit** wird als Fall der „amorphen Arbeitszeit" angesehen, Linnenkohl, u. a., Arbeitszeitflexibilisierung: Die Unternehmen und ihre Modelle, S. 84, 87. Sie ist von ihrer Art her ein **Gleitzeitmodell mit einem wesentlich umfangreicheren Zeitkonto**· Preis, in ErfK, §§ 305-310 BGB RN 159, das der Arbeitnehmer nicht innerhalb einer Woche oder eines Monats, sondern erst innerhalb eines Jahres oder noch längeren Zeitraums abschließen muss. Bei periodenübergreifenden Möglichkeiten zum Zeitausgleich kommt der ArbG nicht in Annahmeverzug, wenn er nicht die in einer konkreten Zeiteinheit vereinbarte Arbeitsleistung abgerufen hat.

pflichten einzuschränken, zu verändern, auszugestalten oder zu modifizieren, unterliegen einer Inhaltskontrolle. Sie weichen von dem allgemeinen Grundsatz „**pacta sunt servanda – Verträge sind einzuhalten**" ab. Der Vertrag und die sich aus ihm ergebenden Verpflichtungen sind für jede Seite bindend.[19]

Nach § 307 Abs. 1 S. 1 BGB sind Bestimmungen in Allgemeinen Geschäftsbedingungen unwirksam, wenn sie den Vertragspartner des Verwenders entgegen den Geboten von Treu und Glauben unangemessen benachteiligen. Gem. § 307 Abs. 2 Nr. 1 BGB ist eine unangemessene Benachteiligung im Zweifel anzunehmen, wenn eine Bestimmung mit wesentlichen Grundgedanken der gesetzlichen Regelung, von der abgewichen wird, nicht zu vereinbaren ist. Von maßgeblicher Bedeutung ist insoweit, ob die dispositive gesetzliche Regelung nicht nur auf Zweckmäßigkeitserwägungen beruht, sondern eine Ausprägung des **Gerechtigkeitsgebots** darstellt.[20] Die in § 4.2 des Arbeitsvertrags vom 01.10.2002 getroffene Regelung der Arbeit auf Abruf weicht von Rechtsvorschriften ab und unterliegt deshalb gem. § 307 Abs. 3 S. 1 BGB der Inhaltskontrolle nach § 307 Abs. 1 u. 2 BGB. Mit dem Bekl. in § 4.2 des Arbeitsvertrags eingeräumten Recht, die in § 4.1 S. 1 vereinbarte regelmäßige wöchentliche Arbeitszeit von 30 Stunden einseitig auf bis zu 40 Stunden verlängern zu können, wird ein Teil des die Bekl. nach § 615 BGB treffenden Wirtschaftsrisikos auf die Kl. verlagert. Nach § 615 BGB trägt der **Arbeitgeber grundsätzlich das Risiko, den Arbeitnehmer nicht beschäftigen zu können**. Kann der Arbeitgeber den Arbeitnehmer wegen Auftragsmangels nicht beschäftigen, wird er

---

[19] BAG, NZA 2005, 465 = NJW 2005, 1820 = AP BGB § 308 Nr. 1 = EzA BGB 2002 § 308 Nr. 1. § 12 TzBfG wirkt sich **primär auf Teilzeitverhältnisse** aus. Ob angesichts der durch das ArbZG vorgegebenen engen Zeitvorgaben für die tägliche Arbeitszeit Bedarf an Abrufarbeit besteht ist zweifelhaft; Boecken, a.a.O., RN 10 verweist auf den uneingeschränkten Wortlaut, nach dem Abrufarbeit unabhängig vom Umfang der Arbeitszeit möglich sei. Preis, a.a.O., RN 4 erkennt zwar ab, dass auch bei Vereinbarung einer variablen Lage und/oder Dauer der Arbeitszeit ein Schutzbedürfnis des ArbN besteht und eine Einschränkung des einseitigen Leistungsbestimmungsrechts des ArbG erforderlich ist, sieht aber durch andere Kontrollinstrumente genügend rechtliche Vorsorge getroffen. Die **Verteilung der Abrufarbeitszeit**, die nicht kalendarisch regelmäßig in Anspruch genommen wird auf andere Tage mit entsprechend hohem Arbeitsanfall, wird durch die tägliche Höchstarbeitszeit eingeschränkt. Die **soziale Sicherungsfunktion des § 12 TzBfG** ist angesichts des vollen und geregelten Lohnanspruchs im Vollzeitverhältnis nicht in dem Umfang gefordert wie bei einem zeitlich unbestimmten Abrufarbeitsverhältnis, Mühlmann, flexible Arbeitsvertragsgestaltung – Die Arbeit auf Abruf, RdA 2006, 358. Die Flexibilität, die mit der Abrufarbeit aus Sicht des ArbG erreicht werden soll, ist auch im Rahmen eines **befristeten Arbeitsverhältnisses von praktischem Interesse**. Vor dem Hintergrund, dass z.B. Zweckbefristungen über mehrere Jahre vereinbart werden können, ist es nahe liegend, befristete und unbefristete Arbeitsverhältnisse gleich zu behandeln. **Die Befristung dient nur dazu, das Arbeitsverhältnis leichter beenden zu können. Es sichert aber nicht die kurzfristige, arbeitsanfallbedingte Zeitflexibilität.**

[20] BGH, NJW-RR 1996, 1009; Basedow, in MünchKomm, 4. Aufl., § 307 BGB RN 56.

nicht von seiner Gegenleistungspflicht befreit. Der Arbeitgeber bleibt vielmehr zur Entgeltzahlung verpflichtet.[21] Durch die in § 4.2 S. 1 des Arbeitsvertrags vereinbarte Arbeit auf Abruf hat die Bekl. abweichend von diesem Rechtsgrundsatz einen Teil ihres Wirtschaftsrisikos auf die Kl. verlagert, da sie nur verpflichtet ist, die Kl. 30 Stunden in der Woche zu beschäftigen und auch nur in diesem Umfang zu vergüten. Bei einen weitergehenden Arbeitsbedarf, kann sie jedoch die Kl. anweisen, bis zu 40 Stunden in der Woche zu arbeiten. Die Kl. ist dann nach § 4.2 S. 1 des Arbeitsvertrags zur Erbringung der Arbeitsleistung verpflichtet, ohne ihrerseits einen Anspruch auf Beschäftigung über 30 Wochenstunden hinaus zu haben (§ 4.1 S. 2 und § 4.4 S. 1 des Arbeitsvertrags). Die Verlagerung des Wirtschaftsrisikos auf die Kl. zeigt sich hier deutlich in der Absenkung der Arbeitszeit der Kl. ab April 2003 auf 30 Wochenstunden, die von der Bekl. mit der verschlechterten Auftragslage begründet wurde. Der Annahme einer von Rechtsvorschriften abweichenden vertraglichen Vereinbarung steht nicht entgegen, dass § 12 Abs. 1 TzBfG die Arbeit auf Abruf erlaubt. § 12 TzBfG regelt die Abrufarbeit nur dem Grunde nach. Zum Umfang der einseitig vom Arbeitgeber abrufbaren Arbeitszeit verhält sich diese Vorschrift nicht.[22] § 4.2 S. 1 des Arbeitsvertrags weicht von wesentlichen Grundgedanken der in § 615 BGB geregelten Verteilung des Wirtschaftsrisikos ab (§ 307 Abs. 2 Nr. 1 BGB). Jedoch führt nicht jede Abweichung von einer gesetzlichen Regelung ohne weiteres zur Unwirksamkeit der Klausel. Eine Klausel ist gem. § 307 Abs. 1 S. 1 BGB nur dann unwirksam, wenn es sich um eine Abweichung handelt, die den Vertragspartner des Verwenders entgegen den Geboten von Treu und Glauben unangemessen benachteiligt. Die Frage, ob eine gegen Treu und Glauben verstoßende unangemessene Benachteiligung des Vertragspartners des Verwenders vorliegt, ist auf der Grundlage einer umfassenden Abwägung der berechtigten Interessen der Beteiligten zu beantworten. Hierbei ist das Interesse des Verwenders an der Aufrechterhaltung der Klausel mit dem Interesse des Vertragspartners an der Ersetzung der Klausel durch das dispositive Recht (§ 306 Abs. 2 BGB) abzuwägen.[23] Bei der

---

[21] BAGE 77, 123 [125] = NZA 1995, 468 [zu 1]; Henssler, in MünchKommt, § 615 BGB, RN 91; Preis, in ErfK, § 615 BGB, RN.

[22] Die in § 4.2 des Arbeitsvertrags vereinbarte Abrufarbeit ist nicht nach § 308 Nr. 4 BGB unwirksam. Die Klausel fällt nicht unter den Schutzbereich dieser Bestimmung. Diese Regelung betrifft Klauseln, in denen sich der Verwender das Recht vorbehält, die **versprochene Leistung zu ändern** (Basedow, in MünchKommt, § 308 Nr. 4 RN 4). Das sind insbesondere **Änderungsvorbehalte**, die sich bei unveränderter Arbeitspflicht des Arbeitnehmers auf die Entgeltzahlungspflicht des Arbeitgebers beziehen (Preis, a.a.O., §§ 305-310 BGB, RN 53). Das umstrittene Leistungsbestimmungsrecht der Bekl. betrifft jedoch nicht ihre Leistungspflicht, sondern den Umfang der Arbeitspflicht der Kl.

[23] Basedow, in: MünchKommt, 4§ 307 BGB RN 31.

Beurteilung der Unangemessenheit ist grundsätzlich ein genereller, typisierender, vom Einzelfall losgelöster Maßstab anzulegen.[24] Da der Arbeitnehmer Verbraucher i. S. von § 310 Abs. 3 BGB ist[25] sind allerdings gem. § 310 Abs. 3 Nr. 3 BGB bei der Beurteilung der unangemessenen Benachteiligung nach § 307 Abs. 1 u. 2 BGB auch die den Vertragsschluss begleitenden Umstände zu berücksichtigen.

Der Arbeitgeber hat ein berechtigtes Interesse an einer gewissen Flexibilität der Arbeitsbedingungen. Die Erbringung von Arbeit in starren Arbeitszeitrastern ist heute kaum noch möglich. Kurzfristige Auftragsschwankungen erfordern flexible Arbeitszeitsysteme. Zahlreiche Tarifverträge und Betriebsvereinbarungen enthalten bereits seit längerer Zeit bedarfsorientierte Arbeitszeitregelungen. Bei einem Dauerschuldverhältnis wie dem Arbeitsverhältnis muss der Arbeitgeber die Möglichkeit haben, auf unterschiedlichen Arbeitsanfall rasch und angemessen reagieren zu können. Das Kündigungsrecht ist hierzu nicht geeignet, weil betriebsbedingte (Änderungs-)Kündigungen einen dauerhaften Wegfall von Beschäftigungsmöglichkeiten voraussetzen.[26]. Hinzu kommen häufig lange Kündigungsfristen, die einer kurzfristigen Änderung der Arbeitszeit entgegenstehen.[27] Der Verweis auf die Änderungskündigung ist aber auch unter Berücksichtigung der Interessen der Arbeitnehmer nicht angemessen, weil hierdurch der Bestand des Arbeitsverhältnisses gefährdet wird. Die Änderungskündigung führt zur Beendigung des Arbeitsverhältnisses, wenn der Arbeitnehmer nicht rechtzeitig Kündigungsschutzklage erhebt (§ 4 KSchG).

Andererseits ist zu berücksichtigen, dass der Arbeitnehmer ein berechtigtes Interesse an einer fest vereinbarten Dauer der Arbeitszeit hat. Hiervon hängt regelmäßig die Höhe des von ihm erzielten Einkommens ab. Dem Arbeitnehmer wird eine umso größere Planungssicherheit ermöglicht, je weniger variabel der Umfang der Arbeitszeit ausgestaltet ist. Bei festen Arbeitszeiten kann der Arbeitnehmer seine Freizeit planen und prüfen, ob er gegebenenfalls ein weiteres Teilzeitarbeitsverhältnis eingehen kann und möchte.

Das Interesse des Arbeitgebers an einer Flexibilisierung der Arbeitszeitdauer und das Interesse des Arbeitnehmers an einer festen Regelung der Dauer der Arbeitszeit und der sich daraus ergebenden Arbeitsvergütung sind angemessen zum Ausgleich zu bringen. Hierzu kann auf die Grundsätze zurückgegriffen werden, die das BAG[28]

---

[24] BAGE 110, 8 [22] = NZA 2004, 727.
[25] BAG, NZA 2005, 1111 = NJW 2005, 3305 = AP BGB § 310 Nr. 1 = EzA BGB 2002 § 307 Nr. 3.
[26] BAGE 109, 40 [42] = NZA 2004, 477.
[27] Dazu BAG, NZA 2002, 1205 = NJW 2002, 3795 = AP KSchG 1969 § 1 Betriebsbedingte Kündigung Nr. 120 = EzA KSchG § 1 Betriebsbedingte Kündigung Nr. 118.
[28] Im Urt. v. 12.01.2005, NZA 2005, 465 = NJW 2005, 1820 = AP BGB § 308 Nr. 1 = EzA BGB 2002 § 308 Nr. 1.

zur Wirksamkeit von Widerrufsvorbehalten aufgestellt hat.[29] Danach darf der widerrufliche Anteil am Gesamtverdienst nicht mehr als 25-30% des Gesamtverdienstes ausmachen. Bei der Festlegung dieses Prozentsatzes hat das BAG berücksichtigt, dass der Arbeitgeber in jenem Fall nicht nur die Gewährung einer übertariflichen Zulage zum Monatsentgelt widerrufen hatte, sondern auch eine Fahrtkostenerstattung. Hierbei handelte es sich nicht um eine unmittelbare Gegenleistung für die Arbeit, sondern um einen Ersatz von Aufwendungen, die der Arbeitnehmer an sich selbst tragen muss. Bei der Prüfung der Angemessenheit einer Vereinbarung über Arbeit auf Abruf geht es dagegen allein um den Umfang der im unmittelbaren Gegenseitigkeitsverhältnis stehenden Arbeitspflicht. Das schließt einen über 25% hinausgehenden Anteil abrufbarer Arbeitsleistung aus. Die vom Arbeitgeber abrufbare über die vereinbarte Mindestarbeitszeit hinausgehende Arbeitsleistung des Arbeitnehmers darf nicht mehr als 25% der vereinbarten wöchentlichen Mindestarbeitszeit betragen. Bei einer Vereinbarung über die Verringerung der vereinbarten Arbeitszeit beträgt demzufolge das Volumen 20% der Arbeitszeit. Eine solche Regelung berücksichtigt die berechtigten beiderseitigen Interessen in angemessener Weise. Hierdurch wird dem Arbeitgeber ein hohes Maß an Flexibilität eingeräumt. Bei einer Sockelarbeitszeit von 30 Wochenstunden kann er über eine vereinbarte Arbeit auf Abruf die regelmäßige Arbeitszeit in der Woche auf bis zu 37,5 Stunden heraufsetzen. Soweit die Voraussetzungen für die Anordnung von Überstunden vorliegen, kann die Arbeitszeit noch weiter verlängert werden. Die Höchstgrenze von 25% der vereinbarten wöchentlichen Mindestarbeitszeit führt aber auch zu einem Schutz der Arbeitnehmer vor Vereinbarungen, die nur eine geringe Mindestarbeitszeit und einen hohen variablen Arbeitszeitanteil vorsehen und so die Planungssicherheit des Arbeitnehmers in unangemessener Weise beeinträchtigen. Je geringer die vereinbarte wöchentliche Mindestarbeitszeit ist, desto geringer ist rechnerisch die einseitig vom Arbeitgeber abrufbare Arbeitsleistung des Arbeitnehmers. Ist z.B. eine Mindestarbeitszeit von 15 Wochenstunden vereinbart, beträgt die zusätzlich abrufbare Arbeitsleistung nur 3,75 Stunden. Will der Arbeitgeber ein relativ hohes Maß an Flexibilität, darf er mit dem Arbeitnehmer keine allzu niedrige Mindestarbeitszeit vereinbaren. Die vorliegend vereinbarte Arbeit auf Abruf entspricht nicht diesen Anforderungen. Nach § 4.1 S. 1 des Arbeitsvertrags sollte die regelmäßige wöchentliche Arbeitszeit 30 Stunden betragen. Die in § 4.2 S. 1 geregelte Verpflichtung der Kl., auf Anforderung der Bekl. weitere zehn Stunden in der Woche zu arbeiten, benachteiligt die Kl. unangemessen (§ 307 Abs. 1 u. 2 BGB). Die vereinbarte Arbeit

---

[29] Ähnlich im Ansatz Preis, 6. Aufl., §§ 305-310 BGB RN 54; Reichold, RdA 2002, 321, 330; Hanau, ZIP 2005, 1661 f.

auf Abruf beträgt ausgehend von der festgelegten Mindestarbeitszeitdauer von 30 Stunden in der Woche 33,33%. Die Klausel ist damit gem. § 307 Abs. 1 S. 1 BGB unwirksam.[30]

Arbeitsvertrag über Abrufarbeit (KAPOVAZ[31]-Arbeitsvertrag)
zwischen
... (Name und Adresse) – Arbeitgeber –
und
... (Name und Adresse) – Arbeitnehmer –

§ 1 Tätigkeit, Arbeitsort
(1) Der Arbeitnehmer wird als ... im Rahmen eines Abruf-Arbeitsverhältnisses eingestellt. Arbeitsort ist ...
(2) Der Arbeitgeber ist berechtigt,[32] dem Arbeitnehmer aus betrieblichen Gründen unter Wahrung der Interessen des Arbeitnehmers eine andere, gleichwertige Tätigkeit oder ein anderes Arbeitsgebiet zu übertragen oder den Arbeitnehmer an einem anderen Ort einzusetzen, soweit dies den Fähigkeiten und Kenntnissen des Arbeitnehmers entspricht.
(3) Der Arbeitnehmer ist verpflichtet, ohne vorherige Zustimmung des Arbeitgebers keine Nebentätigkeiten aufzunehmen. Der Arbeitgeber wird die Zustimmung erteilen, wenn nicht seine berechtigten Interessen dagegen sprechen.

§ 2 Beginn, Dauer und Beendigung des Arbeitsverhältnisses
(1) Das Arbeitsverhältnis beginnt am ...

---

[30] Bei der **ergänzenden Vertragsauslegung** ist darauf abzustellen, was die Parteien bei einer angemessenen Abwägung ihrer Interessen nach Treu und Glauben als redliche Vertragsparteien vereinbart hätten, wenn sie die Unwirksamkeit der Klausel bedacht hätten, vgl. BAG, AP BGB § 620 Bedingung Nr. 23 = EzA BGB § 620 Bedingung Nr. 12. Zur Feststellung des mutmaßlichen Parteiwillens ist die tatsächliche Vertragsdurchführung von erheblicher Bedeutung. Sie gibt Aufschluss über die von den Parteien wirklich gewollte Arbeitszeitdauer, vgl. Jacobs, in: Annuß/Thüsing, TzBfG, § 12 RN 27.
[31] Kapazitätsorientierte variable Arbeitszeit.
[32] Die **vertragliche Regelung enthält einen Hinweis auf das Direktions- bzw. Weisungsrecht des Arbeitgebers** (§ 106 GewO). Ihre Grenze findet eine solche Klausel dort, wo die Änderungen so gravierend sind, dass die soziale Schutzfunktion des § 2 KSchG eine Änderungskündigung erfordert.

(2) Die ersten ... Monate des Arbeitsverhältnisses gelten als Probezeit.[33] Innerhalb der Probezeit kann das Arbeitsverhältnis mit einer Frist von zwei Wochen gekündigt werden.
(3) Nach Ablauf der Probezeit gelten die gesetzlichen Kündigungsfristen.[34] Eine gesetzlich verlängerte Frist gilt auch für die Kündigung durch den Arbeitnehmer.
(4) Jede Kündigung bedarf der Schriftform.[35]
(5) Der Arbeitgeber kann im Fall einer Kündigung den Arbeitnehmer im Rahmen von noch bestehenden Resturlaubsansprüchen oder sonstigen Freizeitausgleichsansprüchen und in konkreter Anrechnung von solchen freistellen.
(6) Das Arbeitsverhältnis endet, ohne dass es einer Kündigung bedarf, mit Ablauf des Monats, in dem der Arbeitnehmer eine Rente wegen Alters beantragen kann.

§ 3 Arbeitszeit, Arbeit auf Abruf

(1) Der Arbeitnehmer erbringt seine Arbeitsleistung entsprechend dem Arbeitsanfall. Über den Abruf der Arbeitsleistung entscheidet der Arbeitgeber unter Beachtung der gesetzlichen Grenzen nach dem betrieblichen Bedarf.[36]
(2) Die regelmäßige wöchentliche Arbeitszeit beträgt höchstens ... Stunden.[37] Der Arbeitgeber ist berechtigt, die abzurufende Arbeitszeit um bis zu ... Stunden pro Woche zu reduzieren.[38] Ein Anspruch auf reduzierte Beschäftigung besteht auch nach mehrmaligem Abruf einer verringerten Arbeitszeit nicht.
(3) Die regelmäßige wöchentliche Arbeitszeit kann nach dem betrieblichen Bedarf ungleichmäßig auf mehrere Wochen verteilt werden; innerhalb eines Ausgleichszeitraumes von längstens ... Wochen muss jedoch im Durchschnitt die verein-

---

[33] Die Probezeit kann bis zu 6 Monate betragen.
[34] Die **gesetzlichen Kündigungsfristen** sind in § 622 Abs. 1 und 2 BGB gestaffelt geregelt. Sie gelten grundsätzlich nur für Kündigungen durch den Arbeitgeber.
[35] Die Schriftform der Kündigung ist gemäß §§ 623, 126 BGB erforderlich.
[36] Arbeit auf Abruf bedarf einer **ausdrücklichen vertraglichen Vereinbarung** (vgl. § 12 Abs. 1 S 1 TzBfG). Zu den gesetzlichen Grenzen, die das Direktionsrecht des Arbeitgebers hinsichtlich der Lage der Arbeitszeit einschränken, gehören das Verbot der Sonn- und Feiertagsarbeit (§ 9 ArbZG), das Samstags- und Nachtarbeitsverbot für Jugendliche (§§ 14, 16 JArbSchG), Ruhezeiten (§ 5 ArbZG) oder auch die gesetzlichen Höchstarbeitszeiten (§ 3 ArbZG).
[37] Die **Dauer der wöchentlichen Arbeitszeit** ist ausdrücklich festzulegen (§ 12 Abs. 1 S. 2 TzBfG). Bei Fehlen einer solchen Vereinbarung gilt eine Arbeitszeit von wöchentlich zehn Stunden als vereinbart (§ 12 Abs. 1 S. 3 TzBfG). Zur Arbeitswoche zählen – trotz üblicher 5-Tage-Woche – grundsätzlich auch Samstage. Durch die Vereinbarung von Abrufarbeit soll eine bedarfsorientierte Flexibilisierung hinsichtlich der Lage der Arbeitszeit erreicht werden.
[38] Bei einer Vereinbarung über die Verringerung der vereinbarten Arbeitszeit darf das Volumen der Arbeitszeit um maximal 20% reduziert werden, BAG, NZA 2006, 423 ff.

barte regelmäßige wöchentliche Arbeitszeit von ... Stunden erreicht werden/abgerufen werden.[39]

(4) Der Arbeitgeber wird Dauer und Lage der Arbeitszeit jeweils mindestens vier Tage im Voraus mitteilen (Abruf).[40] Bei einem Abruf wird die tägliche Arbeitszeit drei aufeinander folgende Stunden nicht unterschreiten. (5) Der Arbeitnehmer ist verpflichtet, auf Anforderung gegebenenfalls auch Über- und Mehrarbeit sowie Wochenend-, Sonn- und Feiertagsarbeit im gesetzlich zulässigen Rahmen zu leisten.

---

[39] Dadurch kann die **vereinbarte wöchentliche (Mindest-) Arbeitszeit** noch weiter flexibilisiert werden, da Arbeitszeitguthaben bzw. Arbeitszeitdefizite aufgebaut werden können, wenn innerhalb eines zu vereinbarenden Ausgleichszeitraums das festgelegte wöchentliche Arbeitszeitvolumen im Durchschnitt erreicht ist.

[40] Der Arbeitgeber muss dem Arbeitnehmer die Lage seiner Arbeitszeit mindestens vier Tage im Voraus mitteilen, um diesem die Planung des Arbeitseinsatzes, insbesondere die Regelung seiner privaten Belange zu ermöglichen. Die Mindestfrist ist zwingend. Wird sie unterschritten, hat der Arbeitnehmer ein Leistungsverweigerungsrecht (vgl. § 12 Abs. 2 TzBfG). Der ArbN hat einen Anspruch auf Annahmeverzugslohn (§ 615 BGB. Ruft der ArbG eine zeitlich kürzere Arbeitsleistung ab als vertraglich vereinbart, steht es dem ArbN frei, ob er dem Abruf Folge leistet oder nicht. Im Fall der **Leistungsverweigerung** hat er keinen Vergütungsanspruch. Kommt er der Aufforderung des ArbG in dem abgerufenen zeitlichen Umfang nach, hat er dennoch einen Anspruch auf Lohnzahlung nach § 615 BGB für die gesamte vereinbarte Arbeitszeit. Eine Anrechnung unterlassenen Erwerbs § 615 S. 3 BGB scheidet wegen der notwendigen zeitlichen Verfügbarkeit des ArbN (Abrufzeitpunkt ist ungewiss!) aus, denn er ist durch die Ungewissheit, ob er abgerufen wird daran gehindert, Dienste anderweitig zu erledigen, Boecken, § 12 RN 10.

Altersgruppenbildung zur Sozialauswahl – grob fehlerhafte Namensliste[1/2]

---

[1] Mit Anmerkungen und Erläuterungen von Prof. Dr. Dr. Siegfried Schwab, Mag. rer. publ. unter Mitarbeit von Diplom-Betriebswirtin (DH) Silke und Referendarin Heike Schwab.
[2] BAG, Urteil vom 12.03.2009 – 2 AZR 418/07; NZA 2009, 1023 ff.; Weiterführung von BAG, NZA 2008, 405 = NJW 2008, 1102 – Ein etwa – inhaltlich mit dem Verbot der Altersdiskriminierung in der Richtlinie 2000/78/EG des Rates übereinstimmender – allgemeiner Grundsatz des Gemeinschaftsrechts steht Regelungen, die an das Lebensalter anknüpfen, nicht im Wege, solange sie durch legitime Ziele gerechtfertigt sind. Die durch die Gruppenbildung erstrebte Erhaltung der Altersstruktur wirkt nicht nur einer Überalterung der Belegschaft entgegen, sondern relativiert auch die etwa überschießenden Tendenzen der Bewertung des Lebensalters als Sozialdatum und verhindert eine übermäßige Belastung jüngerer Beschäftigter. Zum Prüfungsmaßstab bei Altersdiskriminierung s. Wendeling/Schröder, NZA 2009, 1399; zur gleichmäßigen Verteilung von Kündigungen als Altersdiskriminierung s. Bauer/Krieger, NZA 2007, 674; s. auch ArbG Osnabrück, NZA 2007, 626; zur Sozialauswahl mittels eines Punkteschemas s. BAG, NZA 2007, 197; zur Sicherung einer ausgewogenen Altersstruktur s. BAG, NZA 2007, 139. Mit der Bildung von Altersgruppen bei einer betriebsbedingten Kündigung mit Interessenausgleich mit Namensliste beschäftigt sich die Entscheidung des LAG Niedersachsen, NZA-RR 2008, 348 – **Die Bildung von Altersgruppen in einem Interessenausgleich mit Namensliste ist grundsätzlich auch unter Geltung des AGG zulässig.** Es bedarf auf den Betrieb bezogener Gründe für die Bildung der Altersgruppen. An den Sachvortrag dürfen keine überhöhten Anforderungen gestellt werden; die Notwendigkeit einer Betriebsratsanhörung auch bei Vorliegen eines Interessenausgleichs mit Namensliste untersuchen die Urteile des LAG Rheinland-Pfalz, NZA-RR 2008, 356; BAG, NZA 2007, 1319 Os. = NJOZ 2007, 5209; mit der Auswahlrichtlinie, Namensliste, Altersgruppenbildung und Altersdiskriminierung befasst sich der Beitrag von Lingemann/Beck, NZA 2009, 577; die Wirksamkeit einer Namensliste trotz Verstoß gegen das AGG behandelt die Entscheidung des BAG, Urt. v. 06.11.2008 – 2 AZR 701/07, BeckRS 2009, 58467. **§ 2 Abs. 4 AGG enthält keine Bereichsausnahme,** vgl. Lingemann/Beck, Auswahlrichtlinie, Namensliste, Altersgruppenbildung und Altersdiskriminierung, NZA 2009, 578, NZA 2009, 364 RN 34; Schiefer, DB 2009, 733, sondern beschreibt nur den Weg, auf dem die Diskriminierungsverbote des AGG in das bisherige System des Kündigungsschutzrechts nach der Vorstellung des Gesetzgebers einzupassen sind. Beruht das Zustandekommen einer Namensliste nach § 1 Abs. 5 KSchG auf einem Verstoß gegen Vorschriften des Allgemeinen Gleichbehandlungsgesetzes (AGG), so kann dies zur groben Fehlerhaftigkeit der Sozialauswahl führen, hat aber nicht die „Unwirksamkeit" der Namensliste **Die Namensliste im Übrigen bleibt von der Unwirksamkeit der Sozialauswahl unberührt, so dass insbesondere im Rahmen einer gerichtlichen Auseinandersetzung weiterhin die gesetzliche Vermutung zum Tragen kommt,** dass die Kündigung durch dringende betriebliche Erfordernisse bedingt ist (§ 1 Abs. 5 S. 1 KSchG*).* Auch die Bildung von Altersgruppen kann nach § 10 S. 1, 2 AGG gerechtfertigt sein. Dies gilt auch für die typisierte Einbindung in ein Punkteschema. Zwar liegt darin eine an das Alter anknüpfende unterschiedliche Behandlung von

1. **Führt das freiwillige Ausscheiden von Arbeitnehmern nach Abschluss eines Interessenausgleichs** mit Namensliste[3] dazu, dass Kündigungen einzelner, in der Namensliste aufgeführter Arbeitnehmer vermieden werden, liegt darin keine wesentliche Änderung der Sachlage i. S. von § 1 Abs. 5 S. 3 KSchG. Dies gilt insbe-

---

Arbeitnehmern. Sie ist jedoch nach § 10 S. 1, 2 AGG gerechtfertigt, BAG, NZA 2009, 361 (365); Gaul/Niklas, Keine Altersdiskriminierung durch Sozialauswahl mit Altersgruppen, NZA-RR 2009, 457 ff. – innerhalb der Kreise der jeweils vergleichbaren Beschäftigten sollen die aufgeführten Altersgruppen – bezogen auf die Altersstruktur des Betriebs – möglichst prozentual gleichmäßig betroffen werden. Die Diskriminierungsverbote des AGG – einschließlich der im AGG vorgesehenen Rechtfertigungen für unterschiedliche Behandlungen – sind bei der Auslegung der unbestimmten Rechtsbegriffe des KSchG als Konkretisierungen des Begriffs der Sozialwidrigkeit zu beachten. Die legitimen Ziele einer Altersgruppenbildung müssen grundsätzlich vom Arbeitgeber im Prozess dargelegt werden. Indes ist vom Vorhandensein solcher legitimer Ziele regelmäßig auszugehen, wenn die Altersgruppenbildung bei Massenkündigungen auf Grund einer Betriebsänderung erfolgt. In diesen Fällen ist regelmäßig die Erhaltung einer auch altersmäßig ausgewogenen Personalstruktur gefährdet. Die Altersgruppenbildung vermeidet außerdem nicht nur eine Überalterung der Belegschaft, sondern ebnet auch die bei Massenkündigungen etwa überschießenden Tendenzen der Bewertung des Lebensalters als Sozialdatum ein und wirkt so einer übermäßigen Belastung jüngerer Beschäftigter entgegen.

[3] Nach § 1 Abs. 5 Satz 1 KSchG **wird vermutet**, dass die Kündigung des ArbN durch dringende betriebliche Erfordernisse bedingt ist, die seiner Weiterbeschäftigung im Betrieb des beklagten ArbG entgegenstehen. Durch die sog. Namensliste i. S. des § 1 Abs. 5 KSchG kann eine betriebsbedingte Kündigung i. S. eines betrieblichen Gesamtkonzepts abgesichert werden. Hierfür müssen aber die inhaltlichen und formellen Voraussetzungen der Norm erfüllt sein, die in dem Beitrag auf der Grundlage der aktuellen Rechtsprechung beschrieben werden. Durch Benennung der zu kündigenden Arbeitnehmer in einem Interessenausgleich werden bei Vorliegen der übrigen Voraussetzungen des § 1 Abs. 5 KSchG zwei Rechtsfolgen herbeigeführt: Die nach § 1 Abs. 5 Satz 1 KSchG eingreifende **Vermutung der Betriebsbedingtheit umfasst grundsätzlich auch das Fehlen einer anderweitigen Beschäftigungsmöglichkeit in einem anderen Betrieb des Unternehmens.** § 1 Abs. 5 Satz 1 KSchG soll helfen, Kündigungen, die aufgrund von Betriebsänderungen notwendig werden, einfach, rechtssicher und zugleich sozial ausgewogen zu gestalten. Dem würde es widersprechen, den zentralen Gesichtspunkt, nämlich die Frage der Betriebsbedingtheit aufzuspalten und verschiedenen Beurteilungsmaßstäben zu unterwerfen. Allerdings ist die damit verbundene Beschneidung der prozessualen Rechte des gekündigten Arbeitnehmers nur so lange gerechtfertigt, als das vom Gesetzgeber vorausgesetzte kollektive Gegengewicht, nämlich die Mitprüfung der zugrunde liegenden Gegebenheiten durch den Betriebsrat auch stattgefunden hat. Der Gesetzgeber hat bei der Einführung des § 1 Abs. 5 KSchG zulässigerweise das Ziel verfolgt, Massenarbeitslosigkeit durch Stärkung der Wachstumskräfte für mehr Beschäftigung zu bekämpfen. Dazu hat er im Kündigungsschutzrecht u. a. durch § 1 Abs. 5 KSchG mehr Transparenz und Rechtssicherheit herbeiführen wollen. Das Gesetz zu Reformen am Arbeitsmarkt vom 24.12.2003, BGBl. I S. 3002, wollte Hindernisse für Neueinstellungen abbauen, Änderungen nahm der Gesetzgeber dort vor, wo nach seiner Einschätzung das bis dahin geltende Recht schwer handhabbar und zu starr war, BT-Drucks. 15/1204 S. 8. § 1 Abs. 5 Satz 1 KSchG enthält eine widerlegbare gesetzliche Vermutung für das Vorliegen dringender betrieblicher Interessen. § 292 ZPO sieht für den Fall einer widerlegbaren gesetzlichen Vermutung die Möglichkeit des Gegenbeweises ausdrücklich vor. Dies mag im Einzelfall für den Arbeitnehmer mit erheblichen Schwierigkeiten verbunden sein, ist aber nicht ausgeschlossen.

sondere, wenn die Betriebsparteien hierfür bei Abschluss des Interessenausgleichs eine Regelung vorgesehen haben.
2. Eine mit der Bildung von Altersgruppen im Rahmen der Sozialauswahl verbundene Ungleichbehandlung wegen des Alters kann bei Massenkündigungen durch legitime Ziele gerechtfertigt sein.

Die Parteien streiten über die Wirksamkeit einer ordentlichen betriebsbedingten Kündigung und die Weiterbeschäftigung des Kl. Der 1959 geborene, ledige Kl. war seit dem 26.06.1986 bei der Bekl. als Maschinenbediener beschäftigt. Zuletzt war er in die tarifliche Lohngr. 2,5 eingruppiert und erzielte einen Monatsverdienst von durchschnittlich 2.540,69 Euro brutto. Die Bekl., ein Zuliefererunternehmen für die Automobilindustrie, beschäftigte Anfang 2006 in ihrem Werk B. noch 453 Arbeitnehmer. Auf Grund eines Auftragsrückgangs beschloss die Bekl., im gewerblichen Bereich Personal abzubauen. Am 12.05.2006 vereinbarte sie mit dem Betriebsrat einen entsprechenden Interessenausgleich[4], dessen Anlage 1 eine Personalbedarfsbe-

---

[4] Der Kreis der in **die soziale Auswahl einzubeziehenden vergleichbaren Arbeitnehmer** in erster Linie nach **arbeitsplatzbezogenen Merkmalen**, also zunächst nach der **ausgeübten Tätigkeit**. Dies gilt nicht nur bei völliger Identität der Arbeitsplätze, sondern auch dann, wenn der Arbeitnehmer auf Grund seiner Tätigkeit und Ausbildung eine andersartige, aber gleichwertige Tätigkeit ausführen kann. Die Notwendigkeit einer kurzen Einarbeitungszeit steht einer Vergleichbarkeit nicht entgegen („qualifikationsmäßige Austauschbarkeit" BAG, NJW 2000, 2604. **An einer Vergleichbarkeit fehlt es jedoch, wenn der Arbeitgeber den Arbeitnehmer nicht einseitig auf den anderen Arbeitsplatz um- oder versetzen kann** („arbeitsvertragliche Austauschbarkeit"; BAG, NZA 2003, 849; NZA 2005, 986; zusammenfassend: Ascheid, in ErfK, 5. Aufl., § 1 KSchG, RN 481. **Die Regelungen über die Sozialauswahl sind zwar nicht dispositiv** (KR-Etzel, § 1 KSchG Nr. 659; Kiel, in APS, 2. Aufl., § 1 KSchG, RN 699 und 720). Sie können insbesondere nicht einzelvertraglich – auch zu Gunsten bestimmter Arbeitnehmer – gezielt verändert werden. § 1 Abs. 3 KSchG steht aber mittelbaren Verschlechterungen der kündigungsrechtlichen Position eines Arbeitnehmers nicht entgegen, die sich aus einer zulässigen Gestaltung der Arbeitsbedingungen ergeben, Stahlhacke/Preis/Vossen, Kündigung und Kündigungsschutz im Arbeitsverhältnis, 8. Aufl., RN 1074; Etzel, § 1 KSchG, RN 666; Kiel, § 1 KSchG, RN 699f.). Durch eine **vertragliche Vereinbarung** kann deshalb an sich eine nicht anrechnungsfähige frühere Beschäftigungszeit bei demselben Arbeitgeber oder bei einem anderen Unternehmen auf die Betriebszugehörigkeitsdauer angerechnet werden An sich nicht anrechnungsfähige frühere Beschäftigungszeiten bei demselben Arbeitgeber oder einem anderen Unternehmen können bei der Dauer der Betriebszugehörigkeit nach § 1 Abs. 3 S. 1 KSchG **durch eine vertragliche Vereinbarung der Arbeitsvertragsparteien berücksichtigt werden**. Die sich zu Lasten anderer Arbeitnehmer auswirkende Individualvereinbarung darf jedoch nicht rechtsmissbräuchlich sein und nur die Umgehung der Sozialauswahl bezwecken, BAG, DB 2006, 110 = BB 2006, 496. Die sich zu Lasten des anderen zu kündigenden Arbeitnehmers auswirkende Individualvereinbarung darf nicht rechtsmissbräuchlich sein und gezielt eine Umgehung der Sozialauswahl bezwecken. Zudem muss in Anbetracht des Spannungsverhältnisses des verfassungsrechtlich **gebotenen Kündigungsschutzes** nach Art. 12 Abs. 1 GG einerseits und der **Vertragsfreiheit der Arbeitsvertragsparteien andererseits** regelmäßig für eine solche Anrechnung **ein sachlicher Grund bestehen**. Dabei kann insbesondere in dem **zeitlichen Zusammenhang** zwischen der Individualvereinba-

rechnung, unter anderem bezogen auf die getrennten Tätigkeitsgruppen Maschinenbediener (Lohngr. 2,5 oder 3) und Montierer (vorwiegend Lohngr. 2) enthält. Die Zahl der Maschinenbediener (63) sollte danach in etwa halbiert werden. Dem Interessenausgleich ist – wie unter Nr. 4 I erwähnt – als Anlage 2 eine Liste der von der Personalmaßnahme betroffenen Arbeitnehmer beigefügt. In dieser, von den Betriebsparteien gesondert unterzeichneten Liste sind namentlich 66 Arbeitnehmer, und zwar 29 Maschinenbediener – hierunter auch der Kl. – und 37 Montierer benannt. Als Anlage 3 ist dem Interessenausgleich eine so genannte „Unabkömmlichkeitsliste" mit den Namen von 22 Arbeitnehmern beigefügt. Unter Nr. 4 II des Interessenausgleichs haben die Betriebsparteien vereinbart, dass bei unvorhersehbaren Austritten „der Arbeitnehmer aus der Namensliste genommen wird, der innerhalb der vergleichbaren Mitarbeiter und zugehörigen Altersgruppe die höchste Bewertung hat". Am 12.05.2006 vereinbarten die Betriebsparteien weiterhin einen Sozialplan, eine Betriebsvereinbarung über die Errichtung einer Transfergesellschaft und eine Auswahlrichtlinie[5] für die Sozialauswahl mit folgendem Punkteschema[6]:

---

rung und dem Kündigungsereignis ein starkes Indiz für einen fehlenden sachlichen Grund und eine mögliche Umgehungsabsicht liegen, Kiel, § 1 KSchG RN 700. Gerade in diesen Fällen muss der **kündigungsberechtigte Arbeitgeber den möglichen sachlichen Grund für die Kündigung der Individualvereinbarung** näher darlegen. Nach § 102 Abs. 1 S. 2 BetrVG muss der **Arbeitgeber dem Betriebsrat die Gründe mitteilen**, die nach seiner subjektiven Sicht die Kündigung rechtfertigen und für seinen Kündigungsentschluss maßgebend sind. Den Kündigungssachverhalt muss er in der Regel unter Angabe von Tatsachen, aus denen der Kündigungsentschluss hergeleitet wird, so beschreiben, dass der Betriebsrat **ohne zusätzliche eigene Nachforschungen die Stichhaltigkeit der Kündigungsgründe prüfen kann**. Teilt der Arbeitgeber objektiv kündigungserhebliche Tatsachen dem Betriebsrat deshalb nicht mit, weil er darauf die Kündigung nicht oder zunächst nicht stützen will, dann ist die Anhörung ordnungsgemäß, weil eine nur bei objektiver Würdigung unvollständige Mitteilung der Kündigungsgründe nicht zur Unwirksamkeit der Kündigung nach § 102 BetrVG führt. Eine in diesem Sinne **objektiv unvollständige Anhörung verwehrt es dem Arbeitgeber allerdings, im Kündigungsschutzprozess Gründe nachzuschieben**, die über die Erläuterung des mitgeteilten Sachverhalts hinausgehen, BAG, BeckRS 2004, 40542 = AP KSchG 1969 § 1 Soziale Auswahl Nr. 65 = EzA BetrVG 2001 § 102 Nr. 5; NJOZ 2003, 1746 = NZA 2003, 816.

5 Bei einem größeren **Personalabbau ist es für die Sozialauswahl praktisch unerlässlich**, ein Punkteschema zu verwenden. Nach der neueren Rechtsprechung des BAG hat dies **grundsätzlich in Gestalt einer Auswahlrichtlinie gem. § 95 BetrVG zu erfolgen**, setzt also eine Betriebsvereinbarung voraus, BAG (26.07.2005), NZA 2005, 1372; Bauer/Krieger, Anm. AP BetrVG 1972 § 95 Nr. 43; BAG, NZA 2007, 549. Verwendet der Arbeitgeber ein ohne Beteiligung des Betriebsrats zu Stande gekommenes Punkteschema, riskiert er eine Unterlassungsverfügung. Die Anwendung des Punkteschemas führt allerdings nicht zur Unwirksamkeit der darauf beruhenden Kündigung, vgl. dazu Lingemann/Beck, Anm. AP KSchG 1969 § 1 Soziale Auswahl Nr. 87. Da der **Interessenausgleich keine Betriebsvereinbarung** ist, sollte die Auswahlrichtlinie Gegenstand einer gesonderten Betriebsvereinbarung sein. Die Betriebspartner können den Interessenausgleich einschließlich einer darin festgelegten Auswahlrichtlinie zwar auch als Betriebsvereinbarung schließen – so geschehen in dem Fall des BAG vom 06.11.2008 –, damit würde jedoch die unmittelbare Bindungswirkung der Betriebsvereinbarung auch auf den Interessenausgleich er-

streckt. Die vergleichende Bewertung der sozialen Gesichtspunkte im Verhältnis zueinander durch den ArbG gem. § 1 Abs. 4 KSchG kann nur noch auf grobe Fehler hin überprüft werden. Bei Verwendung einer abschließenden Auswahlrichtlinie greift ferner die Dominotheorie nicht, d.h., nicht jeder Arbeitnehmer, der sozial stärker abgesichert ist als der zu Unrecht im Betrieb verbliebene sozial schwächere Arbeitnehmer, kann sich auf diesen Fehler bei der Sozialauswahl berufen, sondern nur derjenige, dem gemäß der Auswahlrichtlinie bei Kündigung dieses sozial schwächeren Arbeitnehmers nicht gekündigt worden wäre, BAG, NZA 2007, 549; Lingemann/Beck, Anm. AP KSchG 1969 § 1 Soziale Auswahl Nr. 87; Krieger/Löwisch/Röder, Punkteschemata für die Sozialauswahl bei betriebsbedingten Kündigungen im Zeitalter von Diskriminierungsverboten, BB 2008, S. 610; Quecke: Punkteschema und Sozialauswahl, RdA 2007, 335 ff.; Bauer/Gotham, Kein „Domino-Effekt" mehr bei der Sozialauswahl, B 2007, 1729; Bonani/Gaul, Altersdiskriminierung im Rahmen der Sozialauswahl? BB 2008, S. 218.

6 Nach § 1 Abs. 3 Satz 2 KSchG können Arbeitnehmer u. a. dann **aus der Sozialauswahl herausgenommen werden, wenn ihre Weiterbeschäftigung zur Sicherung einer ausgewogenen Personalstruktur** des Betriebs im berechtigten betrieblichen Interesse liegt. Die Ausklammerung so genannter Leistungsträger bildet nach Satz 1 Abs. 3 Satz 2 KSchG die Ausnahme, BAG, Urteil vom 05.06.2008 – 2 AZR 907/06, NZA 2008, 1121 = DB 2008, 2143. Indem der Gesetzgeber **das bloße betriebliche Interesse nicht ausreichen lässt,** sondern weiter fordert, das Interesse müsse „berechtigt sein", gibt er zu erkennen, dass auch ein vorhandenes betriebliches Interesse „unberechtigt" sein kann. Das setzt voraus, dass nach dem Gesetz gegenläufige Interessen denkbar und zu berücksichtigen sind, die einer Ausklammerung von sog. Leistungsträgern aus der Sozialauswahl auch dann entgegenstehen können, wenn sie bei einer isolierten Betrachtung des betrieblichen Interesses gerechtfertigt wären. Bei diesen gegenläufigen Interessen kann es sich nach der Rechtsprechung des Senats angesichts des Umstands, dass § 1 Abs. 3 Satz 2 KSchG eine Ausnahme vom Gebot der Sozialauswahl statuiert, nur um die Belange des sozial schwächeren Arbeitnehmers handeln. Die Interessen müssen berechtigt im Kontext mit der Sozialauswahl sein. **Das Interesse des sozial schwächeren Arbeitnehmers ist im Rahmen des § 1 Abs. 3 Satz 2 KSchG demnach gegen das betriebliche Interesse an einer Herausnahme sog. Leistungsträger abzuwägen. Je schwerer dabei das soziale Interesse wiegt, umso gewichtiger müssen die Gründe für die Ausklammerung des Leistungsträgers sein.** Nach § 1 Abs. 3 Satz 1 KSchG bleibt es deshalb dabei, dass die Auswahl nach sozialen Gesichtspunkten die Regel darstellt, die Ausklammerung sog. Leistungsträger nach Satz 2 der Norm hingegen die Ausnahme bleiben soll, BAG, Urteil vom 31.05.2007 – 2 AZR 306/06 – AP KSchG 1969 § 1 Soziale Auswahl Nr. 93. Die Darlegungs- und Beweislast für die Voraussetzungen des § 1 Abs. 3 Satz 2 KSchG liegt hingegen beim Arbeitgeber, vgl. KR-Griebeling, § 1 KSchG RN 655, 683 ff.; Gallner, in HK-KSchR, § 1 KSchG, RN 828 ff.

Um eine ausgewogene Altersstruktur im Betrieb zu sichern, bilden Arbeitgebern Altersgruppen, innerhalb derer jeweils eine gesonderte Sozialauswahl stattfindet. Wer dann aufgrund der Altersgruppenbildung seinen Arbeitsplatz verliert, obwohl er ihn ohne Altersgruppenbildung nach seinen Sozialdaten nicht verloren hätte, erfährt aufgrund seines Alters eine ungünstigere Behandlung als die Beschäftigten, denen nicht gekündigt wird. Das BAG hat eine **solche Altersgruppenbildung mehrfach gebilligt und dem Arbeitgeber dabei einen großen Spielraum bei der Bildung der Altersgruppen zugestanden.** Die mit einer Altersgruppenbildung verbundenen Abweichungen von dem Ergebnis einer Sozialauswahl ohne Altersgruppenbildung seien Folge der gesetzlichen Regelung, BAG, NZA 2007, 139, 144 – war erwähnt der Gesetzgeber die Erhaltung einer ausgewogenen Altersstruktur der Belegschaft nicht mehr ausdrücklich. Ein Änderungswille ist daraus aber nicht zu entnehmen. Auch nach § 1 Abs. 3 S. 2 KSchG a.F. war eine Auswahl nach sozialen Gesichtspunkten ausgeschlossen, wenn betriebstechnische, wirtschaftliche oder sonstige berechtigte betriebliche Bedürfnisse die Weiterbeschäftigung eines oder mehrerer bestimmten Arbeitnehmer bedingten und damit der Auswahl nach sozialen Gesichtspunkten entgegenstanden. Ein solches berechtigtes betriebliches Bedürfnis kann auch die Erhaltung einer ausgewogenen

- Pro Beschäftigungsjahr[7] erhält der Arbeitnehmer 2 Punkte.

[7] Altersstruktur sein, wenn insbesondere bei einer Massenentlassung die Gefahr besteht, dass es durch eine Auswahl allein nach sozialen Gesichtspunkten zu erheblichen Verschiebungen in der Altersstruktur des Betriebes kommt, die im betrieblichen Interesse nicht hinnehmbar sind, BAG, NZA 2001, 601; BAG, NZA 2005, 877, 878.
Kommen für eine betriebsbedingte Kündigung mehrere Arbeitnehmer in Betracht, die nach ihrer fachlichen und persönlichen Qualifikation tatsächlich und nach dem Inhalt ihres Arbeitsvertrages rechtlich vergleichbar sind, muss der Arbeitgeber eine **Auswahl nach „sozialen Kriterien"** vornehmen (§ 1 Abs. 3 KSchG). Durch die Sozialauswahl soll sichergestellt werden, dass unter den vergleichbaren Arbeitnehmern derjenige entlassen wird, der unter sozialen Gesichtspunkten am wenigsten schutzwürdig ist. Der Arbeitgeber hat bei der Kündigungsentscheidung gem. § 1 Abs. 3 KSchG die **Kriterien Betriebszugehörigkeit, Lebensalter, Unterhaltspflicht und Schwerbehinderung angemessen zu berücksichtigen.** Um die **Sozialauswahl möglichst objektiv und transparent zu gestalteten** sowie als Entscheidungshilfe für den Arbeitgeber, kommen in der Praxis regelmäßig sog. Punktetabellen unterstützend zur Anwendung. Dabei werden den in § 1 Abs. 3 KSchG aufgeführten Sozialdaten bestimmte Punktewerte zugeordnet. Anhand der erreichten Punktzahlen entsteht unter den vergleichbaren Mitarbeitern eine „soziale Rangfolge". Die Sozialauswahl nach Abs. 3 vollzieht sich dabei in drei Schritten: Erstens bedarf ist festzulegen, welche Arbeitnehmer in die Sozialauswahl einzubeziehen sind. Zweitens müssen deren Sozialdaten ermittelt und „ausreichend" gegeneinander abgewogen werden. In die soziale Auswahl nach Abs. 3 sind **alle miteinander vergleichbare, d. h. austauschbare Arbeitnehmer des Betriebes einzubeziehen.** Die Vergleichbarkeit bestimmt sich in erster Linie nach arbeitsplatzbezogenen Merkmalen und damit nach der ausgeübten Tätigkeit. Abs. 3 fordert allerdings kein bestimmtes Tätigwerden des Arbeitgebers, sondern nur ein „richtiges" Ergebnis. **Die Dauer der Betriebszugehörigkeit bestimmt sich nach der Dauer des ununterbrochenen rechtlichen Bestandes des Arbeitsverhältnisses i. d. R. auf die Beschäftigungszeit bei demselben Arbeitgeber an,** auch wenn die Beschäftigung in verschiedenen Betrieben erfolgte. Abzustellen ist somit nicht auf die Zugehörigkeit zu einem bestimmten Betrieb, sondern auf die Dauer der arbeitsvertraglichen Bindung zu demselben Arbeitgeber, Kiel, in Ascheid/Preis/Schmidt, Kündigungsrecht, § 1 RN 713. Frühere Beschäftigungszeiten in demselben Unternehmen sind nach den Grundsätzen zur **Bestimmung der Wartezeit nach § 1 Abs. 1 KSchG** zu berücksichtigen. Unerheblich ist, ob der Arbeitnehmer in unterschiedlichen Betrieben gearbeitet hat, Bader, NZA 1996, 1125, 1128; KR/ Griebeling, RN 672; Giesen, ZfA 1997, 151. Nicht anrechnungsfähige frühere Beschäftigungszeiten bei demselben Arbeitgeber oder Beschäftigungen bei anderen Arbeitgebern können durch vertragliche Vereinbarung von Arbeitgeber und Arbeitnehmer berücksichtigt werden, soweit dafür ein sachlicher Grund gegeben ist und die Anrechnung nicht willkürlich erscheint, BAG, Urt. v. 02.06.2005 – 2 AZR 480/04, ArbRB 2006, 6. Beschäftigungszeiten kommt ein besonderes, wenn auch kein gegenüber den anderen Sozialdaten dominierendes Gewicht, BAG, Urteil vom 02.06.2005 AP KSchG 1969 § 1 Soziale Auswahl Nr. 75 zu. Zum einen ist sie Ausdruck der vom Arbeitnehmer erbrachten Betriebstreue. **Der vom Arbeitnehmer selbst erarbeitete Besitzstand verdient besonderen Schutz.** Bei einem Dauerschuldverhältnis werden die Rechtsbeziehungen mit der Zeit immer enger. Der Arbeitnehmer richtet sich mit zunehmender Dauer des Arbeitsverhältnisses auf dessen Fortbestand ein KR/Griebeling, RN 671; krit. Wank, RdA 2006, 241 – mit Vertrauensschutz hat dies allerdings nichts zu tun. Vertrauen kann man nur im Hinblick darauf, dass eine ungeregelte Lage in einem bestimmten Sinne zu klären sei. Würde aber das Merkmal gestrichen, gäbe es auch keinen Anknüpfungspunkt für ein Vertrauen. Gemeint ist vielmehr der – anzuerkennende – **Gedanke der „Betriebstreue";** der Arbeitnehmer hat sich einen Besitzstand erdient. Die Lösung des deutschen Arbeitsrechts, die sich so auswirkt, dass der Arbeitgeber die jungen Arbeitnehmer entlassen muss und nur alle älteren Arbeitnehmer behält, ist unverhältnismäßig. Eine EG-rechtskonforme Gesetzgebung muss zunächst eine gewisse Korrektur durch den

- Für jedes Lebensjahr[8] erhält der Arbeitnehmer 1 Punkt, maximal 59 Punkte.

---

[8] Rückgriff auf das Merkmal „ausgewogene Altersstruktur" ermöglichen, Waltermann, NZA 2005, 1265, 1267, und zwar ohne das Erfordernis, konkrete Nachteile nachzuweisen, das den Arbeitgeber zu einer altersdiskriminierenden Begründung verleitet. Zum anderen ist die Betriebszugehörigkeit ein Indiz dafür, dass bei langjähriger Beschäftigung bei demselben Arbeitgeber die berufliche Flexibilität abnimmt, so dass die weiteren beruflichen Chancen sinken. Wer dem Betrieb über Jahre verbunden war, darf erwarten, dass dies in erster Linie zu seinen Gunsten Beachtung findet, Rolfs, Beckscher Online-Kommentar, § 1 KSchG, RN 481. Dies ist auch mit der RL 2000/78/EG vereinbar, vgl. EuGH, NZA 2006, 1206 „Cadman" – es ist ein legitimes Ziel der Entgeltpolitik, u. a. die Berufserfahrung zu honorieren, die den Arbeitnehmer befähigt, seine Arbeit besser zu verrichten, Fischermeier, Die betriebsbedingte Kündigung nach den Änderungen durch das Arbeitsrechtliche Beschäftigungsförderungsgesetz, NZA 1997, 1094 den Begriff **„Dauer der Betriebszugehörigkeit"** hat der Gesetzgeber ersichtlich nicht anders verstanden wissen wollen als ihn bisher die Rechtsprechung und Literatur gebraucht haben. Die Bedeutung dieses Gesichtspunktes wurde aus § 10 KSchG abgeleitet, der keineswegs auf die Beschäftigungsdauer im konkreten Betrieb abstellt, BAG, NZA 1990, 729. Gemeint ist also die Dauer des Arbeitsverhältnisses im Sinne von § 1 Abs. 1 KSchG, Bader, NZA 1996, 1128. **Tatsächliche Unterbrechungen durch Streik, Krankheit, unbezahlte Freistellungen oder gesetzliche Ruhezeiten (z. B. nach §§ 15 ff. BEEG, § 6 Abs. 2 ArbPlSchG, § 78 Abs. 1 Nr. 1 ZDG) gelten als Beschäftigungszeit**, da das Arbeitsverhältnis trotz Ruhens rechtlich fortbesteht Gesetzliche Anrechnungsvorschriften (z.B. § 10 Abs. 2 MuSchG) sind ebenso zu beachten, Bader, NZA 1996, 1128 wie Beschäftigungszeiten vor einem Betriebsübergang.
Unerlässliches Kriterium ist das Lebensalter des Arbeitnehmers. Der ArbG hat an der Sicherung einer ausgewogenen Personalstruktur ein lebhaftes auf die Zukunftsfähigkeit des Betriebes gerichtetes Interesse. Andererseits ist verstärkter Schutz für Arbeitnehmer mit höherem Lebensalter gegenüber Arbeitnehmern mit niedrigerem Lebensalter wegen der schlechteren Vermittlungschancen Älterer auf dem Arbeitsmarkt geboten, dies kann dazu dienen, die ungünstigere Situation älterer Arbeitnehmer auf dem Arbeitsmarkt auszugleichen. Mit der schematischen Vergabe von Punkten für das Lebensalter kann für junge Arbeitnehmern ein benachteiligender Aspekt in die Sozialauswahl eingebracht werden. Das Alter spielt nämlich in Gestalt des Lebensalters und des Dienstalters bei der Sozialauswahl mehrfach eine Rolle, weshalb dem Alter bei der Sozialauswahl ohnehin ein erhebliches Gewicht zukommt. **Allerdings rechtfertigt Art. 6 Abs. 1 Satz 2a) der Richtlinie 2000/78/EG nicht Ungleichbehandlungen auf jeder Altersstufe.** Die Bevorzugung älterer Arbeitnehmer darf freilich nicht zu einer undifferenzierten, pauschalen Privilegierung älterer Arbeitnehmer führen, Kamanabrou, Europarechtskonformer Schutz vor Benachteiligungen bei Kündigungen, RdA 2007, 200f. Mit zunehmender Nähe zum Renteneintrittsalter nimmt die Schutzbedürftigkeit Älterer in jedem Fall wieder ab, weil dem Arbeitnehmer im Vergleich zu anderen Kollegen dann eher zugemutet werden kann, vorgezogene Altersrente nach den §§ 236 SGB VI ff. – wenn auch mit Abschlägen (§ 77 Abs. 2 Nr. 2 lit. a SGB VI) – in Anspruch zu nehmen. **Stärkere altersbedingte Ungleichbehandlungen nach Art. 7 Abs. 1 der Richtlinie 2000/78/EG sind nicht zulässig.** Das Alter darf bei der Sozialauswahl nicht undifferenziert in den Abwägungsprozess eingebracht werden. Auch die Tätigkeit ist in verhältnismäßiger Weise und in groben in die Abwägung einzubringen bei der Altersgruppenbildung zu berücksichtigen. Dabei sind Aspekte der physischen und psychischen Belastbarkeit ebenso zu berücksichtigen wie berufsbezogene Gegebenheiten in einer Branche und die Verhältnisse auf dem (regionalen) Arbeitsmarkt. Das Lebensalter muss im Übrigen in einen Bezug zu den Chancen auf dem Arbeitsmarkt gestellt werden, Wendeling-Schröder, Der Prüfungsmaßstab bei Altersdiskriminierungen, NZA 2007, 1404.

- Für jedes unterhaltsberechtigte[9] Kind erhält der Arbeitnehmer 10 Punkte, für jede andere unterhaltsberechtigte Person 5 Punkte. Maßgebend ist der Lohnsteuereintrag vom Stichtag.

---

[9] Zu berücksichtigen ist ferner, ob und in welchem Umfang der Arbeitnehmer **Unterhaltspflichten** zu erfüllen hat. Maßgeblich für das Kriterium „Unterhaltspflicht" sind nur die zum Zeitpunkt der Kündigungserklärung bestehenden oder sicher abzusehenden (a. A. Kiel, a.a.O., da bei der sozialen Auswahl ausschließlich die Verhältnisse im Kündigungszeitpunkt maßgeblich sind und das Prognoseprinzip nicht gilt, sind selbst konkret abzusehende zukünftige Unterhaltspflichten (z. B. bevorstehende Geburt bzw. Adoption) unbeachtlich Kleinebrink, DB 2005, 2522) Unterhaltspflichten unabhängig davon, ob sie im In- oder im Ausland zu erfüllen sind, LAG Niedersachsen 12.12.2003 NZA-RR 2005, 524. Unerheblich ist der Familienstand. Sachlich gerechtfertigt ist das Kriterium, weil Arbeitnehmer mit Unterhaltspflichten durch ihr Arbeitseinkommen **nicht nur die eigene Existenz, sondern auch die der Unterhaltsberechtigten sichern**, also mehrere Personen von dem Arbeitseinkommen abhängig sind. Zwar können Arbeitnehmer aller Altersgruppen anderen Personen zum Unterhalt verpflichtet sein. An den Altersrändern sind die Unterhaltspflichten aber in der Regel geringer. Unterhaltspflichten, von denen bei der sozialen Auswahl in erster Linie jüngere Arbeitnehmer profitieren, bilden **eine Korrektur zu der Betriebsseniorität und dem Lebensalter**, die in der Regel den Besitzstand älterer Arbeitnehmer sichern, Kiel, in Ascheid/Preis/Schmidt, Kündigungsrecht 2007, RN 722; Lingemann, BB 2000, 183; schon auf den ersten Blick muss dies zu einer Benachteiligung von Arbeitnehmern derjenigen Altersgruppe führen, bei der noch am ehesten auf Nachwuchs zu hoffen ist, denn diese sind in der Regel die jüngeren und haben keine nennenswerte Betriebszugehörigkeit aufzuweisen, krit. zu Recht Kopke, Sozialauswahl zwischen Geburtenrückgang und Europarecht, NJW 2006, 1040 ff. ArbG können ihrer gesellschaftlichen Mitverantwortung für die Gestaltung von Rahmenbedingungen nachkommen, die zu mehr Geburten ermuntern, indem sie bei der Sozialauswahl die Unterhaltspflichten stärker gewichten. **Ob der unterhaltsverpflichtete Arbeitnehmer seinen Verpflichtungen (z. B. gegenüber dem geschiedenen Ehegatten) tatsächlich nachkommt ist unerheblich**; mit dem Vorrang des Kindesunterhalts nach § 1609 Nr. 1 BGB weist der Gesetzgeber Unterhaltspflichten gegenüber Kindern die höchste Priorität zu. Das besondere Gewicht der Unterhaltspflichten gegenüber Kindern unterstreicht der unveränderte § 1603 Abs. 2 BGB, der Eltern eine gesteigerte Unterhaltspflicht gegenüber minderjährigen Kindern und privilegierten volljährigen Kindern auferlegt und sie verpflichtet, alle verfügbaren Mittel gleichmäßig für den eigenen und für den Unterhalt der Kinder zu verwenden, Staudinger/Engler/Kaiser, § 1603 BGB, RN 21; Kaiser, Unterhaltsrechtsreform und Arbeitsrecht, NZA 2008, 668. Angesichts der Wertungen der §§ 1603 Abs. 2, 1609 Nr. 1 BGB und der Tatsache, dass Kinder außerstande sind, sich selbst zu versorgen, müssen Unterhaltspflichten gegenüber Kindern in der Sozialauswahl berücksichtigt werden; sie dürfen nicht geringer bewertet werden als **Unterhaltspflichten gegenüber Ehegatten und Lebenspartnern, Unterhaltspflichten in einer nicht ehelichen Lebensgemeinschaft muss der Arbeitgeber nicht berücksichtigen**, Kaiser, in FachAnwKomm, § 1 KSchG, RN 201. Orientiert sich die Sozialauswahl an einer Punktetabelle, die den Status „verheiratet" mit 8 Punkten belohnt, für jedes Kind aber nur 4 Punkte gutschreibt, ist dies entgegen dem BAG, um den Unterhaltspflichten das gewünschte Gewicht zukommen zu lassen, ist es daher auch unter Berücksichtigung der verfassungsrechtlichen und gesetzlichen Wertung (Art. 6 Abs. 1 GG, §§ 1360 ff. BGB) noch vertretbar, die Ehe mit acht Punkten zu bewerten. keine ausreichende Berücksichtigung sozialer Gesichtspunkte i. S. des § 1 Abs. 3 KSchG; eine entsprechende Wertung ist sogar grob fehlerhaft; problematisch die Unterhaltspflichten gegenüber Ehegatten höher bewertende Punktetabellen von Neyes, DB 1983, 2414, 2425 und von Berkowsky, Betriebsbedingte Kündigung, 5. Aufl. (2002), § 6 RN 213. Wegen des gesteigerten persönlichen Interesses des Arbeitnehmers am Unterhalt der ihm nahe stehenden Familienmitglieder können in der Sozialauswahl die Unterhaltspflichten gegenüber Kindern aus §§ 1601 ff. BGB, und die Unterhaltspflicht gegenüber dem

- Abschlussdatum, es sei denn, es werden bis zum 05.05.2006 durch entsprechende Unterlagen abweichende Verhältnisse nachgewiesen.
- Arbeitnehmer mit einem Schwerbehinderungsgrad ≥ 50% oder Gleichgestellte erhalten 10 Punkte.

Betriebszugehörigkeit	je Dienstjahr	1 Punkt
	ab dem 11. Dienstjahr je Dienstjahr	2 Punkte
	bis max. zum 55. Lebensjahr	d.h. maximal 70 Punkte
Lebensalter	für jedes volle Lebensjahr	1 Punkt
	bis max. zum 55. Lebensjahr	d. h. maximal 55 Punkte
Unterhaltspflichten	je unterhaltsberechtigtem Kind	4 Punkte
	Verheiratet	8 Punkte
Schwerbehinderung	bis 50%	5 Punkte
	über 50% je 10%	1 Punkt
Seit 2004 fakultativ: Endgültige Auswahl unter Abwägung weiterer Gesichtspunkte wie z. B. Pflegebedürftigkeit von Familienmitgliedern, Schwierigkeiten bei der Arbeitsvermittlung, Alleinverdienerschaft, soziale Härten im Einzelfall		

Die der Namensliste zu Grunde liegende Sozialauswahl wurde in ständiger Rücksprache mit dem Betriebsrat getrennt nach den jeweiligen Beschäftigungsgruppen – Maschinenbediener einerseits und Montierer andererseits – und innerhalb dieser

---

Ehegatten in intakter Ehe aus §§ 1360, 1360a BGB, Kaiser, a.a.O., RN § 1 KSchG, RN 213 und Lebenspartnern aus § 5 LPartG gleich gewichtet werden. Angesichts §§ 1603 abs. 2, 1609 Nr. 1 BGB dürfen für die Unterhaltspflichten gegenüber minderjährigen unverheirateten Kindern aber auch mehr Sozialpunkte vergeben werden als für Unterhaltspflichten gegenüber dem aktuellen Ehegatten oder Lebenspartner. **Sonderbelastungen wegen der Pflegebedürftigkeit** unterhaltsberechtigter Angehöriger des Arbeitnehmers können ebenfalls in die Bewertung der Unterhaltspflichten eingehen, wenn dadurch besondere Kosten verursacht werden, Kiel, a.a.O., RN 725. Bei der Unterhaltspflicht kommt es nicht allein auf einen zahlenmäßigen Vergleich der Anzahl der unterhaltspflichtigen Personen an. Es sind auch bes. Erschwernisse der Unterhaltsgewährung zu beachten. Wer tatsächlich einen Pflegebedürftigen unterhält, kann auf Grund konkreter Gegebenheiten schutzwürdiger sein als einer, der nur finanziellen Ansprüchen genügt, Kittner, AuR 1997, 182, 184; Oetker, in Erfurter Kommentar zum Arbeitsrecht, § 1 KSchG, RN 329.

Gruppen wiederum getrennt nach fünf Altersgruppen durchgeführt, und zwar den Gruppen bis zu 30 Jahren, 31 – 40 Jahren, 41 – 50 Jahren, 51 – 60 Jahren und ab 61 Jahren. Dabei wurde in jeder Altersgruppe die Zahl der auszusprechenden Kündigungen prozentual nach dem Verhältnis der Zahl der Beschäftigten in der Altersgruppe zur Gesamtzahl der Beschäftigten in der jeweiligen Tätigkeitsgruppe ermittelt. Dezimalzahlen hat die Bekl. gerundet. Hierauf hatten sich die Betriebsparteien vor dem Hintergrund verständigt, dass erhebliche Personalreduzierungen seit Anfang 1990 im Betrieb der Bekl. zu einem Anstieg des Altersdurchschnitts in der Fertigung auf 48,7 Jahre, bei den Maschinenbedienern auf 47,4 Jahre, geführt hatten. Nur unter 2% der gewerblichen Mitarbeiter waren bis 30 Jahre alt, ca. 75% der Belegschaft waren 41 Jahre und älter. Eine Sozialauswahl ohne Altersgruppenbildung hätte nach den unstreitigen Berechnungen der Bekl. zu einem weiteren Anstieg des Altersdurchschnitts auf 50,5 Jahre geführt. Danach fiel der Kl. in die Altersgruppe 41 – 50 Jahre. Bei ihm wurden bei der Sozialauswahl insgesamt 85 Sozialpunkte in Ansatz gebracht, ausgehend von einem zum Abschlussdatum der Auswahlrichtlinie zu Grunde gelegten Lebensalter von 47 Jahren und einer Betriebszugehörigkeit von 19 Jahren (47 plus 38 Sozialpunkte). Von den auf der Namensliste aufgeführten Arbeitnehmern wechselten insgesamt 42 zur Transfergesellschaft. Nachdem neun – teils nicht auf der Namensliste stehende Arbeitnehmer – sich bereit erklärt hatten, freiwillig aus dem Arbeitsverhältnis auszuscheiden, vereinbarten die Betriebsparteien am 09.06.2006 in einer „Protokollnotiz 1", neun Arbeitnehmer von der Namensliste zu streichen. Letztlich traten insgesamt elf Arbeitnehmer freiwillig aus, so dass noch zwei weitere Arbeitnehmer von der Namensliste gestrichen werden konnten und 13 zur Kündigung anstehende Arbeitnehmer verblieben. Nach schriftlicher Anhörung des Betriebsrats vom 16.06.2006 und dessen Zustimmung vom 19.06.2006, kündigte die Bekl. das Arbeitsverhältnis der Parteien mit Schreiben vom 23.06.2006, das dem Kl. am 27.06.2006 zuging, ordentlich zum 31.01.2007.

Mit seiner hiergegen gerichteten Kündigungsschutzklage hat der Kl. geltend gemacht: Die Kündigung sei sozial ungerechtfertigt. Dringende betriebliche Erfordernisse lägen nicht vor. Bereits während der Kündigungsfrist und darüber hinaus seien an den Wochenenden Überstunden geleistet und seit Januar 2007 Leiharbeitnehmer, auch als Maschinenbediener, beschäftigt worden. Damit sei die Vermutungswirkung des § 1 Abs. 5 S. 1 KSchG widerlegt[10]. Diese greife zudem schon gar nicht ein, weil

---

[10] § 1 Abs. 5 KSchG setzt voraus, dass eine Betriebsänderung gem. § 111 BetrVG vorliegt. Die Rechtsfolgen des § 1 Abs. 5 KSchG werden nicht durch einen freiwilligen Interessenausgleich ausgelöst. Der Interessenausgleich muss sich also auf eine mitbestimmungspflichtige Betriebsänderung i. S. des § 111 BetrVG beziehen, Voraussetzung für das Eingreifen der Rechtsfolgen des § 1 Abs. 5 KSchG ist aber **keine sozialplanpflichtige Entlassung**, LAG Brandenburg, DB 2006

die freiwilligen Austritte zu einer wesentlich geänderten Sachlage geführt hätten. Die Sozialauswahl sei grob fehlerhaft. Zu beanstanden sei schon die Bildung getrennter Vergleichsgruppen nach Montierern und Maschinenbedienern. Es handele sich um vergleichbare Hilfs-/Anlerntätigkeiten. Er selbst sei jedenfalls in der Montage einsetzbar und habe auch schon Montagetätigkeiten ausgeübt. Auf die Unterschiede in der Eingruppierung komme es nicht an. Er sei auch sozial schutzbedürftiger als mehrere, von ihm namentlich bezeichnete Montierer mit unstreitig geringerer Sozialpunktzahl. In die Sozialauswahl seien auch die auf der „Unabkömmlichkeitsliste" aufgeführten Arbeitnehmer einzubeziehen gewesen. Der Kl. begehrt die Feststellung, dass das Arbeitsverhältnis nicht aufgelöst worden ist; hilfsweise seine Weiterbeschäftigung bis zum Abschluss des Kündigungsschutzverfahrens.[11]

Das LAG hat seine Entscheidung – im Wesentlichen wie folgt begründet: Die Kündigung sei sozial gerechtfertigt.

S. 52. Es muss sich ferner um ein Unternehmen mit regelmäßig mehr als 20 wahlberechtigten Arbeitnehmern handeln. Für das Vorliegen der Betriebsänderung i. S. des § 111 BetrVG ist der Arbeitgeber darlegungs- und beweispflichtig. Besteht eine Betriebsänderung aus bloßem Personalabbau, obliegt es dem Arbeitgeber, der sich auf die Vermutungswirkung des § 1 Abs. 5 KSchG beruft, darzulegen, dass die Maßnahme, die zur Kündigung geführt hat, erhebliche Teile der Belegschaft betroffen hat. Dies erfordert einen **substantiierten Vortrag, wie der Betrieb im betriebsverfassungsrechtlichen Sinn abzugrenzen ist**, in dem die geltend gemachte Betriebsänderung i. S. von § 111 BetrVG vorgenommen wurde, BAG, Urteil vom 31.05.2007 – 2 AZR 254/06, DB 2007 S. 2376. Beruft sich der Arbeitgeber auf das Vorliegen einer Betriebsänderung in Form der Stilllegung eines ganzen Betriebs (§ 111 Satz 3 Nr. 1 BetrVG), muss er ggf. darlegen und beweisen, dass es sich um eine Stilllegung oder einen wesentlichen Betriebsteil handelt, BAG, Urteil vom 03.4.2008 – 2 AZR 879/06, DB 2008 S. 1577 – Die Vermutungsbasis, dass eine Betriebsänderung nach § 111 BetrVG vorlag und für die Kündigung des Arbeitnehmers kausal war und dass der Arbeitnehmer ordnungsgemäß in einem Interessenausgleich benannt ist, hat dabei der Arbeitgeber substantiiert darzulegen und ggf. zu beweisen. Der eingeschränkten Kontrolle von Kündigungen liegt der **verantwortungsvolle Interessenausgleich mit Namenslisten durch Einbeziehung des Betriebsrates und der erhöhten Gewähr für die „Richtigkeit" der getroffenen Entscheidungen zu Grund**, Kiel, KündigungsR, 3. Aufl. (2007), § 1 RN 793. Die Wirkungen des § 1 Abs. 5 KSchG treten grundsätzlich nur ein, wenn die Betriebsparteien die Grenzen ihrer Regelungskompetenz beachtet, insbesondere keine diskriminierenden Namenslisten geschaffen haben, Stahlhacke/Preis/Vossen/Preis, Kündigung und Kündigungsschutz im Arbeitsverhältnis, 9. Aufl. (2005), RN 1166l; Mohr, SAE 2007, 353 (354); Temming, Altersdiskriminierung im Arbeitsleben, 2008, S. 561 Eine Gesamtnichtigkeit der Namensliste gem. § 134 BGB ist nach dem BAG jedoch überzogen, wenn die Diskriminierung auf die Erstellung der Namensliste beschränkt, BAG, NZA 2009, 363. Im Falle einer diskriminierenden Namensliste entfällt bei entsprechender Anwendung des § 139 BGB lediglich die Vermutungswirkung des § 1 Abs. 5 S. 2 KSchG, Adomeit/Mohr, Rechtsgrundlagen und Reichweite des Schutzes vor diskriminierenden Kündigungen, NJW 2009, 2257.

[11] Das LAG (BeckRS 2007, 46706) hat die Berufung des Kl. zurückgewiesen.

Die tatbestandlichen Voraussetzungen des § 1 Abs. 5 S. 1 KSchG[12] lägen vor. Eine wesentliche Änderung der Sachlage i. S. des § 1 Abs. 5 S. 3 KSchG[13] sei durch

---

[12] Der wirksame Interessenausgleich nach § 112 Abs. 1 Satz 1 BetrVG muss **schriftlich niedergelegt** und vom Unternehmer und dem Betriebsrat unterschrieben sein. Kommt der Interessenausgleich im Einigungsstellenverfahren zustande, so ist er gem. § 112 Abs. 3 Satz 3 BetrVG schriftlich niederzulegen, vom Unternehmer und Betriebsrat und zusätzlich vom Vorsitzenden der Einigungsstelle zu unterschreiben. Zuständig ist grundsätzlich der örtliche Betriebsrat (§ 50 Abs. 1 BetrVG). Der Gesamtbetriebsrat ist zuständig, wenn entweder eine Delegation i. S. des §§ 50 Abs. 2, 58 Abs. 2 BetrVG oder aber eine originäre Zuständigkeit i. S. des §§ 50 Abs. 1, 58 Abs. 1 BetrVG besteht. Die Namensliste muss formeller Bestandteil des Interessenausgleichs werden. Diese Voraussetzung ist erfüllt, wenn Interessenausgleich und Namensliste eine Urkunde bilden, die insgesamt dem Schriftformerfordernis der §§ 125, 126 BGB genügt. Die Namensliste muss nicht zwingend im Text des nach § 112 Abs. 1 Satz 1 BetrVG schriftlich niederzulegenden Interessenausgleichs enthalten sein. Enthält eine angemessene und klare Bezugnahme auf den – eindeutig zu identifizierenden – Interessenausgleich und verweisen die Betriebsparteien zudem ausdrücklich auf ihre zuvor geführten Verhandlungen über den Interessenausgleich und Sozialplan bzw. machen durch Nennung des § 1 Abs. 5 KSchG unmissverständlich klar, dass es ihnen um die Erstellung einer Namensliste zu dem getrennt verhandelten Interessenausgleich geht, reicht dies aus, BAG, Urteil vom 26.03.2009 – 2 AZR 296/07, DB 2009 S. 1882. Die Namensliste entfaltet Rechtswirkungen: Die Namensliste kann unmittelbar in den Text des Interessenausgleichs aufgenommen werden.
Es reicht, wenn die Namensliste von den Betriebspartnern unterzeichnet ist und in ihr auf den Interessenausgleich oder im Interessenausgleich auf sie Bezug genommen ist. Sicherheitshalber bietet sich eine Bezugnahme in beiden Dokumenten an. Dabei muss sichergestellt werden, dass das in Bezug genommene Dokument eindeutig zu identifizieren ist. Es empfiehlt sich, in der unterzeichneten Namensliste auf die zuvor geführten Verhandlungen über den Interessenausgleich und Sozialplan zu verweisen und durch Nennung des § 1 Abs. 5 KSchG deutlich zu machen, dass es um die Erstellung einer Namensliste zu dem getrennt verhandelten Interessenausgleich geht.
Im Interessenausgleich kann auf eine nicht unterzeichnete Liste verwiesen werden, die dem Interessenausgleich beigefügt und mit ihm körperlich fest (z. B. durch Heftklammern – nicht durch Büroklammern) verbunden ist, BAG, Urteil vom 07.05.1998 – 2 AZR 55/98, DB 1998 S. 1770 – Zwar muss das formbedürftige Rechtsgeschäft in einer einheitlichen Urkunde enthalten sein. Eine Urkunde kann aber aus mehreren Blättern bestehen. Auch Anlagen können Teil der Erklärung sein, wie dies insbes. bei Verträgen oft der Fall ist, Flume, Das Rechtsgeschäft, 4. Aufl., § 15 II 1b, S. 252. Die neuere Rechtsprechung des BGH, Urteil vom 24.09.1997 – XII ZR 234/95, NJW 1998 S. 58, hat insoweit sogar das Erfordernis einer festen körperlichen Verbindung der verschiedenen Bestandteile der einheitlichen Urkunde aufgegeben. Schließt die Namensunterschrift eine aus mehreren Bestandteilen bestehende Urkunde räumlich ab, so erfordert die Schriftform des § 126 BGB danach nicht einmal die körperliche Verbindung der einzelnen Blätter der Urkunde, wenn sich deren Einheit aus fortlaufender Paginierung, fortlaufender Nummerierung der einzelnen Bestimmungen, einheitlicher grafischer Gestaltung, inhaltlichem Zusammenhang des Textes oder vergleichbaren Merkmalen zweifelsfrei ergibt. Die Verbindung muss jedoch vor der Unterzeichnung des Interessenausgleichs vorgenommen worden sein. Eine erst nach Unterzeichnung vorgenommene Zusammenheftung mittels Heftmaschine genügt dem Schriftformerfordernis nicht, BAG, Urteil vom 06.07.2006 – 2 AZR 520/05, NZA 2007 S. 266. **§ 1 Abs. 5 Satz 1 KSchG erfordert keine strengere Handhabung und verbietet** insbes. **nicht, dass die Liste mit den zu kündigenden Arbeitnehmern als Anlage zum Interessenausgleich genommen wird, soweit aufgrund der oben bezeichneten Merkmale zweifelsfrei feststeht, dass Namensliste und Interessenausgleich eine Urkunde bilden.** § 1 Abs. 5 KSchG spricht zwar davon, die namentliche Bezeichnung müsse „in dem Interessenausgleich" erfolgen. Dieses Erfordernis ist aber

erfüllt, wenn Interessenausgleich und Namensliste eine Urkunde bilden. Der Schutz der betroffenen Arbeitnehmer ist damit hinreichend gewahrt, zudem wird man den Arbeitgeber unabhängig davon, ob man einen Interessenausgleich mit einer Namensliste nach § 1 Abs. 5 KSchG als Betriebsvereinbarung ansieht oder einer solchen gleichstellt oder nicht, jedenfalls entsprechend § 77 Abs. 2 Satz 3 BetrVG als verpflichtet ansehen müssen, einen derartigen Interessenausgleich an geeigneter Stelle im Betrieb auszulegen, so dass die betroffenen Arbeitnehmer über dessen Inhalt informiert werden.

13 § 1 (5) KSchG – Sind bei einer Kündigung auf Grund einer **Betriebsänderung nach § 111 des Betriebsverfassungsgesetzes** die Arbeitnehmer, denen gekündigt werden soll, in einem **Interessenausgleich zwischen Arbeitgeber und Betriebsrat namentlich bezeichnet**, so wird vermutet, dass die Kündigung durch dringende betriebliche Erfordernisse im Sinne des Absatzes 2 bedingt ist. Rechtsfolge einer solchen **Namensliste ist die Umkehr der Beweislast hinsichtlich der Betriebsbedingtheit der Kündigung zu Lasten des Arbeitnehmers**. Ferner wird die Überprüfung der Sozialauswahl beschränkt. Die **soziale Auswahl der Arbeitnehmer kann nur auf grobe Fehlerhaftigkeit überprüft werden**. Die Sätze 1 und 2 des § 1 Abs. 5 gelten nicht, soweit sich die Sachlage nach Zustandekommen des Interessenausgleichs wesentlich geändert hat. Der Beurteilungsspielraum des Arbeitgebers bei der sozialen Auswahl wird zugunsten einer betrieblichen Gesamtlösung erweitert. Annuß, Die rechtsmissbräuchliche Unternehmerentscheidung im Konzern, NZA 2003, 783; Tschöpe, Betriebsbedingte Kündigung, BB 2000, 2630; Ohlendorf/Salamon, Interessenausgleich mit Namensliste im Zuständigkeitsbereich des Gesamtbetriebsrats, NZA 2006, 131. Eine betriebsbedingte Kündigung ist dann sozial gerechtfertigt, wenn sie durch dringende betriebliche Erfordernisse, die einer Weiterbeschäftigung des Arbeitnehmers in diesem Betrieb entgegenstehen, bedingt ist. seinen Personalbestand einem geringeren Bedarf anzupassen, Neef/Neef, NZA 2006, 1241. Dabei ist der **ArbG in seiner unternehmerischen Entscheidung frei, ob er und Personal welcher Qualifikation er freisetzt**, Säcker/Rixecker, MünchKommt, § 1 KSchG, RN 285. Der Prüfungsmaßstab der groben Fehlerhaftigkeit bezieht sich nicht nur auf die sozialen Indikatoren und deren Gewichtung. Die gesamte Sozialauswahl, also auch die Bildung der auswahlrelevanten Gruppen, wird von den ArbG nur auf grobe Fehler überprüft, BAG, Urteil vom 07.05.1998 AP KSchG 1969 § 1 Betriebsbedingte Kündigung Nr. 94; 21.09.2006 AP KSchG 1969 § 1 Namensliste Nr.15. Dies betrifft auch die Herausnahme von Arbeitnehmern aus einer Vergleichsgruppe, Rolfs, Beckscher Online-Kommentar, § 1 KSchG, RN 504. Grob fehlerhaft ist eine soziale Auswahl nur dann, wenn ein evidenter Fehler vorliegt und der Interessenausgleich, bei der Gewichtung der Auswahlkriterien, jede Ausgewogenheit vermissen lässt, BAG 21.09.2006 AP KSchG 1969 § 1 Namensliste Nr. 15; 17.01.2008 AP KSchG 1969 § 1 Soziale Auswahl Nr. 96; 03.04.2008 AP KSchG 1969 § 1 Namensliste Nr. 17; 12.03.2009 AP KSchG 1969 § 1 Soziale Auswahl Nr. 97. Dies ist zu bejahen, wenn die Betriebspartner den auswahlrelevanten Personenkreis der austauschbaren und damit vergleichbaren Arbeitnehmer willkürlich bestimmt oder nach unsachlichen Gesichtspunkten eingeengt haben, unsystematische Altersgruppen mit wechselnden Zeitsprüngen (z. B. in 12er, 8er und 10er Jahresschritten) gebildet haben, eines der vier sozialen Grundkriterien überhaupt nicht berücksichtigt oder zusätzlichen Auswahlkriterien eine überhöhte Bewertung beigemessen und die der Auswahl nach sozialen Gesichtspunkten entgegenstehenden Gründe nicht nach sachlichen Gesichtspunkten konkretisiert haben, Dies gilt auch, wenn bei der Bestimmung des Kreises vergleichbarer Arbeitnehmer die Austauschbarkeit offensichtlich verkannt wurde oder bei der Anwendung des Ausnahmetatbestandes des Abs. 3 S. 2 die betrieblichen Interessen offensichtlich überdehnt worden sind, BAG, Urteil vom 20.9.2006 AP BGB § 613a Nr. 316, sowie von der durch ein Punkteschema, der **Arbeitgeber darf seine Auswahlentscheidung durch Punktetabellen vorbereiten. Ein solches Punkteschema darf auch Altersgruppen vorsehen**, innerhalb derer dann jeweils dem oder den sozial stärksten Arbeitnehmern gekündigt wird. Ein solches Vorgehen verstößt weder gegen die RL 2000/78/EG noch gegen § 7 AGG, weil eine derartige Gruppenbildung sachlich gerechtfertigt ist (§ 10 AGG). Die **Gruppenbildung wirkt einer Überalterung der Belegschaft entgegen**, relati-

die freiwilligen Austritte von Arbeitnehmern nicht eingetreten. Der Kl. habe die sich aus dem Interessenausgleich mit Namensliste ergebende Vermutung der Betriebsbedingtheit der Kündigung nicht widerlegt. Aus seinem Vorbringen zu angefallenen Überstunden und der Beschäftigung von Leiharbeitnehmern sei nicht ersichtlich, dass der konkrete Arbeitsplatz des Kl. in Vollstundenzahl betroffen gewesen sei. Die Sozialauswahl sei nicht grob fehlerhaft.[14] Dies gelte sowohl für die Bildung der bei-

---

viert die etwa überschießenden Tendenzen der Bewertung des Lebensalters als Sozialdatum und verhindert eine übermäßige Belastung jüngerer Beschäftigter (BAG 6.9.2007 AP KSchG 1969 § 1 Betriebsbedingte Kündigung Nr. 169; 06.11.2008 AP KSchG 1969 § 1 Betriebsbedingte Kündigung Nr. 182; 12.03.2009 AP KSchG 1969 § 1 Soziale Auswahl Nr. 97; näher Lingemann/Beck, NZA 2009, 577 ff. Von der vorbereiteten Punkteskala darf nicht ohne erkennbaren Grund in erheblicher Weise abgewichen werden, LAG Rheinland-Pfalz, NZA-RR 2006, 413. Vom BAG gebilligt wurde folgende Punkteskala gebilligt: BAG, Urteil vom 18.01.1990 AP KSchG 1969 § 1 Soziale Auswahl Nr. 19.
Die Punkteschemata können in einem Tarifvertrag oder einer Auswahlrichtlinie nach § 95 BetrVG bzw. den entsprechenden personalvertretungsrechtlichen Bestimmungen vereinbart werden. Tarifliche Auswahlrichtlinien sind Betriebsnormen i.S.v § 3 Abs. 2 TVG. Sie finden bereits dann Anwendung, wenn (nur) der Arbeitgeber tarifgebunden ist. Betriebliche Auswahlrichtlinien bedürfen, um die Wirkung des Abs. 4 zu entfalten, nach § 95 Abs. 1 BetrVG selbst dann der Zustimmung des Betriebsrats, wenn der Arbeitgeber sie nicht generell auf alle künftigen betriebsbedingten Kündigungen, sondern nur auf konkret bevorstehende Kündigungen anwenden will, BAG, Urteil vom 26.07.2005 AP BetrVG 1972 § 95 Nr. 43; a. A. Quecke RdA 2007, 355, 356 ff.
– § 95 BetrVG steht einer vereinbarten oder durch Spruch der Einigungsstelle zustande gekommenen Auswahlrichtlinie nicht entgegen, die die soziale Rangfolge im Sinne von § 1 Abs. 3 Satz 1 KSchG abschließend und ohne den **Vorbehalt einer individuellen Abschlussprüfung durch den Arbeitgeber** festlegt. Aus dem Begriff „Richtlinie" lässt sich für diese Frage nichts herleiten. Die Rechtspraxis kennt sowohl Richtlinien, die sich auf allgemeine Vorgaben beschränken, als auch solche mit eingehender Detailregelung (z.B. im Steuer-, Verwaltungs- und Sozialrecht). Entscheidend dürfte sein, für welche Auswahlentscheidung die Richtlinie gelten soll. Auswahlrichtlinien für die Sozialauswahl, also zunächst für die bloße Gewichtung der Auswahlkriterien zur Herstellung einer Rangfolge der sozialen Schutzbedürftigkeit, berühren hingegen die unternehmerische Entscheidungsfreiheit nicht. § 1 Abs. 3 Satz 1 KSchG belässt dem Arbeitgeber hier keinen Ermessensspielraum, sondern nach allgemeiner Meinung nur einen Beurteilungsspielraum. Dieser ist auch nicht der Unternehmerfreiheit geschuldet

[14] **Die Überprüfung der Sozialauswahl nur auf grobe Fehlerhaftigkeit.** Durch § 1 Abs. 5 Satz 2 KSchG soll den Betriebspartnern ein weiter Spielraum bei der Sozialauswahl eingeräumt werden. Das Gesetz geht davon aus, dass u. a. wegen der Gegensätzlichkeit der von den Betriebspartnern vertretenen Interessen und durch die auf beiden Seiten vorhandene Kenntnis der betrieblichen Verhältnisse gewährleistet ist, dass dieser Spielraum angemessen und vernünftig genutzt wird. Nur wo dies nicht der Fall ist, sondern der vom Gesetzgeber gewährte Spielraum verlassen wird, sodass der Sache nach nicht mehr von einer „sozialen" Auswahl die Rede sein kann, darf grobe Fehlerhaftigkeit angenommen werden. Der **Maßstab der groben Fehlerhaftigkeit i. S. des § 1 Abs. 5 Satz 2 KSchG umfasst auch dann die Bildung des auswahlrelevanten Personenkreises,** wenn es um die Frage geht, ob Arbeitnehmer einer anderen Arbeitsstätte in die Auswahl einzubeziehen sind. Grob fehlerhaft ist eine soziale Auswahl nur, wenn ein evidenter, ins Auge springender schwerer Fehler vorliegt und der Interessenausgleich jede Ausgewogenheit vermissen lässt. Es ist nicht grob fehlerhaft, einheitliche Altersgruppen (in 10-Jahres-Schritten) zu bilden,

den Vergleichsgruppen Maschinenbediener und Montierer, als auch für die Bildung von Altersgruppen. Letzteres sei auch unter Berücksichtigung eines dem Gemeinschaftsrecht zu entnehmenden Verbots der Altersdiskriminierung nicht zu beanstanden, wobei offen bleiben könne, inwieweit bei Ausspruch der Kündigung überhaupt schon ein entsprechender Diskriminierungsschutz bestanden habe. Die Gruppenbildung sei jedenfalls in ihrer konkreten Ausgestaltung durch das legitime Ziel des Erhalts der Altersstruktur gerechtfertigt, insoweit auch erforderlich und angemessen. Ausgehend davon, dass der Kl. sich jedenfalls auf nicht mehr als 87 Sozialpunkte berufen könne, seien alle von ihm benannten Arbeitnehmer entweder nicht vergleichbar oder auf Grund höherer Sozialpunktzahl sozial schutzbedürftiger.

Bei der Frage, ob eine Kündigung durch **dringende betriebliche Erfordernisse**, die einer Weiterbeschäftigung des Arbeitnehmers in diesem Betrieb entgegenstehen, **bedingt ist** und ob die soziale Auswahl grob fehlerhaft[15] ist, handelt es sich um die Anwendung unbestimmter Rechtsbegriffe. Sie kann vom RevGer. nur dahin überprüft werden, ob das BerGer. die Rechtsbegriffe selbst verkannt hat, ob es bei der Unterordnung des Sachverhalts unter die Rechtsnorm des § 1 KSchG Denkgesetze oder allgemeine Erfahrungssätze verletzt hat, ob es alle wesentlichen Umstände berücksichtigt hat und ob die Entscheidung in sich widerspruchsfrei ist.[16] Diesem eingeschränkten Prüfungsmaßstab hält das Berufungsurteil in jeder Hinsicht stand.

Das LAG hat die tatbestandlichen Voraussetzungen des § 1 Abs. 5 S. 1 KSchG[17] nämlich dass die Kündigung auf Grund einer Betriebsänderung nach § 111 BetrVG

BAG, Urteil vom 19.06.2007 AP KSchG 1969 § 1 Namensliste Nr. 16; Rost, Beendigung von Arbeitsverhältnissen bei Umstrukturierung NZA-Beil. 2009, Heft 1 S. 23.

[15] Grob fehlerhaft ist nach allgemeinem Verständnis die Auswahl dann, wenn **eines der Kriterien gar nicht**, BAG, NZA 1990, 729 **oder völlig unausgewogen** (unzureichend oder überproportional) berücksichtigt wird, NZA 2000, 531; v. Hoyningen-Huene/Linck, DB 1997, 41 (44), nahe liegende Gesichtspunkte nicht in die Überlegung mit einbezogen werden oder gänzlich von dem der Richtlinie zugrunde liegenden Schema abgewichen wird. Die Beschränkung der Überprüfung auf grobe Fehlerhaftigkeit erstreckt sich nur auf die Bewertung der Sozialkriterien gem. § 1 Abs. 3 KSchG. Unabhängig davon sind die Regelungen, die die Vergleichbarkeit von Arbeitnehmern oder berechtigte betriebliche Interessen gem. § 1 Abs. 3 S. 2 KSchG betreffen voll gerichtlich überprüfbar.

[16] BAG, NZA 2006, 64 Os. = NJOZ 2005, 5103 = AP BetrVG 1972 § 112 Namensliste Nr. 1 = EzA KSchG § 1 Interessenausgleich Nr. 11; BAG, EzA KSchG § 1 Interessenausgleich Nr. 8 = BeckRS 2001, 41069.

[17] Die verfassungsrechtlichen Bedenken, die z. T. gegen § 1 Abs. 5 KSchG erhoben worden sind, hat das BAG, Urteil vom 06.09.2007 – 2 AZR 715/06, DB 2008 S. 640 zerstreut. **§ 1 Abs. 5 KSchG verstößt weder gegen Art. 12 Abs. 1 GG noch gegen das aus Art. 20 Abs. 3 GG abzuleitende Gebot des fairen Verfahrens**; LAG Niedersachsen vom 30.06.2006 – 10 Sa 1816/05. Art. 12 Abs. 1 Satz 1 GG garantiert neben der freien Wahl des Berufs auch die freie Wahl des Arbeitsplatzes. Während es bei der Berufswahl um die Entscheidung des Einzelnen geht, auf welchem Feld er sich beruflich betätigen will, betrifft die Arbeitsplatzwahl die Entscheidung, an welcher Stelle er dem gewählten Beruf nachgehen möchte. Die Arbeitsplatzwahl ist folglich der Be-

ausgesprochen wurde, bei der die Arbeitnehmer, denen gekündigt werden soll in einem Interessenausgleich zwischen Arbeitgeber und Betriebsrat namentlich benannt waren, als erfüllt angesehen. Dies gilt auch soweit der Kl. geltend macht, die von den Betriebsparteien vorgenommene Bildung von Altersgruppen verstoße gegen europarechtliche Diskriminierungsverbote. Ein solcher Verstoß kann, wenn er vorliegt, zur groben Fehlerhaftigkeit der Sozialauswahl führen, hat aber nicht die „Unwirksamkeit" der Namensliste und damit den Wegfall der Vermutungswirkung zur Folge.[18] Die nach Abschluss des Interessenausgleichs eingetretenen personellen

---

rufswahl nachgeordnet und konkretisiert diese. Sie ist ihrerseits der Berufsausübung vorgeordnet, die erst an dem gewählten Arbeitsplatz stattfindet. Bei der Wahl des Arbeitsplatzes geht es vielmehr um die Entscheidung für eine konkrete Betätigungsmöglichkeit oder ein bestimmtes Arbeitsverhältnis. **Gegenstand des Grundrechts auf freie Wahl des Arbeitsplatzes ist der Entschluss des Einzelnen, eine konkrete Beschäftigungsmöglichkeit in dem gewählten Beruf zu ergreifen.** Dazu zählt namentlich bei abhängig Beschäftigten auch die Wahl des Vertragspartners samt den dazu notwendigen Voraussetzungen, insbes. der Zutritt zum Arbeitsmarkt. Ebenso wie die freie Berufswahl sich nicht in der Entscheidung zur Aufnahme eines Berufs erschöpft, sondern auch die Fortsetzung und Beendigung eines Berufs umfasst, bezieht sich die freie Arbeitsplatzwahl neben der Entscheidung für eine konkrete Beschäftigung auch auf den Willen des Einzelnen, diese beizubehalten oder aufzugeben. Das Grundrecht entfaltet seinen Schutz demnach gegen alle staatlichen Maßnahmen, die diese Wahlfreiheit beschränken. Mit der Wahlfreiheit ist aber weder ein Anspruch auf Bereitstellung eines Arbeitsplatzes eigener Wahl noch eine Bestandsgarantie für den einmal gewählten Arbeitsplatz verbunden. Ebenso wenig verleiht das Grundrecht unmittelbaren Schutz gegen den Verlust eines Arbeitsplatzes aufgrund privater Dispositionen. Insoweit obliegt dem Staat lediglich eine aus Art. 12 Abs. 1 GG folgende Schutzpflicht, der die geltenden Bestandsschutzvorschriften hinreichend Rechnung tragen. Direkte staatliche Eingriffe in bestehende Arbeitsverhältnisse müssen sich aber stets an dem Grundrecht auf freie Wahl des Arbeitsplatzes messen lassen. Die gegenteilige Auffassung, Griebeling, KR, 9. Aufl., § 1 KSchG RN 703, stellt darauf ab, dass die Rechte des auf der Namensliste aufgeführten Arbeitnehmer eingeschränkt sind. Die Rechtsfolgen der Norm können allerdings nur greifen, wenn die „Spielregeln" des § 1 Abs. 5 KSchG beachtet werden. **Durch § 1 Abs. 5 KSchG werden die von der Kündigung betroffenen Arbeitnehmer nicht schutzlos gestellt.** Der Gesetzgeber hat dem vom Arbeitnehmer gewählten Vertretungsgremium im Betrieb eine funktional bedeutsame Rolle zuerkannt. Nur wenn dieses Gremium, welches nach § 2 Abs. 1 BetrVG mit dem Arbeitgeber vertrauensvoll zum Wohl der Arbeitnehmer und des Betriebs zusammenzuarbeiten hat, den Interessenausgleich mit Namensliste abschließt, kann § 1 Abs. 5 KSchG zur Anwendung kommen. **Durch die Einbindung der Arbeitnehmervertreter in das Verfahren werden bereits vor Ausspruch der Kündigung die Arbeitnehmerinteressen stärker als bei anderen Kündigungen außerhalb des Anwendungsbereichs des § 1 Abs. 5 KSchG berücksichtigt.** Die Interessen des Arbeitnehmer an der Vermeidung eines grundlosen Arbeitsplatzverlustes sind ebenso wie die Belange des Arbeitgeber hinreichend berücksichtigt. Der Betriebsrat kann vom Arbeitgeber nicht zum Abschluss eines Interessenausgleichs mit Namensliste gezwungen werden. Dem **Betriebsrat kann es gelingen, die Kündigung einer größeren Anzahl von Arbeitnehmern zu verhindern und für die von der Kündigung betroffenen Arbeitnehmer bessere Sozialplanleistungen als Kompensation durchzusetzen.** Durch die Einschaltung des Betriebsrats im Vorfeld der Kündigung ist eine über den bloßen Interessenausgleich nach §§ 111, 112 BetrVG und die Anhörung nach § 102 BetrVG hinausgehende Einflussmöglichkeit gegeben.

[18] Vgl. BAG, NZA 2009, 361 = DB 2009, 626.

Veränderungen stehen dem Eingreifen des § 1 Abs. 5 S. 1 und 2 KSchG nicht entgegen. Die Voraussetzungen des § 1 Abs. 5 S. 3 KSchG liegen nicht vor. Nach § 1 Abs. 5 S. 3 KSchG kommt unter anderem die Vermutung der Betriebsbedingtheit der Kündigung dann nicht zur Anwendung, soweit sich die Sachlage nach Zustandekommen des Interessenausgleichs wesentlich geändert hat. Eine wesentliche Änderung der Sachlage liegt nur dann vor, wenn von einem Wegfall der Geschäftsgrundlage auszugehen ist.[19] Wesentlich ist die Änderung dann, wenn nicht ernsthaft bezweifelt werden kann, dass beide Betriebspartner oder einer von ihnen den Interessenausgleich in Kenntnis der späteren Änderung nicht oder mit anderem Inhalt geschlossen hätten. Dies ist etwa der Fall, wenn sich nachträglich ergibt, dass nun gar keine oder eine andere Betriebsänderung durchgeführt werden soll oder wenn sich die im Interessenausgleich vorgesehene Zahl der zur Kündigung vorgesehenen Arbeitnehmer erheblich verringert hat.[20] Eine geringfügige Veränderung genügt nicht.[21]

Gemessen daran ist die Würdigung des LAG, eine wesentliche Änderung der Sachlage sei nicht gegeben, revisionsrechtlich nicht zu beanstanden. Die Anzahl der abzubauenden Arbeitsplätze änderte sich nach dem Zustandekommen des Interessenausgleichs nicht. Dass der Personalabbau der auf der Namensliste befindlichen Arbeitnehmer zu einem Großteil auf Grund Wechsels zur Transfergesellschaft ohne Kündigungen abgewickelt werden konnte, ist unbeachtlich. Soweit Kündigungen ursprünglich auf der Namensliste stehender Arbeitnehmer durch das freiwillige Ausscheiden anderer Arbeitnehmer vermieden werden konnte, liegt darin schon deshalb keine wesentliche Änderung der Sachlage, weil die Betriebsparteien diese Entwicklung bei Abschluss des Interessenausgleichs bedacht und für solche Fälle unter Nr. 4 II des Interessensausgleichs eine Regelung getroffen haben. Dafür, dass die Betriebsparteien die Streichungen nicht auf der Grundlage der im Interessenausgleich getroffenen Festlegungen vorgenommen haben, liegen keine Anhaltspunkte vor.

Bei Vorliegen der Voraussetzungen des § 1 Abs. 5 S. 1 KSchG muss der Arbeitnehmer gem. § 46 Abs. 2 S. 1 ArbGG i.V. mit § 292 ZPO darlegen[22], dass die Be-

---

[19] BAG, NZA 2006, 64 Os. = NJOZ 2005, 5103 = AP BetrVG 1972 § 112 Namensliste Nr. 1 = EzA KSchG § 1 Interessenausgleich Nr. 11; BAG, EzA KSchG § 1 Interessenausgleich Nr. 8 = BeckRS 2001, 41069). **Maßgebender Zeitpunkt für die Beurteilung der wesentlichen Änderung ist der Kündigungszeitpunkt**, APS/Kiel, 3. Aufl., § 1 KSchG, RN 807; HWK/Quecke, 3. Aufl., § 1 KSchG, RN 434; Fischermeier, NZA 1997, 1089 [1098].
[20] BT-Dr 15/1204, S. 12.
[21] BAG, Urt. v. 23.10.2008 – 2 AZR 163/07, BeckRS 2009, 60407; Fischermeier, NZA 1997, 1089 [1097]; v. Hoyningen-Huene/Linck, DB 1997, 41 [45].
[22] Zur **Widerlegung der Vermutungswirkung** reicht es aus, wenn der Arbeitnehmer substantiiert darlegt und gegebenenfalls beweist, dass sich der Beschäftigungsbedarf nicht in dem vom Arbeit-

schäftigung für ihn nicht weggefallen ist. Dazu ist substanziierter Tatsachenvortrag erforderlich, der den gesetzlich vermuteten Umstand nicht nur in Zweifel zieht, sondern ausschließt.[23] Die Vermutung soll bewirken, dass der Arbeitgeber die Betriebsbedingtheit einer Kündigung nicht mehr in ihren Einzelheiten darzulegen braucht. Dementsprechend muss der Arbeitnehmer substanziiert darlegen, wieso der Arbeitsplatz trotz der Betriebsänderung noch vorhanden ist oder wo er sonst im Betrieb oder Unternehmen weiterbeschäftigt werden kann.[24] Allerdings können für den Arbeitnehmer bei der Führung des Gegenbeweises gewisse Erleichterungen in Betracht kommen. Handelt es sich um Geschehnisse aus dem Bereich des Arbeitgebers, so mindert sich die Darlegungslast des Arbeitnehmers durch eine sich aus § 138 Abs. 1 und 2 ZPO ergebende Mitwirkungspflicht des Arbeitgebers (sekundäre Behauptungslast).[25] Unter Berücksichtigung dieser prozessualen Erleichterungen bei

---

geber geltend gemachten Umfang verringert hat. Geht es um die Weiterbeschäftigung in einem anderen als dem originären Arbeitsbereich des Arbeitnehmers, ist darüber hinaus erforderlich, dass dort ein freier vergleichbarer (gleichwertiger) Arbeitsplatz oder ein freier Arbeitsplatz zu geänderten (schlechteren) Arbeitsbedingungen vorhanden ist, s. auch Gehlhaar, DB 2008 S. 1496 – Darlegungslast des Arbeitgebers im Kündigungsschutzprozess bei Interessenausgleich mit Namensliste – § 1 Abs. 5 KSchG versus § 102 BetrVG. **Der Arbeitnehmer muss also ggf. darlegen und beweisen, dass die Kündigung gerade nicht betrieblich bedingt ist,** etwaig verbleibende Unsicherheiten gehen zu seinen Lasten. Dagegen hat der Arbeitgeber nur die „Vermutungsbasis", also einerseits die Betriebsänderung gem. § 111 BetrVG sowie andererseits den wirksamen Abschluss des Interessenausgleichs mit Namensliste darzulegen und zu beweisen. Hinsichtlich des Kündigungsgrunds selbst kann er sich dagegen auf die Angaben im Interessenausgleich berufen. **Erst wenn der Arbeitnehmer dann Tatsachen vorträgt, die gegen die Richtigkeit des Interessenausgleichs sprechen,** ist er ggf. zu weiterem Vortrag verpflichtet, BAG vom 07.05.1998 – 2 AZR 536/97, DB 1998 S. 1768, Ascheid, in ErfK, § 1 KSchG, RN 518.Die Vermutung der Betriebsbedingtheit der Kündigung ist als widerlegt anzusehen, wenn der Arbeitnehmer darlegt und im Bestreitensfall beweist, dass der nach dem Interessenausgleich in Betracht kommende betriebsbedingte Grund nicht vorliegt, weil **das Beschäftigungsbedürfnis in Wirklichkeit nicht weggefallen ist, wenn die Arbeit nach wie vor vorhanden, der Arbeitnehmer auch durch andere Arbeitnehmer,** z. B. durch einen Leiharbeitnehmer (unzulässige Austauschkündigung) oder dadurch ersetzt worden ist, dass andere Arbeitnehmer seine Tätigkeiten in überobligatorischer Art und Weise, etwa durch Überstunden, mit erledigen (unzulässige Leistungsverdichtung), BAG, Urteil vom 12.03.2009 – 2 AZR 418/07, DB 2009 S. 1932.

[23] BAG, NZA 2006, 64 Os. = NJOZ 2005, 5103 = AP BetrVG 1972 § 112 Namensliste Nr. 1 = EzA KSchG § 1 Interessenausgleich Nr. 11; BAG, Urt. v. 23.10.2008 – 2 AZR 163/07, BeckRS 2009, 60407.
[24] BAGE 88, 363 = NZA 1998, 933 = NJW 1998, 3586.
[25] Vgl. BAG, Urteil vom 06.09.2007 – 2 AZR 715/06, NZA 2008, 633 = AP KSchG 1969 § 1 Betriebsbedingte Kündigung Nr. 170 = EzA KSchG § 1 Interessenausgleich Nr. 14; APS/Kiel, 3. Aufl., § 1 KSchG, RN 810; Eylert/Schinz, AE 2004, 219 [227]. Darlegungs- und Beweislast bei anzurechnenden Vorteilen des Geschädigten – Bei Rückabwicklung eines Grundstückskaufvertrages erschöpft sich die Darlegungs- und Beweislast des Verkäufers für einen die Rückzahlungsforderung mindernden Vorteil des Käufers aus ihm zugeflossenen Mieteinnahmen grundsätzlich in dem Vorbringen, dass solche angefallen sind; ihre Höhe abzüglich von Betriebs- und Erhaltungskosten darzulegen und zu beweisen, ist Sache des Geschädigten im Rahmen seiner Mitwir-

der Darlegungslast begegnet § 1 Abs. 5 KSchG keinen durchgreifenden verfassungsrechtlichen Bedenken.[26]

Die Vermutung der Betriebsbedingtheit der Kündigung ist als widerlegt anzusehen, wenn der Arbeitnehmer darlegt und im Bestreitensfall beweist, dass der nach dem Interessenausgleich in Betracht kommende betriebsbedingte Grund nicht vorliegt, weil das Beschäftigungsbedürfnis in Wirklichkeit nicht weggefallen ist. Das kann etwa der Fall sein, wenn die Arbeit nach wie vor vorhanden, der Arbeitnehmer aber durch andere Arbeitnehmer, beispielsweise durch einen Leiharbeitnehmer (unzulässige Austauschkündigung)[27] oder dadurch ersetzt worden ist, dass andere Arbeitnehmer seine Tätigkeiten in überobligatorischer Art und Weise, etwa durch Überstunden, miterledigen (unzulässige Leistungsverdichtung).[28]

Die Annahme des LAG, die in beschränktem Umfang an Wochenenden geleisteten Überstunden, auch soweit hiervon Maschinenbediener betroffen waren, rechtfertigten nicht den Schluss, dass weiterhin Beschäftigungsbedarf für den Kl. im Umfang einer Vollzeitbeschäftigung bestehe, hält sich im tatrichterlichen Beurteilungsspielraum.

---

kungspflicht an der Schadensfeststellung, BGH, NJW-RR 2002, 1280. So entspricht es der Rechtsprechung des BGH, dass die Darlegungslast des Pflichtigen, wenn es um Geschehnisse aus dem Vermögensbereich der anderen Partei geht, durch eine sich aus § 138 Abs. 1 und Abs. 2 ZPO ergebende Mitwirkungspflicht des Gegners gemindert wird; vgl. BGHZ 73, 109 = NJW 1979, 760 [761] = LM § 844 BGB Nr. 55; WM 1991, 814 [815] – der Geschädigte kann, wenn der Streit – wie hier – Geschehnisse in seinem Vermögensbereich betrifft, gem. § 138 Abs. 1 und 2 ZPO zur Mitwirkung bei der seinem Gegner obliegenden Darlegung durch Substantiierung seines Bestreitens gehalten sein, vgl. BGH, NJW 1979, 760 (761). Im Bereich der Vorteilsausgleichung hat die Rechtsprechung des BGH im Einzelfall auch eine Umkehrung der Darlegungs- und Beweislast angenommen, wenn dies wegen der Nähe zu den in der Sphäre des Geschädigten liegenden Umständen geboten erschien. So ist dem Geschädigten z.B. die Darlegungslast hinsichtlich einer als Folge der Schädigung erlangten Steuerersparnis auferlegt worden, weil nur ihm die für die Berechnung der Ersparnis erforderlichen Einzelheiten bekannt waren, vgl. BGH, NJW 1987, 1814 [1815] = LM § 249 [J] BGB Nr. 12; s. auch BGH, NJW 1983, 2137 [2139] = LM § 249 [Cb] BGB Nr. 31; BGH, NJW 1983, 1735 [1736] = LM AGB der Banken Ziff. 19 Nr. 15. Es entspricht der ständigen Rechtsprechung des BGH und des BAG, dass die Darlegungslast des Pflichtigen, wenn es um Geschehnisse aus dem Bereich der anderen Partei geht, durch eine sich aus § 138 Abs. 1 und 2 ZPO **ergebende Mitwirkungspflicht des Gegners gemindert wird**. Darüber hinaus erlegt die Rechtsprechung dem Gegner der primär behauptungs- und beweisbelasteten Partei dann eine **gewisse (sekundäre) Behauptungslast** auf, wenn der darlegungspflichtige Partei außerhalb des von ihr darzulegenden Geschehensablaufs steht und keine nähere Kenntnis der maßgebenden Tatsachen besitzt, während der Prozessgegner sie hat und ihm nähere Angaben zumutbar sind, BGH, DB 1991 S. 1723 = NJW 1990 S. 3151; BGH, NJW-RR 2002 S. 1280; BAG, NZA 2004 S. 489 = NJW 2004 S. 2848.Dies hat zur Folge, dass **bei fehlender Kenntnis und fehlender Kenntnismöglichkeit des Arbeitnehmers regelmäßig eine sekundäre Darlegungslast des Arbeitgebers** besteht, Eylert/Schinz, AE 2004 S. 227.

[26] Ausführlich: BAG, NZA 2008, 633 = AP KSchG 1969 § 1 Betriebsbedingte Kündigung Nr. 170.
[27] BAGE 84, 209 [214] = NZA 1997, 202 = NJW 1997, 885; Moll/Ittmann, RdA 2008, 321.
[28] BAGE 92, 61 [68] = NZA 1999, 1095 = NJW 2000, 378.

Auch der vom Kl. geltend gemachte Einsatz von Leiharbeitnehmern lässt nicht hinreichend erkennen, dass über den Kündigungstermin hinaus ein Beschäftigungsbedürfnis für den Kl. bestanden hat. Hinsichtlich einer nach den Behauptungen des Kl. erfolgten Beschäftigung von Leiharbeitnehmern in anderen Arbeitsbereichen (z.B. in der Gießerei/Montage) hat der Kl. nicht deutlich gemacht, wie sich dies auf seine Beschäftigungsmöglichkeiten als Maschinenbediener ausgewirkt haben soll.[29] Was den behaupteten Einsatz von ca. vier Leiharbeitnehmern in der mechanischen Fertigung anbelangt, lässt dies bei dem erheblichen Umfang des Personalabbaus nicht erkennen, wie hierdurch die Beschäftigungsmöglichkeiten des Kl. beeinflusst worden sein sollen. Darauf hat das LAG mit Recht hingewiesen.

---

[29] Als Unternehmerentscheidungen zu personellen Umstrukturierungen wären etwa zu nennen: der Entschluss zur Personalreduzierung bei unveränderter betriebswirtschaftlicher Organisation, „personelle Umstrukturierung" durch Übertragung bisher von Arbeitnehmern erbrachten Tätigkeiten auf freie Mitarbeiter, zuletzt BAG, NZA 2008, 878 – Es ist von der Unternehmerfreiheit gedeckt und nicht missbräuchlich, wenn ein Arbeitgeber sich entschließt, Aufgaben nicht mehr selbst unter Einsatz eigener Arbeitnehmer zu erledigen, sondern durch Dritte vornehmen zu lassen. Das Gesetz zwingt den Marktteilnehmer nicht, den Bedarf an Leistungen ausschließlich durch Arbeitsverträge zu decken. Er kann vielmehr auf jeden rechtlich zulässigen Vertragstyp zurückgreifen, muss aber dann auch die jeweiligen – auch nachteiligen – rechtlichen Folgen in Kauf nehmen. So verzichtet er, wenn er keine Arbeitsverträge schließt, auf das Direktionsrecht, Tiling, Beteiligungsrechte beim Einsatz von Leiharbeitnehmern, BB 2009, S. 2422; Moll/Ittmann, Betriebsbedingte Kündigung und Leiharbeit, RdA 2008, 321 – Der Einsatz von Leiharbeitnehmern hat für die Erstellung und Umsetzung unternehmerischer Beschäftigungskonzepte unter Flexibilitäts- und Kostengesichtspunkten zunehmend an Bedeutung gewonnen. Es wird insbesondere im Rahmen von Rationalisierungs- und Umstrukturierungsmaßnahmen vermehrt angedacht, kurzfristig anlernbares und ebenso austauschbares, dabei gleichzeitig kostengünstiges Fremdpersonal (auch) anstelle von eigenem Personal weisungsgebunden einzusetzen. Nicht mehr hinnehmbar ist die Unternehmerentscheidung, die die Entlassung von Stammarbeitnehmern mit dem Ziel zur Folge hat, dieselben Arbeiten von Leiharbeitnehmern verrichten zu lassen. Hierin ist regelmäßig eine unzulässige Austauschkündigung zu sehen. Dringlich sind die betrieblichen Erfordernisse für die betriebsbedingte Kündigung nach dem Ultima-Ratio-Grundsatz nämlich nur dann, wenn den betrieblichen Erfordernissen nicht durch ebenso geeignete, aber weniger belastende Maßnahmen auf technischem, organisatorischem oder wirtschaftlichem Gebiet entsprochen und die Kündigung so vermieden werden kann, vgl. BAG v. 18.01.1990 – 2 AZR 183/89, AP Nr. 27 zu § 2 KSchG 1969; BAG v. 08.11.2007 – 2 AZR 418/06; Kiel, in APS, § 1 KSchG, RN 559, 562 Ausprägungen dieses Grundsatzes enthält § 1 Abs. 2 Satz 2 und 3 KSchG. Dem Arbeitgeber darf keine andere Möglichkeit zur Beschäftigung des Arbeitnehmers zu gleichen oder schlechteren Arbeitsbedingungen zur Verfügung stehen, vgl. BAG v. 27.09.1984 – 2 AZR 62/83, AP Nr. 8 zu § 2 KSchG 1969; Dörner, in APS, § 1 KSchG, RN 98. Beschäftigt ein Arbeitgeber dauerhaft Leiharbeitnehmer, so hat er zur Vermeidung einer betriebsbedingten Kündigung eines Stammarbeitnehmers zunächst den Einsatz des Leiharbeitnehmers zu beenden, soweit dieser auf einem für die Stammarbeitskraft geeigneten Arbeitsplatz beschäftigt wird, LAG Berlin-Brandenburg, Urteil vom 03.03.2009 – 12 Sa 2468/08, ArbRAktuell 2009, 286682 Der Unternehmer begibt sich in Umsetzung seiner unternehmerischen Entscheidung seines gerade durch das persönliche Weisungsrecht geprägten Einflusses auf seine vormaligen Arbeitnehmer. Voraussetzung ist, dass es sich bei den neu einzugehenden Vertragsverhältnissen tatsächlich und nicht nur zum Schein um solche einer freien Mitarbeit handelt.

Die Kündigung ist nicht wegen einer fehlerhaften sozialen Auswahl sozial ungerechtfertigt i. S. des § 1 Abs. 3 S. 1 i.V. mit § 1 Abs. 2 KSchG. Die soziale Auswahl war nicht grob fehlerhaft i. S. des § 1 Abs. 5 S. 2 KSchG. Die Bekl. hat ihre Auskunftspflicht nach § 1 Abs. 3 S. 1 Halbs. 2 KSchG – wozu sie auch in den Fällen des § 1 Abs. 5 KSchG verpflichtet blieb[30] – erfüllt. Dies stellt die Revision nicht in Abrede.

Grob fehlerhaft ist eine soziale Auswahl nur, wenn ein evidenter, ins Auge springender schwerer Fehler vorliegt und der Interessenausgleich **jede Ausgewogenheit** vermissen lässt. Durch § 1 Abs. 5 S. 2 KSchG soll den Betriebspartnern ein weiter Spielraum bei der Sozialauswahl eingeräumt werden. Das Gesetz geht davon aus, dass unter anderem durch die Gegensätzlichkeit der von den Betriebspartnern vertretenen Interessen und durch die auf beiden Seiten vorhandene Kenntnis der betrieblichen Verhältnisse gewährleistet ist, dass dieser Spielraum angemessen und vernünftig genutzt wird. Nur wo dies nicht der Fall ist, sondern der vom Gesetzgeber gewährte Spielraum verlassen wird, so dass der Sache nach nicht mehr von einer „sozialen" Auswahl die Rede sein kann, darf grobe Fehlerhaftigkeit angenommen werden.[31] Dieser Prüfungsmaßstab gilt nicht nur für die sozialen Indikatoren und deren Gewichtung selbst. Vielmehr wird auch die Bildung der auswahlrelevanten Gruppen von den Gerichten für Arbeitssachen nur auf ihre groben Fehler überprüft.[32]

Danach hat das LAG seinen Beurteilungsspielraum nicht verletzt, soweit es die von den Betriebspartnern vorgenommene Untergliederung der Arbeitnehmer in Maschinenbediener und Montierer angesichts der unterschiedlichen tariflichen Einstufung und der Tatsache, dass die beiden Beschäftigtengruppen nach dem Konzept der Betriebsparteien im Interessenausgleich eine unterschiedliche Rolle spielten, nicht als grob fehlerhaft angesehen hat.

Sowohl bei den zu verrichtenden Tätigkeiten der Maschinenbediener als auch derjenigen der Montierer handelt es sich nach dem Vortrag des Kl. um Hilfs-/Anlerntätigkeiten. Unstreitig bestehen jedoch Unterschiede in der Eingruppierung. Die Maschinenbediener sind in Lohngruppen 2,5 oder 3 eingruppiert, während die Montierer vorwiegend in Lohngruppe 2 des einschlägigen Tarifvertrags eingruppiert

---

[30] Vgl. BAG, NZA 2006, 64 Os. = NJOZ 2005, 5103 = AP BetrVG 1972 § 112 Namensliste Nr. 1 = EzA KSchG § 1 Interessenausgleich Nr. 11.
[31] BAG, NZA 2008, 1060 = NJW 2008, 2940 L = AP KSchG 1969 § 1 Namensliste Nr. 17 = EzA KSchG § 1 Interessenausgleich Nr. 15; BAG, NZA-RR 2008, 571 = AP KSchG 1969 § 1 Soziale Auswahl Nr. 96.
[32] BAG, NZA 2008, 1060 = NJW 2008, 2940 L = AP KSchG 1969 § 1 Namensliste Nr. 17; BAG, Urt. v. 23.10.2008 – 2 AZR 163/07, BeckRS 2009, 60407.

sind. Gerade bei Hilfstätigkeiten kann aber der tariflichen Eingruppierung für die Beurteilung der Vergleichbarkeit eine indizielle Bedeutung zukommen.[33] Der Kl. hat im Übrigen selbst vorgetragen, die unterschiedliche Eingruppierung indiziere, „dass die Maschinenbediener über mehr Kenntnisse und Fähigkeiten verfügen als die Montierer", was gleichfalls gegen eine Gleichwertigkeit der zu verrichtenden Tätigkeiten und die erforderliche horizontale Vergleichbarkeit spricht. Dann kann aber nicht angenommen werden, die Bildung der Vergleichgruppen lasse evident die erforderliche Ausgewogenheit vermissen.[34]

Das LAG hat zutreffend angenommen, ein etwa mit dem Verbot der Altersdiskriminierung in der Richtlinie 2000/78/EG inhaltlich übereinstimmender Grundsatz des Gemeinschaftsrechts[35] stehe nach der Rechtsprechung des EuGH Regelungen, die an das Lebensalter anknüpfen, nicht im Wege, so lange diese Regelungen – wie in Art. 6 Abs. 1 der Richtlinie 2000/78/EG vorgesehen – objektiv und angemessen sind und durch ein legitimes Ziel gerechtfertigt sind sowie die eingesetzten Mittel zur Erreichung dieses Ziels angemessen und erforderlich sind.[36] Von einer derartigen Rechtfertigung ist im Streitfall aber sowohl in Bezug auf die der Namensliste zu Grunde liegende Auswahlrichtlinie nebst dazu vereinbartem Punkteschema als auch im Hinblick auf die von den Betriebsparteien zur Sicherung der bisherigen Personalstruktur gebildeten Altersgruppen auszugehen.

Die Berücksichtigung des Lebensalters bei der sozialen Auswahl, wie hier in der Auswahlrichtlinie und im Punkteschema vereinbart, stellt zwar eine an das Alter anknüpfende unterschiedliche Behandlung dar. Sie ist jedoch – wie das BAG zwischenzeitlich in Bezug auf eine nach Inkrafttreten des AGG erklärte Kündigung entschieden hat – selbst gemessen an § 10 S. 1 und 2 AGG gerechtfertigt, denn sie verfolgt ein legitimes Ziel das darin besteht, ältere Arbeitnehmer, die wegen ihres Alters typischerweise schlechtere Chancen auf dem Arbeitsmarkt haben, etwas bes-

---

[33] BAGE 104, 138 [145] = NZA 2003, 849; BAGE 123, 20 = NZA 2007, 1362 = NJW 2007, 3595 L = AP KSchG 1969 § 1 Soziale Auswahl Nr. 93 = EzA KSchG § 1 Soziale Auswahl Nr. 76.
[34] Danach kann sich der Kl. jedenfalls nicht erfolgreich darauf berufen, die Bekl. habe vorrangig sozial weniger schutzbedürftige Montierer, insbesondere die Arbeitnehmer S, X, B, J und A entlassen müssen. Ob die Betriebsparteien einzelne der vom Kl. benannten Montierer zu Recht als „unabkömmlich" angesehen haben, kann dahinstehen. Diskriminierungsverbote stehen im Streitfall weder der Berücksichtigung des Lebensalters im Rahmen des zu Grunde gelegten Punkteschemas – wogegen die Revision keine Einwände erhebt – noch der Bildung von Altersgruppen entgegen.
[35] Vgl. dazu EuGH, Slg. 2005, I-9981 = NZA 2005, 1345 = NJW 2005, 3695 – Mangold.
[36] Vgl. EuGH, Slg. 2005, I-9981 = NZA 2005, 1345 = NJW 2005, 3695 – Mangold; im Anschluss daran BAG, NZA 2008, 103 = AP KSchG 1969 § 1 Namensliste Nr. 16 = EzA KSchG § 1 Interessenausgleich Nr. 13; BAG, NZA 2008, 405 = NJW 2008, 1102 L = AP KSchG 1969 § 1 Betriebsbedingte Kündigung Nr. 169 = EzA KSchG § 1 Soziale Auswahl Nr. 78.

ser zu schützen. Das Gesetz legt in § 1 Abs. 3 S. 1 KSchG für die unterschiedliche Behandlung auch objektive und angemessene Kriterien fest, indem es das Lebensalter als eines von vier gleichgewichtig zu berücksichtigenden Merkmalen der sozialen Auswahl vorschreibt.[37] Die Mittel zur Erreichung dieses Ziels sind sowohl in der abstrakten Festlegung als auch in der konkreten Anwendung angemessen und erforderlich.

Die Berücksichtigung des Lebensalters als Sozialdatum ist zur Einbeziehung individueller Arbeitsmarktchancen bei der Sozialauswahl geeignet und erforderlich.[38] Die hier zu Grunde gelegte Auswahlrichtlinie nebst Punkteschema ist unter dem Gesichtspunkt einer Ungleichbehandlung wegen des Alters nicht zu beanstanden. Die nach dem Gesetz vorgesehenen sozialen Gesichtspunkte sind insgesamt berücksichtigt. Die in der Punktezuteilung zum Ausdruck kommende Gewichtung der Sozialdaten wird von der Revision nicht angegriffen. Sie eröffnet die Möglichkeit, dass jedes der Abwägungselemente – nicht allein das Lebensalter – den Ausschlag geben kann. Dabei haben die Betriebsparteien die Beschäftigungszeit pro Jahr mit 2 Punkten gegenüber dem Lebensalter mit 1 Punkt pro Jahr stärker gewichtet. Zum anderen berücksichtigt das Schema mit 10 Punkten je unterhaltsberechtigtem Kind und 5 Punkten für jede andere unterhaltsberechtigte Person unter anderem auch die typischen Interessen junger Familien.[39] Auch die der Sozialauswahl und damit der Namensliste zu Grunde liegende Bildung von Altersgruppen, die vom Grundsatz her ebenfalls eine unterschiedliche Behandlung wegen des Alters mit sich bringt[40] ist, wie das LAG zutreffend entschieden hat, nicht zu beanstanden.

Die mit der Regelung verbundene unterschiedliche Behandlung wegen des Alters ist objektiv und angemessen. Sie erfolgt nicht mit Rücksicht auf persönlich-private oder zufällige Gesichtspunkte, sondern richtet sich nach von einzelnen Personen losgelösten Kriterien[41] innerhalb eines plausiblen Systems nach bestimmten, in der Sache begründeten Proportionen. Die bisherige Verteilung der Beschäftigten auf die Altersgruppen findet ihre prozentuale Entsprechung in der Anzahl der in der jeweiligen Altersgruppe zu Kündigenden, wodurch die Erhaltung der bisherigen prozentualen Anteile der Altersgruppen an der Gesamtbelegschaft – in etwa – erreicht wird. Dass hierdurch in der Altersgruppe des Kl. effektiv mehr Arbeitnehmer von einer Kündigung betroffen waren als in anderen Altersgruppen, hat seinen Grund darin, dass in dieser Altersgruppe mehr Arbeitnehmer als in anderen Altersgruppen be-

---

[37] BAG, NZA 2009, 361 = DB 2009, 626 RN 44.
[38] BAG, NZA 2009, 361 = DB 2009, 626 RN 46.
[39] BAG, NZA 2009, 361 = DB 2009, 626 RN 47.
[40] BAG, NZA 2009, 361 = DB 2009, 626 RN 49.
[41] BAG, NZA 2009, 361 = DB 2009, 626 RN 51.

schäftigt waren. Die verhältnismäßige Betroffenheit der Gruppe bleibt jedoch gleich. Die Würdigung des LAG, die Altersgruppenregelung sei, wie auch die ihr zu Grunde liegende Regelung des § 1 Abs. 3 S. 2 KSchG, durch ein legitimes Ziel gerechtfertigt, ist im Ergebnis gleichfalls nicht zu beanstanden.

Wie das BAG in seiner Entscheidung vom 06.11.2008[42] im Einzelnen ausgeführt hat, müssen die legitimen Ziele einer Altersgruppenregelung vom Arbeitgeber im Prozess zwar grundsätzlich dargelegt werden. Indes ist vom Vorhandensein solcher legitimer Ziele regelmäßig auszugehen, wenn die Altersgruppenbildung bei Massenkündigungen auf Grund einer Betriebsänderung erfolgt, da in diesen Fällen regelmäßig die Erhaltung einer auch altersmäßig ausgewogenen Personalstruktur[43] gefährdet ist. Die unterschiedlichen Vorzüge der unterschiedlichen Lebensalter können aber nur dann im Sinne eines langfristigen erfolgreichen Zusammenwirkens der Belegschaft zur Geltung kommen, wenn möglichst alle Lebensalter im Betrieb vertreten sind. Insoweit liegt die Erhaltung einer altersgemischten Belegschaft sowohl im Interesse der Gesamtheit der Belegschaft als auch im Wettbewerbsinteresse des Arbeitgebers, das unter dem Schutz der Art. 2 Abs. 1, Art. 12 GG steht.[44] Zudem vermeidet die Altersgruppenbildung nicht nur eine Überalterung der Belegschaft, sondern ebnet auch die bei Massenkündigungen etwa überschießenden Tendenzen der Bewertung des Lebensalters als Sozialdatum ein und wirkt so einer übermäßigen

---

[42] BAG, NZA 2009, 361 = DB 2009, 626 RN 54.

[43] Der Gesetzgeber hat zwar den **Begriff der Personalstruktur** nicht definiert. In der Gesetzesbegründung findet sich aber folgender Hinweis: „Sicherung der Personalstruktur bedeutet, dass der Arbeitgeber von der Auswahl nach Sozialkriterien abweichen kann, um die Personalstruktur so wie sie aufgebaut ist, zu erhalten" BT-Drucks. 15/1204, S. 11. Der Arbeitgeber darf Arbeitnehmer also nicht nur von der Sozialauswahl ausnehmen, um eine ausgewogene Personalstruktur zu schaffen, Ulrich, in Moll, Münchener Anwaltshandbuch Arbeitsrecht, § 40 Kündigung, RN 190; BAG NZA 2007, 197; Däubler, NZA 2004, 182 – eine **verfehlte Personalpolitik darf nicht anlässlich eines Personalabbaus zu Lasten der Arbeitnehmer korrigiert werden.** Der Ausnahmetatbestand auch greift auch dann, wenn die Personalstruktur bereits unausgewogen ist und durch Anwendung der Kriterien über die soziale Auswahl eine weitere Verschlechterung (etwa eine noch stärkere Überalterung) verhindert werden soll, Kittner, AuR 1997, 189; Thüsing/Stelljes, BB 2003, 1675; Zwanziger, BB 1997, 627; Preis, NZA 2003, 705 – die Sozialauswahl zur „Schaffung" einer ausgewogenen Personalstruktur zu nutzen würde die Konsequenzen einer verfehlten Personalpolitik vollends auf die Arbeitnehmer verlagern, ohne dass der Arbeitgeber dafür auch nur einen finanziellen Ausgleich in Form der Abfindung zahlen müsste. Für den krassen Fall der Insolvenz ist dies allerdings in § 125 InsO vorgesehen. Die Berücksichtigung des Lebensalters – neben den übrigen Auswahlkriterien – im Punkteschema führt mit einer hinnehmbaren Unschärfe zur Einbeziehung individueller Arbeitsmarktchancen, ohne dass das Alter allein und damit gewissermaßen „abstrakt" die Auswahl beeinflussen würde. Die **durch die Gruppenbildung erstrebte Erhaltung der Altersstruktur verhindert eine übermäßige Belastung jüngerer Beschäftigter**, vgl. auch Thüsing, BB 2007, 1506; Nupnau, DB 2007, 1202; Kock, Rechtsprechungsübersicht zur personenbedingten Kündigung 2007/2008, BB 2009, S. 270.

[44] BAG, NZA 2009, 361.

Belastung jüngerer Arbeitnehmer entgegen.[45] Die Altersgruppenregelung ist auch in ihrer konkreten Ausgestaltung nicht zu beanstanden. Das BAG hat wiederholt Gruppenbildungen im Rahmen von „Zehnerschritten" als unbedenklich angesehen.[46] Die Bekl. hat unwidersprochen vorgetragen, eine Sozialauswahl ohne Altersgruppenbildung hätte sie nahezu ihres gesamten Nachwuchses beraubt, ohne dass es ihr – wegen des bestehenden Nachfrageeinbruchs – möglich gewesen wäre, dies in absehbarer Zeit wieder durch Neueinstellungen auszugleichen. Die von den Betriebsparteien vorgenommene prozentuale Beteiligung der Altersgruppen an der Gesamtzahl der Kündigungen führt dagegen dazu, dass die bisherige Struktur zunächst „eingefroren" wird. Hätte die Bekl. dagegen, wie es der Kl. für geboten erachtet, in jeder Altersgruppe die gleiche absolute Zahl von Arbeitnehmern gekündigt, stiege der Altersdurchschnitt regelmäßig weiter an, wenn auch nicht in dem Maße, wie dies ohne Altersgruppenbildung der Fall wäre. § 1 Abs. 3 S. 2 KSchG sieht eine „Sicherung" der Struktur aber gerade vor. Dass im Bereich der Maschinenbediener in der Altersgruppe des Kl. eine geringfügige Verbesserung des Altersdurchschnitts von 47,4 Jahren auf 46,8 Jahren eintrat, stellt die Angemessenheit der Regelung nicht in Frage, da dies lediglich auf Rundungen beruht. Unabhängig davon, dass sich damit die Bildung der Altersgruppen nicht als grob fehlerhaft erweist, hat der Kl., selbst nach Vorlage der für andere Altersgruppen erstellten Auswahllisten durch die Bekl., auch keine Maschinenbediener anderer Altersgruppen benannt, die bei einer Sozialauswahl ohne Altersgruppenbildung vor ihm zu kündigen gewesen wären.

Die soziale Auswahl erweist sich auch nicht im Hinblick auf die beim Kl. konkret zu Grunde gelegten Sozialdaten als grob fehlerhaft. Soweit die Betriebsparteien ausgehend von dem Abschlussdatum der Auswahlrichtlinie (12.05.2006) auf Grund des Lebensalters des Kl. und seiner Betriebszugehörigkeit insgesamt 85 Sozialpunkte ermittelt haben, ist eine grobe Fehlerhaftigkeit der Bewertung nicht ersichtlich. Anhaltspunkte für eine willkürliche Festlegung des der Berechnung zu Grunde gelegten Stichtags liegen, was die genannten Sozialdaten anbelangt, nicht vor.[47]

Ob die Betriebsparteien in der Auswahlrichtlinie auch hinsichtlich der Feststellung der Unterhaltsverpflichtungen der Arbeitnehmer insgesamt sachlich angemessene Regelungen getroffen haben, kann im Ergebnis offen bleiben. Bedenken ergeben sich insbesondere daraus, dass die Betriebsparteien in der Auswahlrichtlinie als

---

[45] BAG, NZA 2009, 361 RN 59; BAG, NZA 2008, 103 = AP KSchG 1969 § 1 Namensliste Nr. 16 = EzA KSchG § 1 Interessenausgleich Nr. 13.

[46] BAGE 120, 115 = AP BGB § 311a Nr. 1; BAG, NZA 2008, 103 = AP KSchG 1969 § 1 Namensliste Nr. 16 = EzA KSchG § 1 Interessenausgleich Nr. 13 und zuletzt BAG, NZA 2009, 361 = DB 2009, 626 RN 55ff.

[47] Zur Zulässigkeit von Stichtagsregelungen vgl. auch BAGE 120, 115 = AP BGB § 311a Nr. 1.

Stichtag für die Mitteilung nicht aus der Lohnsteuerkarte ersichtlicher Verhältnisse den 05.05.2006 bezeichnet haben, mithin einen Termin, der vor Abschluss des Interessenausgleichs und der Auswahlrichtlinie liegt. Selbst wenn man dem Kl. deshalb zubilligte, sich auch noch zu einem späteren Zeitpunkt auf bestehende Unterhaltsverpflichtungen zu berufen, ergäbe sich allenfalls eine zu berücksichtigende Unterhaltsverpflichtung gegenüber seinem – wohl verwitweten – Vater, denn nur insoweit hat der Kl. durch Nachreichung einer Unterhaltsbescheinigung vom 12.02.2007, und dies auch nicht für die Vergangenheit, einen entsprechenden Nachweis geführt. Selbst ausgehend von dann erreichten 90 Sozialpunkten ergäbe sich aber nicht, dass der Kl. sozial schutzbedürftiger wäre als die von ihm benannten Maschinenbediener *I* (93 Sozialpunkte), S (91 Sozialpunkte) und C (90 Sozialpunkte). Dass die Bekl. Herrn *I* fünf Sozialpunkte für eine Unterhaltsverpflichtung gegenüber seiner Ehefrau zuerkannt hat, ist nicht zu beanstanden. Dem Arbeitgeber ist es nicht verwehrt, einen „Doppelverdienst" außer Betracht zu lassen[48] Sogar unter Berücksichtigung weiterer zwei Sozialpunkte auf Grund einer im Zeitpunkt des Zugangs der Kündigung erreichten längeren Betriebszugehörigkeit von einem Jahr wäre der vom Kl. geltend gemachte Punkteabstand von dann 92 Punkten gegenüber den Arbeitnehmern C und S noch derart marginal, dass jedenfalls keine „grobe" Abweichung anzunehmen wäre.

Vom BAG (06.11.2008) gebilligtes Punkteschema.[49] Das BAG billigte folgendes Punkteschema, das für die Praxis wohl als Orientierung dienen kann[50]:

Kriterium		Punkte
Lebensalter[51]	für jedes vollendete Jahr nach dem 18. Lebensjahr	1 Punkt je Lebensjahr
Dauer der Betriebszugehörigkeit	für jedes Beschäftigungsjahr	1,5 Punkte

---

[48] BAG, NZA 2003, 791 = AP KSchG 1969 § 1 Soziale Auswahl Nr. 59 = EzA KSchG § 1 Soziale Auswahl Nr. 49.
[49] Die in der Punktezuteilung zum Ausdruck kommenden Gewichtung der Sozialdaten muss die Möglichkeit eröffnen, dass jedes der Abwägungselemente – nicht allein das Lebensalter – den Ausschlag geben kann und keine Übergewichtung eines Sozialkriteriums erfolgt.
[50] BAG, NZA 2009, 365 RN 47; vorsichtiger noch Prütting/Wegen/Weinreich/Lingemann, BGB, 4. Aufl. (2009), § 10 AGG RN 27 ff.; Lingemann/Gotham, NZA 2007, 665.
[51] Das BAG hat klargestellt, dass auch unter Geltung des AGG eine lineare Punkteverteilung zulässig ist, dagegen Annuß, BB 2006, 1633; Willemsen/Schweibert, NJW 2006, 2586, BAG, NZA 2009, 365 RN 46 f.

Unterhaltspflichten	Ehegatte/eingetragener Lebenspartner	5 Punkte
	Je Kind	7 Punkte
Schwerbehinderte oder Gleichgestellte		11 Punkte 9 Punkte

Das BAG (Urteil vom 12.03.2009) bestätigte auch folgendes Punkteschema:

Kriterium		Punkte
Lebensalter[52]	für jedes vollendete Jahr nach dem 18. Lebensjahr	1 Punkt je Lebensjahr
Dauer der Betriebszugehörigkeit	für jedes Beschäftigungsjahr	2 Punkte
Unterhaltspflichten	Ehegatte/eingetragener Lebenspartner	5 Punkte
	Je Kind	10 Punkte
Schwerbehinderte oder Gleichgestellte		10 Punkte 10 Punkte

Folgende Altersgruppenbildung billigte das BAG für Kündigungen nach Inkrafttreten des AGG:[53]

- älter als 25 Jahre bis zum vollendeten 35. Lebensjahr
- älter als 35 Jahre bis zum vollendeten 45. Lebensjahr
- älter als 45 Jahre bis zum vollendeten 55. Lebensjahr
- älter als 55 Jahre.

Die mit der Altersgruppenregelung verbundene unterschiedliche Behandlung wegen des Alters muss objektiv und angemessen und nicht mit Rücksicht auf persönlich-private oder zufällige Gesichtspunkte erfolgen. Sie muss sich nach von einzelnen Personen losgelösten Kriterien innerhalb eines plausiblen Systems nach bestimmten, in der Sache begründeten Proportionen richten. Die Verteilung der Beschäftigten auf die Altersgruppen soll ihre prozentuale Entsprechung in der Anzahl der in der jeweiligen Altersgruppe zu Kündigenden finden, wodurch die Erhaltung der bisheri-

---

[52] Das BAG hat klargestellt, dass auch unter Geltung des AGG eine lineare Punkteverteilung zulässig ist, dagegen Annuß, BB 2006, 1633; Willemsen/Schweibert, NJW 2006, 2586. BAG, NZA 2009, 365 RN 46 f.
[53] BAG, NZA 2009, 361 (366).

gen prozentualen Anteile der Altersgruppen an der Gesamtbelegschaft – in etwa – erreicht wird. Die legitimen Ziele einer Altersgruppenregelung müssen vom Arbeitgeber im Prozess grundsätzlich dargelegt werden. Vom Vorhandensein solcher legitimer Ziele ist regelmäßig dann auszugehen, wenn die Altersgruppenbildung bei Massenkündigungen auf Grund einer Betriebsänderung erfolgt, da in diesen Fällen regelmäßig die Erhaltung einer auch altersmäßig ausgewogenen Personalstruktur gefährdet ist. Die unterschiedlichen Vorzüge der unterschiedlichen Lebensalter können aber nur dann im Sinne eines langfristigen erfolgreichen Zusammenwirkens der Belegschaft zur Geltung kommen, wenn möglichst alle Lebensalter im Betrieb vertreten sind. Insoweit liegt die Erhaltung einer altersgemischten Belegschaft sowohl im Interesse der Gesamtheit der Belegschaft als auch im Wettbewerbsinteresse des Arbeitgebers, das unter dem Schutz der Art. 2 Abs. 1 Art. 12 GG steht.

Muster Interessenausgleich nach § 125 InsO und Sozialplan
„Interessenausgleich und Sozialplan":
Zwischen
Herrn Rechtsanwalt S. als Insolvenzverwalter über das Vermögen der Max Muster
– nachfolgend Arbeitgeber genannt –
und
dem Betriebsrat der Max Muster GmbH, Musterstraße 1, 68163 Mannheim
– nachfolgend Betriebsrat genannt –
wird folgender Interessenausgleich nach § 125 InsO und Sozialplan vereinbart:

I. Interessenausgleich
1. Umzusetzende Maßnahmen
Arbeitgeber und Betriebsrat stimmen darin überein, dass das unternehmerische Konzept nach der unternehmerischen Entscheidung vom [TT.MM.JJJJ] nach Beratung zwischen den Betriebsparteien umgesetzt wird, allerdings mit nachfolgenden Modifikationen:

In der Abteilung [a] werden statt [y] Maschinen nur [x] Maschinen stillgelegt, so dass ein Beschäftigungsbedarf von [A] Arbeitnehmern statt [B] Arbeitnehmern wegfällt.

Die Ausgliederung der Kantine sowie der Reinigungsarbeiten wird zum [TT.MM.JJJJ] erfolgen.

2. Hinsichtlich der Sozialauswahl der zu kündigenden Arbeitnehmer besteht Einigkeit – vorbehaltlich einer abschließenden Würdigung – über vorliegendes Punktesystem:

Kriterium		Punkte
Lebensalter[54]	für jedes vollendete Jahr nach dem 18. Lebensjahr	1 Punkt je Lebensjahr
Dauer der Betriebszugehörigkeit	für jedes Beschäftigungsjahr	1,5 Punkte
Unterhaltspflichten	Ehegatte/eingetragener Lebenspartner Je Kind	5 Punkte 7 Punkte
Schwerbehinderte oder Gleichgestellte		11 Punkte 9 Punkte

3. Arbeitnehmer mit Arbeitsvertragsverkürzung
Nachfolgende Arbeitnehmer haben sich mit einer Verkürzung der Arbeitszeit einverstanden erklärt:

Name   bisherige Wochenarbeitszeit   zukünftige Wochenarbeitszeit

....

4. Zu kündigende Arbeitnehmer
Nachfolgende Arbeitnehmer werden betriebsbedingt gekündigt:
Name   Ehestand   Unterhaltspfl.   beschäftigt   Kündigungsfrist   Beendigungsdatum
                   Kinder lt.   seit
                   LStK

....

Der Betriebsrat erklärt, im Zuge der Beratungen zu den Kündigungen der vorbenannten Mitarbeiter nach § 102 BetrVG[55] angehört worden zu sein. Kündigungs-

---

[54] Das BAG hat klargestellt, dass auch unter Geltung des AGG eine lineare Punkteverteilung zulässig ist, dagegen Annuß, BB 2006, 1633; Willemsen/Schweibert, NJW 2006, 2586. BAG, NZA 2009, 365 RN 46 f.

[55] Ein Punkteschema für die soziale Auswahl ist eine nach § 95 Abs. 1 BetrVG mitbestimmungspflichtige Auswahlrichtlinie, wenn es der Arbeitgeber nicht generell auf alle künftigen betriebsbedingten Kündigungen, sondern nur auf konkret bevorstehende Kündigungen anwenden will. Verletzt der Arbeitgeber in einem solchen Fall das Mitbestimmungsrecht, kann ihm **auf Antrag des Betriebsrats die Wiederholung des mitbestimmungswidrigen Verhaltens auf der Grundlage des allgemeinen Unterlassungsanspruchs gerichtlich untersagt werden.** Die Richtlinien sollen lediglich seinen Ermessensspielraum durch die Aufstellung von Entscheidungskriterien einschränken, ohne dass sie ihn praktisch gänzlich beseitigen dürfen, BAG 27.10.1992 – 1 ABR 4/92 – BAGE 71, 259. Auswahlrichtlinien, deren Aufstellung der Betriebsrat aus eigener Initiative verlangt, müssen sich nach § 95 Abs. 2 BetrVG über die fachlichen und persönlichen Voraussetzungen und die sozialen Gesichtspunkte verhalten, die bei der betreffenden personellen Maßnahme

gründe, Namen und Sozialdaten der betreffenden Mitarbeiter wurden in jedem Einzelfall erläutert. Der Betriebsrat gibt zu den Kündigungen keine Stellungnahme ab.

II. Sozialplan

Zum Ausgleich für die betriebsbedingten Kündigungen[56] erhalten die Mitarbeiter eine Abfindungszahlung.

---

zu beachten sind. Bei dem unter den vergleichbaren Arbeitnehmern nach § 1 Abs. 3 Satz 1 KSchG durchzuführenden Vergleich der Sozialindikatoren (Betriebszugehörigkeit, Alter, Unterhaltspflichten, Schwerbehinderung) hat der Arbeitgeber – bzw. im Rahmen von § 1 Abs. 4 KSchG die Betriebsparteien – einen Wertungsspielraum, BAG, Urteil vom 02.06.2005 – 2 AZR 480/04 – BAGE 115, 92 = AP KSchG 1969 § 1 Soziale Auswahl Nr. 75. Ist in einer Betriebsvereinbarung nach § 95 BetrVG aber festgelegt, wie die sozialen Gesichtspunkte im Verhältnis zueinander zu bewerten sind, kann die Bewertung nach § 1 Abs. 4 KSchG nur auf grobe Fehlerhaftigkeit überprüft werden. **Grob fehlerhaft** ist die Gewichtung der Sozialdaten dann, wenn sie **jede Ausgewogenheit** vermissen lässt, das heißt wenn einzelne Sozialdaten überhaupt nicht, eindeutig unzureichend oder mit eindeutig überhöhter Bedeutung berücksichtigt wurden, vgl. BAG, Urteil vom 05.12.2002 – 2 AZR 697/01 – BAGE 104, 138 = = AP KSchG 1969 § 1 Soziale Auswahl Nr. 60. Darüber hinaus bindet sich der Arbeitgeber auch für die Bewertung der Sozialdaten selbst an die Bewertung und Gewichtung der sozialen Auswahlrichtlinien. **Auswahlrichtlinien nach § 95 BetrVG** i.V. mit § 1 Abs. 4 KSchG können die gesetzlichen Anforderungen für die Vergleichbarkeit von Arbeitnehmern nicht verdrängen, Krieger, FD-ArbR 2008, 266885. § 1 Abs. 4 KSchG betrifft nur die Gewichtung der Auswahlkriterien und nicht die Zusammensetzung des auswahlrelevanten Personenkreises oder die Konkretisierung der entgegenstehenden betrieblichen Bedürfnisse i. S. von § 1 Abs. 3 S. 2 KSchG. Eine Auswahlrichtlinie kann deshalb nicht die Vergleichbarkeit oder Nichtvergleichbarkeit von Arbeitnehmern vorgeben, beispielsweise indem die Richtlinie bestimmte Arbeitnehmer bestimmter Abteilungen oder Arbeitsgruppen zu Vergleichsgruppen zusammenfasst. Grob fehlerhaft i. S. von **§ 1 Abs. 4 KSchG** ist eine Gewichtung der Sozialdaten dann, wenn sie jede Ausgewogenheit vermissen lässt, d.h., wenn einzelne Sozialdaten überhaupt nicht, eindeutig unzureichend oder mit eindeutig überhöhter Bedeutung berücksichtigt werden. Je weiter der arbeitsvertraglich geregelte Einsatzbereich eines ArbN gefasst wird, umso weiter ist auch der Kreis der vergleichbaren ArbN zu ziehen, BAG, Urteil vom 17.01.2002 EzA KSchG § 1 Soziale Auswahl Nr. 47 – Sozialauswahl unter allen Reinigungskräften eines Reinigungsbetriebes. Der ArbN hat einen Anspruch darauf, dass zunächst ArbN, die sozial weniger schutzbedürftig sind, gekündigt wird, soweit sie zum funktionellen Einsatzbereich eines kündigungsbedrohten ArbN zuzurechnen sind.

[56] Das Gebot der ausreichenden Berücksichtigung sozialer Gesichtspunkte bei der Auswahl des zu kündigenden Arbeitnehmers gilt auch für betriebsbedingte Änderungskündigungen, Herbert/ Oberrath, Die soziale Rechtfertigung der betriebsbedingten Änderungskündigung, NJW 2008, 3177 – eine Änderungskündigung im Anwendungsbereich des KSchG ebenso der sozialen Rechtfertigung gem. § 1 Abs. 2 KSchG wie eine Beendigungskündigung, vgl. BAG, NZA 1990, 734 (735); NJOZ 2002, 1487 (§ 2 S. 1 KSchG). Die **Änderungskündigung muss also durch einen personen-, verhaltens- oder betriebsbedingten Kündigungsgrund veranlasst sein** und es muss im Falle der betriebsbedingten Kündigung eine Sozialauswahl stattfinden. **Maßgeblicher Zeitpunkt für die Beurteilung der Sozialwidrigkeit der Änderungskündigung ist dabei der Zeitpunkt des Zugangs der Kündigungserklärung**, vgl. BAG, NJW 1982, 2839 Eine betriebsbedingte Änderungskündigung ist wirksam, wenn sich der Arbeitgeber bei einem an sich anerken-

nenswerten Anlass darauf beschränkt hat, lediglich solche Änderungen vorzuschlagen, die der Arbeitnehmer billigerweise hinnehmen muss. Im Rahmen der §§ 1, 2 KSchG ist dabei zu prüfen, ob das Beschäftigungsbedürfnis für den betreffenden Arbeitnehmer zu den bisherigen Vertragsbedingungen entfallen ist, BAGE 118, 190 = NJW 2006, 3373. Da bei einer betriebsbedingten Änderungskündigung die soziale Rechtfertigung des Änderungsangebots im Vordergrund steht, ist anders als bei einer Beendigungskündigung bei der Sozialauswahl primär darauf abzustellen, wie sich die vorgeschlagene Vertragsänderung auf den sozialen Status vergleichbarer Arbeitnehmer auswirkt, BAG, NJOZ 2008, 4233 f. Deshalb ist vor allem zu prüfen, ob der Arbeitgeber, statt die Arbeitsbedingungen des gekündigten Arbeitnehmers zu ändern, diese Änderung einem anderen Arbeitnehmer hätte anbieten können, dem sie in sozialer Hinsicht eher zumutbar gewesen wäre. Für eine Vergleichbarkeit der Arbeitnehmer im Rahmen einer Änderungskündigung müssen die Arbeitnehmer auch für die Tätigkeit, die Gegenstand des Änderungsangebots ist, wenigstens annähernd gleich geeignet sein. Die Austauschbarkeit bezieht sich auch auf den mit der Änderungskündigung angebotenen, BAG, NJOZ 2008, 4233. Außerhalb des Geltungsbereichs des KSchG muss eine Änderungskündigung nicht i. S. von § 1 KSchG sozial gerechtfertigt sein, ihre Unwirksamkeit kann allerdings aus einem Verstoß gegen die guten Sitten (§ 138 BGB) oder den Grundsatz von Treu und Glauben (§ 242 BGB) resultieren. Die teilweise vertretene analoge Anwendung des § 2 KSchG, Künzl, in APS, § 2 RN 351 ist abzulehnen, weil der Weg über §§ 138, 242 BGB ausreichend ist. Anwendbar ist allerdings § 4 KSchG, wonach der Arbeitnehmer die dreiwöchige Klagefrist beachten muss. Zunächst ist zu prüfen, ob ein Grund die Kündigung sozial rechtfertigt, § 2 S. 1 i.V. mit § 1 Abs. 2 KSchG (das „Ob" der Änderungskündigung). Auf der **zweiten** Stufe muss das Änderungsangebot einer Verhältnismäßigkeitsprüfung Stand halten. Geprüft wird, ob der Arbeitgeber nur solche Änderungen vorgeschlagen hat, die der Arbeitnehmer billigerweise hinnehmen muss. Die Überprüfung der sozialen Rechtfertigung einer Änderungskündigung auf Grund einer Betriebsänderung (§ 111 BetrVG) gegenüber Arbeitnehmern, die in einem Interessenausgleich mit Namensliste erfasst sind, sind die Vermutungsregeln des § 1 Abs. 5 KSchG zu prüfen. Die Vermutung umfasst den Wegfall der Beschäftigungsmöglichkeit im Betrieb und das Fehlen einer anderweitigen Weiterbeschäftigungsmöglichkeit im Betrieb. Die Sozialauswahl ist zudem nur auf grobe Fehlerhaftigkeit zu überprüfen (§ 1 Abs. 5 S. 2 KSchG). § 2 S. 1 KSchG verweist allerdings nicht auf § 1 Abs. 5 KSchG, so dass sich die Frage stellt, ob die Vorschrift auf Änderungskündigungen anwendbar ist. Dies hat das BAG ausdrücklich bejaht, BAG, NZA 2008, 105. Die instanzgerichtliche Rechtsprechung bejahte überwiegend die Anwendbarkeit von § 1 Abs. 5 KSchG auf Änderungskündigungen, wobei die Reichweite der Vermutung unterschiedlich beurteilt wird, LAG Sachsen, Urt. v. 06.12.2005 – 7 Sa 584/05 und 7 Sa 585/05; ArbG Frankfurt a. M., Urt. v. 23.11.2005 – 22 Ca 2556/05; LAG Rheinland-Pfalz, Urt. v. 25.10.2005 – 2 Sa 425/05 RN 27, welches die Verhältnismäßigkeit des Änderungsangebots prüft und damit zum Ausdruck bringt, dass diese Prüfung von § 1 Abs. 5 KSchG nicht beschränkt wird; LAG Hamm, Urt. v. 18.01.2006 – 14 Sa 1126/05 RN 37; ebenso Gallner, in HK-KSchR, 2. Aufl., § 1 RN 646; Pfeiffer, in HK-KSchR, § 2 RN 4; Löwisch, NZA 2003, 692; ders., BB 2004, 157; Richardi, DB 2004, 488. In § 2 KSchG ist kein eigener Begriff der sozialen Rechtfertigung enthalten. Die Vorschrift verweist vielmehr ohne weiteres auf § 1 Abs. 2 S. 1 bis 3 und Abs. 3 S. 1 und 2 KSchG. Zu den Tatbestandsmerkmalen einer sozial gerechtfertigten Kündigung gehört bei einer betriebsbedingten Kündigung das Vorliegen dringender betrieblicher Erfordernisse, die einer Weiterbeschäftigung des Arbeitnehmers in diesem Betrieb entgegenstehen. § 1 Abs. 5 KSchG verändert die Darlegungs- und Beweislastregelung des § 1 Abs. 2 S. 4 KSchG, indem diese Norm eine gesetzliche Vermutung zu Gunsten des Vorliegens dringender betrieblicher Erfordernisse aufstellt. Da allgemein von der Anwendbarkeit des § 1 Abs. 2 S. 4 KSchG auch auf Änderungskündigungen ausgegangen wird, ist es folgerichtig, auch die Regelung des § 1 Abs. 5 S. 1 und 2 KSchG im Falle einer Änderungskündigung zur Anwendung zu bringen. Die Reichweite der Vermutungen nach § 1 V 1 KSchG erstreckt sich auf den Wegfall des Beschäftigungsbedürfnisses zu den bisherigen Bedingungen einschließlich des Fehlens einer anderweitigen Beschäftigungsmöglichkeit im Betrieb. Die Vermutungswirkung des § 1 Abs. 5 S. 1 KSchG ist zumindest dann auf die fehlende Weiterbeschäftigungsmöglichkeit in einem anderen Betrieb des Unternehmens zu erstrecken, BAG, NZA 2008, 105 = BB 2008, 224 ff.; NZA 2008, 634, wenn der Interessenausgleich vom hierfür zuständigen Gesamtbetriebsrat abgeschlossen wird. Der Gesamtbetriebsrat ist als Gremium auf Ebene des Unternehmens gebildet (vgl. § 47 Abs. BetrVG) und damit grundsätzlich legitimiert, die Frage der fehlenden Weiterbeschäftigungsmöglichkeit in anderen Betrieben des Unternehmens verbindlich i. S. des § 1 Abs. 5 S. 1 KSchG zu beurteilen. Der Gesamtbetriebsrat setzt sich gem. § 47 Abs. 2 BetrVG aus Mitgliedern jedes Betriebsrats des Unternehmens zusammen. Die Anwendung des § 1 Abs. 5 KSchG bei der Prüfung des Vorliegens dringender betrieblicher Erfordernisse besagt allerdings noch nichts darüber, ob die vorgeschlagene Änderung vom Arbeitnehmer auch billigerweise hingenommen werden muss, vgl. Kübler/Prütting/Moll, InsO, Stand: November 2006, § 125 RN 30; HWK/Quecke, 2. Aufl., § 1 KSchG, RN 422; Quecke, RdA 2005, 90 f. die jedoch bei Änderungskündigung generell diese Angaben im Interessenausgleich voraussetzen, Krieger/Löwisch/Röder, Punkteschemata für die Sozialauswahl, BB 2008, S. 610. Mit der Klarstellung, dass sowohl der Wegfall des Beschäftigungsbedürfnisses zu den bisherigen Bedingungen als auch das Fehlen einer anderweitigen Beschäftigungsmöglichkeit im Betrieb Gegenstand der Vermutung ist wird die „Privilegierung" des Arbeitgebers im Falle der Beendigungskündigung durch § 1 Abs. 5 KSchG auch im Falle der Änderungskündigung fortgesetzt, Peter, BB 2008, 228. Das BAG stellt andererseits klar, dass die Zumutbarkeit der vom Arbeitgeber begehrten Änderung nicht ohne weiteres in den Anwendungsbereich des § 1 Abs. 5 KSchG fällt. Entsprechendes sei nur denkbar, wenn die vorgesehenen Änderungen im Einzelnen Gegenstand des Interessenausgleichs geworden seien und sich in ihm wiederfinden. In diesem Fall sei sichergestellt, dass die Änderungen durch den Betriebsrat mitbeurteilt worden seien. Nur wenn eine entsprechende Mitbeurteilung stattgefunden habe, rechtfertige dies die weit reichenden prozessualen Konsequenzen, die die gesetzliche Vermutung des § 1 Abs. 5 KSchG für den Arbeitnehmer habe. Nach § 2 S. 2 KSchG kann der Arbeitnehmer, dem gegenüber eine Änderungskündigung ausgesprochen wurde, das Änderungsangebot unter dem Vorbehalt der sozialen Rechtfertigung annehmen. Der Arbeitgeber ist grundsätzlich frei, sein Änderungsangebot zu befristen, BAGE 104, 315 = NZA 2003, 659. Dabei bildet jedoch die gesetzliche Mindestfrist des § 2 S. 2 KSchG die Untergrenze. Ein vernünftigerweise berücksichtigungsfähiges Interesse, diese Frist, deren Geltung für die Vorbehaltsannahme das Gesetz ausdrücklich und zwingend vorschreibt, für den Fall der vorbehaltlosen Annahme abzukürzen, besteht nicht. Den Vorbehalt muss der Arbeitnehmer, wenn die Kündigungsfrist weniger als drei Wochen beträgt, innerhalb der Kündigungsfrist, ansonsten innerhalb von drei Wochen erklären. Diese gesetzliche Frist ist zwingend. Für den Arbeitnehmer nachteilige Abweichungen von den Vorschriften des Kündigungsschutzgesetzes können nicht vereinbart, erst recht nicht einseitig durch den Arbeitgeber festgelegt werden (allg. Auffassung, vgl. nur BAG, NJOZ 2003, 1211). Die zu kurze Bestimmung der Annahmefrist durch den Arbeitgeber im Änderungsangebot führt nicht zur Unwirksamkeit der Kündigung. Sie setzt vielmehr die gesetzliche Annahmefrist des § 2 S. 2 KSchG in Lauf. Die Vorbehaltserklärung stellt eine bedingte Annahme dar. Sie setzt deshalb ein annahmefähiges Angebot voraus. Ein befristetes Angebot erlischt jedoch mit Ablauf der Frist. Ein erloschenes Angebot ist kein Angebot und kann nicht, auch nicht unter Vorbehalt angenommen werden. Dies hat das BAG bereits im Fall einer fristlosen Änderungskündigung entschieden, BAG, NZA 1988, 737 = AP KSchG 1969 § 2 Nr. 20 = EzA KSchG § 2 Nr. 10. In dieser Entscheidung wurde die Bestimmung einer zu kurz bemessenen Annahmefrist nicht als Grund für die Unwirksamkeit der gesamten Änderungskündigung angesehen, sondern angenommen, es werde lediglich die dem Gesetz entsprechende Frist („unverzüglich") in Gang gesetzt; der Arbeitgeber könne die Annahmefrist nicht einseitig verkürzen.

Abfindungsstaffel

Die Abfindung wird nach Maßgabe nachfolgender Staffel gezahlt:

Mitarbeiter unter 30 Jahre	0,40 des Bruttogehaltes[57] des Monats .... pro Jahr der Betriebszugehörigkeit	+0,05 des Bruttogehaltes des Monats .... für jede unterhaltsberechtigte Person
Mitarbeiter zwischen 30 und 39 Jahre	0,45 des Bruttogehaltes des Monats .... pro Jahr der Betriebszugehörigkeit	+0,05 des Bruttogehaltes des Monats .... für jede unterhaltsberechtigte Person
Mitarbeiter zwischen 40 und 49 Jahre	0,50 des Bruttogehaltes des Monats .... pro Jahr der Betriebszugehörigkeit	+0,05 des Bruttogehaltes des Monats .... für jede unterhaltsberechtigte Person
Mitarbeiter ab 50 Jahre	0,55 des Bruttogehaltes des Monats .... pro Jahr der Betriebszugehörigkeit	+0,05 des Bruttogehaltes des Monats .... für jede unterhaltsberechtigte Person

---

[57] Ein Bruttomonatsgehalt ist dabei das reine Bruttomonatsgehalt ohne Zuschläge, Sonderzahlungen, vermögenswirksame Leistungen.

Außerordentliche Kündigung wegen unrechtmäßigen Einlösens von Leergutbons (Fall „Emmely")[1/2/3]

---

[1] Mit Erläuterungen und Anmerkungen von Prof. Dr. Dr. Siegfried Schwab, Mag. rer. publ. unter Mitarbeit von Diplom-Betriebswirtin (DH) Silke und Referendarin Heike Schwab.
Die außerordentliche Kündigung eines Mensa-Mitarbeiters wegen Verzehrs von Pommes Frites und Frikadellen ist unwirksam. Nach einem Urteil des Landesarbeitsgerichts Hamm vom 04.11.2010 könne der behauptete Verzehr im vorliegenden Fall keinen wichtigen Grund für die fristlose Kündigung darstellen. Dabei seien insbesondere die 19-jährige Betriebszugehörigkeit und der Umstand, dass der Kläger nach den Tarifverträgen des öffentlichen Dienstes nur noch außerordentlich kündbar ist, zu berücksichtigen LAG Hamm, Urteil vom 04.11.2010 – 8 Sa 711/10. Es gibt keinen absoluten Kündigungsgrund „Diebstahl". Den gab es nie, auch wenn ältere Entscheidungen dies in ihrem Duktus zuweilen suggerierten. Insoweit kann die Entscheidung verstanden werden als eine Mahnung zur Ehrlichkeit an beide Seiten: Der Arbeitnehmer darf nicht stehlen, sonst riskiert er seinen Arbeitsplatz; aber der Arbeitgeber darf auch nicht einen Vorwand zur Kündigung aus ganz anderen Gründen suchen – und den Diebstahl zum willkommenen Anlass nehmen, ein Arbeitsverhältnis zu beenden, das aus ganz anderen Gründen zerrüttet ist, Thüsing, Editorial Heft 46/2010: Emmely – Das verkannte Wesen? Problematisch sind freilich die ersten Reaktionen der Instanzgerichte. Das LAG Berlin-Brandenburg wertet den Betrug über 160 Euro als nicht so gewichtig, dass eine außerordentliche Kündigung möglich sein soll, Urt. v. 16.09.2010 – 2 Sa 509/10, BeckRS 2010, 73000, das ArbG Frankfurt a. M. die unerlaubte Privatnutzung des Telefons in Höhe von mehr als 2500 Euro (Urt. v. 24.09.2010 – 24 Ca 1697/10). Das sind andere Dimensionen, und wer solch forsche Judikate in die Welt setzt, der kann sich nicht auf Emmely berufen. Eine Art Recht zu kleineren Vermögensstraftaten gibt es nicht, ArbG Berlin, Urt. v. 21.08.2008 – 2 Ca 3632/08, BeckRS 2009, 64609 RN 47; Rieble, NJW 2009, 2110, hat darauf hingewiesen und eben diesen Schluss gezogen. Ist es vielleicht sozialethisch zu rechtfertigen, den Arbeitgeber zu beklauen, weil die Löhne zu niedrig sind? in der Literatur immer mal wieder die Unschuldsvermutung ins Feld geführt – zuletzt von Deinert in seiner Bremer Antrittsvorlesung, Schütte, NZA Beil. 2/1991 (zu Heft 13/1991), S. 17, 22; Naujok, AuR 1998, 398 (401), und Deinert, AuR 2005, 285 (291). Insofern ablehnend Dörner, NZA 1992, 866. Doch greift diese nur für den Strafprozess und vergleichbare Sanktionen des Staates gegen den Bürger. **Und erst Recht ist die Unschuldsvermutung für das horizontale Verhältnis von Bürger zu Bürger unmaßgeblich. Eine fristlose Kündigung bedarf eines „wichtigen Grundes".** Ob ein solcher Grund vorliegt, beurteilt sich „unter Berücksichtigung aller Umstände des Einzelfalls und unter Abwägung der Interessen beider Vertragsteile", Baeck, Winzer, Fristlose Kündigung bei Straftaten zu Lasten des Arbeitgebers, NZG 2010, 821. Das BAG prägt im Fall Emmely einen neuen Begriff, das **Vertrauenskapital**. „Insbesondere die über drei Jahrzehnte ohne rechtlich relevante Störungen verlaufene Beschäftigung, durch die sich die Klägerin ein hohes Maß an Vertrauen erworben habe (sog. „Vertrauenskapital")". Dieses Vertrauen konnte durch den einmaligen

Kündigungssachverhalt nicht vollständig zerstört werden. Auf Grund der vergleichsweise geringfügigen wirtschaftlichen Schädigung der Beklagten wäre eine Abmahnung als milderes Mittel gegenüber einer Kündigung angemessen und ausreichend gewesen. Maiß, GWR 2010, 510 – LAG Berlin: Interessenabwägung nach „Emmely" bei außerordentlicher Kündigung wegen Vermögensstraftat – ein Vermögensdelikt zulasten des Arbeitgebers wird künftig grundsätzlich einen wichtigen Grund im Sinne des § 626 Abs. 1 BGB darstellen. Allerdings wird bei der Interessenabwägung ein durch den Arbeitnehmer erworbenes Vertrauenskapital berücksichtigt werden müssen; vgl. Gerstner, ArbRAktuell 2010, 532 – den Hinweisen des BAG zur Interessenabwägung in seiner Entscheidung vom 10.06.2010 (2 AZR 541/09 „Pfandbon") ist zu entnehmen, dass **einer sehr langjährigen beanstandungsfreien Betriebszugehörigkeit und dem damit angesammelten Vertrauenskapital ein sehr hoher Wert zukommt, sodass auch eine erhebliche Pflichtverletzung** – jedenfalls im „Erstfalle" – **nicht ohne Weiteres zu einer Beendigung des Arbeitsverhältnisses führen muss.** Das bislang erworbene „Vertrauenskapital" einer langjährig beanstandungsfreien Tätigkeit kann nicht allein durch eine einmalige Verfehlung aufgebraucht werden; diesem „Vertrauenskapital" kommt bei der Interessenabwägung ein besonderes Gewicht zu. Für Arbeitnehmervertreter ist es daher wichtig, in der Argumentation entscheidend auf die Interessenabwägung abzustellen, und diejenigen Umstände herauszuarbeiten, die zum Aufbau eines „Vertrauenskapital" geführt haben. Die **langjährige Betriebszugehörigkeit** oder eine **besondere Vertrauensstellung des Arbeitnehmers** können allerdings auch zum Bumerang werden, wenn gerade wegen der langen beanstandungsfreien Zeit und dem u. U. gerade dadurch bedingten erhöhten Vertrauen des Arbeitgebers in die Redlichkeit ein Vertrauensmissbrauch umso schwerer zu Lasten des Arbeitnehmers gewertet werden müsste

² BAG, Urteil vom 10.06.2010 – 2 AZR 541/09 – **fehlender oder geringer Wert ist kein Ausschlussgrund.** Die durch eine deliktische Pflichtverletzung eintretende Störung der Vertrauensgrundlage ist von der Höhe der eintretenden Schäden unabhängig. Auch bei strafbarer Handlung ist eine Einzelfallprüfung und Interessenabwägung erforderlich. Bei langjährigem ungestörtem Bestand des Arbeitsverhältnisses ist eine genaue Prüfung der Störung des Vertrauensverhältnisses erforderlich. **Das Bestreiten des Vorwurfs im Prozess ist allein i. d. R. ungeeignet als Rückschluss auf das Vorliegen eines Kündigungsgrundes.** Pfand-Bons, Frikadellen, Stromklau, Schrott-Reisebett, Maultaschen, Weintrauben, Brotaufstrich und Gummibärchen: Was diese auf den ersten Blick sehr unterschiedlichen Begriffe miteinander verbindet, ist ihre Bedeutung in arbeitsrechtlichen Kündigungsrechtsstreiten. Arbeitnehmer, die die vorgenannten Gegenstände gestohlen hatten, erhielten von ihrem Arbeitgeber eine fristlose Kündigung. Sie haben sich dagegen zur Wehr gesetzt – teilweise mit erheblichem Medienecho – und argumentiert, das Stehlen oder Unterschlagen von geringwertigen Gegenständen oder Werten dürfe – insbesondere bei langjähriger Betriebszugehörigkeit – nicht sofort zur fristlosen Kündigung führen, vgl. Eckert, (Vermeintliche) Bagatell-Delikte als Kündigungsgrund?, BC 2010, 26. Eine außerordentliche Kündigung aus wichtigem Grund ist bei einer schwerwiegenden Vertragspflichtverletzung nur möglich, wenn alle anderen, nach den jeweiligen Umständen möglichen und angemessenen milderen Mittel erschöpft sind, das in der bisherigen Form belastete Arbeitsverhältnis auf Grund der eingetretenen Vertragsstörung in der Zukunft nicht mehr fortzusetzen. Als milderes Mittel kommt der Ausspruch einer Abmahnung in Betracht. **Der grundsätzliche Vorrang der Abmahnung vor einer verhaltensbedingten Kündigung ist Ausdruck des Verhältnismäßigkeitsgrundsatzes** (vgl. § 314 Abs. 2 BGB). Die Abmahnung ist zudem notwendiger Bestandteil für die Anwendung des Prognoseprinzips. Eine vorherige Abmahnung ist unter Berücksichtigung des Verhältnismäßigkeitsgrundsatzes nur ausnahmsweise entbehrlich, wenn eine Verhaltensänderung in Zukunft trotz Abmahnung nicht erwartet werden kann oder es sich um eine solche schwere Pflichtverletzung handelt, deren Rechtswidrigkeit dem Arbeitnehmer ohne Weiteres erkennbar ist, und bei der die Hinnahme des Verhaltens durch den Arbeitgeber offensichtlich ausgeschlossen ist. **Es dürfen nur die Tatsachen der (gerichtlichen) Entscheidung zugrunde gelegt werden, die dem Betriebsrat mitgeteilt wurden, ggf. durch Nachschieben.**

Außerordentliche Kündigung wegen unrechtmäßigen Einlösens von Leergutbons 151

1. Rechtswidrige und vorsätzliche Handlungen des Arbeitnehmers[4], die sich unmittelbar gegen das Vermögen des Arbeitgebers richten, können auch dann ein wichtiger Grund zur außerordentlichen Kündigung sein, wenn die Pflichtverletzung Sachen von nur geringem Wert betrifft oder nur zu einem geringfügigen, möglicherweise gar keinem Schaden geführt hat.
2. Das Gesetz kennt auch im Zusammenhang mit strafbaren Handlungen des Arbeitnehmers keine absoluten Kündigungsgründe. Es bedarf stets einer umfassenden, auf den Einzelfall bezogenen Prüfung und Interessenabwägung dahingehend, ob dem Kündigenden die Fortsetzung des Arbeitsverhältnisses trotz der eingetretenen Vertrauensstörung – zumindest bis zum Ablauf der Kündigungsfrist – zumutbar ist oder nicht.

Die Parteien streiten über die Wirksamkeit einer außerordentlichen, hilfsweise ordentlichen Kündigung.

---

[3] Nach der Rechtsprechung des BAG stellen geringwertige Vermögensdelikte regelmäßig einen wichtigen Grund im Sinne des § 626 Abs. 1 BGB dar. So hat das BAG die Kündigung aufgrund der Entwendung eines Stücks Bienenstich für wirksam erachtet. Grund dafür sei ein Bruch des Vertrauensverhältnisses. Einzelne Literaturstimmen fordern eine Geringfügigkeitsgrenze. Diese Stimmen ließen nach Ansicht von Schrader/Straube, 2009, 7, aber unberücksichtigt, dass damit ein Freifahrtschein für Arbeitnehmer geschaffen werde, sich beim Arbeitgeber über eine gewisse Zeit zu verpflegen. Das BAG nehme eine Interessenabwägung vor, in der der Wert des Gegenstandes keine Rolle spielen dürfe. Auch könne nicht allein und ausschließlich auf das Lebensalter abgestellt werden. Einen Rechtssatz, wer alt ist, dürfe klauen, gebe es nicht. Gleiches gelte für das Kriterium der Unterhaltspflichten. Auch derjenige, der verheiratet ist, dürfe nicht klauen. Konsequenterweise dürfe nicht auf die Sozialfaktoren abgestellt werden, als vielmehr auf die Umstände der Tat.

[4] Walker, Die begrenzte Bedeutung des Falles „Emmely" für die Entwicklung der Rechtsprechung zur außerordentlichen Kündigung, NZA 2009, 921 – nach eingefahrener Rechtsprechung, BAG, NZA 1997, 758, und allgemeiner Ansicht im Schrifttum, Müller-Glöge, in ErfK, § 626 BGB, RN 54; KR-Fischermeier, § 626 BGB, RN 173; Stahlhacke/Preis/Vossen, Kündigung und Kündigungsschutz im Arbeitsverhältnis, 9. Aufl. (2005), RN 611, kommt es für die Wirksamkeitsvoraussetzungen einer Kündigung grundsätzlich auf den Zeitpunkt an, in dem die Kündigungserklärung als Willenserklärung wirksam wird, also auf den Zeitpunkt des Zugangs der Kündigungserklärung (vgl. § 130 Abs. 1 BGB). Dieser Zeitpunkt ist auch maßgeblich für die im Rahmen von § 626 Abs. 1 BGB vorzunehmende Interessenabwägung. **Später eingetretene Umstände können grundsätzlich nicht mehr berücksichtigt werden.** Eine Ausnahme wird weitgehend anerkannt, wenn **nachträgliche Tatsachen** die früheren Umstände, die zur Kündigung geführt haben, weiter aufhellen und ihnen bei der Interessenabwägung ein größeres Gewicht als Kündigungsgrund verleihen, BAG, NJW 1956, 807. Das BAG hat im Fall „Emmely" einen solchen schon bisher anerkannten Ausnahmefall nicht als gegeben angesehen, weil es sich bei dem **nachträglichen prozessualen Verhalten** der Klägerin nicht um gleichartige Pflichtverstöße wie vor der Kündigung handelt. Auch das in Grenzen zulässige Nachschieben von Kündigungsgründen, BAG, NZA 2004, 175; BAG, NZA 2008, 636; Müller-Glöge, a.a.O., § 626 BGB, RN 55; KR-Fischermeier, § 626 BGB, RN 180 betrifft gerade solche Gründe, die dem Arbeitgeber **bei Ausspruch** der Kündigung noch nicht bekannt waren.

Die 1958 geborene Klägerin war seit April 1977 bei der Beklagten und deren Vorgängerinnen als Verkäuferin mit Kassentätigkeit beschäftigt.

Die Beklagte ist ein überregional vertretenes Einzelhandelsunternehmen. In einigen ihrer Filialen, so auch in der Beschäftigungsfiliale der Klägerin, besteht die Möglichkeit, Leergut an einem Automaten gegen Ausstellung eines Leergutbons zurückzugeben. Wird ein solcher Bon an der Kasse eingelöst, ist er von der Kassiererin/dem Kassierer abzuzeichnen. Mitarbeiter der Filiale sind angewiesen, mitgebrachtes Leergut beim Betreten des Markts dem Filialleiter vorzuzeigen und einen am Automaten erstellten Leergutbon durch den Leiter gesondert abzeichnen zu lassen, bevor sie ihn der Kasse einlösen. Dort wird er wie ein Kundenbon ein weiteres Mal abgezeichnet. Diese Regelungen, die Manipulationen beim Umgang mit Leergut ausschließen sollen, sind der Klägerin bekannt.

Im Herbst 2007 beteiligte sich die Klägerin mit weiteren sieben von insgesamt 36 Beschäftigten ihrer Filiale an einem gewerkschaftlich getragenen Streik. Während die Streikbereitschaft anderer Arbeitnehmer mit der Zeit nachließ, nahm die Klägerin bis zuletzt daran teil. Im Januar 2008 lud der Filialleiter Beschäftigte, die sich nicht am Streik beteiligt hatten, zu einer Feier außer Haus ein. Aus diesem Grund wurde er später von der Beklagten abgemahnt und in eine andere Filiale versetzt.

Am 12.01.2008 fand eine Mitarbeiterin im Kassenbereich einer separaten Backtheke zwei nicht abgezeichnete Leergutbons im Wert von 0,48 € und 0,82 €. Sie trugen das Datum des Tages und waren im Abstand von ca. einer Dreiviertelstunde am Automaten erstellt worden. Die Mitarbeiterin legte die Bons dem Filialleiter vor. Dieser reichte sie an die Klägerin mit der Maßgabe weiter, sie im Kassenbüro aufzubewahren für den Fall, dass sich noch ein Kunde melden und Anspruch darauf erheben würde; andernfalls sollten sie als „Fehlbons" verbucht werden. Die Klägerin legte die Bons auf eine – für alle Mitarbeiter zugängliche und einsehbare – Ablage im Kassenbüro.

Am 22.01.2008 kaufte die Klägerin in der Filiale außerhalb ihrer Arbeitszeit privat ein. An der Kasse überreichte sie ihrer Kollegin zwei nicht abgezeichnete Leergutbons. Laut Kassenjournal wurden diese mit Werten von 0,48 € und 0,82 € registriert. Beim Kassieren war auch die Kassenleiterin und Vorgesetzte der Klägerin anwesend.

Zur Klärung der Herkunft der eingereichten Bons führte die Beklagte mit der Klägerin ab dem 25.01.2008 insgesamt vier Gespräche, an denen – außer am ersten Gespräch – jeweils zwei Mitglieder des Betriebsrats teilnahmen. Sie hielt ihr vor, die eingelösten Bons seien nicht abgezeichnet gewesen und stimmten hinsichtlich Wert und Ausgabedatum mit den im Kassenbüro aufbewahrten Bons überein. Es bestehe der dringende Verdacht, dass sie – die Klägerin – die dort abgelegten „Kundenbons" an sich genommen und verwendet habe. Die Klägerin bestritt dies und erklärte, selbst wenn die Bons übereinstimmten, bestehe die Möglichkeit, dass ihr entsprechende Bons durch eine ihrer Töchter oder durch Dritte zugesteckt worden seien. Z. B. habe sie am 21. oder 22.01.2008 einer Arbeitskollegin ihre Geldbörse ausgehändigt mit der Bitte, diese in ihren Spind zu legen. Die Beklagte legte der Klägerin nahe, zur Untermauerung ihrer Behauptung eine eidesstattliche Erklärung einer Tochter beizubringen. Außerdem befragte sie die benannte Kollegin, die die Angaben der Klägerin bestritt. Beim letzten, am 15.02.2008 geführten Gespräch überreichte die Klägerin eine schriftliche Erklärung, mit der eine ihrer Töchter bestätigte, bei der Beklagten hin und wieder für ihre Mutter einzukaufen, dabei auch Leergut einzulösen und „Umgang" mit der Geldbörse ihrer Mutter „pflegen zu dürfen".[5]

Auch im Fall einer Verdachtskündigung[6] kann das Gericht von einer Tatkündigung ausgehen, auch wenn sich der Arbeitgeber darauf nicht beruft.[7] Die Ent-

---

[5] Mit Schreiben vom 18.02.2008 hörte die Beklagte den Betriebsrat zu einer beabsichtigten außerordentlichen, hilfsweise ordentlichen Kündigung, gestützt auf den Verdacht der Einlösung der Bons, an. Der Betriebsrat äußerte Bedenken gegen die fristlose Kündigung, einer ordentlichen Kündigung widersprach er und verwies auf die Möglichkeit einer gegen die Klägerin gerichteten Intrige. Das ArbG hat die Klage abgewiesen. Das LAG (Berlin-Brandenburg – 7 Sa 2017/08) hat die Berufung der Klägerin zurückgewiesen. Die Revision der Klägerin war erfolgreich.

[6] Nach der Rechtsprechung des Bundesarbeitsgerichts kann nicht nur eine erwiesene Vertragsverletzung, sondern schon der schwerwiegende Verdacht einer strafbaren Handlung oder einer sonstigen Verfehlung einen wichtigen Grund zur außerordentlichen Kündigung gegenüber dem verdächtigten Arbeitnehmer darstellen, Ein Recht zur Verdachtskündigung besteht nicht schon dann, wenn der Vorwurf, bestimmte Pflichtverletzungen begangen zu haben, auf Schlussfolgerungen des Arbeitgebers beruht oder wenn dem Arbeitgeber nach dem Ergebnis der Beweisaufnahme im Kündigungsschutzprozess nicht der volle Beweis für seine Behauptungen gelingt, ein begründeter Verdacht aber nicht auszuschließen ist, BAG, NZA 1986, 677 = DB 1986, 4187. Der Verdacht muss vielmehr objektiv durch bestimmte Tatsachen begründet sein. Die subjektive Wertung des Arbeitgebers reicht nicht aus. Aus dem Umstand, dass die dem Arbeitnehmer zur Last gelegte Handlung nicht mit letzter Sicherheit erwiesen ist, kann nicht gefolgert werden, dass die Verdachtskündigung nicht gerechtfertigt ist. Schließlich kommt es gerade nicht darauf an, dass die Tatbegehung bewiesen ist, sondern allein darauf, ob die vom Arbeitgeber vorgetragenen Tatsachen den Verdacht rechtfertigen (Schlüssigkeit, Rechtsfrage) und, falls ja, ob sie tatsächlich zutreffen (Tatsachenfrage), BAG, NZA 2005, 1056. Es muss ein dringender Tatverdacht bestehen nicht nur hinsichtlich des Gewichts, sondern auch hinsichtlich der strafbaren Handlung oder der Vertragswidrigkeit, Hensseler, in MünchKomment, § 626 BGB, RN 246. Dringend ist der Verdacht, wenn er einen verständigen und gerecht abwägenden Arbeitgeber tatsächlich zum Ausspruch einer Kündigung veranlassen kann. An die Darlegung und Qualität der schwerwiegenden Verdachtsmomente sind besonders strenge Anforderungen zu stellen, weil bei einer Verdachtskündigung immer die Gefahr besteht, dass ein „Unschuldiger" betroffen ist. Bloße auf mehr oder weniger haltbare Vermutungen gestützte Verdächtigungen reichen zur Rechtfertigung eines dringenden Tatverdachts nicht aus, BAG, AP H. 10/2008 § 626 BGB Verdacht strafbarer Handlung Nr. 40 = BeckRS 2008, 51136. Erforderlich ist die zumindest überwiegende Wahrscheinlichkeit,

scheidung des LAG ist nicht deshalb zu beanstanden, weil dieses seiner rechtlichen Würdigung die fragliche Pflichtverletzung i. S. einer erwiesenen Tat und nicht nur – wie die Beklagte selbst – einen entsprechenden Verdacht zugrunde gelegt hat. Das LAG ist vom Fund zweier Leergutbons am 12.01.2008 und deren Aushändigung an die Klägerin durch den Marktleiter ausgegangen. Nach Beweisaufnahme hat es zudem für wahr erachtet, dass die Klägerin die beiden zunächst im Kassenbüro abgelegten Bons im Wert von 0,48 € und 0,82 € zu einem unbestimmten Zeitpunkt an sich nahm und am 22.01.2008 bei einem Einkauf zu ihren Gunsten einlöste; dadurch ermäßigte sich die Kaufsumme für sie um 1,30 €. Darin hat es ein vorsätzliches, pflichtwidriges Verhalten der Klägerin erblickt.[8]

Das LAG hat auf diese Weise nicht etwa Vortrag berücksichtigt, den die Beklagte nicht gehalten hätte. Der Verdacht[9/10] eines pflichtwidrigen Verhaltens stellt zwar

---

dass der Arbeitnehmer die ihm vorgeworfene Pflichtverletzung oder Straftat begangen hat, BAG, AP Verdacht strafbarer Handlung Nr. 13 und 28. Hierbei kann von Bedeutung sein, ob der verdächtige Arbeitnehmer durch schuldhaftes Verhalten Anlass für den Verdacht gegeben hat und sich dann nicht um die erforderliche Aufklärung der Tatumstände bemühte, BAG, AP Verdacht strafbarer Handlung Nr. 13. Ein dringender Verdacht kann auch nach Einstellung des Verfahrens durch die Staatsanwaltschaft, selbst nach einem Freispruch in einem Strafprozess noch bestehen, Hensseler, a.a.O., RN 247.

[7] Hat der Arbeitgeber den Betriebsrat lediglich zu einer beabsichtigten Verdachtskündigung angehört, schließt dies die Anerkennung einer nachgewiesenen Pflichtwidrigkeit als Kündigungsgrund dann nicht aus, wenn dem Betriebsrat alle Tatsachen mitgeteilt worden sind, die – ggf. auch im Rahmen eines zulässigen Nachschiebens von Kündigungsgründen – nicht nur den Verdacht, sondern den Tatvorwurf selbst begründen, BAG, Urteil vom 23.06.2009 – 2 AZR 474/07, BeckRS 2009 72347, mit Anm. Haussmann, FD-ArbR 2009, 291450. Anhörung des Betriebsrats vor einer ordentlichen Kündigung:
An den Betriebsrat...
Betr.: Beabsichtigte ordentliche Kündigung
Die Firma ... beabsichtigt zum... fristgerecht unter Einhaltung der Kündigungsfrist von ... zum ... folgenden Arbeitnehmer zu kündigen:
Name, Adresse, Geburtsdatum, Familienstand, Anzahl der Kinder, Beschäftigungsdauer, Tätigkeit
Die Firma hält eine Kündigung aus folgenden Gründen für erforderlich: ...
Es ist beabsichtigt, unmittelbar nach Abschluss des Anhörungsverfahrens die Kündigung auszusprechen.
Der Betriebsrat wird gebeten, binnen Wochenfrist seine Stellungnahme bzw. seine Bedenken oder einen beabsichtigten Widerspruch schriftlich darzulegen.

[8] Einer Würdigung des Geschehens unter der Annahme, die Klägerin habe sich nachweislich pflichtwidrig verhalten, steht nicht entgegen, dass die Beklagte sich zur Rechtfertigung der Kündigung nur auf einen entsprechenden Verdacht berufen und den Betriebsrat auch nur zu einer Verdachtskündigung angehört hat.

[9] Verdächtigt ein Arbeitgeber leichtfertig und ohne Vorhandensein objektiver Tatsachen einen Arbeitnehmer, eine Straftat begangen zu haben, stellt dieses eine ehrverletzende Behauptung dar, die zu einem Anspruch des Arbeitnehmers auf Auflösung des Arbeitsverhältnisses gegen Zahlung einer Abfindung führt. Verbreitet der Arbeitgeber, ohne dass dieses zur etwaigen Verteidigung der eigenen Rechtsposition geboten war, diese Behauptung zudem im Intranet, ist dieses Verhal-

gegenüber dem Tatvorwurf einen eigenständigen Kündigungsgrund dar[11]. Beide Gründe stehen jedoch nicht beziehungslos nebeneinander. Wird die Kündigung mit dem Verdacht pflichtwidrigen Verhaltens begründet, steht indessen zur Überzeugung des Gerichts die Pflichtwidrigkeit tatsächlich fest, lässt dies die materiellrechtliche Wirksamkeit der Kündigung unberührt. Maßgebend ist allein der objektive Sachverhalt, wie er sich dem Gericht nach Parteivorbringen und ggf. Beweisaufnahme darstellt. Ergibt sich daraus nach tatrichterlicher Würdigung das Vorliegen einer Pflichtwidrigkeit, ist das Gericht nicht gehindert, dies seiner Entscheidung zugrunde zu legen. Es ist nicht erforderlich, dass der Arbeitgeber sich während des Prozesses darauf berufen hat, er stütze die Kündigung auch auf die erwiesene Tat.[12]

Der Umstand, dass der **Betriebsrat ausschließlich zu einer beabsichtigten Verdachtskündigung gehört wurde**, steht dem nicht entgegen. Die gerichtliche Berücksichtigung des Geschehens als erwiesene Tat setzt voraus, **dass dem Betriebsrat – ggf. im Rahmen zulässigen „Nachschiebens" – diejenigen Umstände mitgeteilt worden sind, welche nicht nur den Tatverdacht, sondern zur Überzeugung des Gerichts auch den Tatvorwurf begründen.**[13] Bei dieser Sachlage ist dem Normzweck des § 102 Abs. 1 BetrVG auch durch eine Anhörung nur zur Verdachtskündigung genüge getan. Dem Betriebsrat wird dadurch nichts vorenthalten. Die Mitteilung des Arbeitgebers, einem Arbeitnehmer solle schon und allein wegen des Verdachts einer pflichtwidrigen Handlung gekündigt werden, gibt ihm sogar

---

ten des Arbeitgebers die Abfindung erhöhend zu berücksichtigen, LAG S-H, NZA-RR 2005, 132 ff.

[10] BAG 6. November 2003 – 2 AZR 631/02 – AP BGB § 626 Verdacht strafbarer Handlung Nr. 39 = EzA BGB 2002 § 626 Verdacht strafbarer Handlung Nr. 2. Das arbeitsgerichtliche Verfahren ist gegenüber dem strafrechtlichen vollkommen eigenständig, Umgekehrt kann auch der Arbeitnehmer trotz rechtskräftiger Verurteilung durch die Strafgerichte arbeitsrechtlich die Tatbegehung weiterhin bestreiten, BAG AP Verdacht strafbarer Handlung Nr. 23 = NJW 1993, 83 = NZA 1992, 1121; BAG AP Verdacht strafbarer Handlung Nr. 27 = NJW 1998, 1171 = NZA 1997, 1340. Bestreitet der Arbeitnehmer trotz rechtskräftiger Verurteilung weiterhin die Tatbegehung, hat das Arbeitsgericht ohne Bindung an das strafgerichtliche Urteil die erforderlichen Feststellungen selbst zu treffen. Die Arbeitsgerichte nicht an die tatsächlichen Feststellungen des strafgerichtlichen Urteils gebunden (§ 14 Abs. 2 Nr. 1 EGZPO). Das Zivilgericht muss sich eine eigene Überzeugung bilden. Die Ergebnisse des Strafverfahrens können dabei nach den allgemeinen Beweisregeln verwertet werden, BAG, NJW 1993, 83. Die Verwertung einzelner Beweisergebnisse des Strafverfahrens im Wege des Urkundenbeweises ist zulässig (z. B. Protokolle über Zeugeneinvernahme). Die Parteien haben aber das Recht, anstelle des Urkundenbeweises unmittelbar Zeugen- und Sachverständigenbeweise anzutreten, vgl. Baumbach-Lauterbach-Albers-Hartmann, ZPO, 50. Aufl., § 14 EGZPO Erl. 1; Stein-Jonas-Schlosser, ZPO, 20. Aufl., § 14 EGZPO RN 2; Zöller-Gummer, ZPO, 17. Aufl., § 14 EGZPO RN. 2; OLG Koblenz, AnwBl 1990, 215.

[11] BAG, Urteil vom 23.06.2009 – 2 AZR 474/07, DB0334814 RN 55 = AP BGB § 626 Verdacht strafbarer Handlung Nr. 47.

[12] BAG, Urteil vom 23.06.2009, DB0334814.

[13] BAG, Urteil vom 23.06.2009, DB0334814.

weit stärkeren Anlass für ein umfassendes Tätigwerden als eine Anhörung wegen einer als erwiesen behaupteten Tat.[14] Diese Voraussetzungen sind im Streitfall erfüllt. Das LAG hat seiner Entscheidung ausschließlich solche – aus seiner Sicht bewiesene – Tatsachen zugrunde gelegt, die Gegenstand der Betriebsratsanhörung waren.

Schwerwiegende Pflichtverletzungen[15] gegen das Vermögen des Arbeitgebers sind als wichtiger Grund geeignet, ohne dass es auf den Wert ankommt – Hieran hält das BAG fest.

Der vom LAG festgestellte Sachverhalt ist „an sich" als wichtiger **Grund i. S. von § 626 Abs. 1 BGB geeignet.**[16] Zum Nachteil des Arbeitgebers begangene Eigentums- oder **Vermögensdelikte, aber auch nicht strafbare, ähnlich schwer-**

---

[14] BAG, Urteil vom 03.04.1986 – 2 AZR 324/85, EzA BetrVG 1972 § 102 Nr. 63; KR/Fischermeier, 9. Aufl., § 626 BGB, RN 217.

[15] Zypries, „Bagatellen rechtfertigen keine fristlose Kündigung" – „Für kleinkarierte Verbote im Betrieb fehlt mir jedes Verständnis", ZRP 2010, 29 – Ist ein Diebstahl nachgewiesen, hat der Betreffende eine Vertrauensstellung, arbeitet er schon lange in dem Betrieb, gab es bereits früher Beanstandungen, war das Vorgehen heimlich oder offen, hat der Betreffende anschließend Kollegen belastet etc.? Die Gerichte haben auch keineswegs alle fristlosen Kündigungen bestätigt und viele der öffentlich bekannt gewordenen Fälle auf dem Vergleichsweg geregelt. Der Bäcker, der Brotaufstrich aus der Produktion auf sein Brötchen gestrichen hatte, hat sich z.B. erfolgreich gegen die Kündigung gewehrt. Er kann nach dem Urteil des AG Dortmund zu unveränderten Bedingungen weiterarbeiten. das Gebot der Verhältnismäßigkeit und des Augenmaßes als die Arbeitgeber. Überreaktionen sind nicht in Ordnung, Fehler passieren und **es muss schon überlegt werden, ob ein Fehlverhalten im Bagatellbereich das grundsätzliche Vertrauensverhältnis wirklich zerstört.** Es geht auch nicht, dass man ein störendes Verhalten jahrelang stillschweigend mit innerem Grimm duldet und dann plötzlich mit der fristlosen Kündigung zuschlägt. Ich meine, Arbeitgeber haben auch Verantwortung dafür, dass keine völlig abwegigen Regeln im Betrieb aufgestellt werden. Mir fehlt beispielsweise jedes Verständnis für ein Verbot: Handys dürfen nicht im Betrieb aufgeladen werden.

[16] Fuhlrott, Die im Verhalten begründete Kündigung nach „Emmely" – Alles bleibt beim Alten, ArbRAktuell 2010, 541 – Pflichtverletzungen im Vertrauensbereich stören das auf Leistung und Gegenleistung ausgelegte synallagmatische Arbeitsverhältnis empfindlich. Eine Kündigung aus wichtigem Grund ist dann möglich, wenn Tatsachen vorliegen, aufgrund derer dem Kündigenden unter Berücksichtigung aller Umstände des Einzelfalles und unter Abwägung der Interessen beider Vertragsteile die **Fortsetzung** des Dienstverhältnisses bis zum Ablauf der Kündigungsfrist **nicht zugemutet** werden kann, st. Rspr., vgl etwa BAG, NZA 2010, 277; Pauly/ Osnabrügge, Handbuch Kündigungsrecht, 3. Aufl. 2010, § 2 RN 1. Hierbei ist die erforderliche Prüfung **zweistufig** vorzunehmen, d. h. an die Prüfung der ersten Stufe, ob ein bestimmter **Sachverhalt** ohne die besonderen Umstände des Einzelfalls an sich **geeignet** ist, einen wichtigen Grund i.S.v § 626 Abs. 1 BGB darzustellen, schließt sich die Frage an, ob bei Berücksichtigung dieser Umstände und der **Interessenabwägung** die konkrete Kündigung gerechtfertigt ist, Müller-Glöge, in ErfK, 10. Aufl. 2010, § 626 BGB RN15. Als **wichtiger Grund** geeignet sind hingegen – regelmäßig – **Eigentumsdelikte** zu Lasten des Arbeitgebers oder auch gegenüber Kollegen oder Kunden. Allerdings betont das BAG hierbei regelmäßig, dass die strafrechtliche Wertung im Einzelnen nicht entscheidend sei, sondern es vielmehr auf die durch die Pflichtverletzung **erfolgte Störung des Vertragsverhältnisses** ankomme, vgl bereits BAG, AP BGB § 626 Nr. 13; Müller-Glöge, 10. Aufl. 2010, § 626 BGB RN 86.

wiegende Handlungen unmittelbar gegen das Vermögen des Arbeitgebers kommen typischerweise – unabhängig vom Wert des Tatobjekts und der Höhe eines eingetretenen Schadens – als Grund für eine außerordentliche Kündigung in Betracht. Begeht der Arbeitnehmer bei oder im Zusammenhang mit seiner Arbeit rechtswidrige und vorsätzliche – ggf. strafbare – Handlungen unmittelbar gegen das Vermögen seines Arbeitgebers, **verletzt er zugleich in schwerwiegender Weise seine schuldrechtliche Pflicht zur Rücksichtnahme (§ 241 Abs. 2 BGB) und missbraucht das in ihn gesetzte Vertrauen.** Ein solches Verhalten kann auch dann einen wichtigen Grund i. S. des § 626 Abs. 1 BGB darstellen, wenn die rechtswidrige Handlung Sachen von nur geringem Wert betrifft oder zu einem nur geringfügigen, möglicherweise zu gar keinem Schaden geführt hat.[17]

...

An dieser Rechtsprechung hält das BAG fest. Die entgegenstehende Ansicht, die Pflichtverletzungen im Vermögensbereich bei Geringfügigkeit bereits aus dem Anwendungsbereich des § 626 Abs. 1 BGB herausnehmen will[6)], überzeugt nicht. Ein Arbeitnehmer, der die Integrität von Eigentum und Vermögen seines Arbeitgebers vorsätzlich und rechtswidrig verletzt, zeigt ein Verhalten, das geeignet ist, die Zumutbarkeit seiner Weiterbeschäftigung in Frage zu stellen. Die durch ein solches Verhalten ausgelöste „Erschütterung" der für die Vertragsbeziehung notwendigen Vertrauensgrundlage tritt unabhängig davon ein, welche konkreten wirtschaftlichen Schäden mit ihm verbunden sind. Aus diesem Grund ist die Festlegung einer nach dem Wert bestimmten Relevanzschwelle mit dem offen gestalteten Tatbestand des § 626 Abs. 1 BGB nicht zu vereinbaren. Sie würfe im Übrigen mannigfache Folgeprobleme auf – etwa das einer exakten Wertberechnung, das der Folgen mehrfacher, für sich betrachtet „irrelevanter" Verstöße sowie das der Behandlung nur marginaler Grenzüberschreitungen – und vermöchte schon deshalb einem angemessenen Interessenausgleich schwerlich zu dienen.

Mit seiner Auffassung setzt sich das BAG nicht in Widerspruch zu der in § 248a StGB getroffenen Wertung. Nach dieser Bestimmung werden **Diebstahl und Unterschlagung geringwertiger Sachen nur auf Antrag oder bei besonderem öffentlichem Interesse verfolgt.** Der Vorschrift liegt eine Einschätzung des Gesetzgebers darüber zugrunde, ab welcher Grenze staatliche Sanktionen für Rechtsverstöße in diesem Bereich zwingend geboten sind. Ein solcher Ansatz ist dem Schuldrecht fremd. Hier geht es um störungsfreien Leistungsaustausch. **Die Berechtigung einer**

---

[17] BAG, Urteil vom 13.12.2007 – 2 AZR 537/06, RN 17, DB 2008 S. 1633; vom 12. 8. 1999 – 2 AZR 923/98, BAGE 92 S. 184 = DB 2000 S. 48; vom 17.05.1984 – 2 AZR 3/83, DB 1984 S. 1702.

verhaltensbedingten Kündigung ist nicht daran zu messen, ob diese – vergleichbar einer staatlichen Maßnahme – als Sanktion für den fraglichen Vertragsverstoß angemessen ist. Statt des Sanktions- gilt das Prognoseprinzip. Eine verhaltensbedingte Kündigung ist gerechtfertigt, wenn eine störungsfreie Vertragserfüllung in Zukunft nicht mehr zu erwarten steht, künftigen Pflichtverstößen demnach nur durch die Beendigung der Vertragsbeziehung begegnet werden kann.[18] Ebenso wenig besteht ein Wertungswiderspruch zwischen der Auffassung des BAG und der Rechtsprechung des BVerwG. Dieses erkennt zwar bei der disziplinarrechtlichen Beurteilung vergleichbarer Dienstvergehen eines Beamten die Geringwertigkeit der betroffenen Vermögensobjekte als Milderungsgrund an.[19] Dies geschieht jedoch vor dem Hintergrund einer abgestuften Reihe von disziplinarischen Reaktionsmöglichkeiten des Dienstherrn. Diese reichen von der Anordnung einer Geldbuße (§ 7 BDG) über die Kürzung von Dienstbezügen (§ 8 BDG) und die Zurückstufung (§ 9 BDG) bis zur Entfernung aus dem Dienst (§ 13 Abs. 2 BDG). Eine solche Reaktionsbreite kennt das Arbeitsrecht nicht. Der Arbeitgeber könnte auf die „Entfernung aus dem Dienst" nicht zugunsten einer Kürzung der Vergütung verzichten. Wertungen, wie sie für das i. d. R. auf Lebenszeit angelegte, durch besondere Treue- und Fürsorgepflichten geprägte Dienstverhältnis der Beamten und Soldaten getroffen werden, lassen sich deshalb auf eine privatrechtliche Leistungsbeziehung regelmäßig nicht übertragen.[20]

Die fristlose Kündigung ist bei Beachtung aller Umstände des vorliegenden Falls und nach Abwägung der widerstreitenden Interessen **gleichwohl nicht gerechtfertigt**. Als Reaktion der Beklagten auf das Fehlverhalten der Klägerin **hätte eine Abmahnung**[21] **ausgereicht**. Dies vermag der Senat selbst zu entscheiden. **Grundsätz-**

---

[18] BAG, Urteil vom 26.11.2009 – 2 AZR 751/08, RN 10, DB 2010 S. 733; vom 23.06.2009 – 2 AZR 103/08, RN 32, DB 2009 S. 2381

[19] BVerwG, Urteil vom 13. 2. 2008 – 2 WD 9/07, DÖV 2008 S. 1056; vom 24.11.1992 – 1 D 66/91, BVerwGE 93, S. 314; bei kassenverwaltender Tätigkeit: BVerwG, Urteil vom 11.11.2003 – 1 D 5/03.

[20] Keiser, JR 2010 S. 55 (57 ff.); Reuter, NZA 2009 S. 595.

[21] BAG, Urteil vom 12.01.2006 – 2 AZR 179/05; Trotz formeller Unwirksamkeit kann eine Abmahnung ihre Warnfunktion erfüllen, wenn sie sachlich berechtigt ist und der Arbeitnehmer ihr den Hinweis entnehmen kann, der Arbeitgeber erwäge für den Wiederholungsfall die Kündigung, BAG, Urteil vom 19.02.2009 – 2 AZR 603/07, BeckRS 2009, 67762 = NZA 2009, 894. Sind diese Voraussetzungen gegeben, ist der Arbeitnehmer unabhängig von formellen Unvollkommenheiten der Abmahnung gewarnt. Aus der formellen Unwirksamkeit einer Abmahnung kann der Arbeitnehmer nicht entnehmen, der Arbeitgeber billige das abgemahnte Verhalten, vgl. auch BAG, NZA 1992, 1028 – Auch eine wegen Nichtanhörung des Arbeitnehmers nach § 13 Abs. 2 S. 1 BAT formell unwirksame Abmahnung entfaltet die regelmäßig vor einer verhaltensbedingten Kündigung nach § 1 Abs. 2 KSchG aufgrund der ständigen Rechtsprechung des BAG. Damit ist aus diesseitiger Sicht klargestellt, dass die Warnfunktion nicht voraussetzt, dass eine in allen

lich ist bei Pflichtverletzungen aufgrund steuerbaren Verhaltens eine vorherige Abmahnung erforderlich. Beruht die Vertragspflichtverletzung auf steuerbarem Verhalten des Arbeitnehmers, ist grundsätzlich davon auszugehen, dass sein künftiges Verhalten schon durch die Androhung von Folgen für den Bestand des Arbeitsverhältnisses positiv beeinflusst werden kann.[22] Die ordentliche wie die außerordentliche Kündigung wegen einer Vertragspflichtverletzung setzen deshalb regelmäßig eine Abmahnung voraus. Sie dient der Objektivierung der negativen Prognose.[23] Ist der Arbeitnehmer ordnungsgemäß abgemahnt worden und verletzt er dennoch seine arbeitsvertraglichen Pflichten erneut, kann regelmäßig davon ausgegangen werden, es werde auch zukünftig zu weiteren Vertragsstörungen kommen.[24]

Diese Grundsätze gelten uneingeschränkt selbst bei Störungen des Vertrauensbereichs durch Straftaten gegen Vermögen oder Eigentum des Arbeitgebers.[25] Auch in diesem Bereich gibt es keine „absoluten" Kündigungsgründe. Stets ist konkret zu prüfen, ob nicht objektiv die Prognose berechtigt ist, der Arbeitnehmer werde sich jedenfalls nach einer Abmahnung künftig wieder vertragstreu verhalten.[26] Danach war eine Abmahnung hier nicht entbehrlich.

Facetten rechtmäßige Abmahnung vor Ausspruch einer verhaltensbedingten Kündigung ausgesprochen wurde. Zur Erfüllung der Warnfunktion ist aber (nur) eine inhaltlich hinreichend bestimmte Abmahnung notwendig.
Eine Abmahnung, die inhaltlich klar genug bestimmt ist, jedoch formalen Anforderungen an den Ausspruch einer Abmahnung (z.B. Anhörung des Betroffenen vor Aufnahme in die Personalakte) nicht genügt, kann die Warnfunktion erfüllen. Somit ist die rechtskräftige Verurteilung des Arbeitgebers zur Entfernung einer Abmahnung aus der Personalakte dann kein Hinderungsgrund zum Ausspruch einer verhaltensbedingten Kündigung, wenn diese Verurteilung auf Grundlage formeller Fehler der Abmahnung erfolgt. Die Frage der inhaltlich ausreichenden Bestimmtheit einer Abmahnung ist folglich unabhängig von weiteren Rechtmäßigkeitsvoraussetzungen der Abmahnung selbst zu prüfen, so Müller, ArbRAktuell 2009, 290105.

[22] Bei der Abmahnung, die nunmehr in § 314 Abs. 2 BGB gesetzlich verankert wurde, handelt es sich um die Ausübung eines arbeitsvertraglichen Gläubigerrechts durch den Arbeitgeber. Als Gläubiger der Arbeitsleistung weist er den Arbeitnehmer als seinen Schuldner auf dessen vertragliche Pflichten hin und macht ihn auf die Verletzung dieser Pflichten aufmerksam (Rügefunktion). Zugleich fordert er ihn für die Zukunft zu einem vertragstreuen Verhalten auf und kündigt, wenn ihm dies angebracht erscheint, individualrechtliche Konsequenzen im Fall einer erneuten Pflichtverletzung an (Warnfunktion), vgl. BAG, NZA 2002, 288 = NJOZ 2002, 603 = EzBAT BAT § 11 Nr. 10; BAG, NZA 1997, 145 = AP BGB § 611 Nebentätigkeit Nr. 2; vgl. Schlachter, NZA 2005 S. 433 (436).

[23] BAG, Urteil vom 23.06.2009 – 2 AZR 283/08, RN 14, DB 2009, S. 2052; Staudinger/Preis, (2002), § 626 BGB, RN 109.

[24] BAG, Urteil vom 13.12.2007 – 2 AZR 818/06, RN 38, DB 2009, S. 1248

[25] BAG vom 23.06.2009 – 2 AZR 103/08, Rdn. 33, DB 2009 S. 2381; vom 27.04.2006 – 2 AZR 415/05, RN 19, DB 2006, S. 1963.

[26] Vgl. auch Erman/Belling, BGB, 12. Aufl., § 626 RN 62; KR/Fischermeier, 9. Aufl., § 626 BGB, RN 264; Preis, AuR 2010 S. 244; Reichel, AuR 2004 S. 252; Schlachter, NZA 2005 S. 437.

Das LAG geht zunächst zutreffend davon aus, dass es einer Abmahnung nicht deshalb bedurfte, um bei der Klägerin die mögliche Annahme zu beseitigen, die Beklagte könnte mit der eigennützigen Verwendung der Bons einverstanden sein. **Einer mutmaßlichen Einwilligung** – die in anderen Fällen, etwa der Verwendung wertloser, als Abfall deklarierter Gegenstände zum Eigenverbrauch oder zur Weitergabe an Hilfsbedürftige oder dem Aufladen eines Mobiltelefons im Stromnetz des Arbeitgebers, naheliegend sein mag – stand im Streitfall **die Weisung des Filialleiters entgegen**, die keine Zweifel über den von der Beklagten gewünschten Umgang mit den Bons aufkommen ließ. Auf mögliche Unklarheiten in den allgemeinen Anweisungen der Beklagten zur Behandlung von Fundsachen und Fundgeld kommt es deshalb nicht an.

Das Verhalten der Klägerin stellt eine objektiv schwerwiegende, das Vertrauensverhältnis der Parteien erheblich belastende, Pflichtverletzung dar. Mit der eigennützigen Verwendung der Leergutbons hat sich die Klägerin bewusst gegen die Anordnung des Filialleiters gestellt. Schon dies ist geeignet, das Vertrauen der Beklagten in die zuverlässige Erfüllung der ihr übertragenen Aufgaben als Kassiererin zu erschüttern. Erschwerend kommt hinzu, dass die Bons gerade ihr zur Verwahrung und ggf. Buchung als „Fehlbons" übergeben worden waren. Das Fehlverhalten der Klägerin berührt damit den Kernbereich ihrer Arbeitsaufgaben. Auch wenn deshalb das Verhalten der Klägerin das Vertrauensverhältnis zur Beklagten erheblich belastet hat, so hat das LAG doch den für die Klägerin sprechenden Besonderheiten nicht hinreichend Rechnung getragen. Das LAG hat angenommen, die Klägerin habe nicht damit rechnen können, die Beklagte werde ihr Verhalten auch nur einmalig hinnehmen, ohne eine Kündigung auszusprechen. Die Klägerin habe ihre Pflichten als Kassiererin „auf das Schwerste" verletzt. Mit dieser Würdigung ist es den Besonderheiten des Streitfalls nicht ausreichend gerecht geworden. Die Klägerin hat an der Kasse in unmittelbarer Anwesenheit ihrer Vorgesetzten bei einer nicht befreundeten Kollegin unabgezeichnete Leergutbons eingelöst. Dass sie mangels Abzeichnung nach den betrieblichen Regelungen keinen Anspruch auf eine Gutschrift hatte, war für die Kassenmitarbeiterin und die Vorgesetzte offenkundig und nicht zu übersehen. Das wusste auch die Klägerin, die deshalb aus ihrer Sicht unweigerlich würde Aufmerksamkeit erregen und Nachfragen auslösen müssen. Das zeigt, dass sie ihr Verhalten – fälschlich – als notfalls tolerabel oder jedenfalls korrigierbar eingeschätzt haben mag und sich eines gravierenden Unrechts offenbar nicht bewusst war. Für den Grad des Verschuldens und die Möglichkeit einer Wiederherstellung des Vertrauens macht es objektiv einen Unterschied, ob es sich bei einer Pflichtverletzung um ein Verhalten handelt, das insgesamt – wie etwa der vermeintlich unbeobachtete Griff in die Kasse – auf Heimlichkeit angelegt ist oder nicht.[27]

Das LAG hat die Einmaligkeit der Pflichtverletzung und die als beanstandungsfrei unterstellte Betriebszugehörigkeit der Klägerin von gut drei Jahrzehnten zwar erwähnt, ihnen aber kein ausreichendes Gewicht beigemessen. Für die **Zumutbarkeit der Weiterbeschäftigung** kann es von erheblicher Bedeutung sein, ob der Arbeitnehmer bereits geraume Zeit in einer Vertrauensstellung beschäftigt war, ohne vergleichbare Pflichtverletzungen begangen zu haben. Das gilt auch bei Pflichtverstößen im unmittelbaren Vermögensbereich.[28] Eine für lange Jahre ungestörte Vertrauensbeziehung zweier Vertragspartner wird nicht notwendig schon durch eine erstmalige Vertrauensenttäuschung vollständig und unwiederbringlich zerstört. Je länger eine Vertragsbeziehung ungestört bestanden hat, desto eher kann die Prognose berechtigt sein, dass der dadurch erarbeitete Vorrat an Vertrauen durch einen erstmaligen Vorfall nicht vollständig aufgezehrt wird. Dabei kommt es nicht auf die subjektive Befindlichkeit und Einschätzung des Arbeitgebers oder bestimmter für ihn handelnder Personen an. Entscheidend ist ein objektiver Maßstab. **Maßgeblich ist nicht, ob der Arbeitgeber hinreichendes Vertrauen in den Arbeitnehmer tatsächlich noch hat.** Maßgeblich ist, ob er es aus der Sicht eines objektiven Betrachters haben müsste. Im Arbeitsverhältnis geht es nicht um ein umfassendes wechselseitiges Vertrauen in die moralischen Qualitäten der je anderen Vertragspartei. Es geht allein um die von einem objektiven Standpunkt aus zu beantwortende Frage, ob mit einer korrekten Erfüllung der Vertragspflichten zu rechnen ist.

Die Klägerin hat durch eine beanstandungsfreie Tätigkeit als Verkäuferin und Kassiererin über dreißig Jahre hinweg Loyalität zur Beklagten gezeigt. Das in dieser Beschäftigungszeit von der Klägerin **erworbene Maß an Vertrauen** in die Korrektheit ihrer Aufgabenerfüllung und in die Achtung der Vermögensinteressen der Beklagten schlägt hoch zu Buche. Angesichts des Umstands, dass nach zehn Tagen Wartezeit mit einer Nachfrage der in Wahrheit berechtigten Kunden nach dem Verbleib von Leergutbons über Cent-Beträge aller Erfahrung nach nicht mehr zu rechnen war, und der wirtschaftlichen Geringfügigkeit eines der Beklagten entstandenen Nachteils ist es höher zu bewerten als deren Wunsch, nur eine solche Mitarbeiterin weiterzubeschäftigen, die in jeder Hinsicht und ausnahmslos ohne Fehl und Tadel ist. Dieser als solcher berechtigte Wunsch macht der Beklagten die Weiterbeschäftigung der Klägerin trotz ihres Pflichtenverstoßes mit Blick auf die bisherige

---

[27] Eine langjährige störungsfreie Beschäftigung ist für die Beurteilung der Wiederherstellbarkeit des Vertrauens auch bei Pflichtverletzungen im Vermögensbereich relevant
[28] BAG, Urteil vom 13.12.1984 – 2 AZR 454/83, DB 1985, 1244.

Zusammenarbeit nicht unzumutbar. Objektiv ist das Vertrauen in die Zuverlässigkeit der Klägerin nicht derart erschüttert, dass dessen vollständige Wiederherstellung und ein künftig erneut störungsfreies Miteinander der Parteien nicht in Frage käme. **Die Wirksamkeit einer Kündigung ist grundsätzlich nach den objektiven Verhältnissen im Zeitpunkt ihres Zugangs zu beurteilen.** Dieser Zeitpunkt ist im Rahmen von § 626 Abs. 1 BGB sowohl für die Prüfung des Kündigungsgrunds als auch für die Interessenabwägung maßgebend. Umstände, die erst danach entstanden sind, können die bereits erklärte Kündigung nicht rechtfertigen. Sie können allenfalls als Grundlage für eine weitere Kündigung oder einen Auflösungsantrag nach §§ 9, 10 KSchG dienen.[29]

Nachträglich eingetretene Umstände können nach der Rechtsprechung des BAG für die gerichtliche Beurteilung allerdings insoweit von Bedeutung sein, wie sie die Vorgänge, die zur Kündigung geführt haben, in einem neuen Licht erscheinen lassen.[30] Dazu müssen zwischen den neuen Vorgängen und den alten Gründen so enge innere Beziehungen bestehen, dass jene nicht außer Acht gelassen werden können, ohne dass ein einheitlicher Lebensvorgang zerrissen würde.[31] Es darf aber nicht etwa eine ursprünglich unbegründete Kündigung durch die Berücksichtigung späteren Verhaltens rückwirkend zu einer begründeten werden. Außerdem ist genau zu prüfen, welche konkreten Rückschlüsse auf den Kündigungsgrund späteres Verhalten wirklich erlaubt. Im Hinblick auf prozessuales Vorbringen gilt nichts anderes.

Danach kommt dem Prozessverhalten der Klägerin **keine ihre Pflichtverletzung verstärkende Bedeutung zu.**[32] Es ist nicht geeignet, den Kündigungssachverhalt als solchen zu erhellen. Der besteht darin, dass die Klägerin unberechtigterweise ihr nicht gehörende Leergutbons zweier Kunden zum eigenen Vorteil eingelöst hat. Dieser Vorgang erscheint insbes. im Hinblick auf eine Wiederholungsgefahr nicht dadurch in einem anderen, für die Klägerin ungünstigeren Licht, dass diese zunächst die Identität der von ihr eingelösten und der im Kassenbüro aufbewahrten Bons bestritten hat. Das Gleiche gilt im Hinblick darauf, dass die Klägerin auch noch im Prozessverlauf die Möglichkeit bestimmter Geschehensabläufe ins Spiel gebracht

---

[29] BAG, Urteil vom 28. 10. 1971 – 2 AZR 15/71, AP BGB § 626 Nr. 62 = EzA BGB § 626 n. F. Nr. 9; vom 15.12.1955 – 2 AZR 228/54, BAGE 2 S. 245 = DB 1956, S. 235.
[30] BAG, Urteil vom 13. 10. 1977 – 2 AZR 387/76, DB 1978 S. 641; vom 28.10.1971 – 2 AZR 15/71, AP BGB § 626 Nr. 62.
[31] BAG, Urteil vom 15.12.1955, BAGE 2 S. 245 = DB 1956, S. 235. Müller-Glöge, in ErfK, 10. Aufl., § 626 RN 54; KR/Fischermeier, 9. Aufl., § 626 BGB, RN 177; vgl. auch Walker, NZA 2009, S. 922.
[32] BAG, Urteil vom 24.11.2005 – 2 AZR 39/05, DB 2006, S. 677; vom 03.07.2003 – 2 AZR 437/02, EzA KSchG § 1 Verdachtskündigung Nr. 2.

hat, die erklären könnten, weshalb sie – wie sie stets behauptet hat – selbst bei Identität der Bons nicht wusste, dass sie ihr nicht gehörende Bons einlöste. Die von der Klägerin aufgezeigten Möglichkeiten einschließlich der einer gegen sie geführten Intrige mögen sich wegen der erforderlich gewordenen Befragungen der betroffenen Arbeitnehmer nachteilig auf den Betriebsfrieden ausgewirkt haben. Dies war aber nicht Kündigungsgrund. Unabhängig davon zielte das Verteidigungsvorbringen der Klägerin erkennbar nicht darauf, Dritte einer konkreten Pflichtverletzung zu bezichtigen. Der Kündigungsgrund wird auch nicht dadurch klarer, dass die Klägerin die Rechtsauffassung vertreten hat, erstmalige Vermögensdelikte zulasten des Arbeitgebers könnten bei geringem wirtschaftlichem Schaden eine außerordentliche Kündigung ohne vorausgegangene Abmahnung nicht rechtfertigen. Damit hat sie lediglich in einer rechtlich umstrittenen Frage einen für sie günstigen Standpunkt eingenommen. Daraus kann nicht abgeleitet werden, sie werde sich künftig bei Gelegenheit in gleicher Weise vertragswidrig verhalten. **Das Prozessverhalten der Klägerin mindert ebenso wenig das bei der Interessenabwägung zu berücksichtigende Maß des verbliebenen Vertrauens.** Auch für dessen Ermittlung ist auf den Zeitpunkt des Kündigungszugangs abzustellen. Aus dieser Perspektive und im Hinblick auf den bis dahin verwirklichten Kündigungssachverhalt ist zu fragen, ob mit der Wiederherstellung des Vertrauens in eine künftig korrekte Vertragserfüllung gerechnet werden kann. In dieser Hinsicht ist das Verteidigungsvorbringen der Klägerin ohne Aussagekraft.

Ihr wechselnder Vortrag und beharrliches Leugnen einer vorsätzlichen Pflichtwidrigkeit lassen keine Rückschlüsse auf ihre künftige Zuverlässigkeit als Kassiererin zu. Das gilt gleichermaßen für mögliche, während des Prozesses aufgestellte Behauptungen der Klägerin über eine ihr angeblich von der Kassenleiterin angetragene Manipulation im Zusammenhang mit der Einlösung von Sondercoupons im November 2007 und mögliche Äußerungen gegenüber Pressevertretern.[33] Anders als die Beklagte meint, wird dadurch nicht Verstößen gegen die prozessuale Wahrheitspflicht „Tür und Tor geöffnet". Im Fall eines bewusst wahrheitswidrigen Vorbringens besteht die Möglichkeit, eine weitere Kündigung auszusprechen oder einen **Auflösungsantrag nach §§ 9, 10 KSchG anzubringen.**[34] Dabei kann nicht jeder

---

[33] Bewusst wahrheitswidriger Vortrag im Prozess ist im Rahmen einer erneuten Kündigung oder eines Auflösungsantrags zu beurteilen

[34] Zulässig nur bei vorausgegangener ordentlicher Kündigung. Nach einer außerordentlichen Kündigung kann der Arbeitgeber nach §§ 9, 13 KSchG keinen Auflösungsantrag stellen. Der Arbeitgeber wird in erster Linie um Klageabweisung bemüht sein; er stellt seinen Antrag auf Auflösung für den Fall, dass der Arbeitnehmer mit seiner Kündigungsschutzklage obsiegt. Bei diesem Antrag handelt es sich um einen echten Eventual- bzw. Hilfsantrag, BAG AP BetrVG 1972 § 102 Nr. 22; BAG AP BGB § 611 Direktionsrecht Nr. 36; ebenso Ascheid, in ErfK, RN 20; v. Hoyningen-

unzutreffende Parteivortrag als „Lüge" bezeichnet werden. Die Wahrnehmung eines Geschehens ist generell nicht unbeeinflusst vom äußeren und inneren Standpunkt des Wahrnehmenden. Gleiches gilt für Erinnerung und Wiedergabe, zumal in einem von starker Polarität geprägten Verhältnis, wie es zwischen Prozessparteien häufig besteht. Wenn sich das Gericht nach den Regeln des Prozessrechts in §§ 138, 286 ZPO die – rechtlich bindende, aber um des Willen nicht der Gefahr des Irrtums enthobene – Überzeugung bildet, ein bestimmter Sachverhalt habe sich so und nicht anders zugetragen, ist damit die frühere, möglicherweise abweichende Darstellung einer Partei nicht zugleich als gezielte Irreführung des Gerichts oder der Gegenpartei ausgewiesen.[35]

Huene/Linck, § 9 KSchG, RN 25; Hergenröder, in MünchKomment, § 9 KSchG, RN 23. Der Arbeitgeber kann allerdings seinen Auflösungsantrag auch als Hauptantrag stellen, wenn er die Sozialwidrigkeit der Kündigung (§ 1 Abs. 2 KSchG) nicht bestreitet oder sogar anerkennt und sich nur auf den Auflösungsantrag beschränkt, v. Hoyningen-Huene/Linck, § 9 KSchG, RN 26; Löwisch/Spinner, § 9 KSchG, RN 48. Holthausen/Holthausen, NZA-RR 2007, 450 – das folgt im Umkehrschluss aus § 9 Abs. 1 S. 3 KSchG, der nur für den ArbN die Möglichkeit eines Auflösungsantrags vorsieht. Der Gesetzgeber wollte nicht den schweren vertraglichen Verstoß einer unwirksamen außerordentlichen Kündigung mit der Möglichkeit eines Auflösungsantrags „prämieren". Das gilt auch für die Fälle, in denen das Arbeitsverhältnis nicht mehr mit ordentlicher Frist gekündigt werden kann, etwa bei tariflichem oder einzelvertraglichem Ausschluss der Kündigung. Etwas anderes gilt, wenn der ArbG vorsorglich ordentlich gekündigt hat oder eine Umdeutung zulässig ist.

[34] Gemäß § 14 Abs. 2 KSchG findet § 9 Abs. 1 S. 2

[35] Vor dem Arbeitsgericht Bonn (Beschluss in einem Zustimmungsersetzungsverfahren vom 21.10.2010, Az.: 1 BV 47/10) ist eine Kündigung eines Betriebsratsvorsitzenden gescheitert, der drei Schrauben seines Arbeitgebers an einen früheren Kollegen verschenkt hatte. In der Verhandlung betonte die Kammer zwar ausdrücklich, dass auch ein Betrug über drei Schrauben im Wert von 28 Cent zulasten des Arbeitgebers einen wichtigen Grund für eine fristlose Kündigung darstellen könne. Aber es komme immer auf den konkreten Fall an. Neben der langen Betriebszugehörigkeit von mehr als 30 Jahren bewertete das Gericht positiv, dass der ertappte Betriebsratsvorsitzende nicht geleugnet, sondern sein Vorgehen sofort bedauert hatte. Nach Darstellung eines Sprechers des Gerichts folgte die Erste Kammer des Arbeitsgerichts Bonn mit dieser Entscheidung der Rechtsprechung des Bundesarbeitsgerichts.
Eine weitere – mit Augenmaß getroffene – Entscheidung stammt vom Landesarbeitsgericht Hamm (Urteil vom 02.09.2010 – 16 Sa 290/10). Der Kläger war kaufmännischer Angestellter und hatte sich im Mai 2009 für einige Tage einen Elektroroller (Segway) gemietet, den er auch zur Fahrt in den Betrieb nutzte. Dort schloss er den Roller im Vorraum zum Rechenzentrum an eine Steckdose an, um den Akku aufzuladen. Nachdem der Roller ca. 1 ½ Std. aufgeladen worden war, nahm der Kläger den Akku vom Stromnetz, nachdem er von einem Vorgesetzten dazu aufgefordert worden war. Der beklagte Arbeitgeber nahm diesen Vorfall zum Anlass für eine Kündigung. Auch hier ging die Interessenabwägung zulasten des Arbeitgebers aus. Berücksichtigt hat das Gericht dabei den geringen Schaden von 1,8 Cent, die 19 – jährige Beschäftigung des Klägers und nicht zuletzt den Umstand, dass im Betrieb Handys aufgeladen und elektronische Bilderrahmen betrieben wurden, die Arbeitgeberin aber nicht eingegriffen hätte. Daher hätte das verlorengegangene Vertrauen durch eine Abmahnung wieder hergestellt werden können.

Wettbewerbsverstoß während des Arbeitsverhältnisses[1] – auch bei laufendem Kündigungsprozess?

---

[1] Mit Anmerkungen von Prof. Dr. Dr. Siegfried Schwab, Mag. rer. publ. unter Mitarbeit von Diplom-Betriebswirtin (DH) Silke Schwab und Referendarin Heike Schwab.
BAG, Urteil vom 26.09.2007 – 10 AZR 511/06, NJW 2008, 392 ff.
Dem Arbeitnehmer ist während des rechtlichen Bestehens eines Arbeitsverhältnisses jede Konkurrenztätigkeit zum Nachteil seines Arbeitgebers untersagt, auch wenn keine entsprechenden individual- oder kollektivvertraglichen Regelungen bestehen. Für Handlungsgehilfen ist dies in § 60 Abs. 1 HGB ausdrücklich geregelt. Der Arbeitsvertrag schließt über den Geltungsbereich dieser Vorschrift hinaus aber ein Wettbewerbsverbot ein, das vielfach aus der Treuepflicht des Arbeitnehmers abgeleitet wurde, z. B. BAG, Urteil vom 26. Januar 1995 – 2 AZR 355/94, EzA BGB § 626 nF Nr. 155. Nunmehr ist diese Verhaltenspflicht zur Rücksichtnahme auf die Rechte, Rechtsgüter und Interessen des Vertragspartners ausdrücklich in § 241 Abs. 2 BGB normiert, BAG, Urteil vom 20. September 2006 – 10 AZR 439/05, BAGE 119, 294). Diese Maßstäbe gelten grundsätzlich auch für die Ausübung von Nebentätigkeiten, etwa im Rahmen eines weiteren Arbeitsverhältnisses. Bei der Beurteilung, unter welchen Voraussetzungen sich eine Tätigkeit bei einem anderen Arbeitgeber als Konkurrenz auswirkt, soll es dabei nach der bisherigen Rechtsprechung unerheblich sein, auf welche Art und Weise der Arbeitnehmer den auch im Tätigkeitsbereich seines Hauptarbeitgebers aktiven Konkurrenten unterstützt, sofern der Nebentätigkeit nicht ausnahmsweise von vornherein jegliche unterstützende Wirkung abgesprochen werden kann; vgl. Fleckmann/Schwirtzen, ArbRAktuell 2009, 290810 -darf der Arbeitnehmer während eines Kündigungsschutzverfahrens Wettbewerb leisten? Klagt der Arbeitnehmer gegen eine Kündigung, wird er nicht selten zur Sicherung seiner Existenz, zur Wahrung von Fachkenntnissen oder um Anschluss an seine Branche zu halten in seinem bisherigen Beruf tätig werden, ggf. sogar als Selbständiger. Leistet er dadurch dem Arbeitgeber Wettbewerb, steckt er in einem Dilemma: Nach Ansicht des BAG wird er während eines Kündigungsschutzverfahrens nicht von dem aus dem Arbeitsverhältnis geltenden Wettbewerbsverbot befreit. Das BAG, Urteil vom 13.12.2007 – 2 AZR 196/06, AE 2008, 31; NZA 1992, 212; BB 1973, 144, geht nachvollziehbar davon aus, dass ein Arbeitnehmer, der eine Kündigung gerichtlich angreift, von dem während der Dauer des Arbeitsverhältnisses geltenden **Wettbewerbsverbot** des § 60 HGB **nicht befreit** wird, da er mit der Klage gerade seinen Willen unterstreicht, am Arbeitsverhältnis festhalten zu wollen. Eine Ausnahme über die Schadensminderungspflicht des § 615 S. 2 BGB lehnt es – ohne nachvollziehbare Gründe allerdings – ab. Es komme eine **weitere, fristlose Kündigung** in Betracht, wenn dem Arbeitnehmer unter Berücksichtigung der Umstände des konkreten Falles ein **Verschulden** anzulasten sei, BAG, NZA 1992, 212. Das ist im Rahmen der Interessenabwägung anhand des **Grades des Verschuldens** und der **Art und Auswirkung der Konkurrenztätigkeit** zu prüfen. Der Arbeitnehmer handelt m. E. nicht schuldhaft, wenn es ihm **nur** um eine **Übergangslösung** gehe und er am gekündigten **Arbeitsverhältnis festhalten möchte**. Nach nur noch vereinzelt vertretener Ansicht soll einem Arbeitnehmer **Wettbewerb** während des Kündigungsschutz-

1. Das in den §§ 60, 61 HGB für Handlungsgehilfen geregelte Wettbewerbsverbot während des Arbeitsverhältnisses gilt für alle Arbeitnehmer. Es schützt auch Arbeitgeber, die kein Handelsgewerbe betreiben.
2. Solche Arbeitgeber können in analoger Anwendung von § 61 Abs. 1 HGB die einem Prinzipal bei einem Wettbewerbsverstoß eines Handlungsgehilfen zustehenden Ansprüche geltend machen. Für die Verjährung der Ansprüche gilt die dreimonatige Verjährungsfrist des § 61 Abs. 2 HGB.[2]
3. Bei der Bestimmung der Reichweite des im laufenden Arbeitsverhältnis **bestehenden Wettbewerbsverbots** muss die durch Art. 12 Abs. 1 GG geschützte Berufsfreiheit des Arbeitnehmers stets Berücksichtigung finden. Daher ist im Rahmen einer Gesamtwürdigung aller Umstände des Einzelfalls festzustellen, ob die anderweitige Tätigkeit zu einer Gefährdung oder Beeinträchtigung der Interessen des Arbeitgebers führt. Es spricht viel dafür, dass bloße Hilfstätigkeiten ohne Wettbewerbsbezug nicht erfasst werden. Grundsätzlich ist dem Arbeitnehmer während des rechtlichen Bestehens eines Arbeitsverhältnisses jede Konkurrenztätigkeit zum Nachteil seines Arbeitgebers untersagt, auch wenn keine entsprechenden individual- oder kollektivvertraglichen Regelungen bestehen.[3]

---

verfahrens überhaupt **nicht verwehrt** sein, wenn der Arbeitgeber sich in **Annahmeverzug** befindet und der Arbeitnehmer seiner **Schadensminderungspflicht** nach § 615 S. 2 BGB durch eine Wettbewerbstätigkeit Rechnung tragen will. Steht dem Arbeitnehmer auch ein **allgemeiner Weiterbeschäftigungsanspruch** zu, müsse er nicht den Ausgang des Rechtsstreits abwarten, ArbG Osnabrück, ARST 1981, 141; Blomeyer, in MünchHandbuchArbR, § 52 RN 11, 14.

[2] Fischer, **Wettbewerbstätigkeit des gekündigten Arbeitnehmers während des Kündigungsschutzprozesses**, NJW 2009, 331 – als kündigungsrechtlich systemkonformer Lösungsansatz kommt die Überlegung in Betracht, den Arbeitgeber für verpflichtet zu halten, den Konkurrenz treibenden und gleichzeitig kündigungsschutzklagenden Arbeitnehmer im Sinne der Unterlassung der Konkurrenztätigkeit während des laufenden Verfahrens abzumahnen. Erfolgt eine solche Abmahnung, wäre es gerechtfertigt, das Arbeitsverhältnis erneut zu kündigen. Denn dem Arbeitnehmer ist damit hinreichend vor Augen geführt, welche Risiken die Konkurrenztätigkeit beinhaltet.

[3] BAG, 24.03.2010, 10 AZR 66/09 – es kann offen bleiben, ob dies auch für einfache (Neben-)Tätigkeiten gilt, die allenfalls zu einer untergeordneten wirtschaftlichen Unterstützung des Konkurrenzunternehmens führen können und im Übrigen schutzwürdige Interessen des Arbeitgebers nicht berühren. In jedem Fall muss bei der **Bestimmung der Reichweite des Wettbewerbsverbots die durch Art. 12 Abs. 1 GG geschützte Berufsfreiheit des Arbeitnehmers Berücksichtigung finden.** Daher ist im Rahmen einer Gesamtwürdigung aller Umstände des Einzelfalls festzustellen, ob nach Art der Haupt- und Nebentätigkeit und der beteiligten Unternehmen überhaupt eine Gefährdung oder Beeinträchtigung der Interessen des Arbeitgebers vorliegt. Es spricht viel dafür, dass die Reichweite des Wettbewerbsverbots auf unmittelbare Konkurrenztätigkeiten beschränkt werden muss und bloße Hilfstätigkeiten ohne Wettbewerbsbezug nicht erfasst werden, vgl. etwa MünchKommHGB/von Hoyningen-Huene, 2. Aufl. § 60 RN 46; Oetker/Kotzian-Marggraf, HGB § 60 RN 15; Küttner/Reinecke Personalbuch, 2009 16. Aufl. Stichwort Wettbewerb RN 6; Schaub, ArbR-Hdb. 13. Aufl. § 57 RN 7; HWK/Diller, 3. Aufl. § 60 HGB RN 21; Boemke, AR-Blattei SD Nebenpflichten des Arbeitnehmers 1228 RN 269; Buchner, AR-Blattei

Der Beklagte verlangt im Rahmen der Widerklage. Auskunft und Schadensersatz wegen Wettbewerbs während des Arbeitsverhältnisses. Die Parteien sind Rechtsanwälte. Der Drittwiderbeklagte war seit dem 09.10.2002 in der Kanzlei des Bekl. beschäftigt. § 2 des Arbeitsvertrags der Parteien lautet:

Der Arbeitnehmer verpflichtet sich, während der Dauer des Arbeitsverhältnisses seine ganze Arbeitskraft dem Arbeitgeber zur Verfügung zu stellen. Nebentätigkeiten, Beteiligungen gleich welcher Art und sonstige Tätigkeiten dürfen nur bei schriftlicher Zustimmung durch den Arbeitgeber angenommen werden. Der Arbeitnehmer verpflichtet sich, während der Dauer des Arbeitsverhältnisses für Dritte keine Rechtsberatung, rechtliche Interessenwahrnehmung oder Rechtslehre, weder gegen Entgelt noch unentgeltlich, in eigenem Namen oder mittels Dritten zu erbringen. Der Drittwiderbeklagte bearbeitete während des Arbeitsverhältnisses für die Kanzlei „Rechtsanwälte K" Mandate und stellte dafür Gebühren in Rechnung. Der Bekl. erlangte davon am 05.01.2005 Kenntnis. Das Arbeitsverhältnis der Parteien endete auf Grund einer außerordentlichen Kündigung des Bekl. vom 06.01.2005. Der Bekl. hat mit einem beim ArbG am 25.02.2005 eingegangenen Telefax beantragt, den Drittwiderbeklagte zu verurteilen, ihm Auskunft darüber zu erteilen, welche Mandate er gemeinschaftlich oder einzeln unter der geschäftlichen Bezeichnung „Rechtsanwälte K" in dem Zeitraum vom 13.10.2003 bis zum 05.01.2005 bearbeitet und welche Vergütung er gemeinschaftlich oder einzeln im Zusammenhang mit der Durchführung dieser Mandate erhalten hat. Mit einem Schriftsatz vom 13.05.2005, der am selben Tag beim ArbG per Telefax eingegangen ist, hat der Bekl. seine Klage erweitert und unter anderem beantragt, den Drittwiderbeklagten zu verurteilen, an ihn 2000 Euro zu zahlen.

SD Wettbewerbsverbot II 1830.2 RN 53; Grunsky, Wettbewerbsverbote für Arbeitnehmer 2. Aufl. S. 12 f.; Bock, Das Doppelarbeitsverhältnis S. 35 f.; Franke Arbeits- und sozialrechtliche Fragen von Zweitarbeitsverhältnissen S. 74. Dies gilt insbesondere, wenn der Arbeitnehmer lediglich eine Teilzeittätigkeit ausübt und deshalb zur Sicherung seines Lebensunterhalts auf die Ausübung einer weiteren Erwerbstätigkeit angewiesen ist, Kempen/Kreuder AuR 1994, 219 f. Gerade im Bereich der einfacheren Tätigkeiten ist das in zunehmendem Maß der Fall, vgl. Fleckmann, ArbRAktuell 2010, 304104 – auch Nebentätigkeiten für Konkurrenten sind nach dieser Rechtsprechung regelmäßig unzulässig. Dagegen meldet das BAG nicht von der Hand zu weisende Bedenken an, weil sie ein zunehmendes Problem des Arbeitsmarktes aufzeigen: wer nur eine Teilzeitbeschäftigung (oder schlecht dotierte Anstellung) hat, wird oft zur Sicherung seines Lebensunterhalts eine weitere Beschäftigung aufnehmen müssen. Verfügt er nur über eine einfache berufliche Qualifikation, wird er gegebenenfalls keine Möglichkeit haben, in einer anderen Branche tätig zu werden. Wenn er dann für einen Konkurrenten tätig wird, wird der Arbeitgeber dagegen zwar durchaus berechtigte Einwände haben. Allerdings darf die Situation des Arbeitnehmers, der mit seinem Schritt immerhin auch eigene Einkünfte möglicher staatlicher Unterstützung vorzieht, nicht unberücksichtigt bleiben.

Die auf einen Verstoß des Drittwiderbeklagte gegen das Wettbewerbsverbot gestützten Ansprüche des Beklagte gem. § 194 Abs. 1 BGB i. V. mit § 61 Abs. 2 HGB verjährt sind. Der Drittwiderbeklagte ist deshalb nach § 214 Abs. 1 BGB berechtigt, die Leistung von Schadensersatz zu verweigern. Auf Grund dieses dauernden Leistungsverweigerungsrechts des Drittwiderbeklagten fehlt es an einer rechtlichen Grundlage für den vom Bekl. geltend gemachten Auskunfts- und Rechnungslegungsanspruch.[4] Gemäß § 60 Abs. 1 HGB darf der Handlungsgehilfe ohne Einwilligung des Prinzipals weder ein Handelsgewerbe betreiben noch in dem Handelszweige des Prinzipals für eigene oder fremde Rechnung Geschäfte machen.[5] Verletzt der Handlungsgehilfe diese ihm obliegende Verpflichtung, so kann der Prinzipal gem. § 61 Abs. 1 HGB Schadensersatz fordern[6]; er kann stattdessen verlangen, dass der Handlungsgehilfe die für eigene Rechnung gemachten Geschäfte als für Rechnung des Prinzipals eingegangen gelten lasse[7] und die aus Geschäften für fremde Rechnung bezogene Vergütung herausgebe oder seinen Anspruch auf die Vergütung abtrete.[8] Nach § 61 Abs. 2 HGB in der ab dem 15.12.2004 geltenden Fassung ver-

---

[4] BAGE 94, 199 = NJW 2001, 172 = NZA 2001, 94; BAG, NJW 1996, 1693 = NZA 1996, 251 = AP BGB § 196 Nr. 16 = EzA BGB § 196 Nr. 9.
[5] Die Verletzung der Verbote des § 60 gibt dem Arbeitgeber in der Regel das Recht zur fristlosen Kündigung nach § 626 BGB.
[6] Der Schadensersatzanspruch setzt einen schuldhaften Verstoß gegen das Wettbewerbsverbot voraus, Boecken, in Ebenroth, u. a., § 60 RN 4. Dessen Inhalt und Umfang bestimmt sich nach §§ 249 ff. BGB. Zu ersetzen ist auch der **entgangene Gewinn**. Kosten zur Schadensabwehr oder Schadensminderung, etwa Lohnkosten für „Ersatzkräfte" sind ebenfalls schadensrelevante Positionen. Nach allgemeinen Grundsätzen muss der ArbG seinen Schaden darlegen und beweisen. Dabei greift bei der Feststellung des entgangenen Gewinns die Beweiserleichterung aus § 252 S. 2 BGB, Boecken, a.a.O., RN 8. Die Verjährungsvorschrift gilt nicht für die Ansprüche aus § 61 Abs. 1HGB, sondern auch für alle anderen konkurrierenden vertraglichen und gesetzlichen Schadensersatz- und Herausgabeansprüche (§§ 280, Abs. 2, 823, 826 BGB; §§ 1, 3 UWG). Auch eine Gehaltskürzung für die Zeit der Konkurrenztätigkeit ist grundsätzlich nicht möglich. Nur in besonders krass liegenden Fällen, in denen sich der Arbeitnehmer grob unanständig verhalten hat, kann es gerechtfertigt sein, dem Vergütungsanspruch den Arglisteinwand entgegenzuhalten. Schadensersatz- und Unterlassungsanspruch folgen schon aus dem Vertrag, BAG BB 70, 1095; dem Geschädigten helfen der Beweis ersten Anscheins und sein Auskunftsanspruch, BAG BB 70, 1095, 77, 41; es genügt, dass der Arbeitgeber mit hoher Wahrscheinlichkeit Konkurrenztätigkeit dartun kann, BAG BB 71, 86.
[7] Der ArbG kann im Rahmen seines Wahlrechts auch das Eintrittsrecht i. S. einer Ersetzungsbefugnis wählen. Dabei handelt es sich um eine empfangsbedürftige Willenserklärung des ArbG, die dem ArbG zugehen muss. Die Erklärung ist verbindlich und unwiderruflich, Boecken, RN 11. Das Wahlrecht kann nur einheitlich ausgeübt werden, Hagen, in Rolfs, u. a. Beck'scher Online-Kommentar, § 61 RN 2. Im Außenverhältnis bleibt der ArbN nach wie vor Vertragspartner.
[8] Der ArbN muss dem ArbG alles aus der wettbewerbswidrigen Tätigkeit Erlangte herausgeben, auch Forderungen abtreten und zu ihrer Geltendmachung Auskunft erteilen und Beweisurkunden übergeben (§ 402 BGB); **Stufenklage** § 254 ZPO. Im Gegenzug muss der Arbeitgeber die Aufwendungen des ArbN für das Geschäft erstatten und die von ihm daraus noch zu erbringenden

jähren die Ansprüche von dem Zeitpunkt an, in welchem der Prinzipal Kenntnis von dem Abschluss des Geschäfts erlangt oder ohne grobe Fahrlässigkeit erlangen müsste; sie verjähren ohne Rücksicht auf diese Kenntnis oder grob fahrlässige Unkenntnis in fünf Jahren von dem Abschluss des Geschäfts an.[9] Der Widerkläger hat erst nach Ablauf der dreimonatigen Verjährungsfrist des § 61 Abs. 2 HGB erhoben Klage erhoben, obgleich ihm bereits am 05.01.2005 die Konkurrenztätigkeit des Drittwiderbeklagten und damit der Verstoß gegen das Wettbewerbsverbot bekannt war.[10] Mit der erst nach mehr als drei Monaten erfolgten Klageerweiterung vom 13.05.2005 hat er die Verjährung seiner mit der verbotenen Konkurrenztätigkeit des Drittwiderbekl. begründeten Schadensersatzansprüche daher nicht mehr gem. § 204 Abs. 1 Nr. 1 BGB hemmen können.

Die Verjährung durch die Erhebung der am 25.02.2005 beim ArbG eingegangenen Auskunftsklage[11] ist nicht durch Rechtsverfolgung gehemmt worden. Nach § 204 Abs. 1 Nr. 1 BGB wird die Verjährung gehemmt durch die Erhebung der Klage auf Leistung oder auf Feststellung des Anspruchs, auf Erteilung der Vollstreckungsklausel oder auf Erlass des Vollstreckungsurteils. Die bloße Auskunftsklage ist damit keine die Verjährung hemmende Rechtsverfolgung im Sinne dieser Vorschrift.

Die **dreimonatige Verjährungsfrist** des § 61 Abs. 2 HGB gilt auch für Schadensersatzansprüche[12] freiberuflicher Arbeitgeber, wenn ein Arbeitnehmer eines

---

Leistungen übernehmen (entsprechend §§ 687Abs. 2, 684 S 1 BGB). Der Arbeitgeber kann damit den von dem ArbN unrechtmäßig gemachten Gewinn abschöpfen.

[9] § 61 Abs. 2 zielt auf rasche Klärung und ist Ausfluss eines allgemeinen Rechtsgedankens, Hopt, in Baumbach/Hopt, § 61 RN 4. Dies gilt nicht nur Ansprüche aus § 61, sondern auch für entsprechende vertragliche und konkurrierende gesetzliche, z. B deliktische, BAG NJW 86, 2527 (1. Die dreimonatige Verjährungsfrist des § 61 Abs. 2 HGB gilt für alle Ersatzansprüche des Arbeitgebers, die dieser aus Wettbewerbsverstößen i. S. des § 60 HGB herleitet, auch wenn sie auf eine positive Forderungsverletzung oder eine unerlaubte Handlung gestützt werden. Die Verjährungsfrist kann durch die Erhebung einer Stufenklage unterbrochen werden [§ 209 Abs. 1 BGB]. Diese Verjährungsunterbrechung endet spätestens dann, wenn der Arbeitnehmer die geforderte Auskunft erteilt und eidesstattlich versichert. Mängel der Auskunft sind insoweit unerheblich) auch aus § 826 BGB, BAG NJW 01, 172; aus § 3 UWG; auch Ansprüche auf Unterlassung.

[10] Maßgebend ist die zuverlässige und möglichst vollständige positive Kenntnis der entscheidungsrelevanten Tatsachen.

[11] Der Kläger macht sein Interesse auf Auskunft im Regelfall im Rahmen einer Stufenklage geltend. Dabei sind zwei gestaffelte Anträge („Stufen") erforderlich. Erste Stufe (sog. Auskunftsklage) – neben einem Antrag auf Rechnungslegung i. S. d. § 259 Abs. 1 BGB oder Vorlegung eines Vermögensverzeichnisses i. S. d. § 260 Abs. 1 BGB können generell alle Informationsansprüche geltend gemacht werden. Der Antrag erster Stufe ist ein bloßes Hilfsmittel, um den Leistungsanspruch bestimmt geltend machen zu können. In der zweiten Stufe kann der Kläger Leistung von Schadensersatz oder Zahlung des Erlangten einfordern (Hauptanspruch, vgl. § 254 ZPO).

[12] Ansprüche mit einer anderen Zielrichtung, zum Beispiel § 628 Abs. 2 BGB auf Ersatz des wegen der Aufhebung des Arbeitsverhältnisses entstehenden Schadens, bleiben dagegen unberührt. Glei-

solchen Arbeitgebers die ihm nach § 60 HGB obliegende Verpflichtung zur Unterlassung von Wettbewerb während des Arbeitsverhältnisses verletzt. Das in **§ 60 HGB geregelte gesetzliche Wettbewerbsverbot**[13] gilt zwar dem Wortlaut nach nur für Handlungsgehilfen und damit nur für Arbeitnehmer, die in einem Handelsgewerbe zur Leistung kaufmännischer Dienste gegen Entgelt angestellt sind (§ 59 S. 1 HGB). Dies hat jedoch nicht zur Folge, dass § 61 Abs. 1 HGB, der die Rechtsfolgen einer Verletzung dieses Verbots festlegt, und § 61 Abs. 2 HGB, der die Verjährung der Ansprüche des Prinzipals regelt, nur dann Anwendung finden, wenn das Wettbewerbsverbot von einem Handlungsgehilfen verletzt wurde. Der Wortlaut der §§ 60, 61 HGB schließt eine analoge Anwendung dieser Bestimmungen auf sonstige Arbeitnehmer nicht aus. Auch die §§ 74 ff. HGB, die das

---

ches müsste für eine Auskunftsklage gelten, die darauf abzielt zu erfahren, ob der Arbeitnehmer auch gegenüber Mandanten tätig geworden ist (§ 242 BGB), so ausdrücklich Kock, NJW 2008, 294.

[13] Reichweite des Wettbewerbsverbots
1. Bei der Bestimmung der Reichweite des im laufenden Arbeitsverhältnis bestehenden **Wettbewerbsverbots muss die durch Art. 12 Abs. 1 GG geschützte Berufsfreiheit des Arbeitnehmers stets Berücksichtigung finden.** Daher ist im Rahmen einer Gesamtwürdigung aller Umstände des Einzelfalls festzustellen, ob die anderweitige Tätigkeit zu einer Gefährdung oder Beeinträchtigung der Interessen des Arbeitgebers führt. Es spricht viel dafür, dass bloße Hilfstätigkeiten ohne Wettbewerbsbezug nicht erfasst werden.
2. Grundsätzlich ist dem Arbeitnehmer während des rechtlichen Bestehens eines Arbeitsverhältnisses **jede Konkurrenztätigkeit zum Nachteil seines Arbeitgebers untersagt,** auch wenn keine entsprechenden individual- oder kollektivvertraglichen Regelungen bestehen.
3. Es kann offen bleiben, ob dies auch für einfache (Neben-)Tätigkeiten gilt, die allenfalls zu einer untergeordneten wirtschaftlichen Unterstützung des Konkurrenzunternehmens führen können und im Übrigen schutzwürdige Interessen des Arbeitgebers nicht berühren. Gründe des „unmittelbaren Wettbewerbs" i.S.d. § 11 Abs. 2 MTV-DP AG rechtfertigen nur dann die Untersagung einer Nebentätigkeit für ein Konkurrenzunternehmen, wenn aus der Stellung des Arbeitnehmers oder der Art der Tätigkeit eine unmittelbare Beeinträchtigung schutzwürdiger Interessen des Arbeitgebers droht. **Die nur untergeordnete wirtschaftliche Unterstützung des Wettbewerbers reicht nicht aus.** Nach der nahezu einhelligen Rechtsprechung ist dem Arbeitnehmer grundsätzlich jeder Wettbewerb verboten, gleich in welcher Form und Umfang er diesen leistet; es kommt auch nicht darauf an, wie er sich betätigt, sei es auch nur (verdeckt) über einen Ehepartner, BAG, RzK I 5i Nr. 60. Verstöße dagegen können eine (ggf. außerordentliche) Kündigung rechtfertigen, z.B. BAG, EzA § 626 BGB nF Nr. 162. **Auch Nebentätigkeiten für Konkurrenten sind nach dieser Rechtsprechung regelmäßig unzulässig.** Dagegen meldet das BAG nicht von der Hand zu weisende Bedenken an, weil sie ein zunehmendes Problem des Arbeitsmarktes aufzeigen: wer nur eine Teilzeitbeschäftigung (oder nicht sonderlich dotierte Anstellung) hat, wird oft zur Sicherung seines Lebensunterhalts eine weitere Beschäftigung aufnehmen müssen.
[13] BAG, Urteil vom 24.03.2010 – 10 AZR 66/09 mit Anm. Fleddermann, ArbRAktuell 2010, 304104 – von im Rahmen einer Gesamtwürdigung ist festzustellen, ob und ggf. wie die Interessen des Arbeitgebers durch eine Nebentätigkeit beeinträchtigt werden können. Je geringer der zeitliche Umfang der (Haupt-)Tätigkeit und je einfacher diese Tätigkeit ist, desto eher ist eine solche Beeinträchtigung zu verneinen. Wer allerdings auch nach diesen Maßstäben eine offenkundig nicht genehmigungsfähige Nebentätigkeit fortgesetzt ausübt, dem kann nach wie vor außerordentlich gekündigt werden, BAG, NZA-RR 2009, 393.

nachvertragliche Wettbewerbsverbot[14] regeln, sind dem Wortlaut nach nur auf Handlungsgehilfen zugeschnitten. Gleichwohl war bereits lange Zeit vor dem Inkrafttreten des § 110 GewO zum 01.01.2003 in der Rechtsprechung des BAG anerkannt, dass die §§ 74 ff. HGB im Wege der Analogie auf alle Gruppen von Arbeitnehmern anzuwenden sind.[15] Maßgebend ist, dass nach der ständigen Rechtsprechung des BAG das Wettbewerbsverbot während des Bestehens des Arbeitsverhältnisses auch für sonstige Arbeitnehmer gilt.[16] § 60 HGB konkretisiert einen allgemeinen Rechtsgedanken, der seine Grundlage in der Treuepflicht des Arbeitnehmers hat und auch in § 241 Abs. 2 BGB zum Ausdruck kommt, wonach das Schuldverhältnis nach seinem Inhalt jeden Teil zur Rücksicht auf die Rechte, Rechtsgüter und Interessen des anderen Teils verpflichten kann. In der Rechtsprechung des BAG ist auch anerkannt, dass das Wettbewerbsverbot während des Arbeitsverhältnisses[17] nicht nur Arbeitgeber schützt, die ein Handelsgewerbe betreiben,

---

[14] Nach Beendigung des Arbeitsverhältnisses kann der Arbeitnehmer grundsätzlich seine Arbeitskraft frei verwerten. Er darf auch zu seinem Arbeitgeber in Wettbewerb treten. Eine nachvertragliche Verschwiegenheits- sowie eine nachvertragliche Treuepflicht des Arbeitnehmers begründen für den Arbeitgeber gegen den ausgeschiedenen Arbeitnehmer nur dann Ansprüche auf Unterlassung von Wettbewerbshandlungen, wenn das Wettbewerbsverbot besonders vereinbart wurde. § 110 GewO stellt klar: ArbG und ArbN können die berufliche Tätigkeit des ArbN für die Zeit nach Beendigung des Arbeitsverhältnisses durch Vereinbarung beschränken.
Ein **nachvertragliches Wettbewerbsverbot** (§§ 74 ff. HGB) unterliegt hinsichtlich seiner inhaltlichen, örtlichen und zeitlichen Reichweite keiner AGB-rechtlichen Inhaltskontrolle, da ein nachvertragliches Wettbewerbsverbot jedenfalls bei nachträglicher Vereinbarung einen gegenseitigen Vertrag i.S. der §§ 320 ff. BGB darstellt und die Regelung der vertraglichen Hauptleistungspflichten („Leistungsbeschreibung") ebenso wie das Verhältnis zwischen Leistung und Gegenleistung (Höhe der Karenzentschädigung) gem. § 307 Abs. 3 BGB kontrollfrei bleiben. Eine Inhaltskontrolle findet deshalb nur nach Maßgabe von § 74a HGB statt, der eine geltungserhaltende Reduktion vorsieht.
Ein **berechtigtes geschäftliches Interesse** des Arbeitgebers an einem nachvertraglichen Wettbewerbsverbot (§ 74a HGB) kann auch dann bestehen, wenn sich die Warensortimente nur teilweise überschneiden. Eine feste Grenze dafür, wie groß die Überschneidung der Warensortimente mindestens sein muss (z.B. 10%), gibt es nicht, LAG Baden-Württemberg, NZA-RR 2008, 508 ff. Vgl. auch Koch, RdA 2006, 28 ff., krit. zur verbreiteten Auffassung, dass das nachvertragliche Wettbewerbsverbot im einseitig vorformulierten Arbeitsvertrag der AGB-Inhaltskontrolle entzogen sei, weil es der speziellen gesetzlichen Regelung in §§ 74ff. HGB unterfällt. Zur grenzüberschreitenden Durchsetzung nachvertraglicher Wettbewerbsverbote, Diller/Wilske, DB 2007, 1866. Vgl. ferner Hunold, Rechtsprechung zum nachvertraglichen Wettbewerbsverbot, NZA-RR 2007, 617 ff.

[15] BAGE 22, 125 = NJW 1970, 626.

[16] BAG, NJW 1977, 646 = AP BGB § 611 Treuepflicht Nr. 8 = EzA BGB § 611 Treuepflicht Nr. 1; NZA 2007, 977 = AP HGB § 60 Nr. 13 = EzA BBiG § 10 Nr. 12.

[17] Streitig wird in der Literatur und Rechtsprechung die Frage diskutiert, ob das Wettbewerbsverbot noch während eines Kündigungsschutzverfahrens besteht. Aus § 615 S. 2 BGB (Anrechnung des Erwerbs aus einem fiktiven Arbeitsverhältnis bei böswilligem Unterlassen anderweitiger Arbeit) leitet das BAG, NZA 1992, 215 keine Rechtfertigung des ArbN für eine Konkurrenztätigkeit ab. Bleibt eine „Zwangslage" für den ArbN zurück. Entweder er setzt sich eines möglichen Vorwurfs

sondern dass dieses Verbot auch für den Bereich der freien Berufe, insbesondere für den Bereich der Rechtsanwaltschaft gilt[18], sinngemäß die gleichen wettbewerblichen Beschränkungen wie für Handlungsgehilfen gelten und die §§ 60 ff. HGB analog anzuwenden sind.[19] Schließt der Arbeitsvertrag ungeachtet einer ausdrücklichen Abrede zwischen dem Arbeitgeber und dem Arbeitnehmer und unabhängig vom persönlichen Anwendungsbereich des § 60 HGB ein Wettbewerbsverbot während des Arbeitsverhältnisses ein, erfordert schon der Gleichheitssatz des Art. 3 Abs. 1 GG, dass die Gruppe der Handlungsgehilfen und die Gruppe der sonstigen Arbeitnehmer bei Wettbewerbsverstößen bezüglich der Ansprüche des Arbeitgebers nicht unterschiedlich behandelt werden. Bei einer personenbezogenen Ungleichbehandlung ist der Gleichheitssatz verletzt, wenn eine Gruppe von Normadressaten im Vergleich zu anderen Normadressaten anders behandelt wird, obwohl zwischen beiden Gruppen keine Unterschiede von solcher Art und solchem Gewicht bestehen, dass sie die ungleiche Behandlung rechtfertigen könnten.[20] Dabei müssen Ungleichbehandlung und rechtfertigender Grund in einem angemessenen Verhältnis zueinander stehen.

Sind nicht nur Arbeitgeber, die ein Handelsgewerbe betreiben vor Wettbewerb ihrer Arbeitnehmer während des Arbeitsverhältnisses geschützt, sondern auch alle anderen Arbeitgeber und können diese bei einem Verstoß eines Arbeitnehmers gegen das Wettbewerbsverbot ebenso wie Arbeitgeber, die ein Handelsgewerbe betreiben, Schadensersatz fordern und sonstige Ansprüche geltend machen, gibt es entgegen der Ansicht des Bekl. keinen sachlichen Grund für eine unterschiedliche Verjährung der Ansprüche. Eine analoge Anwendung der §§ 60, 61 HGB nur hinsichtlich der Ansprüche des Arbeitgebers bei einem Wettbewerbsverstoß, nicht aber bezüglich der Verjährung dieser Ansprüche, überzeugt nicht.[21] Ebenso wie beim

---

aus, er habe keine Erwerbstätigkeit aufgenommen, § 615 S. 2 BGB, oder er riskiert eine Schadensersatzklage aus § 60 HGB. Läuft es für ihn besonders unglücklich, dann schafft er – in Befolgung der Bemühungen § 615 S. 2 BGB gerecht zu werden einen Kündigungsgrund. Ärgerlich, wenn er mit seiner ersten Kündigungsklage erfolgreich war, vgl. Boecken, a.a.O., RN 14. Boecken stellt auf ein mögliches Verschulden im Einzelfall ab.

[18] BAG, NJW 1991, 518 = NZA 1991, 141 = AP BGB § 611 Treuepflicht Nr. 10 = EzA KSchG § 4 n.F. Nr. 38; Vgl. Boecken, in Ebenroth, u. a. § 60 HGB, RN 6. In der rechtswissenschaftlichen Literatur gibt es unterschiedliche Begründungsansätze. Zum einen wird auf die aus § 242 BGB herzuleitende Treuepflicht verwiesen, zum anderen § 60 HGB entsprechend angewandt. Ob mit einer analogen Anwendung ein Konkretisierungsgewinn verbunden ist, ist zwar zweifelhaft, aber vom Ergebnis her unerheblich, da sich keine rechtlichen Konsequenzen aus den unterschiedlichen Begründungsansätzen herleiten lassen.

[19] BAG, Urt. v. 23.08.1985 – 2 AZR 268/84.

[20] BVerfGE 82, 126 = NJW 1990, 2246 = NZA 1990, 721; BAGE 111, 18 = NZA 2004, 1399.

[21] Die **kurze Verjährungsfrist** des § 61 Abs. 2 HGB begünstigt den vertragsbrüchigen Arbeitnehmer jedoch erheblich. Im Ergebnis ist § 61 HGB daher allein nicht geeignet, den Arbeitgeber angemessen vor einer Konkurrenztätigkeit seines Arbeitnehmers zu schützen. Wer bereits bei der

nachvertraglichen Wettbewerbsverbot, bei dem die Regelung in § 110 GewO nicht auf die Größe des Unternehmens des Arbeitgebers oder die Arbeitnehmerzahl abstellt, ist entgegen der Auffassung des Bekl. auch beim Wettbewerbsverbot während des Arbeitsverhältnisses ohne Bedeutung, ob der Arbeitgeber einen größeren oder kleineren Betrieb unterhält oder ob er einen so genannten freien Beruf ausübt. Für die Ansprüche des Prinzipals und deren Verjährung kommt es nach der Regelung in § 61 HGB nicht auf die Größe des Handelsgewerbes an. Hat der Prinzipal/Arbeitgeber Kenntnis[22] von dem Wettbewerbsverstoß, soll die kurze Verjährungsfrist des § 61 Abs. 2 HGB unabhängig von der Größe des Handelsgewerbes die rasche Geltendmachung der Ansprüche bewirken. Auf Grund dieser Zielsetzung ist auf die Größe eines Betriebs oder einer Kanzlei deshalb auch bei der Frage der analogen Anwendung dieser Vorschrift

---

Vertragsgestaltung berät, sollte daher über die Vereinbarung einer Vertragsstrafe für den Fall der Konkurrenz nachdenken, Kock, a.a.O., 395. Wird eine **Vertragsstrafe** vereinbart, steht für die Beteiligten eindeutig fest, dass der Arbeitgeber eine Konkurrenztätigkeit ausdrücklich missbilligt. An einer raschen Klärung besteht daher kein Bedarf, OLG Düsseldorf, NJW 1970, 1373 zu § 113 HGB; vgl. auch Rieble, NJW 2004, 2270. Zudem hat die Vertragsstrafe nicht allein die Funktion eines pauschalierten Schadensersatzes, sondern schwergewichtig präventiven Charakter. Unabhängig von der Frage der Verjährung hat die Vereinbarung der Vertragsstrafe für den Arbeitgeber jedenfalls den Vorteil, dass er sofort – und ohne langwieriges Auskunftsverlangen – die verwirkte Vertragsstrafe gerichtlich geltend machen kann.

[22] **Kenntnis setzt zuverlässige und möglichst vollständige positive Kenntnis der entscheidungsrelevanten Sachlage voraus.** Kennen müssen genügt nicht, Hagen, a.a.O., RN 13. § 61 Abs. 2 verdrängt die allgemeinen Verjährungsregeln. Die fünfjährige Verjährungsfrist gilt ab Aufnahme der Tätigkeit. Bei einer Stufenklage auf Auskunft und Zahlung, beginnt die unterbrochene Verjährungsfrist für den Zahlungsanspruch mit der Auskunft erneut zu laufen, Hagen, a.a.O., RN 15.

Die Arbeitszeitflexibilisierung[1] in der neueren Rechtsprechung[2]

---

[1] Mit Anmerkungen von Prof. Dr. Dr. Siegfried Schwab, Mag. rer. publ. unter Mitarbeit von Diplom-Betriebswirtin (DH) Silke Schwab und Referendarin Heike Schwab.
Flexible Arbeitszeitmodelle weichen im Arbeitsvolumen, der Arbeitsdauer und -verteilung bzw. Lage von Standardarbeitszeiten ab. Sie können kombiniert oder getrennt angewandt werden. Arbeitszeitmodelle, die zu einer dauerhaften Stundenreduzierung führen, haben Auswirkungen auf das Entgelt des Arbeitnehmers. Flexible Arbeitszeiten erhöhen die Bereitschaft der Beschäftigten bei kurzfristig anfallenden Arbeiten flexibel für den Betrieb zur Verfügung zu stehen. Familienfreundliche Arbeitszeitmodelle bringen für den Betrieb einen erheblichen Nutzen, schließlich kann über eine Steigerung der Zufriedenheit u. a. durch Verringerung der Stressbelastung (durch Beruf und Familie) erreicht werden. Dies schlägt sich kurzfristig für den Betrieb messbar in der Qualität der Arbeit nieder und führt zu einer langfristigen Bindung wertvoller Mitarbeiter an den Betrieb.
Gleitzeit: Die entsprechend einer Vollzeitarbeitsstelle zu erbringende Arbeitszeit wird während einer Kernarbeitsphase erbracht. Durch Gleitzeitkorridore kann der ArbN selbstbestimmt und zeitsouverän über den Beginn bzw. das Ende der täglichen Arbeitszeit entscheiden.
Telearbeit: Durch die Technikentwicklung ist es möglich geworden, den Arbeitsplatz außerhalb des Betriebes einzurichten, meist zu Hause. Dadurch entfallen Wegezeiten und die Mitarbeiter können aufgrund ihrer größeren Zeitsouveränität Beruf und Familie besser vereinbaren. Für ArbG führt das familienbewusste Arbeitsangebot zu Steigerungen des gesellschaftlichen Ansehens. Die Neuausrichtung hat aber auch organisatorische Änderungen – räumlich – strukturelle Engpässe können abgebaut, die personelle Verfügbarkeit der Mitarbeiter für Kunden über die reguläre Büroarbeitszeit hinaus ermöglicht werden. Dadurch werden Dienstleistungsqualität und im Regelfall auch Produktivität gesteigert.
Job Sharing: Job Shraring ermöglicht es, mehreren Mitarbeitern Teilzeitarbeit auch an Arbeitsplätzen zu verrichten, die ganztägig besetzt sein müssen. Denkbar sind bedarfsorientierte oder feste Formen der Aufteilung.
Sabbatical: Langfristig geplante, unbezahlte Arbeitsunterbrechungen. Das Entgelt läuft über abzubauende zu verechnende zuvor geleistete Überstunden weiter.

[2] Starre Organisationsformen und unflexible Arbeitszeiten behindern und verhindern häufig Engagement und Kreativität der MitarbeiterInnen. Durch die Individualisierung der Arbeitszeit können Lebens- und Arbeitsrhythmen besser aufeinander abgestimmt und die persönliche Zeitsouveränität der Mitarbeiter verbessert werden. Grundüberlegung ist: Arbeitszeit ist keine unbegrenzte Verbrauchsgröße; **Plusstunden sind nicht zwingend ein Indikator für motivierte Mitarbeiter oder gar für Leistung.** Arbeitszeitgestaltung wird damit zu einer anspruchsvollen Managementaufgabe. Es ist wichtig und ertragreich mit den Mitarbeitern offen und vertrauensvoll zu sprechen, deren Selbstverantwortung zu fordern und zu fördern, indem beispielsweise Ziele vereinbart, statt vorgegeben werden. Zum Veränderungsprozess gehört es:

Anordnung von Überstunden keine Änderung des Arbeitsvertrags[3]

Wird der Arbeitnehmer vom Arbeitgeber – auch längere Zeit – unter deutlicher Überschreitung der vertraglich vorgesehenen Arbeitszeit eingesetzt, ergibt sich allein daraus noch keine einvernehmliche Vertragsänderung. Es ist auf die Absprachen abzustellen, die dem erhöhten Arbeitseinsatz zu Grunde liegen. Dazu zählen auch die betrieblichen Anforderungen, die vom Arbeitgeber gestellt und vom Arbeitnehmer akzeptiert werden.

Die Parteien streiten über die Wirksamkeit des Entzugs einer Zusatzaufgabe. Der Kl. ist seit 1976 bei den *B* als Lagerverwalter tätig. Am 04.01.1988 richtete der *D*-Manager des *S* folgende „Instruction" an alle *D*-Grades (= Meister):

„Ab sofort ist der Koll. *W* zuständig für das Öffnen und Schließen der Tore zum *D*-Gelände, sowie des Aufenthaltsraums der Arbeiter und Handwerker. Die Tore und der Aufenthaltsraum sind min. 15 Minuten vor Arbeitsbeginn zu öffnen und 15 Minuten nach Arbeitsende zu schließen. Die Schlüssel sind morgens bei der *R*-Wache abzuholen und nach Dienstschluss dort wieder zu hinterlegen. In Ausnahmefällen, z. B. Überstunden durch dringende Reparaturen oder ausgedehnte regelmäßige Arbeitszeit verschiedener Handwerker, sind die ‚D' Grades dafür zuständig. Die anfallenden Überstunden sind auf den entsprechenden Formularen zu notieren und einzureichen.

Diese Instruction erfolgt in Absprache mit *W* vom 15.12.1987 und unter Mitbestimmung der Betriebsvertretung."

Der Kl. kam der Instruction nach und rechnete seine Arbeitszeit entsprechend ab. Die *B* vergüteten 30 Minuten täglich als Überstunden mit zuletzt ca. 200 Euro brutto monatlich. Mit Schreiben vom 31.05.2006 entzogen die *B* dem Kl. den Schließdienst zum 31.12.2006 und stellten die Zahlung von Überstundenvergütung ein. Der Kl. hat geltend gemacht, der einseitige Entzug der Zusatzaufgabe sei rechtsunwirksam. **Es habe sich nicht um Überstunden, sondern um eine dauerhafte Verlängerung der Wochenarbeitszeit gehandelt.** Der Entzug der Aufgabe widerspreche billigem Ermessen. Ein sinnvolles Konzept lasse sich nicht erkennen, die vorgetragene Umverteilung der Arbeit führe zur übermäßigen Belastung anderer Arbeitnehmer. Der Kl. hat, soweit für die Revision von Interesse, beantragt festzustellen, dass die Ent-

---

* soziale Kompetenz zu fördern statt hierarchische Autorität zu festigen
* individuelle Freiräume zu schaffen, statt Zwänge zu optimieren
* kooperative Führung statt autoritärer Bevormundung
* ehrliches Vertrauen statt verlogenem Misstrauen
* eine Kultur der Wertorientierung und Achtsamkeit zu gestalten und fördern.

[3] BAG, NZA 2007, 801; BAG, Urteil vom 22.04.2009 – 5 AZR 133/08.

ziehung der Zusatztätigkeit des Kl., nämlich des Öffnens und Schließens der Tore und Eingangstüren zum *G*-Gelände in H., unwirksam ist.[4]

Wie das *LAG* zutreffend festgestellt hat, lag der Durchführung des Schließdienstes keine Änderung des Arbeitsvertrags zu Grunde. Die *B* hat dem Kl. die Aufgabe nicht ausdrücklich als unbefristete Tätigkeit übertragen, sondern lediglich mit dessen Einverständnis als Zusatzaufgabe.

Eine dauerhafte Übertragung ist damit auch nicht stillschweigend vereinbart worden. Die Tatsache, dass ein Arbeitnehmer vom Arbeitgeber – auch längere Zeit – unter Überschreitung der vertraglich vorgesehenen Arbeitszeit eingesetzt wird, beinhaltet für sich genommen noch keine einvernehmliche Vertragsänderung. Bei einem entsprechenden Arbeitseinsatz handelt es sich um ein tatsächliches Verhalten, dem nicht notwendig ein bestimmter rechtsgeschäftlicher Erklärungswert in Bezug auf den Inhalt des Arbeitsverhältnisses zukommt. Es ist auf die Absprachen abzustellen, die dem erhöhten Arbeitseinsatz zu Grunde liegen. Die Annahme einer dauerhaften Vertragsänderung mit einer erhöhten regelmäßigen Arbeitszeit setzt die Feststellung entsprechender Erklärungen der Parteien voraus.[5] Aus der Tatsache, dass der Kl. eine Zusatzaufgabe 18 Jahre verrichtete, lässt sich ein entsprechender Vertragsinhalt nicht ablesen. Dass das Schreiben vom 04.1.1988 nach dem am Ende des Schriftstücks ausgewiesenen Verteiler auch zu „F" gelangen sollte, stellt die Auslegung des *LAG* nicht in Frage. Dies gilt unabhängig von der ungeklärt gebliebenen Frage, ob es sich bei „F" um die Personalakten des Kl. oder eine Sachakte handelte. Auch die Aufnahme in die Personalakten hätte nicht die Übertragung auf Dauer belegt. Ebenso wenig muss wegen des fehlenden schriftlichen Hinweises auf eine Befristung des Schließdienstes auf eine unbefristete Vertragsänderung[6] geschlossen wer-

---

[4] Das ArbG hat die Klage abgewiesen. Das LAG hat die Berufung des Kl. zurückgewiesen BeckRS 2008, 52384. Die Revision des Kl. hatte keinen Erfolg.

[5] BAG, NZA 2007, 801 = AP BGB § 615 Nr. 121 = EzA BGB 2002 § 615 Nr. 20 RN 12.

[6] **Bezugnahmeklausel in Arbeitsverträgen** sind nicht überraschend i. S. von § 305c Abs. 1 BGB. Öffentliche Arbeitgeber wenden auf die bei ihnen bestehenden Arbeitsverhältnisse regelmäßig die jeweils einschlägigen Tarifregelungen des öffentlichen Dienstes an. Solche arbeitsvertraglichen Bezug nahmen sind den im öffentlichen Dienst beschäftigten Arbeitnehmern nicht nur üblicherweise bekannt, sondern entsprechen geradezu deren Erwartung, BAGE 123, 191. Das **Kündigungsschutzgesetz schützt gegen Änderungen des Arbeitsvertrags, die der Arbeitgeber einseitig vornimmt, nicht jedoch gegen Änderungen der Arbeitszeit und/oder der Höhe des Arbeitsentgelts durch tarifliche Regelungen.** Tarifvertragliche Arbeitszeit- und Entgeltregelungen unterliegen nur sehr eingeschränkt einer gerichtlichen Überprüfung. Sie sind nur in Ausnahmefällen zu beanstanden, etwa wenn sie auch unter Berücksichtigung der Besonderheiten der von dem jeweiligen Tarifvertrag erfassten Beschäftigungsbetriebe und der dort zu verrichtenden Tätigkeiten gegen elementare Gerechtigkeitsanforderungen aus den Art. 2 Abs. 1 und 20 Abs. 1 GG verstoßen, BAG, NJOZ 2010, 286 = DB 2009, 1769; Kern, ArbRAktuell 2009, 20 – **ein Tarifvertrag verkürzt wirksam die regelmäßige Arbeitszeit trotz einer vorherigen Beendigungsver-**

den. Die *B* konnten von der weiteren Anordnung der Überstunden Abstand nehmen. Der in dem Entzug der Zusatzaufgabe liegende Verzicht auf die weitere Anordnung von Überstunden entsprach dem vom *LAG* festgestellten vertraglichen Rahmen und damit dem Weisungsrecht der Arbeitgeberin.

Das Unterlassen der weiteren Anordnung von Überstunden wahrte die Grenzen billigen Ermessens (§ 315 BGB). Die *B* waren zur größeren Wirtschaftlichkeit angehalten und haben aus diesem Grund den Schließdienst neu organisiert. Die betriebliche Organisation als solche unterliegt keiner arbeitsgerichtlichen Kontrolle.

Entbehrlichkeit des Arbeitsangebots bei flexibler Arbeitszeitgestaltung[7]

1. Lässt sich den Vereinbarungen der Arbeitsvertragsparteien eine Teilzeitabrede nicht mit hinreichender Deutlichkeit entnehmen, steht der Arbeitnehmer in einem Vollzeitarbeitsverhältnis.
2. Ist der Arbeitgeber arbeitsvertraglich zu einer flexiblen Arbeitszeiteinteilung berechtigt, die lediglich im Jahresdurchschnitt die 40-Stunden-Woche einhalten muss, kommt er ohne besonderes Arbeitsangebot des Arbeitnehmers in Annahmeverzug, sobald arbeitszeitrechtlich nur noch bestimmte Arbeitstage zur Verfügung stehen, um den Jahresdurchschnitt zu erreichen.[8/9]

---

einbarung zur Inanspruchnahme einer vorzeitigen Altersrente. Die Tarifvertragsparteien sind aufgrund ihres weiten Beurteilungsspielraumes nicht verpflichtet, Personen, die bereits eine Vereinbarung über die Beendigung des Arbeitsverhältnisses geschlossen haben, vom Geltungsbereich des Tarifvertrages auszunehmen. Dasselbe gilt für ohnehin ordentlich unkündbare Arbeitnehmer.

[7] BAG, Urteil vom 08.10.2008 – 5 AZR 715/07, NZA 2009, 920 = NJOZ 2009, 3114 = BB 2009, 960; BAG, Urt. v. 08.10.2008 – 5 AZR 713/07, BeckRS 2009, 66289; Straube, Betriebsbedingte Kündigung in internationalen Organisationsstrukturen, ArbRAktuell 2009, 180

[8] **Die Tatsache, dass ein Arbeitnehmer vom Arbeitgeber auch längere Zeit unter deutlicher Überschreitung der vertraglich vorgesehenen Arbeitszeit eingesetzt wird, ergibt für sich genommen noch keine Vertragsänderung.** Bei dem Arbeitseinsatz handelt es sich um ein tatsächliches Verhalten, dem nicht notwendig ein bestimmter rechtsgeschäftlicher Erklärungswert in Bezug auf den Inhalt des Arbeitsverhältnisses zukommt. Vielmehr ist auf die Absprachen abzustellen, die dem erhöhten Arbeitseinsatz zu Grunde liegen. Dazu zählen auch die betrieblichen Anforderungen, die vom Arbeitgeber gestellt und vom Arbeitnehmer akzeptiert werden. Ohne derartige zumindest konkludente Erklärungen des Arbeitgebers ist der konkrete Arbeitseinsatz nicht denkbar, es sei denn, der Arbeitnehmer arbeitet eigenmächtig. Die Annahme einer dauerhaften Vertragsänderung mit einer erhöhten regelmäßigen Arbeitszeit setzt die Feststellung entsprechender Erklärungen der Parteien voraus. Dafür kann neben anderen Umständen von Bedeutung sein, um welche Art von Arbeit es sich handelt, wie sie in die betrieblichen Abläufe integriert ist und in welcher Weise die Arbeitszeit hinsichtlich Dauer und Lage geregelt bzw. ausgedehnt wird. In diesem Sinne hat das BAG für die Bestimmung der regelmäßigen vertraglichen Arbeitszeit auf das gelebte Rechtsverhältnis als Ausdruck des wirklichen Parteiwillens abgestellt, BAGE 100, 32 ff. = NZA 2002, 439.

Die Parteien streiten über Vergütungsansprüche. Die Bekl. führt im Auftrag des Bundes Luftsicherheitskontrollen durch. Der Kl. ist bei der Bekl. in H. im Rahmen der Passagier- und Gepäckkontrolle seit dem 20.07.2001 tätig. Der Arbeitsvertrag vom 20.07.2001 enthält folgende Bestimmungen:

„ § 3 **Arbeitsort und Arbeitszeit:**
Beginn und Ende der Arbeitszeit und der Pausen richten sich nach den betrieblichen Bedürfnissen und werden von der Schichtleitung festgelegt. Der Arbeitnehmer ist verpflichtet, Sonntags-, Feiertags-, Mehr- und Überarbeit zu leisten, soweit dies gesetzlich zulässig ist. Die Firma erstellt einen Arbeitsplan, in dem die Arbeitseinteilung für die nachfolgenden zwei Wochen festgelegt wird.

§ 4 Vergütung:
Der Arbeitnehmer erhält für seine vertragliche Tätigkeit einen Lohn von 14 DM brutto pro geleistete Arbeitsstunde. An Sonntagen erhöht sich dieser Stundenlohn um 25%. Für Nachtarbeit (von 22 Uhr bis 6 Uhr) erhöht sich der Stundenlohn um 25% und an gesetzlichen Feiertagen um 100%. Die Firma zahlt dem Arbeitnehmer bei Abgabe eines amtlichen Nachweises, (Fahrausweis, Bescheinigung) eine Fahrtkostenpauschale bis DM 100 monatlich.

Die Abrechnung erfolgt in der Weise, dass die Arbeitsleistung des Arbeitnehmers monatlich nachträglich auf einer Grundlage von 150 Arbeitsstunden monatlich berechnet wird. Tatsächliche Mehr- oder Minderleistungen, sowie gegebenenfalls angefallene Zuschläge, Abzüge, Krankenvergütung, usw. werden jeweils erst in der Abrechnung des Folgemonats als gesonderte Abrechnungsposten neben dem auf der Grundlage der Abrechnungsgröße gem. Abs. 4 errechneten Lohn berücksichtigt. Die Zahl gem. Abs. 4 ist eine technische Abrechnungsgröße. Sie definiert weder den Umfang der vertraglich geschuldeten Arbeitsleistung, der vertraglich geschuldeten Vergütung, noch die betriebsübliche Arbeitszeit. ... "
Der Manteltarifvertrag für das Wach- und Sicherheitsgewerbe im Lande Niedersachsen vom 06.03.1997 (im Folgenden: MTV 1997) war für die Zeit vom 01.06.1997 bis zum 31.10.2003 allgemeinverbindlich. Er regelte u.a.:

---

[9] Allein das mehrjährige, aber nicht näher spezifizierte Überschreiten der arbeitsvertraglich vereinbarten Arbeitszeit und die auf einen Halbjahreszeitraum bezogene durchschnittliche Beschäftigungsdauer eines Vollzeitarbeitnehmers ergeben keine Vertragsänderung, auch wenn die Kl. die Arbeit widerspruchslos verrichtet hat, Krieger, FD-ArbR 2007, 237234. Das BAG schließt zwar die Möglichkeit einer dauerhaften (konkludenten) Vertragsänderung nicht aus. Es stellt hieran im Ergebnis aber so hohe Anforderungen, dass praktisch kein Arbeitnehmer in der Lage sein wird, entsprechende, auf eine Arbeitszeiterhöhung gerichtete Willenserklärungen nachzuweisen, NJW-Spezial 2007, 420.

§ 6 Arbeitszeit:
Die regelmäßige wöchentliche Arbeitszeit beträgt grundsätzlich 40 Stunden. Dies gilt nicht für Teilzeitkräfte.

§ 19 Erlöschen von Ansprüchen:
Ansprüche aus dem Arbeitsverhältnis können rückwirkend nur in einem Zeitraum und für einen Zeitraum von insgesamt drei Monaten nach Fälligkeit detailliert schriftlich geltend gemacht werden."

Zum 01.01.2004 trat der zwischen der Vereinten Dienstleistungsgewerkschaft ver.di und der Bekl. geschlossene Manteltarifvertrag vom 23.01.2004 (im Folgenden: MTV-FIS) in Kraft. § 7 dieses MTV bestimmt:
*„Die **regelmäßige Arbeitszeit beträgt ausschließlich der Pausen durchschnittlich 40 Stunden wöchentlich**. Die durchschnittliche werktägliche Arbeitszeit nach § 3 ArbZG ist im Jahresdurchschnitt zu erreichen. Beginn und Ende der täglichen Arbeitszeit und der Pausen werden betrieblich geregelt."*

Die Bekl. setzte den Kl. nach kurzfristig gemäß den Vorgaben der Bundespolizei erstellten Dienstplänen mit wechselnder Lage und Dauer der Arbeitszeit ein. Am 05.04.2004 bat der Kl. um eine „feste Stundenfestschreibung", die mindestens dem seit dem 01.01.2004 gültigen Manteltarifvertrag entsprechen sollte. Der Stationsleiter der Bekl. antwortete mit Schreiben vom 14.04.2004, dass in der Regel im Arbeitsvertrag keine detaillierte Vereinbarung über die Arbeitszeit notwendig ist, wenn die Dauer der regelmäßigen Arbeitszeit in einem Tarifvertrag[10] festgelegt worden ist.

---

[10] Die **Tarifvertragsparteien sind bei der tariflichen Normsetzung nicht unmittelbar grundrechtsgebunden**, BAGE 111, 13 = NZA 2004, 1399. Allerdings verpflichtet die **Schutzfunktion der Grundrechte** dazu, den einzelnen Grundrechtsträger vor einer unverhältnismäßigen Beschränkung seiner Freiheitsrechte und einer gleichheitswidrigen Regelbildung auch durch privatautonom legitimierte Normsetzung zu bewahren. Tarifvertragsparteien sind als Vereinigungen privaten Rechts ihrerseits Träger des Grundrechts aus Art. 9 Abs. 3 GG. Als solche gestalten sie die Rechte und Pflichten der tarifunterworfenen Arbeitnehmer weitgehend autonom. Das ist **wesentlicher Teil der durch Art. 9 Abs. 3 GG gewährleisteten Betätigungsfreiheit der Tarifvertragsparteien**, BAGE 111, 15 = NZA 2004, 1399; BVerfGE 84, 212 = NJW 1991, 2549. Tarifvertragliche Arbeitszeit- und Entgeltregelungen unterliegen nur sehr eingeschränkt einer gerichtlichen Überprüfung. Sie sind nur in Ausnahmefällen zu beanstanden, etwa wenn sie auch unter Berücksichtigung der Besonderheiten der von dem jeweiligen Tarifvertrag erfassten Beschäftigungsbetriebe und der dort zu verrichtenden Tätigkeiten gegen elementare Gerechtigkeitsanforderungen aus den Art. 2 Abs. 1, 20 Abs. 1 GG verstoßen, vgl. BAGE 110, 79.

Der Kl. hat Anspruch auf Nachzahlung der Vergütungsdifferenzen für 2004 und 2005 gem. § 615 BGB, denn die Bekl. befand sich jeweils zum Ende der Kalenderjahre 2004 und 2005 im Annahmeverzug, soweit sie den Kl. nicht mit einer durchschnittlichen Wochenarbeitszeit von 40 Stunden beschäftigt hatte.

Die Parteien haben mit dem Arbeitsvertrag vom 20.07.2001 ein **Vollzeitarbeitsverhältnis begründet,** das hinsichtlich des vom Kl. geschuldeten Arbeitszeitumfangs durch die im Beschäftigungsbetrieb maßgebliche tarifliche Arbeitszeit bestimmt wird. Der **Arbeitsvertrag enthält keine ausdrückliche Vereinbarung über ein Teilzeitarbeitsverhältnis.** Die Parteien haben weder einen Arbeitszeitanteil als Bruch oder Prozentzahl noch eine bestimmte vom Tarifvertrag abweichende Stundenzahl vereinbart. Eine derartige Bestimmung ist insbesondere nicht in § 3 des Arbeitsvertrags enthalten.

Die Formulierung in Abs. 2 *„Beginn und Ende der Arbeitszeit und der Pausen richten sich nach den betrieblichen Bedürfnissen und werden von der Schichtleitung festgelegt",* stellt lediglich klar, dass die Lage der Arbeitszeit von Seiten der Bekl. durch die Schichtleitung bestimmt wird. Damit ist die Festlegung der Lage und nicht der Dauer der Arbeitszeit gemeint. Der Schichtleitung ist nicht die Befugnis eingeräumt, die Dauer der geschuldeten Arbeitszeit und damit der Hauptleistungspflicht des Arbeitnehmers zu bestimmen.

Ebenso wenig enthält § 4 des Arbeitsvertrags eine Vereinbarung über den Umfang der vom Kl. geschuldeten Arbeitszeit. Bereits die Überschrift „Vergütung" gibt zu erkennen, dass die Klausel die Leistungspflicht der Bekl. und nicht die des Kl. betrifft. Dementsprechend sind in den Abs. 1 bis 3 der Stundenlohn, die Höhe verschiedener Zeitzuschläge und die Zahlung einer Fahrtkostenpauschale geregelt. Abs. 4 regelt die Vorgehensweise bei der Lohnabrechnung. Die Klausel wird eingeleitet mit der Formulierung: „Die Abrechnung erfolgt in der Weise". 150 Arbeitsstunden werden als „Grundlage" der Abrechnung bezeichnet und im dritten Abs. ausdrücklich als „technische Abrechnungsgröße". Zudem stellt § 4 Abs. 4 klar, dass die Angabe „150 Stunden" keine Regelung der vertraglichen Arbeitszeit beinhaltet.

Bei Fehlen einer Teilzeitvereinbarung wird (im Zweifel) ein Vollzeitarbeitsverhältnis begründet.[11] Anzeichen für eine spätere konkludente Vertragsänderung der Parteien sind nicht festzustellen, denn der stets schwankende Umfang der tat-

---

[11] Grundsätzlich **ergibt sich die Verpflichtung der Aufnahme der vereinbarten Arbeitszeit in den Arbeitsvertrag auch schon aus dem Nachweisgesetz** und einem Verstoß gegen diese Pflicht folgen Beweisnachteile für den Arbeitgeber im Prozess. Das BAG hat seine Auffassung bestätigt, dass der Arbeitgeber dafür verantwortlich ist, dem Arbeitnehmer Tätigkeiten zuzuweisen, ohne dass dieser nachfragen muss – das **Risiko der Unterbeschäftigung** während der vereinbarten Arbeitszeit trägt allein der Arbeitgeber, Ley, BB 2009, 960.

sächlichen Beschäftigung, der häufig bis an eine Wochenarbeitszeit von 40 Stunden heranreichte bzw. diese überschritt, spricht für die Geltung der tariflichen Arbeitszeit. Der Umfang der Arbeitszeit eines Vollzeitbeschäftigten im Unternehmen ergibt sich aus dem jeweils anwendbaren Manteltarifvertrag. Bei Vertragschluss der Parteien galt der bis zum 31.10.2003 allgemeinverbindliche Flächentarifvertrag MTV 1997 unmittelbar und zwingend, für nicht tarifgebundene Arbeitnehmer gem. § 5 Abs. 4 TVG, für die tarifgebundenen Arbeitnehmer gem. §§ 4 Abs. 1, 3 Abs. 1 TVG. Somit hatten die Arbeitsvertragsparteien bei Vertragsschluss keine Veranlassung, den Umfang der von einem Vollzeitarbeitnehmer geschuldeten Arbeitszeit genau zu bezeichnen. Es verstand sich von selbst, dass es die tarifliche regelmäßige Arbeitszeit sein sollte. Damit wurde zugleich **die Flexibilisierung gewährleistet, weil dynamisch die jeweilige tarifliche Arbeitszeit der arbeitsvertraglichen entsprach.**

Solange im Verlaufe des Kalenderjahres noch eine Arbeitszeit von durchschnittlich 40 Stunden wöchentlich erreicht werden konnte, befand sich die Bekl. noch nicht mit der Annahme von Diensten des Kl. in Verzug. Sobald nach dem öffentlich-rechtlichen Arbeitszeitrecht der Durchschnitt nicht mehr zu erreichen war, wurde Tag für Tag ein Teil der im Kalenderjahr geschuldeten Arbeitsleistung[12] unmöglich. Damit trat jeweils ein Tag zuvor Annahmeverzug der Bekl. nach § 296 S. 1 BGB ein, denn für den Abruf des Kl. zur Arbeit verblieb nur eine Arbeitstag, so dass für die Mitwirkungshandlung der Bekl., nämlich die Schichteinteilung des Kl. im arbeitszeitrechtlich maximal zulässigen Umfang, eine Zeit nach dem Kalender bestimmt war. Dabei genügte es, dass die Bestimmung anhand des Kalenders zugleich die Anwendung des Arbeitszeitrechts erforderte. Einer allgemeinen Erklärung des Kl., er wolle länger arbeiten, bedurfte es daneben nicht, denn die Verantwortung für die Arbeitseinteilung lag allein bei der Bekl. Den Stand der im laufenden Kalender-

---

[12] **Aufhebung des Arbeitsvertrags mit Rückwirkung** – Die Arbeitsvertragsparteien können ihr Arbeitsverhältnis zu einem vergangenen Zeitpunkt aufheben, **sofern sie spätestens zum Auflösungszeitpunkt ihre wechselseitigen Hauptleistungspflichten eingestellt haben** und das Arbeitsverhältnis somit außer Vollzug gesetzt war, vgl. BAG, Urteil vom 10. Dezember 1998 – 8 AZR 324/97 – BAGE 90, 260; Müller-Glöge, in ErfK, 10. Aufl. § 620 BGB, RN 10; Schaub/Linck, ArbR-Hdb. 13. Aufl. § 122 RN 16; Hesse, in MünchKommtBGB, 5. Aufl. Vor § 620 BGB, RN 38; Preis/Rolfs Der Arbeitsvertrag 3. Aufl. II A 100 RN 74. Ein **Vorvertrag**, in dem sich die Arbeitsvertragsparteien zum Abschluss eines Aufhebungsvertrags verpflichten, bedarf ebenso wie ein Aufhebungsvertrag zu seiner **Wirksamkeit der Schriftform nach § 623 BGB**. Ein Arbeitnehmer hat i. d. R nach dem arbeitsrechtlichen Gleichbehandlungsgrundsatz keinen Anspruch auf Abschluss eines Aufhebungsvertrags und die Zahlung einer Abfindung, wenn der Arbeitgeber mit anderen Arbeitnehmern die Aufhebung des Arbeitsverhältnisses individuell vereinbart und ihnen eine Abfindung zahlt, deren Höhe in einer Betriebsvereinbarung geregelt ist, BAG-Urteil vom 17.12.2009 – 6 AZR 242/09.

jahr erbrachten Arbeitsstunden teilte die Bekl. dem Kl. nicht mit. In keiner dem Kl. erteilten Abrechnung wies die Bekl. einen positiven oder negativen Arbeitszeitsaldo aus.

Freizeitausgleich für Bereitschaftsdienst – Arbeitszeitkonto[13]

1. Die **Zeitgutschrift** auf einem Arbeitszeitkonto[14] ist **eine abstrakte Recheneinheit**, die für sich gesehen keinen Aufschluss darüber gibt, wie sie erarbeitet wurde. Deshalb kommt es für den Abbau eines Arbeitszeitkontos nur noch auf die Höhe des Zeitguthabens in der maßgeblichen Recheneinheit an.
2. Aufbau und Abbau eines **Arbeitszeitkontos** können jeweils eigenen Regeln folgen. Ein allgemeiner Grundsatz, ein Arbeitszeitkonto sei spiegelbildlich zu seinem Aufbau abzubauen, besteht nicht.
3. Der **Abbau** eines Arbeitszeitkontos durch Freizeitausgleich erfolgt durch die **Freistellung des Arbeitnehmers von seiner Pflicht, Arbeitsleistung zu erbringen**. Der Umfang des Freizeitausgleichs richtet sich nach der vom Arbeitnehmer geschuldeten Arbeitszeit. Zu dieser zählen nicht nur Zeiten tatsächlicher Arbeitsleistung, sondern auch innerhalb der regelmäßigen Arbeitszeit liegende Bereitschaftszeiten.

Die Parteien streiten über die Abgeltung eines Arbeitszeitkontos. Die Beklagte ist ein Flugsicherungsunternehmen. Der 1952 geborene Kläger war bei ihr bzw. ihrer Rechtsvorgängerin von 1974 bis zum 31. Januar 2007 als Fluglotse beschäftigt. Auf das Arbeitsverhältnis der Parteien fanden die Firmentarifverträge für die bei der Beklagten beschäftigten Mitarbeiter Anwendung, samt der „Sonderregelungen FS-Dienste". Nach Erstellung eines arbeitswissenschaftlichen Gutachtens durch Prof. Kastner schlossen die Tarifvertragsparteien am 28. April 2000 eine „Rahmenvereinbarung Belastung und Beanspruchung in den Flugsicherungsdiensten", in der

---

[13] BAG, Urteil vom 17.03.2010 – 5 AZR 296/09, BeckRS 2010 68993.
[14] Betrieb und Mitarbeiter können durch die Einrichtung von **zeitbegrenzten** (Monats-, Jahres) **Arbeitszeitkonten** auf Arbeitsschwankungen und persönliche Bedürfnisse (Freizeit oder pflegerische bzw. familiäre Aufgaben) reagieren. Die Arbeitszeitkonnten können individuell auf die persönlichenoder betrieblichen Bedürfnisse abgestimmt werden. Zu regeln sind u. a. im Einzelfall die Zugriffsrechte der Beschäftigten auf ihre Zeitkonten, Mindestankündigungsfristen für Arbeitszeitänderungen oder Anordnung von Mehrarbeit, Höchstarbeitsgrenzen pro Zeiteinheit, Höchstgrenzen für Zeitkontenstände, Verzinsung von Zeitguthaben und Regelungen zur Peronalaufstockungsbei nicht abbaubaren Zeitguthaben. Die variable Verteilung der Arbeitszeit spielt eine bedeutende Rolle bei Erwartungen an einen familienfreundlichen Betrieb.

sie verabredeten, die Empfehlungen dieses Gutachtens umzusetzen. Das erfolgte im ‚**Fünften Änderungstarifvertrag**' zum Manteltarifvertrag für die bei der D GmbH beschäftigten Mitarbeiterinnen und Mitarbeiter vom selben Tag (im Folgenden: 5. ÄndTV). Die bundesdeutschen Flughäfen wurden sieben (Belastungs-)Kategorien zugeordnet, nach denen sich die Dauer der wöchentlichen Arbeitszeit der Fluglotsen bestimmte. Außerdem erhielten sie innerhalb der Arbeitszeit eine sog. **Regenerationspause**, deren Dauer sich wiederum nach der Kategorie ihres Einsatzflughafens richtete. Während der Regenerationspausen mussten sich die Fluglotsen im Zugriffsbereich der Beklagten aufhalten und auf Anforderung ihre Arbeit wieder aufnehmen. Zwischen den Tarifvertragsparteien bestand Einvernehmen, dass eine Umsetzung der neuen Arbeitszeitregelungen wegen Personalmangels nicht sofort durchführbar war und erst zum 31. Dezember 2003 erfolgen sollte. Deshalb vereinbarten sie in § 1 Nr. 10g 5. ÄndTV folgende „Übergangsregelungen zur Arbeitszeit":

Die von Fluglotsen im operativen Einsatz in der Flugverkehrskontrolle geleistete **Nettoarbeitszeit (Bruttoarbeitszeit abzüglich Regenerationspause)**, die über die in den jeweiligen Kategorien zu erbringende Nettoarbeitszeit hinausgeht (Ziffer 3 Abschnitt I Buchstabe b in Verbindung mit Ziffer 5), wird bis zur Umsetzung der Empfehlungen des Gutachtens am 31. Dezember 2003 in den kommenden Jahren auf einem gesonderten individuellen Zeitarbeitskonto wie folgt gutgeschrieben:

Im Jahr 2000 mit 25 v. H. der Zeitdifferenz, im Jahr 2001 mit 50 v. H. der Zeitdifferenz, im Jahr 2002 mit 75 v. H. der Zeitdifferenz, im Jahr 2003 mit 100 v. H. der Zeitdifferenz.

Die Mitarbeiter können nach dem 31. Dezember 2003 ihr Zeitkonto in Zeitblöcken im Rahmen der Urlaubsplanung oder als Block unmittelbar vor dem Eintritt in die Übergangsversorgung unter Berücksichtigung betrieblicher Belange abbauen. Eine Auszahlung soll nur in den Fällen vorgenommen werden, in denen der Eintritt in die Übergangsversorgung erfolgt, ohne dass ein vorheriger Zeitausgleich möglich war."

In einer Betriebsvereinbarung vom 22. November 2000 verabredeten die Beklagte und ihr Gesamtbetriebsrat zu den Zeitgutschriften für die Übergangsphase u.a.:

„...

§ 5 – Verfahren der Gutschrift

Zeitgutschriften werden mit drei Stellen hinter dem Komma auf Basis von Industrieminuten (Dezimalsystem erfasst. Sie werden nicht in Geld umgerechnet. Der Abbau der Zeitkonten gemäß § 11 Absatz 4 der Rahmenvereinbarung erfolgt auf Basis der Nettoarbeitszeit (Nettoarbeitszeit ist die Bruttoarbeitszeit abzüglich der Regenerationszeiten).

Die Arbeitszeitflexibilisierung in der neueren Rechtsprechung 185

Mitarbeitern, die vor dem 31. Dezember 2003 aus der aktiven Beschäftigung ausscheiden, wird vorher Gelegenheit gegeben, ihr Zeitguthaben auszugleichen, sofern dem nicht dringende betriebliche Belange entgegenstehen.
...
§ 7 Schlussbestimmungen
Diese Betriebsvereinbarung tritt mit Wirkung vom 1. April 2000 in Kraft.
Sollte sie nicht wie in § 6 Absatz 1 vorgesehen ergänzt werden, wird sie mit Ablauf des 31. Dezember 2003 gegenstandslos. ..."
Die in § 7 Abs. 2 der Betriebsvereinbarung erwähnte Ergänzung erfolgte nicht.

Die Sonderregelungen FS-Dienste vom 19. November 2004 bestimmen u.a.:

„§ 13 – Übergangsregelungen zur Arbeitszeit
Die von Fluglotsen im operativen Einsatz in der Flugverkehrskontrolle geleistete Nettoarbeitszeit (Bruttoarbeitszeit abzüglich Regenerationspause), die über die in den jeweiligen Kategorien zu erbringende Nettoarbeitszeit hinausging (§ 4 Abs. 1 Buchstabe b in Verbindung mit § 6), wurde bis zur Umsetzung der Empfehlungen des Gutachtens am 31. Dezember 2003 auf einem gesonderten individuellen Zeitarbeitskonto wie folgt gutgeschrieben:
im Jahr 2000 mit 25 v. H. der Zeitdifferenz,
im Jahr 2001 mit 50 v. H. der Zeitdifferenz,
im Jahr 2002 mit 75 v. H. der Zeitdifferenz,
im Jahr 2003 mit 100 v. H. der Zeitdifferenz."

Die Mitarbeiter können ihr Zeitkonto in Zeitblöcken im Rahmen der Urlaubsplanung oder als Block unmittelbar vor dem Eintritt in die Übergangsversorgung unter Berücksichtigung betrieblicher Belange abbauen. Eine Auszahlung soll nur in den Fällen vorgenommen werden, in denen der Eintritt in die Übergangsversorgung erfolgt, ohne dass ein vorheriger Zeitausgleich möglich war." Aufgrund der tariflichen Regelungen ergab sich für den Kläger eine wöchentliche Bruttoarbeitszeit von 33,5 Stunden, bestehend aus einer Nettoarbeitszeit von 26,5 und Regenerationszeiten von sieben Stunden. Im August 2006 betrug sein Guthaben auf dem sog. Kastner-Zeitkonto 190,5 Stunden. Zu dessen Abbau erhielt der Kläger 5,68 Wochen Freizeitausgleich, den die Beklagte auf der Basis der wöchentlichen Bruttoarbeitszeit ermittelte.

Mit seiner Klage hat der Kläger die Abgeltung seiner Ansicht nach noch offener Stunden aus dem Kastner-Zeitkonto geltend gemacht, weil der Abbau seines Arbeitszeitkontos spiegelbildlich zum Aufbau vorzunehmen sei. Bei der Teilung der angesammelten Stunden durch seine wöchentliche Nettoarbeitszeit ergebe sich ein noch offener Freizeitausgleich von 1,51 Wochen, der wegen der Beendigung des Arbeitsverhältnisses in Geld abzugelten sei. Dazu müssten die 1,51 Wochen Freizeitausgleich auf der Basis seiner Bruttoarbeitszeit in Stunden umgerechnet werden. Für die sich danach ergebenden 50,95 Stunden hat er die – unstreitige – Stundenvergütung von 49,57 Euro gefordert.[15]

Der von den Vorinstanzen ohne nähere Begründung angenommene Grundsatz, ein Arbeitszeitkonto sei spiegelbildlich zu seinem Aufbau abzubauen, besteht nicht. Ein Arbeitszeitkonto drückt im Allgemeinen aus, in welchem Umfang der Arbeitnehmer Arbeit geleistet hat und deshalb Vergütung beanspruchen kann bzw. in welchem Umfang er noch Arbeitsleistung für die vereinbarte Vergütung erbringen muss.[16] Dabei können Arbeitsleistungen nach besonderen Regelungen höher (z. B Mehrarbeit, Feiertagsarbeit) oder niedriger (z.B. Bereitschaftsdienst) bewertet werden, als es ihrem zeitlichen Einsatz entspricht.[17] Die Zeitgutschrift auf einem Arbeitszeitkonto ist lediglich eine abstrakte Recheneinheit, die für sich gesehen keinen Aufschluss darüber gibt, wie sie erarbeitet wurde. Deshalb kommt es für den Abbau eines Arbeitszeitkontos nur noch auf die Höhe des Zeitguthabens in der maßgeblichen Recheneinheit an. Aufbau und Abbau eines Arbeitszeitkontos können jeweils eigenen Regeln folgen.

Nach § 13 Abs. 3 Sonderregelungen FS-Dienste vom 19. November 2004 ist – wie schon nach der Übergangsregelung zur Arbeitszeit in § 1 Nr. 10g des 5. ÄndTV vom 28. April 2000 – das Kastner-Zeitkonto grundsätzlich durch Freizeit abzubauen. Das steht zwischen den Parteien außer Streit.

Freizeit ist im arbeitsrechtlichen Sinne das **Gegenteil von Arbeitszeit.** Freizeitausgleich bedeutet, statt Arbeitszeit ableisten zu müssen, bezahlte Freizeit zu erhalten. Der Freizeitausgleich erfolgt durch Reduzierung der Sollarbeitszeit[18] **Der Abbau eines Arbeitszeitkontos durch Freizeitausgleich vollzieht sich deshalb – soweit durch Arbeitsvertrag, Betriebsvereinbarung oder Tarifvertrag nichts anderes geregelt ist** – dergestalt, dass errechnet wird, wie viel „freier Zeit" die auf

---

[15] Die Revision der Beklagten ist begründet. Das Landesarbeitsgericht hat die Berufung der Beklagten gegen das der Klage stattgebende Urteil des Arbeitsgerichts zu Unrecht zurückgewiesen. Die Ansprüche des Klägers auf Freizeitausgleich zum Abbau des Kastner-Zeitkontos sind durch Erfüllung erloschen (§ 362 Abs. 1 BGB).
[16] BAG, Urteil vom 11. Februar 2009 – 5 AZR 341/08 – RN 11, AP TVG § 1 Tarifverträge: Lufthansa Nr. 44 = EzA TVG § 4 Luftfahrt Nr. 17.
[17] BAG, Urteil vom 19. März 2008 – 5 AZR 328/07 – RN 10, AP BGB § 611 Feiertagsvergütung Nr. 1.
[18] BAG, Urteil vom 11. Februar 2009 – 5 AZR 341/08 – RN 13, AP TVG § 1 Tarifverträge: Lufthansa Nr. 44 = EzA TVG § 4 Luftfahrt Nr. 17.

dem Arbeitszeitkonto angesammelten Stunden entsprechen. Diese ist aufgrund der vom Arbeitnehmer geschuldeten Arbeitszeit zu ermitteln. Zur Arbeitszeit zählen nicht nur die Zeit tatsächlich geleisteter Arbeit, sondern auch innerhalb der Arbeitszeit liegende Bereitschaftszeiten. Denn Bereitschaftsdienst ist Arbeitszeit.[19] Nach den Feststellungen des Landesarbeitsgerichts müssen sich die Fluglotsen während der Regenerationszeiten im Zugriffsbereich des Arbeitgebers aufhalten und auf dessen Anforderung Arbeitsleistung erbringen. **Die Regenerationszeiten sind deshalb Bereitschaftsdienst und zählen damit zur Arbeitszeit.** Dementsprechend rechnet § 6 der Sonderregelungen FS-Dienste vom 19. November 2004 die Regenerationszeiten auf die Arbeitszeit der Fluglotsen an. Bei der Ermittlung, wie viel Freizeit die auf dem Arbeitszeitkonto an- gesammelten Stunden entsprechen, ist die die Bereitschaftsdienstzeiten einschließende Bruttoarbeitszeit zugrunde zu legen. Um z. B. eine Woche Freizeit zu erhalten, muss der Kläger nicht nur die Nettoarbeitszeit von 26,5 Stunden einbringen, sondern – da er ansonsten in dieser Zeit Bereitschaftsdienst leisten müsste – auch die Regenerationszeiten von wöchentlich sieben Stunden.

Eine anderweitige Regelung zur Berechnung des Freizeitausgleichs besteht nicht. § 13 Abs. 3 Sonderregelungen FS-Dienste vom 19. November 2004 beschränkt sich – ebenso wie schon zuvor § 1 Nr. 10g 5. ÄndTV – auf die Vorgabe, das Zeitkonto sei grundsätzlich „in Zeitblöcken" abzubauen, regelt die Modalitäten des danach vorzunehmenden Freizeitausgleichs aber nicht. § 5 Abs. 2 der Betriebsvereinbarung vom 22. November 2000 sieht zwar vor, dass der Abbau der Zeitkonten „auf Basis der Nettoarbeitszeit" erfolgen soll. Ob damit gemeint ist, der Abbau der Zeitkonten solle durch Freistellung von der Nettoarbeitszeit bei Fortzahlung der Vergütung für die Bruttoarbeitszeit erfolgen, kann ebenso dahingestellt bleiben wie die Frage, ob die Betriebsvereinbarung nach dem 31. Dezember 2003 überhaupt noch Wirkung entfalten würde. Denn die Betriebsvereinbarung verstößt gegen § 77 Abs. 3 BetrVG und ist deshalb unwirksam. Die Dauer der Arbeitszeit unterliegt nicht der erzwingbaren Mitbestimmung des Betriebsrats nach § 87 Abs. 1 Nr. 2, Nr. 3 BetrVG.[20] Sie könnte deshalb nach § 77 Abs. 3 BetrVG nur Gegenstand einer Betriebsvereinbarung sein, wenn sie nicht durch Tarifvertrag geregelt ist oder üblicherweise geregelt wird oder der Tarifvertrag den Abschluss ergänzender Betriebsvereinbarungen ausdrücklich zuließe. Diese Voraussetzungen liegen nicht vor. Die Zeitgutschrift für das Kastner-Zeitkonto und dessen Abbau als Teil der tariflichen

---

[19] BAG, Urteil vom 16. Dezember 2009 – 5 AZR 157/09 – RN 9; 15. Juli 2009 – 5 AZR 867/08 – RN 12, ZTR 2010, *35*.
[20] BAG, Beschluss vom 24. Januar 2006 – 1 ABR 6/05 – RN 53, BAGE 117, 27; BAGE 107, 78.

Bestimmungen zur Dauer der Arbeitszeit waren zunächst durch § 1 Nr. 10g 5. ÄndTV und später durch § 13 der Sonderregelungen FS-Dienste vom 19. November 2004 geregelt. Eine **Öffnungsklausel** i.S.v. **§ 77 Abs. 3 Satz 2 BetrVG** enthielten die tariflichen Bestimmungen nicht.

Abgeltungsanspruch des übergesetzlichen Urlaubsanspruchs bei Arbeitsunfähigkeit – Regelungsmacht der Tarifpartner[1/2/3]

1. Der vierwöchige gesetzliche Mindesturlaub muss bei Beendigung des Arbeitsverhältnisses nach der neueren Rechtsprechung des Senats **auch dann finanziell abgegolten werden, wenn der Arbeitnehmer bis zum Ende des Übertragungszeitraums arbeitsunfähig krank ist.**

---

[1] Mit Erläuterungen und Anmerkungen von Prof. Dr. Dr. Siegfried Schwab, Mag. rer. publ. unter Mitarbeit von Diplom-Betriebswirtin (DH) Silke und Referendarin Heike Schwab.

[2] BAG, Urteil vom 23.03.2010 – 9 AZR 128/09; Das Landesarbeitsgericht hat den Gerichtshof der Europäischen Gemeinschaften (heute: Gerichtshof der Europäischen Union) um Vorabentscheidung ersucht. Der EuGH hat mit Urteil vom 20. Januar 2009 u. a. erkannt, dass „Art. 7 Abs. 2 der Richtlinie 2003/88 einzelstaatlichen Rechtsvorschriften entgegensteht, nach denen für nicht genommenen Jahresurlaub am Ende des Arbeitsverhältnisses keine Vergütung gezahlt wird, wenn der Arbeitnehmer während des gesamten Bezugszeitraums und/oder Übertragungszeitraums oder eines Teils davon krankgeschrieben bzw. im Krankheitsurlaub war und deshalb seinen Anspruch auf bezahlten Jahresurlaub nicht ausüben konnte" (– C-350/06 und C-520/06 – [Schultz-Hoff], AP Richtlinie 2003/88/EG Nr. 1 = EzA EG-Vertrag 1999 Richtlinie 2003/88 Nr. 1). Die Entscheidung des EuGH behandelt nur den von Art. 7 der Richtlinie 2003/88/EG (sog. Arbeitszeitrichtlinie, ABl. EG Nr. L 299 vom 18. November 2003 S. 9) gewährleisteten Mindesturlaubsanspruch.

[3] Die **Tarifvertragsparteien können Urlaubs- und Urlaubsabgeltungsansprüche**, die den von Art. 7 Abs. 1 der Arbeitszeitrichtlinie gewährleisteten und von §§ 1, 3 Abs. 1 BUrlG begründeten **Mindestjahresurlaubsanspruch von vier Wochen übersteigen, frei regeln. Ihre Regelungsmacht ist nicht durch die für gesetzliche Urlaubsansprüche erforderliche richtlinienkonforme Fortbildung des § 7 Abs. 3 und 4 BUrlG beschränkt.** Für einen Regelungswillen, der zwischen gesetzlichen und übergesetzlichen tariflichen Ansprüchen unterscheidet, müssen deutliche Anhaltspunkte bestehen. Lösen sich die Tarifvertragsparteien in weiten Teilen durch eigenständige Regelungen vom gesetzlichen Urlaubsregime, ist i.d.R davon auszugehen, dass sie Ansprüche nur begründen und fortbestehen lassen wollen, soweit eine gesetzliche Verpflichtung besteht. **Der schwerbehindertenrechtliche Zusatzurlaubsanspruch aus § 125 Abs. 1 Satz 1 SGB IX bestimmt sich nach den Regeln des Mindesturlaubs der §§ 1, 3 Abs. 1 BUrlG. Der Zusatzurlaub ist nach dem Ende des Arbeitsverhältnisses auch dann abzugelten, wenn er nicht gewährt werden konnte, weil der Arbeitnehmer über die Übertragungsfrist des § 7 Abs. 3 Satz 3 BUrlG hinaus arbeitsunfähig erkrankt war.**

2. Der Anspruch auf Abgeltung des Schwerbehindertenzusatzurlaubs besteht bei Arbeitsunfähigkeit ebenso wie der Anspruch auf Abgeltung des Mindesturlaubs weiter.
3. Die Tarifvertragsparteien können dagegen bestimmen, dass der über den gesetzlichen Mindesturlaub hinausgehende tarifliche Urlaubsabgeltungsanspruch erlischt, wenn der Urlaubsanspruch wegen der Krankheit des Arbeitnehmers nicht erfüllt werden kann.
4. Die innerstaatlichen Gerichte sind als Teil der Staatsgewalt an das Rechtsstaatsprinzip des Art. 20 Abs. 3 GG gebunden. Sie haben den Grundsatz des Vertrauensschutzes zu beachten.
5. Die Parteien streiten noch über die Abgeltung des tariflichen Mehrurlaubs und des Schwerbehindertenzusatzurlaubs für die Jahre 2004 und 2005.

Die Parteien verwiesen im Arbeitsvertrag auf den Manteltarifvertrag für die Angestellten der Bundesversicherungsanstalt für Angestellte vom 24. Oktober 1961 und die diesen ergänzenden oder ändernden Tarifverträge (MTAng-BfA). Der MTAng-BfA vom 24. Oktober 1961 i.d.F des 64. Änderungstarifvertrags vom 31. Januar 2003 lautet auszugsweise:

„§ 47 Erholungsurlaub
Der Angestellte erhält in jedem Urlaubsjahr Erholungsurlaub unter Zahlung der Urlaubsvergütung. Urlaubsjahr ist das Kalenderjahr.
 Als Urlaubsvergütung werden die Vergütung (§ 26) und die Zulagen, die in Monatsbeträgen festgelegt sind, weitergezahlt. ...
 Der Urlaubsanspruch kann erst nach Ablauf von sechs Monaten ... nach der Einstellung geltend gemacht werden, es sei denn, dass der Angestellte vorher ausscheidet.

**(7) Der Urlaub ist spätestens bis zum Ende des Urlaubsjahres anzutreten. Kann der Urlaub bis zum Ende des Urlaubsjahres nicht angetreten werden, ist er bis zum 30. April des folgenden Urlaubsjahres anzutreten. Kann der Urlaub aus dienstlichen Gründen oder wegen Arbeitsunfähigkeit nicht bis zum 30. April angetreten werden, ist er bis zum 30. Juni anzutreten. War ein innerhalb des Urlaubsjahres für dieses Urlaubsjahr festgelegter Urlaub auf Veranlassung der Bundesversicherungsanstalt für Angestellte in die Zeit nach dem 31. Dezember des Urlaubsjahres verlegt worden und konnte er wegen Arbeitsunfähigkeit nicht nach Satz 2 bis zum 30. Juni angetreten werden, ist er bis zum 30. September anzutreten.
 Urlaub, der nicht innerhalb der genannten Fristen angetreten ist, verfällt.**

§ 48
Dauer des Erholungsurlaubs

(1) Der Erholungsurlaubsanspruch des Angestellten, dessen durchschnittliche regelmäßige wöchentliche Arbeitszeit auf fünf Arbeitstage in der Kalenderwoche verteilt ist (Fünftagewoche), beträgt in der Vergütungsgruppe ... I b bis X Kr. IX bis Kr. I ... nach vollendetem 40. Lebensjahr 30 Arbeitstage.

... (3) Die Dauer des Erholungsurlaubs einschließlich eines etwaigen Zusatzurlaubs mit Ausnahme des Zusatzurlaubs nach dem SGB IX vermindert sich für jeden vollen Kalendermonat eines Sonderurlaubs nach § 50 oder eines Ruhens des Arbeitsverhältnisses nach § 59 Abs. 1 Unterabs. 1 Satz 5 um ein Zwölftel.

Die Tarifvertragsparteien können Urlaubs- und Urlaubsabgeltungsansprüche, die den von Art. 7 Abs. 1 der Arbeitszeitrichtlinie gewährleisteten und von §§ 1, 3 Abs. 1 BUrlG begründeten Anspruch auf Mindestjahresurlaub von vier Wochen übersteigen, frei regeln.[4] Die Regelungsmacht der Tarifpartner ist nicht durch die für gesetzliche Urlaubsansprüche gegenüber öffentlichen Arbeitgebern eintretende unmittelbare Wirkung von Art. 7 der Arbeitszeitrichtlinie oder die im Privatrechtsverkehr erforderliche richtlinienkonforme Fortbildung des § 7 Abs. 3 und 4 BUrlG beschränkt.[5] Einem tariflich angeordneten Verfall des übergesetzlichen Urlaubsanspruchs und seiner Abgeltung steht nach dem klaren Richtlinienrecht und der gesicherten Rechtsprechung des EuGH kein Unionsrecht entgegen.[6/7] Eine Vorlagepflicht nach Art. 267 Abs. 3 AEUV besteht nicht.

---

[4] Vgl. zu vertraglichen Mehrurlaubsansprüchen BAG, Urteil vom 24. März 2009 – 9 AZR 983/07 – RN 81 ff., AP BUrlG § 7 Nr. 39 = EzA BUrlG § 7 Abgeltung Nr. 15; ebenso Bauer/Arnold, Anm. AP BUrlG § 7 Nr. 39 zu 3; Krieger/Arnold, NZA 2009, 532; Liebscher, öAT 2010, 13; Schlachter, RdA 2009 Sonderbeilage Heft 5, 31, 35; Sedlmeier, EuZA 2010, 98; Subatzus, DB 2009, 512; wohl auch Genenger, Anm. LAGE BUrlG § 7 Abgeltung Nr. 22 zu IV 1 d; a. A. mit Blick auf die im Unionsrecht gewährleisteten Grundrechtspositionen der Privatautonomie und der Vertragsfreiheit Abele RdA 2009, 312, 316 f.

[5] Zu dieser richtlinienkonformen Rechtsfortbildung ausführlich BAG, Urteil vom 24. März 2009 – 9 AZR 983/07 – RN 44 ff., a.a.O.; methodisch ablehnend und für eine richtlinienkonforme Auslegung Kamanabrou, SAE 2009, 236.

[6] Vgl. zu den Erfordernissen einer eigenen Auslegung des Unionsrechts durch das nationale Gericht, dessen Entscheidungen nicht mehr mit Rechtsmitteln des innerstaatlichen Rechts angefochten werden können, EuGH 6. Dezember 2005 – C-461/03 – [Gaston Schul Douane-Expéditeur] RN 15 ff., Slg. 2005, I-10513; 15. September 2005 – C-495/03 – [Intermodal Transports] RN 33 ff., Slg. 2005, I-8151; 6. Oktober 1982 – Rechtssache 283/81 – [C.I.L.F.I.T.] RN 13 ff., Slg. 1982, 3415.

[7] Der Beschluss des BVerfG, NZA 2010, 995, im Fall Honeywell war nach dem Lissabon-Urteil, NJW 2010, 995, und der dort bekräftigten Ultra-vires-Kontrolle mit Spannung erwartet worden. Das BVerfG hat zwar die Verfassungsbeschwerde für zulässig erklärt, weil es die Darlegung eines möglichen „ausbrechenden Rechtsakts" als hinreichend substanziiert ansah. Künftig dürfte nach dem Beschluss aber ein „hinreichend qualifizierter" Verstoß dergestalt zu fordern sein, „dass das kompetenzwidrige Handeln der Unionsgewalt offensichtlich ist und der angegriffene Akt im

Der **Gerichtshof der Europäischen Union ist gesetzlicher Richter i.S.v. Art. 101 Abs. 1 Satz 2 GG** für die Auslegung des Unionsrechts. Den Parteien wird deswegen der gesetzliche Richter entzogen, wenn ein nationales Gericht seiner Pflicht aus Art. 267 Abs. 3 AEUV, den EuGH zur Vorabentscheidung anzurufen, nicht nachkommt.[8] Das Bundesverfassungsgericht hat für die Verletzung[9] von Art. 101 Abs. 1 Satz 2 GG im Zusammenhang mit der Vorlagepflicht aus Art. 234 Abs. 3 EG (jetzt: Art. 267 Abs. 3 AEUV) beispielhaft Fallgruppen entwickelt. Die **Vorlagepflicht** wird in verfassungswidriger Weise gehandhabt, wenn ein letztinstanzliches einzelstaatliches Gericht eine Vorlage an den EuGH überhaupt nicht in Erwägung zieht, obwohl die **unionsrechtliche Frage nach seiner Auffassung entscheidungserheblich** ist und

---

Kompetenzgefüge zwischen Mitgliedstaat und Union im Hinblick auf das Prinzip der begrenzten Einzelermächtigung und die rechtsstaatliche Gesetzesbindung erheblich ins Gewicht fällt", vgl. Streinz, Editorial 40/2010: Begrenzte Kontrolle von Europarecht – Honeywell .Mit dieser Restriktion versucht das BVerfG nämlich, den bereits im Lissabon-Urteil deutlich gemachten Konflikt zwischen den Kompetenzen von EuGH und BVerfG zu vermeiden. Auffallend ist, dass das BVerfG dabei bewusst Anleihen aus der Rechtsprechung des EuGH nimmt und hier auf die Formulierung verweist, mit der dieser die Anforderungen an den Staatshaftungsanspruch für Verstöße gegen das Unionsrecht verschärft. Das BVerfG lässt ausdrücklich dahingestellt, ob sich das in der Mangold-Entscheidung, NJW 2005, 3695, gefundene Ergebnis durch anerkannte juristische Auslegungsmethoden noch gewinnen lässt und ob gegebenenfalls bestehende Mängel offenkundig werden. Während es die Ausführungen zur innerstaatlichen Wirkung von Richtlinien in einer Linie mit der bisherigen Rechtsprechung des EuGH sieht, lässt es deutlich Zweifel an der Entwicklung eines allgemeinen Rechtsgrundsatzes des Verbots der Altersdiskriminierung erkennen. Die vom BVerfG entwickelten erhöhten Anforderungen an einen „ersichtlichen Verstoß", der „praktisch kompetenzbegründend wirkte", sieht es aber auch darin nicht erfüllt und hält daher die Verfassungsbeschwerde für unbegründet.

[8] Vgl. für die st. Rspr. des Bundesverfassungsgerichts, E. vom 25. Februar 2010 – 1 BvR 230/09 – RN 15, NZA 2010, 439.

[9] Der EuGH als gesetzlicher Richter i. S. des Art. 101 Abs. 1 S. 1 GG wird entzogen, „wenn **das nationale Gericht eine eigene Lösung entwickelt, die nicht auf die bestehende Rechtsprechung des EuGH zurückgeführt werden kann** und auch nicht einer eindeutigen Rechtslage entspricht". Selbstgestricktes Europarecht durch heimische Gerichte ist damit verfassungswidrig. Wortlautgehorsam gegenüber Luxemburg ist gefragt – nicht Zu-Ende-Denken einer angebrochenen Rechtsprechung, sondern allein die Anwendung des Vorhandenen. Entsprechend darf das nationale Gericht nur selbst entscheiden, wenn die Beantwortung der europarechtlichen Frage „offenkundig" ist. Davon darf es bei einer unvollständigen EuGH-Rechtsprechung nur dann ausgehen, wenn es überzeugt ist, dass dies auch für die Gerichte der übrigen Mitgliedstaaten und den EuGH so ist. „**Bei Unvollständigkeit der Rechtsprechung des EuGH wird Art. 101 Abs. 1 S. 2 GG nur dann verletzt, wenn das letztinstanzliche Gericht seinen Beurteilungsrahmen in unvertretbarer Weise überschritten hat** – insbesondere wenn mögliche Gegenauffassungen zu der entscheidungserheblichen Frage des Gemeinschaftsrechts vorzugswürdig sind. ... In diesen Fällen verstößt das Gericht bereits dann nicht gegen Art. 101 Abs. 1 S. 2 GG, wenn es die gemeinschaftsrechtliche Rechtsfrage in zumindest vertretbarer Weise beantwortet hat." Vertretbarkeit damals – Eindeutigkeit jetzt. Der Wechsel vollzieht die Angleichung an die acte-clair-Doktrin des EuGH: Die Maßstäbe des EuGH zur Vorlagepflicht und des BVerfG entsprechen jetzt einander. Was europarechtswidrig ist, ist auch verfassungswidrig, vgl. Thüsing, Editorial 26/2010: Europarecht ernst genommen.

es selbst Zweifel daran hat, wie die Frage richtig zu beantworten ist (sog. grundsätzliche Verkennung der Vorlagepflicht). Gleiches gilt, wenn das letztinstanzliche Gericht **bewusst von der Rspr. des EuGH zu entscheidungserheblichen Fragen abweicht** und dennoch nicht oder nicht erneut vorlegt (sog. bewusstes Abweichen von der Rspr. des Gerichtshofs ohne Vorlagebereitschaft). Gibt es zu einer entscheidungserheblichen Frage des Unionsrechts noch **keine einschlägige Rspr. des EuGH**, hat der Gerichtshof die Frage möglicherweise noch nicht erschöpfend beantwortet oder erscheint eine Fortentwicklung der Rspr. des EuGH nicht nur als entfernte Möglichkeit **(sog. Unvollständigkeit der Rspr.)**, wird Art. 101 Abs. 1 Satz 2 GG verletzt, wenn das letztinstanzliche Hauptsachegericht den ihm zukommenden Beurteilungsspielraum in unvertretbarer Weise überschritten hat. In diesem Zusammenhang ist zu prüfen, ob sich das innerstaatliche Gericht des Unionsrechts ausreichend kundig gemacht hat. Sonst verkennt es regelmäßig die Bedingungen der Vorlagepflicht. Das Gericht hat zudem Gründe anzugeben, die dem Bundesverfassungsgericht eine Kontrolle am Maßstab des Art. 101 Abs. 1 Satz 2 GG ermöglichen.[10] Die dem EuGH durch Art. 267 AEUV zuerkannten Befugnisse haben im Wesentlichen zum **Ziel, eine einheitliche Anwendung des Unionsrechts durch die nationalen Gerichte zu gewährleisten**.[11] Art. 267 Abs. 3 AEUV soll verhindern, dass sich in einem Mitgliedstaat eine nationale Rspr. herausbildet, die mit den Normen des Unionsrechts nicht in Einklang steht. Durch die Zusammenarbeit der mit der Anwendung des Unionsrechts betrauten innerstaatlichen Gerichte mit dem Gerichtshof der Europäischen Union soll die ordnungsgemäße Anwendung und die einheitliche Auslegung des Unionsrechts in allen Mitgliedstaaten sichergestellt werden.

Der Zweck der Vorlagepflicht aus Art. 267 AEUV zeigt zugleich ihre Grenzen. Eine Vorlage ist sinnlos, wenn es eine gesicherte Rspr. des EuGH gibt, durch die die betreffende Rechtsfrage gelöst ist (sog. **acte éclairé**). Das gilt **selbst dann, wenn die strittigen Fragen nicht vollkommen identisch sind**.[12] Die richtige Anwendung des Unionsrechts kann ferner offenkundig sein, wenn keinerlei **Raum für einen vernünftigen Zweifel an der Beantwortung der entscheidungserheblichen Frage** ist (sog. acte clair). Das innerstaatliche Gericht darf jedoch nur dann von einer offenkundigen Beantwortung ausgehen, wenn es davon überzeugt ist, dass auch für die

---

[10] Vgl. BVerfG, Urteil vom 25. Februar 2010 – 1 BvR 230/09 -RN 18 f, NZA 2010, 439.
[11] Vgl. noch zu Art. 234 Abs. 3 EG EuGH, Urteil vom 6. Dezember 2005 – C-461/03 – [Gaston Schul Douane-Expéditeur] RN 21 f., Slg. 2005, I-10513.
[12] Vgl. grundlegend EuGH, Urteil vom 6. Oktober 1982 – Rechtssache 283/81 – [C.I.L.F.I.T.] RN 14, Slg. 1982, 3415; fortgeführt von EuGH 15. September 2005 – C-495/03 – [Intermodal Transports] RN 33, Slg. 2005, I-8151; 6. Dezember 2005 – C-461/03 – [Gaston Schul Douane-Expéditeur] RN 16, Slg. 2005, I-10513; siehe auch BVerfG, Urteil vom 25. Februar 2010 – 1 BvR 230/ 09 – RN 20, NZA 2010, 439.

Gerichte der übrigen Mitgliedstaaten und den EuGH die gleiche Gewissheit bestünde.[13] Ob ein solcher Fall gegeben ist, muss unter Berücksichtigung der Eigenheiten des Unionsrechts, der besonderen Schwierigkeiten seiner Auslegung und der Gefahr voneinander abweichender Gerichtsentscheidungen innerhalb der Europäischen Union beurteilt werden. Nimmt das letztinstanzlich entscheidende innerstaatliche Gericht eine offenkundige Auslegung des Unionsrechts an, braucht es den EuGH nicht um Vorabentscheidung zu ersuchen. Das nationale Gericht darf die Frage in eigener Verantwortung beantworten.[14] Aus Sicht des Senats ist Art. 7 der Richtlinie 2003/88/EG dahin auszulegen, dass diese Regelung tarifliche Ansprüche auf Abgeltung des Mehrurlaubs offenkundig nicht erfasst. Jedenfalls ist der bestehenden Rechtsprechung des EuGH zu entnehmen, dass das Unionsrecht einem tariflich angeordneten Verfall des Urlaubs(-abgeltungs)anspruchs, der den von Art. 7 Abs. 1 der Arbeitszeitrichtlinie gewährleisteten Mindestjahresurlaub von vier Wochen übersteigt, nicht entgegensteht.

Art. 7 Abs. 1 der Arbeitszeitrichtlinie bestimmt, dass die **Mitgliedstaaten die erforderlichen Maßnahmen treffen, damit jeder Arbeitnehmer einen bezahlten Mindestjahresurlaub von vier Wochen** nach Maßgabe der Bedingungen für die Inanspruchnahme und die Gewährung erhält, die in den einzelstaatlichen Rechtsvorschriften und/oder nach den einzelstaatlichen Gepflogenheiten vorgesehen sind. Die Richtlinie bindet ausdrücklich nur den von ihr gewährleisteten Mindestjahresurlaubsanspruch von vier Wochen an die von den nationalen Rechtsvorschriften und/ oder Gepflogenheiten vorgesehenen Modalitäten.

Nach Art. 15 der Richtlinie 2003/88/EG berührt diese nicht das **Recht der Mitgliedstaaten, für die Sicherheit und den Gesundheitsschutz günstigere Rechts- und Verwaltungsvorschriften anzuwenden** oder zu erlassen oder die Anwendung von für die Sicherheit und den Gesundheitsschutz der Arbeitnehmer günstigeren Tarifverträgen oder Vereinbarungen zwischen den Sozialpartnern zu fördern oder zu gestatten. Adressat der Regelung sind nach Art. 29 der Arbeitszeitrichtlinie die Mitgliedstaaten. Art. 15 der Arbeitszeitrichtlinie lässt die Regelungsmacht der Tarifvertragsparteien ausdrücklich unberührt. **Die Arbeitszeitrichtlinie enthält im Unterschied zur sog. Mutterschutzrichtlinie 92/85/EWG[15] auch keine Regelung, die**

---

[13] Vgl. EuGH, Urteil vom 6. Dezember 2005 – C-461/03 – [Gaston Schul Douane-Expéditeur] RN 16, Slg. 2005, I-10513; 15. September 2005 – C-495/03 – [Intermodal Transports] RN 33, Slg. 2005, I-8151; 6. Oktober 1982 – Rechtssache 283/81 – [C.I.L.F.I.T.] RN 16, Slg. 1982, 3415; BVerfG, Urteil vom 25. Februar 2010 – 1 BvR 230/09 – RN 20, NZA 2010, 439.
[14] EuGH, Urteil vom 15. September 2005 – C-495/03 – [Intermodal Transports] RN 33 und 35.
[15] ABl. EG Nr. L 348 vom 28. November 1992 S. 1.

Mehrurlaubsansprüche erfasst.[16] Nach Art. 8 Abs. 1 der Mutterschutzrichtlinie treffen die Mitgliedstaaten „die erforderlichen Maßnahmen, um sicherzustellen, dass den Arbeitnehmerinnen ... ein Mutterschaftsurlaub von mindestens 14 Wochen ohne Unterbrechung gewährt wird". Art. 11 Nr. 2 Buchst. a der Mutterschutzrichtlinie verlangt, dass „die mit dem Arbeitsvertrag der Arbeitnehmerinnen im Sinne des Artikels 2 verbundenen anderen Rechte als die unter dem nachstehenden Buchstaben b) genannten" gewährleistet sein müssen. Art. 11 Nr. 2 Buchst. b der Mutterschutzrichtlinie bestimmt, dass „die Fortzahlung eines Arbeitsentgelts und/oder der Anspruch auf eine angemessene Sozialleistung für die Arbeitnehmerinnen im Sinne des Artikels 2" gewährleistet sein müssen.

Der Gerichtshof der Europäischen Union hat sich in der Entscheidung Merino Gómez zum Verhältnis der Urlaubsregelung in Art. 7 Abs. 1, Art. 15 der Arbeitszeitrichtlinie und der Bestimmung in Art. 11 Nr. 2 Buchst. a der Mutterschutzrichtlinie 92/85/EWG geäußert.[17] Der EuGH hat seine Auffassung, wonach ein Anspruch auf längeren Jahresurlaub von der Mutterschutzrichtlinie erfasst werde, wenn sich ein Mitgliedstaat für eine längere als die von Art. 7 Abs. 1 der Arbeitszeitrichtlinie verbürgte Dauer des Mindestjahresurlaubs entschieden habe, ausdrücklich auf Art. 11 Nr. 2 Buchst. a der Mutterschutzrichtlinie gestützt. Voraussetzung ist, dass sich die Frauen während der Zeit des Jahresurlaubs der gesamten Belegschaft im Mutterschaftsurlaub befanden.[18] Die **Arbeitszeitrichtlinie enthält abweichend von der Mutterschutzrichtlinie keine solche Regelung,** die vertraglich begründete andere Rechte als die von Art. 7 der Arbeitszeitrichtlinie gewährleisteten Rechte verbürgt. Die bisherige Rspr. des EuGH ist demnach nicht unvollständig. Die vom Gerichtshof in der Sache Merino Gómez entschiedene Auslegungsfrage braucht nicht völlig identisch mit der nun zu beantwortenden Rechtsfrage zu sein, um eine gesicherte Rspr. des EuGH annehmen zu können.[19] Das BAG hatte die hier zu beurteilenden tariflichen Vorschriften deshalb anhand des innerstaatlichen Rechts auszulegen. Diese Auslegung ergibt, dass der Anspruch des Klägers auf Abgeltung des tarifli-

---

[16] BAG, Urteil vom 24. März 2009 – 9 AZR 983/07 – RN 81 ff., AP BUrlG § 7 Nr. 39 = EzA BUrlG § 7 Abgeltung Nr. 15; ebenso Subatzus, DB 2009, 512; a. A. Abele, RdA 2009, 316 f., der die Vertragsfreiheit und die Privatautonomie als Unionsgrundrechte versteht und sie für den vertraglichen Mehrurlaub heranzieht.
[17] Vgl. EuGH, Urteil vom 18. März 2004 – C-342/01 – RN 42 bis 45, Slg. 2004, I-2605.
[18] Vgl. EuGH, Urteil vom 18. März 2004 – C-342/01 – [Merino Gómez] RN 44, Slg. 2004, I-2605.
[19] Vgl. EuGH, Urteil vom 6. Dezember 2005 – C-461/03 – [Gaston Schul Douane-Expéditeur] Rn. 16, Slg. 2005, I-10513; 15. September 2005 – C-495/03 – [Intermodal Transports] RN 33, Slg. 2005, I-8151; 6. Oktober 1982 – Rechtssache 283/81 – [C.I.L.F.I.T.] RN 14, Slg. 1982, 3415; siehe auch BVerfG 25. Februar 2010 – 1 BvR 230/09 – RN 20, NZA 2010, 439.

chen Mehrurlaubs für 2004 schon nicht entstanden ist. Der Anspruch auf Abgeltung des Tarifmehrurlaubs für 2005 ist verfallen.

Das BAG hat in st. Rspr. **die Auslegungsregel aufgestellt, für einen Regelungswillen, der zwischen gesetzlichen und übergesetzlichen vertraglichen Ansprüchen unterscheide**, müssten deutliche Anhaltspunkte bestehen.[20] Die Kritik zum einzelvertraglichen Mehrurlaub entzündet sich daran, dass das Regel-Ausnahme-Verhältnis umgekehrt zu bestimmen sei.

Das BAG hat das Regel-Ausnahme-Verhältnis von unterbleibendem Verfall oder Untergang der vertraglichen Mehrurlaubsansprüche dahin austariert, dass die Vertragsparteien nur ausnahmsweise vom Gesetzesrecht abweichen wollen. Für einen abweichenden, durch Auslegung nach §§ 133, 157 BGB zu ermittelnden übereinstimmenden Willen müssen deutliche Anhaltspunkte bestehen.[21] Regel ist der „Gleichlauf" der Ansprüche. Ausnahme ist ihr unterschiedliches rechtliches Schicksal.[22]

---

[20] Vgl. für die Auslegung einer kirchlichen Arbeits- und Vergütungsordnung nach §§ 133, 157 BGB zuletzt 24. März 2009 – 9 AZR 983/07 – RN 84 f., AP BUrlG § 7 Nr. 39 = EzA BUrlG § 7 Abgeltung Nr. 15; a. A. ArbG Berlin, Urteil vom 22. April 2009 – 56 Ca 21280/08, NZA-RR 2009, 411; Bauer/Arnold, Anm. AP BUrlG § 7 Nr. 39 zu 3; Kamanabrou, SAE 2009, 233, 237; Krieger/Arnold, NZA 2009, 532; Sedlmeier, EuZA 2009, 98.

[21] BAG, Urteil vom 24. März 2009 – 9 AZR 984, AP BUrlG § 7 Nr. 39 = EzA BUrlG § 7 Abgeltung Nr. 15; ebenso Kohte/Beetz, jurisPR-ArbR 25/2009 Anm. 1 zu C 3; Mestwerdt, jurisPR-ArbR 27/2009 Anm. 2 zu C; Rummel AuR 2009, 217; wohl auch Rehwald AiB 2010, 59, 60; differenzierend Gaul/Josten/Strauf, BB 2009, 498 f.; a. A. Bauer/Arnold, Anm. AP BUrlG § 7 Nr. 39 zu 3; Dornbusch/Ahner, NZA 2009, 183; Kamanabrou, SAE 2009, 237; Krieger/Arnold, NZA 2009, 532; Sedlmeier, EuZA 2010, 98.

[22] Dieser Auslegungsregel ist ein Teil der Rspr. entgegengetreten (vgl. ArbG Berlin 22. April 2009 – 56 Ca 21280/08, NZA-RR 2009, 411. Diese Auffassung nimmt an, das Regel-Ausnahme-Verhältnis sei – auch für Tarifverträge – anders zu bestimmen. Es sei nicht nach Anhaltspunkten dafür zu suchen, dass sich die Unverfallbarkeit des Mindesturlaubsanspruchs nicht auch auf den Mehrurlaub erstrecke. Vielmehr sei danach zu fragen, ob es Anhaltspunkte dafür gebe, dass arbeitsunfähige Arbeitnehmer über das gesetzlich zwingende Maß hinaus besser gestellt werden sollten als andere Arbeitnehmer. Diese Ansicht dürfte im Hinblick auf die zitierte Senatsrechtsprechung einem Missverständnis unterliegen, vgl. das Zitat in ArbG Berlin, Urteil vom 22. April 2009 – 56 Ca 21280/08, NZA-RR 2009, 411. Das BAG hat in seiner Entscheidung vom 7. September 2004 in Fortführung seiner bisherigen Rechtsprechung angenommen, § 7 Abs. 4 BUrlG sei auch für tarifliche Urlaubsabgeltungsansprüche maßgeblich, soweit die Tarifvertragsparteien keine zugunsten der Arbeitnehmer wirkenden, davon abweichenden Sonderregelungen getroffen hätten.[22] Das BAG hat diese Aussage nur getroffen, um die Surrogatstheorie für den Abgeltungsanspruch aus § 7 Abs. 4 BUrlG zu stützen. Arbeitsunfähige, aus dem Arbeitsverhältnis ausscheidende Arbeitnehmer sollten durch eine tarifliche Abfindung nicht besser gestellt werden als im Arbeitsverhältnis verbleibende arbeitsunfähige Arbeitnehmer. Die Surrogatstheorie konnte für Abgeltungsansprüche bei bis zum Ende des Übertragungszeitraums fortdauernder Arbeitsunfähigkeit in der Folge der Entscheidung Schultz-Hoff des EuGH vom 20. Januar 2009 (– C-350/06 und C-520/06 – AP Richtlinie 2003/88/EG Nr. 1 = EzA EG-Vertrag 1999 Richtlinie 2003/88 Nr. 1) nicht aufrechterhalten werden. Für die Frage, welche Auslegungsregeln seitdem für den Verfall

Das BAG stimmt der These auch inhaltlich nicht zu, es sei nach Anhaltspunkten dafür zu suchen, ob arbeitsunfähige Arbeitnehmer besser gestellt werden sollten als arbeitsfähige Arbeitnehmer.[23] Für die Ungleichbehandlung arbeitsfähiger und arbeitsunfähiger Arbeitnehmer besteht ein sachlicher Grund. Urlaubsansprüche arbeitsfähiger Arbeitnehmer sind im Unterschied zu Urlaubsansprüchen arbeitsunfähiger Arbeitnehmer erfüllbar. Der mit Beendigung des Arbeitsverhältnisses entstehende Anspruch auf Abgeltung des Mindesturlaubs gleicht den Nachteil der fehlenden Erfüllbarkeit des Urlaubsanspruchs aus und kapitalisiert den nicht zu verwirklichenden Freistellungsanspruch.[24] Das BAG hält auch für tarifliche Ansprüche auf Abgeltung von Mehr- urlaub an seinen Auslegungsüberlegungen fest.[25] Für einen Regelungswillen, der zwischen **Ansprüchen auf Abgeltung von Mindest- und Mehrurlaub unterscheidet, müssen auch bei Tarifverträgen, die vor der Entscheidung des EuGH in der Sache Schultz-Hoff geschlossen wurden, deutliche Anhaltspunkte bestehen.** Diese deutlichen Anhaltspunkte müssen sich aus Tarifwortlaut, -zusammenhang und -zweck sowie ggf. aus der Tarifgeschichte ergeben.[26]

---

von Mindest- und Mehrurlaubs(-abgeltungs)ansprüchen anzuwenden sind, hat die zitierte frühere Erwägung des Senats keine Bedeutung.

[23] Vgl. ArbG Berlin, Urteil vom 22. April 2009 – 56 Ca 21280/08, NZA-RR 2009, 411.

[24] Ähnlich Mestwerdt jurisPR-ArbR 27/2009 Anm. 2 zu C.

[25] Vgl. zu einzelvertraglich vereinbartem Mehrurlaub 24. März 2009 – 9 AZR 983/07 – RN 84 f., AP BUrlG § 7 Nr. 39 = EzA BUrlG § 7 Abgeltung Nr. 15.

[26] Die an der Rechtsprechung des BAG geäußerte Kritik unternimmt den Versuch, im Bereich (tarif-)vertraglichen Mehrurlaubs eine Art Vertrauensschutz durch eine nach Alt- und Neuverträgen differenzierende Vertrags- oder Tarifvertragsauslegung zu begründen. Sie will nicht an die objektive Rechtslage, sondern an den „irrtumsanfälligen Akt der Rechtserkenntnis" durch die höchstrichterliche Rechtsprechung anknüpfen. Gegen einen solchen Auslegungsansatz spricht, dass **eine Rechtsprechungsänderung als solche nicht gegen Art. 20 Abs. 3 GG verstößt. Höchstrichterliche Urteile sind kein Gesetzesrecht und erzeugen keine vergleichbare Rechtsbindung**, vgl. für die st. Rspr. des Bundesverfassungsgerichts 15. Januar 2009 – 2 BvR 2044/07 – RN 85, BVerfGE 122, 248; 26. Juni 1991 1 BvR 779/85, BVerfGE 84, 212; siehe auch BAG, Urteil vom 23. März 2006 – 2 AZR 343/05 – RN 33, BAGE 117, 281. Den Vertrags- oder Tarifvertragsparteien kann daher weder regelmäßig noch ohne konkrete Anhaltspunkte der Wille unterstellt werden, sie legten ihren Vereinbarungen nicht die objektive Rechtslage, sondern die höchstrichterliche Rechtsanwendung zugrunde. Das von den Kritikern der Senatsrechtsprechung geforderte um- gekehrte Regel-Ausnahme-Verhältnis für Altverträge ist zudem nicht erforderlich, um die Interessen beider Seiten im Rahmen der Auslegung angemessen zu berücksichtigen. Deutliche Anhaltspunkte für einen Regelungswillen der Vertrags- oder Tarifvertragsparteien, der zwischen gesetzlichen und übergesetzlichen Urlaubs(-abgeltungs)ansprüchen unterscheidet, sind schon dann anzunehmen, wenn sich die (Tarif-)Vertragsparteien in weiten Teilen vom gesetzlichen Urlaubsregime lösen und stattdessen eigene Regeln aufstellen. Im Fall einer solchen eigenständigen, zusammenhängenden und in sich konsistenten Regelung ist ohne entgegenstehende Anhaltspunkte i.d.R davon auszugehen, dass die (Tarif-)Vertragsparteien Ansprüche nur begründen und fortbestehen lassen wollen, soweit eine gesetzliche Verpflichtung besteht, für eine Unterscheidung zwischen konstitutiven und deklaratorischen Regelungen Rehwald AiB 2010, 60. Eine ausdrückliche Differenzierung zwischen gesetzlichen und übergesetzlichen Ansprüchen ist dann nicht notwendig.

Der **Kläger hat Anspruch auf Abgeltung des 2004 und 2005 entstandenen Schwerbehindertenzusatzurlaubs**[27] von jeweils fünf Arbeitstagen (§ 125 Abs. 1

---

[27] § 125 SGB IX Zusatzurlaub
Schwerbehinderte Menschen haben Anspruch auf einen bezahlten zusätzlichen Urlaub von fünf Arbeitstagen im Urlaubsjahr; verteilt sich die regelmäßige Arbeitszeit des schwerbehinderten Menschen auf mehr oder weniger als fünf Arbeitstage in der Kalenderwoche, erhöht oder vermindert sich der Zusatzurlaub entsprechend. Soweit tarifliche, betriebliche oder sonstige Urlaubsregelungen für schwerbehinderte Menschen einen längeren Zusatzurlaub vorsehen, bleiben sie unberührt.
Der Anspruch auf Zusatzurlaub entsteht mit dem Eintritt der Schwerbehinderteneigenschaft (§ 2 Abs. 2 SGB IX – Menschen sind im Sinne des Teils 2 schwerbehindert, wenn bei ihnen ein Grad der Behinderung von wenigstens 50 vorliegt). Anspruch auf den gesetzlichen Zusatzurlaub haben vielmehr alle schwerbehinderten Menschen, die als Beschäftigte Anspruch auf Erholungsurlaub haben. Der Anspruch auf Zusatzurlaub nach § 125 Abs. 1 Satz 1 1. Halbs. SGB IX tritt dem Urlaubsanspruch hinzu, den der Beschäftigte ohne Berücksichtigung seiner Schwerbehinderung beanspruchen kann, AP SGB IX § 125 Nr. 1. Er erlischt mit dem Wegfall der Rechtsstellung als Schwerbehinderter (§ 116 Abs. 1). Der Zusatzurlaub folgt „akzessorisch" den für den gesetzlichen Mindesturlaub geltenden – gesetzlichen, tarifvertraglichen oder einzelvertraglichen – Regeln. Der Anspruch auf Zusatzurlaub besteht auch, wenn durch den Arbeitgeber bereits ein übertariflicher Urlaubsanspruch gewährt wird, BAG, BeckRS 2007 40276; NZA 2007, 330. Der Anspruch auf Zusatzurlaub setzt die Schwerbehinderung voraus, nicht deren behördliche Feststellung. Der ArbN kann bereits vor Durchführung des Feststellungsverfahrens gegenüber dem Arbeitgeber geltend machen und verlangen, dass ihm der Zusatzurlaub für das laufende Urlaubsjahr gewährt wird. Eine nur vorsorgliche Geltendmachung unter Hinweis auf eine zur Feststellung beantragte Schwerbehinderteneigenschaft reicht nicht, BAG, NZA 1986, 558. Die Dauer des gesetzlichen Zusatzurlaubs ist auf fünf Arbeitstage beschränkt. Der Zusatzurlaub ist ein bezahlter zusätzlicher Urlaub, so dass auch für die Zeit des Zusatzurlaubs das vertraglich geschuldete Arbeitsentgelt weiterzuzahlen ist. Ein Anspruch auf ein zusätzliches Urlaubsgeld besteht nur bei ausdrücklicher Regelung. Der Zusatzurlaub nach § 125 Abs. 1 S. 1 SGB IX folgt bundesurlaubsgesetzlichen Bedingungen. Er verfällt somit nicht, wenn er krankheitsbedingt nicht genommen werden kann und ist somit abzugelten, LAG Düsseldorf: Abgeltung wegen Krankheit nicht genommenen Jahresurlaubs, NZA-RR 2009, 247. Der Urlaubsspruch wird nicht nur für Zeiten erworben wird, in denen der Arbeitnehmer seine Arbeitskraft zur Verfügung gestellt hat, sondern auch für Zeiten, in denen er ordnungsgemäß krankgeschrieben war. Dies gilt auch für den Zusatzurlaub, a. A. ArbG Berlin, Urlaubsabgeltung bei über den Übertragungszeitraum hinaus fortdauernder Arbeitsunfähigkeit – Verfall von Zusatzurlaub, NZA-RR 2009, 411 – § 125 SGB IX dient nicht der Umsetzung sonstigen EU-Rechts. Dies ist nicht ersichtlich und wird auch nicht diskutiert, vgl. Rolfs, in ErfK, 9. Aufl. [2009], SGB IX§125 RN 1; Pahlen, in: Neumann/Pahlen/Majerski-Pahlen, SGB IX, 11. Aufl. [2005], § 125 RN 1ff. Die Entscheidung des ArbG Berlin überzeugt nicht, da das anerkannte Ziel, das besondere Erholungsbedürfnis zu befriedigen und die ohnehin durch die Behinderung gefährdete Arbeitskraft zu erhalten nicht recht nach einer längeren Erkrankung bei Schwerbehinderten gegeben ist. **Ein behinderter Arbeitnehmer muss seine Behinderung mit erhöhtem Einsatz und erhöhtem Kraftaufwand ausgleichen. Er verbraucht daher seine physischen und psychischen Kraftreserven schneller** als ein anderer, gesunder Arbeitnehmer und muss sich dementsprechend länger erholen, Pahlen, Neumann/Pahlen/Majerski-Pahlen, Sozialgesetzbuch IX, § 125 SGB IX, RN 6. Der Zusatzurlaub dient dem Schwerbehinderten dazu, die verbliebene Arbeitsfähigkeit und Gesundheit zu erhalten, Jabben, in Rolfs/Giesen/Kreikebohm/Udsching, Beck'scher Online-Kommentar, § 125 SGB IX, RN 2 – gesteigertes Erholungsbedürfnis bzw. eine längere Regenerationsphase. Eine zusätzliche Erholungsbedürftigkeit muss nicht konkret nachgewiesen werden, sie wird unwiderleglich vermutet, Rolfs, in ErfK, § 125

Satz 1, Abs. 2 Satz 3 SGB IX i.V.m. § 7 Abs. 4 BUrlG). Die Zusatzurlaubsansprüche waren bei Beendigung des Arbeitsverhältnisses am 30. September 2005 noch nicht verfallen. **§ 7 Abs. 4 BUrlG setzt für Ansprüche auf Abgeltung des Zusatzurlaubs nicht voraus, dass die Freistellungsansprüche erfüllbar waren.**
Nach **§ 125 Abs. 1 Satz 1 SGB IX haben schwerbehinderte Arbeitnehmer, die in der Fünftagewoche beschäftigt werden, Anspruch auf einen bezahlten zusätzlichen Urlaub von fünf Arbeitstagen** im Urlaubsjahr. Der **schwerbehindertenrechtliche Zusatzurlaub bestimmt sich nach den Regeln des Mindesturlaubs der §§ 1, 3 Abs. 1 BUrlG.** Diese sog. **urlaubsrechtliche Akzessorietät** ist schon wegen der Begriffe des „zusätzlichen Urlaubs" in § 125 Abs. 1 Satz 1 SGB IX und des „Zusatz-urlaubs" in § 125 Abs. 1 Satz 2 SGB IX geboten. § 125 Abs. 3 SGB IX ordnet **„auch" für den Fall der rückwirkenden Feststellung der Schwerbehinderteneigenschaft die Anwendung der „urlaubsrechtlichen Regelungen"** an. Hinzu kommt, dass sowohl der Mindesturlaub aus §§ 1, 3 Abs. 1 BUrlG als auch der Schwerbehindertenzusatzurlaub aus § 125 SGB IX gesetzliche, **nicht disponible Urlaubsansprüche** sind. Sie unterscheiden sich durch ihre strikte Unabdingbarkeit von übergesetzlichen einzel- oder tarifvertraglichen Ansprüchen.[28] Auf den **Zusatzurlaub sind die Vorschriften über die Entstehung, Übertragung, Kürzung und Abgeltung des gesetzlichen Mindesturlaubs anzuwenden.**[29]

Nach der neueren Rechtsprechung des BAG in der Folge der Entscheidung Schultz-Hoff des EuGH ist der **gesetzliche Mindesturlaubsanspruch nicht nach § 7 Abs. 3 Satz 3 BUrlG** befristet, wenn der Arbeitnehmer dauernd arbeitsunfähig ist. Der Mindesturlaub ist bei Beendigung des Arbeitsverhältnisses – unabhängig von der Erfüllbarkeit des Freistellungsanspruchs in einem gedachten fortbestehenden Arbeitsverhältnis – nach § 7 Abs. 4 BUrlG abzugelten.[30] Diese Erkenntnisse hat

---

SGB IX, RN 1. Düwell stellt deshalb eindeutig klar, dass der schwerbehinderte Beschäftigte, der erst nach Ablauf des Übertragungszeitraums seine Arbeitsfähigkeit wieder erlangt, den nicht gewährten Erholungs- und Zusatzurlaub verlangen kann. Endet das Arbeitsverhältnis, so kann der dauerhaft arbeitsunfähige und aus dem Arbeitsverhältnis ausscheidende schwerbehinderte Beschäftigte die Abgeltung seines Erholungs- und Zusatzurlaubs nach § 7 Abs. 4 BUrlG fordern, Düwell, in Dau, u. a., § 125 SGB IX, RN 34.

[28] Vgl. Griese, jurisPK-SGB IX § 125 RN 30. Die tarifliche Regelung des § 48 Abs. 3 Satz 1 MTAng-BfA, die den Schwerbehindertenzusatzurlaub von der Verringerung der Dauer des Erholungsurlaubs und des tariflichen Zusatzurlaubs bei Sonderurlaub ausnimmt, greift das **Prinzip der Akzessorietät des Schwerbehindertenzusatzurlaubs** auf.

[29] Für die st. Rspr. BAG, Urteil vom 24. Oktober 2006 – 9 AZR 669/05 – RN 12, BAGE 120, 50; 21. Februar 1995 – 9 AZR 166/94 – noch zu § 47 SchwbG, BAGE 79, 211; ebenso Kohte/Beetz, jurisPR-ArbR 25/2009 Anm. 1 zu C 2; a. A. Subatzus, DB 2009, 512.

[30] Vgl. das nach der Vorabentscheidung vom 20. Januar 2009 – C-350/06 und C-520/06 – [Schultz-Hoff] RN 42 ff., AP Richtlinie 2003/88/EG Nr. 1 = EzA EG-Vertrag 1999 Richtlinie 2003/88

der Senat für Arbeitsverhältnisse mit privatrechtlich organisierten Arbeitgebern aus einer Rechtsfortbildung von § 7 Abs. 3 und 4 BUrlG anhand der Vorgaben in Art. 7 der Arbeitszeitrichtlinie gewonnen.

Auch der Schwerbehindertenzusatzurlaub ist abzugelten, wenn der Arbeitnehmer bis zum Ende des Übertragungszeitraums arbeitsunfähig ist. **Der Zusatzurlaubsanspruch aus § 125 Abs. 1 Satz 1 SGB IX ist an das rechtliche Schicksal des Mindesturlaubsanspruchs gebunden.**[31]

Der nach deutschem Recht für Arbeitgeber aus Art. 12, 20 Abs. 3 GG abgeleitete Grundsatz des Vertrauensschutzes steht den Ansprüchen des Klägers auf Abgeltung des Zusatzurlaubs aus § 125 SGB IX nicht entgegen.[32] Die Entscheidung über die Frage innerstaatlichen Vertrauensschutzes ist dem Senat nicht entzogen. Sie fällt nicht in die Kompetenz des EuGH. Der Schwerbehindertenzusatzurlaub und seine Abgeltung sind unionsrechtlich nicht verbürgt. Beide Ansprüche werden nur wegen ihrer innerstaatlichen akzessorischen Bindung an den Mindesturlaub von der Wirkung des Unionsrechts berührt. Der fehlende unionsrechtliche Vertrauensschutz gegenüber Mindesturlaubs(-abgeltungs)ansprüchen betrifft Ansprüche auf Zusatzurlaub und ihre Abgeltung daher nur mittelbar.

Urteile des Gerichtshofs der Europäischen Union, die wie das Urteil Schultz-Hoff in Vorabentscheidungsverfahren ergehen, wirken im Grundsatz zeitlich unbegrenzt. Die Auslegung einer Bestimmung des Unionsrechts durch den EuGH beschränkt sich darauf zu erläutern und zu verdeutlichen, wie die Regelung seit ihrem Inkrafttreten zu verstehen und anzuwenden ist. Daraus folgt, dass die innerstaatlichen Gerichte die Vorschrift in dieser Auslegung auch auf Rechtsverhältnisse, die vor der Vorabentscheidung entstanden sind, anwenden müssen.[33] Vorabentscheidungen sind deswegen regelmäßig auch bei der Beurteilung von Handlungen und rechtlichen Beziehungen in der Zeit vor ihrem Erlass zu berücksichtigen. Der EuGH kann die Möglichkeit, sich auf die Auslegung zu berufen, die er einer unionsrechtlichen Be-

---

Nr. 1 ergangene Senatsurteil vom 24. März 2009 – 9 AZR 983/07 – RN 47 ff., AP BUrlG § 7 Nr. 39 = EzA BUrlG § 7 Abgeltung Nr. 15.

[31] Ebenso Griese, jurisPK-SGB IX § 125 RN 30 ff.; Kohte/Beetz, jurisPR-ArbR 25/2009 Anm. 1 zu C 2; Liebscher, öAT 2010, 14; Mestwerdt, jurisPR-ArbR 27/2009 Anm. 2 zu C; Pulz, jurisPR-ArbR 12/2010 Anm. 5 zu C; Rummel, AuR 2009, 217; a. A. LAG Berlin-Brandenburg 2. Oktober 2009 – 6 Sa 1215/09 und 6 Sa 1536/09; ArbG Berlin 22. April 2009 – 56 Ca 21280/08, NZA-RR 2009, 411; Bauer/Arnold, Anm. AP BUrlG § 7 Nr. 39 zu 4; Sedlmeier, EuZA 2010, 98 f.; im Ergebnis offen gelassen von Genenger, Anm. LAGE BUrlG § 7 Abgeltung Nr. 22 und Schlachter, RdA 2009 Sonderbeilage Heft 5, 31, 35.

[32] a. A. LAG Berlin-Brandenburg 2. Oktober 2009 – 6 Sa 1215/09 und 6 Sa 1536/09 – zu 2.2 der Gründe; wie hier Pulz jurisPR-ArbR 12/2010 Anm. 5

[33] Vgl. EuGH, Urteil vom 15. März 2005 – C-209/03 – [Bidar] Rn. 66, Slg. 2005, I-2119; 20. September 2001 – C-184/99 – [Grzelczyk] RN 50, Slg. 2001, I-6193.

stimmung durch Vorabentscheidung gegeben hat, nur (ganz) ausnahmsweise mit Wirkung für alle Betroffenen zeitlich beschränken.[34] **Grundlage einer solchen Beschränkung der Rückwirkung** ist der all- gemeine unionsrechtliche Grundsatz der Rechtssicherheit.[35] Eine zeitliche Beschränkung seiner Antwort kann mit Blick auf den Anwendungsvorrang des Unionsrechts und die nötige einheitliche Anwendung in den Mitgliedstaaten nur der EuGH selbst in dem Urteil vornehmen, das über die erbetene Auslegung entscheidet.[36] Unionsrechtlicher Vertrauensschutz setzt die Gefahr schwerwiegender wirtschaftlicher Störungen bei Anwendung der vom EuGH vorgenommenen Auslegung des Unionsrechts auf vergangene Vorgänge voraus.[37] Schwerwiegende wirtschaftliche Konsequenzen können insbesondere aus einer großen Zahl von Rechtsverhältnissen herrühren, die „gutgläubig" auf der Grundlage der als gültig betrachteten Regelung eingegangen worden waren. Vor der Vorabentscheidung muss darüber hinaus eine objektive und bedeutende Unsicherheit hinsichtlich der Tragweite der fraglichen Bestimmung des Unionsrechts bestanden haben, die einzelne Unionsbürger und andere nationale Rechtspersönlichkeiten zu einem mit der Unionsregelung unvereinbaren Verhalten veranlasste.[38] Äußert sich der EuGH nicht zu der Frage der Rückwirkung oder zeitlichen Begrenzung seiner Antwort, schließt er damit inzident unionsrechtlichen Vertrauensschutz aus. Anderes gilt nur, wenn das vorlegende Gericht den Gerichtshof ausdrücklich nach einer möglichen zeitlichen Begrenzung seiner Antwort gefragt hat.[39] Die Frage, ob das innerstaatliche Gericht ohne eine solche Beschränkung des EuGH auf der Grundlage nationalen Rechts Vertrauensschutz annehmen darf, ist noch nicht abschließend geklärt.

Der EuGH hebt hervor, die Pflicht des nationalen Gerichts zur unions-rechtskonformen Auslegung werde **durch die allgemeinen Rechtsgrundsätze, insbesondere**

---

[34] Für die st. Rspr. 12. Februar 2009 – C-138/07 – [Cobelfret] Rn. 68, EuZW 2009, 329; 15. März 2005 – C-209/03 – [Bidar] Rn. 67, a.a.O.

[35] EuGH, Urteil vom 12. Februar 2009 – C-138/07 – [Cobelfret] Rn. 68, EuZW 2009, 329; 15. März 2005 -C-209/03 – [Bidar] Rn. 67, Slg. 2005, I-2119.

[36] Vgl. z. B. EuGH, Urteil vom 1. April 2008 – C-267/06 – [Maruko] RN 77, Slg. 2008, I-1757; 15. März 2005 – C-209/03 – [Bidar] RN 64 ff.

[37] Vgl. nur EuGH, Urteil vom 1. April 2008 – C-267/06 – [Maruko] RN 77, Slg. 2008, I-1757; 15. März 2005 – C-209/03 – [Bidar] RN 68 f., Slg. 2005, I-2119.

[38] Vgl. EuGH, Urteil vom 15. März 2005 – C-209/03 – [Bidar] Rn. 69, aaO; 20. September 2001 – C-184/99 – [Grzelczyk] RN 53, Slg. 2001, I-6193; zu den Voraussetzungen unionsrechtlichen Vertrauensschutzes Abele RdA 2009, 312, 317; Riesenhuber, Anm. AP KSchG 1969 § 17 Nr. 21; Schlachter, RdA 2009, Sonderbeilage Heft 5, 31, 35; Wissmann, FS Bauer S. 1161, 1163.

[39] Vgl. Riesenhuber, Anm. AP KSchG 1969 § 17 Nr. 21; Wissmann, FS Bauer S. 1161, 1164; zu ausdrücklich angefragten zeitlichen Begrenzungen z. B. EuGH, Urteil vom 12. Februar 2009 – C-138/07 – [Cobelfret] Rn. 66 ff., EuZW 2009, 329; 15. März 2005 – C-209/03 – [Bidar] RN 64 ff., Slg. 2005, I-2119.

den **Grundsatz der Rechtssicherheit und das Rückwirkungsverbot begrenzt.**[40] Er sei nicht befugt, über die Auslegung innerstaatlicher Rechtsvorschriften zu entscheiden.[41] Das Bundesarbeitsgericht unterscheidet in der Frage nationalen Vertrauensschutzes zwischen Primär- und Sekundärrecht.[42/43]
Der von Art. 7 der Arbeitszeitrichtlinie verbürgte Mindestjahresurlaubsanspruch beruht nicht auf Primärrecht. Der EuGH hat stets hervorgehoben, dass der Anspruch jedes Arbeitnehmers auf bezahlten Jahresurlaub ein besonders bedeutsamer Grundsatz des Sozialrechts der Gemeinschaft (heute: Union) sei.[44] Der Gerichtshof hat diesen Grundsatz jedoch nicht auf die Verträge, sondern auf das sekundäre Unions-

---

[40] Vgl. Urteil vom 16. Juli 2009 – C-12/08 – [Mono Car Styling] RN 61, EzA EG-Vertrag 1999 Richtlinie 98/59 Nr. 2; 4. Juli 2006 – C-212/04 – [Adeneler] RN 110, Slg. 2006, I-6057; 8. Oktober 1987 – Rechtssache 80/86 – [Kolpinghuis Nijmegen] RN 13, Slg. 1987, 3969.

[41] 26. Oktober 2006 – C-4/05 -[Güzeli] RN36, Slg. 2006, I-10279.

[42] Vgl. dazu Wissmann, FS Bauer, S. 1161, 1164 ff., Der Siebte Senat des BAG nimmt an, für die zeitliche Begrenzung der Unanwendbarkeit einer gegen das Primärrecht der Gemeinschaft (heute: Union) verstoßenden nationalen Norm sei allein der EuGH zuständig (vgl. die Entscheidung vom 26. April 2006 – 7 AZR 500/04 – RN 21, 24, 28 und 40 ff., BAGE 118, 76, die nationalen Vertrauensschutz dennoch absichernd in einem zweiten Begründungsstrang in RN 48 ff. prüft und das Urteil Mangold des EuGH vom 22. November 2005 [– C-144/04 – RN 55 ff., 74 ff. Slg. 2005, I-9981] rezipiert; siehe auch EuGH 19. Januar 2010 – C-555/07 – [Kücükdeveci] RN 18 ff., 44 ff., EzA EG-Vertrag 1999 Richtlinie 2000/78 Nr. 14. Der Zweite, der Sechste und der Achte Senat **bejahen die Möglichkeit, nationalen Vertrauensschutz annehmen zu können, für Sekundärrecht auch dann, wenn der EuGH die Wirkung einer Vorabentscheidung nicht zeitlich begrenzt hat**, vgl. in der Folge der Entscheidung Junk des EuGH vom 27. Januar 2005 [– C-188/03 – RN 31 ff., 40 ff., Slg. 2005, I-885] grundlegend BAG 23. März 2006 – 2 AZR 343/05 – RN 32 ff., vor allem RN 42, BAGE 117, 281; bestätigt z. B. von 12. Juli 2007 – 2 AZR 619/05 – RN 20 ff., AP KSchG 1969 § 17 Nr. 33; 8. November 2007 – 2 AZR 554/05 – RN 27 ff., AP KSchG 1969 § 17 Nr. 28 = EzA KSchG § 1 Betriebsbedingte Kündigung Nr. 156; dem zustimmend 22. März 2007 – 6 AZR 499/05 – RN 16 ff., EzA KSchG § 17 Nr. 19; 26. Juli 2007 – 8 AZR 769/06 – RN 66 f., AP BGB § 613a Nr. 324.

[43] Das deutsche Schrifttum bejaht im Fall sekundären Unionsrechts wohl überwiegend die Möglichkeit nationalen Vertrauensschutzes in den Fortbestand einer innerstaatlichen Rspr. ohne (weitere) Anrufung des EuGH, auch wenn der Gerichtshof die Rückwirkung seiner Auslegung des Unionsrechts nicht begrenzt hat, vgl. z. B. Bauer/Arnold, Anm. AP BUrlG § 7 Nr. 39 zu 2; Höpfner, RdA 2006, 164 f.; Kamanabrou, SAE 2009, 236 f.; Schlachter, RdA 2009, Sonderbeilage Heft 5, 31, 35 f.; Sedlmeier EuZA 2010, 97 f.; Tillmanns, FS Buchner S. 885, 894 ff.; Wissmann, FS Bauer S. 1164 ff., der als Korrektiv innerstaatlichen Vertrauensschutzes einen Schadensersatzanspruch gegen den Mitgliedstaat Bundesrepublik in Betracht zieht; nationalen Vertrauensschutz nur in engen Grenzen bejahend Riesenhuber, Anm. AP KSchG 1969 § 17 Nr. 21; gegen innerstaatlichen Vertrauensschutz ohne Anrufung des EuGH etwa Abele, RdA 2009, 317; Schiek, AuR 2006, 43 f.

[44] Vgl. nur 10. September 2009 – C-277/08 – [Vicente Pereda] Rn. 18, EzA EG-Vertrag 1999 Richtlinie 2003/88 Nr. 3.

recht des Art. 7 der Arbeitszeitrichtlinie gestützt.[45] Ein Grundsatz des Unionsrechts ist nicht gleichzusetzen mit einem Unionsgrundrecht.[46] **Der Schwerbehindertenzusatzurlaub und seine Abgeltung sind nicht unionsrechtlich gewährleistet.** Art. 7 der Richtlinie 2003/88/EG verbürgt nur den Mindesturlaubsanspruch von vier Wochen und seine Abgeltung.[47] Ansprüche auf Abgeltung des Schwerbehindertenzusatzurlaubs werden nur wegen ihrer akzessorischen Bindung an den nationalen gesetzlichen Mindesturlaub von der unmittelbaren Wirkung des Art. 7 der Arbeitszeitrichtlinie gegenüber öffentlichen Arbeitgebern und der unionsrechtskonformen Fortbildung des § 7 Abs. 3 und 4 BUrlG im Verhältnis zu privaten Arbeitgebern berührt.[48]

Die Beklagte ist eine rechtsfähige Körperschaft des öffentlichen Rechts, die unter staatlicher Aufsicht steht und Dienstherrnfähigkeit i.S.v. § 2 BBG besitzt (§ 29 Abs. 1, § 90 Abs. 2a SGB IV, § 143 Abs. 1 SGB VI). Für sie wirkt Art. 7 der Arbeitszeitrichtlinie unmittelbar. **Der vom Mindesturlaub nach innerstaatlichem Recht abhängige Anspruch auf Zusatzurlaub aus § 125 Abs. 1 Satz 1 SGB IX ist deshalb bei fortdauernder Arbeitsunfähigkeit nicht nur bis zum 31. März des Folgejahres übertragbar. Die zeitliche Begrenzung des § 7 Abs. 3 Satz 3 BUrlG gilt für den Zusatzurlaubsanspruch ebenso wenig wie für den Mindesturlaub.** Die mangelnde Erfüllbarkeit des Freistellungsanspruchs ist auch kein Erfüllungshindernis für die als finanzielle „Entschädigung" zu gewährende Abgeltung (§ 7 Abs. 4 BUrlG). Das folgt aus der nationalen Bindung des Zusatzurlaubsanspruchs aus § 125 SGB IX an die unmittelbare Wirkung von Art. 7 der Arbeitszeitrichtlinie gegenüber der öffentlich-rechtlich organisierten Beklagten im Bereich des Mindesturlaubs.

Nach der st. Rspr. des EuGH kann sich der Einzelne in Fällen, in denen die Bestimmungen einer Richtlinie inhaltlich unbedingt und hinreichend genau sind, vor den nationalen Gerichten gegenüber dem Staat (und seinen Untergliederungen) auf diese Bestimmungen berufen, wenn der Mitgliedstaat die Richtlinie nicht fristgemäß

---

[45] Näher BAG, Urteil vom17. November 2009 – 9 AZR 844/08 – Rn. 18 f., DB 2010, 850; 24. März 2009 – 9 AZR 983/07 -Rn. 51, AP BUrlG § 7 Nr. 39 = EzA BUrlG § 7 Abgeltung Nr. 15.

[46] Vgl. Schlachter, RdA 2009, Sonderbeilage Heft 5, 31, 32.

[47] Ebenso LAG BerlinBrandenburg 2. Oktober 2009 – 6 Sa 1215/09 und 6 Sa 1536/09 – zu 2.2 der Gründe; Bauer/Arnold, Anm. AP BUrlG § 7 Nr. 39 zu 4; Gaul/Josten/Strauf, BB 2009, 498 f.; Rid, AuA 2010, 178; Rummel, AuR 2009, 217; Sedlmeier, EuZA 2010, 98 f.; Subatzus, DB 2009, 512; wohl auch Genenger, Anm. LAGE BUrlG § 7 Abgeltung Nr. 22 zu IV 1 c; zu der Reichweite von Art. 7 der Arbeitszeitrichtlinien. **§ 125 SGB IX soll auch kein anderes Unionsrecht umsetzen**, ArbG Berlin 22. April 2009 – 56 Ca 21280/08, NZA-RR 2009, 411.

[48] Vgl. zu der für den Mindesturlaub im Privatrechtsverkehr vorgenommenen Rechtsfortbildung BAG, Urteil vom 24. März 2009 – 9 AZR 983/07 –RN 57 ff., AP BUrlG § 7 Nr. 39 = EzA BUrlG § 7 Abgeltung Nr. 15.

oder nur unzulänglich in das nationale Recht umgesetzt hat.[49] In Rechtsstreitigkeiten zwischen Privaten können Richtlinien dagegen nicht selbst Verpflichtungen für einen Einzelnen begründen. Einer Privatperson gegenüber kann sich niemand auf die Richtlinie als solche berufen.[50] **Richtlinien sind an die Mitgliedstaaten und nicht an private Rechtssubjekte gerichtet. Die Mitgliedstaaten haben die Richtlinienziele nach Art. 288 Abs. 3 AEUV umzusetzen.** Sogar eine klare, genaue und unbedingte Richtlinienbestimmung, mit der dem Einzelnen Rechte gewährt oder Verpflichtungen auferlegt werden sollen, ist zwischen Privaten nicht anwendbar.[51] Art. 7 der Arbeitszeitrichtlinie ist hinreichend klar, genau und unbedingt und wirkt damit unmittelbar gegenüber der öffentlich-rechtlich organisierten Beklagten. Art. 7 Abs. 1 der Richtlinie 2003/88/EG gibt den Mitgliedstaaten einen Mindestjahresurlaub von vier Wochen vor. Der **zweite Absatz der Bestimmung sichert den Urlaubsanspruch für den Fall der Beendigung des Arbeitsverhältnisses.** Der Urlaub darf nur dann durch eine finanzielle Vergütung ersetzt werden.

Der EuGH verdeutlicht die Klarheit und Exaktheit der Regelungen, indem er den Urlaubsanspruch in der Sache Schultz-Hoff nicht nur als vom Unionsrecht gewährleisteten Anspruch, sondern als „von der Richtlinie unmittelbar gewährtes soziales Recht" und sich „unmittelbar aus der Richtlinie ergebenden Anspruch" bezeichnet.[52] So weit gingen frühere Entscheidungen nicht. Der Gerichtshof betonte jedoch schon im ersten zu Art. 7 der ursprünglichen Arbeitszeitrichtlinie 93/104/EG ergangenen Urteil BECTU die „klare und bestimmte Verpflichtung der Mitgliedstaaten", die erforderlichen Maßnahmen zu treffen, damit jeder Arbeitnehmer einen bezahlten Mindestjahresurlaub von vier Wochen erhalte.[53] In der Entscheidung Robinson-Steele hob er den zwingenden Charakter des Anspruchs auf Jahresurlaub und das Erfordernis hervor, die praktische Wirksamkeit von Art. 7 der Arbeitszeitrichtlinie zu gewährleisten. Der unmittelbaren Wirkung von Art. 7 Abs. 1 der Arbeitszeitrichtlinie gegenüber der öffentlich-rechtlich strukturierten Beklagten steht nicht entgegen, dass der Anspruch an die „Bedingungen für die Inanspruchnahme und die Gewährung" gebunden wird, „die in den einzelstaatlichen Rechtsvorschriften und/ oder nach den einzelstaatlichen Gepflogenheiten vorgesehen sind". Die Bestimmung

---

[49] Vgl. z. B. 12. Februar 2009 – C-138/07 – [Cobelfret] RN 58, EuZW 2009, 329; Riesenhuber Europäisches Arbeitsrecht § 1 RN 70.
[50] Vgl. für die st. Rspr. EuGH 19. Januar 2010 – C-555/07 – [Kücükdeveci] RN 46, EzA EG-Vertrag 1999 Richtlinie 2000/78 Nr. 14.
[51] Vgl. nur EuGH 16. Juli 2009 – C-12/08 – [Mono Car Styling] RN 59, EzA EG-Vertrag 1999 Richtlinie 98/59 Nr. 2.
[52] 20. Januar 2009 – C-350/06 und C-520/06 – RN 45 f., AP Richtlinie 2003/88/EG Nr. 1 = EzA EG-Vertrag 1999 Richtlinie 2003/88 Nr. 1.
[53] 26. Juni 2001 – C-173/99 – RN 34, Slg. 2002, I-4881.

wird damit nicht inhaltlich bedingt iSd. Rspr. des EuGH. Sie wirkt gegenüber der Untergliederung eines Mitgliedstaats gleichwohl unmittelbar. Die Mitgliedstaaten dürfen nach der verbindlichen Auslegung des Art. 7 Abs. 1 der Arbeitszeitrichtlinie durch den EuGH nicht vorsehen, dass der Mindestjahresurlaubsanspruch erlischt, wenn der Arbeitnehmer bis zum Ende des Übertragungszeitraums erkrankt und deshalb arbeitsunfähig ist.[54] Der Zusatzurlaubsanspruch nimmt durch seine nationale Akzessorietät an der unmittelbaren Wirkung von Art. 7 der Arbeitszeitrichtlinie gegenüber der öffentlich-rechtlich organisierten Beklagten teil. Selbst wenn die Beklagte entgegen der Ansicht des Senats nicht als Untergliederung des Mitgliedstaats Bundesrepublik eingeordnet oder Art. 7 der Arbeitszeitrichtlinie für unbestimmt oder bedingt gehalten wird, kann sich die Beklagte nicht auf Vertrauensschutz berufen. **Für private Arbeitgeber wirkt Art. 7 der Arbeitszeitrichtlinie zwar nicht unmittelbar.** Ihr mögliches Vertrauen auf den Fortbestand der früheren st. Rspr. ist seit dem 24. November 1996 aber nicht länger schutzwürdig. Die Grundlage des Vertrauens auf die Fortdauer der früheren Senatsrechtsprechung, die den Verfall von Urlaubs(-abgeltungs)ansprüchen bei Arbeitsunfähigkeit bis zum Ende des Übertragungszeitraums annahm, war nach Ablauf der Umsetzungsfrist für die erste Arbeitszeitrichtlinie 93/104/EG.[55] am 23. November 1996 zerstört. Das gilt auch für den nach innerstaatlichem Recht an den Mindesturlaub gebundenen Anspruch auf Schwerbehindertenzusatzurlaub und seine Abgeltung.

Die Bundesrepublik nutzte die Möglichkeit einer Übergangszeit über die Umsetzungsfrist hinaus nach Art. 18 Abs. 1 Buchst. b i ii der Richtlinie 93/104/EG nicht. Sie setzte die Vorgabe eines vierwöchigen Mindestjahresurlaubs durch Art. 7 der ersten Arbeitszeitrichtlinie mit Art. 2 des Arbeitszeitrechtsgesetzes vom 6. Juni 1994 um.[56] Art. 2 ArbZRG trat am 1. Januar 1995 in Kraft.[57] Das BAG geht davon aus, dass nationaler Vertrauensschutz vor Ansprüchen, die das sekundäre Unionsrecht gewährleistet, im Privatrechtsverkehr auch ohne weitere Vorlage nach Art. 267 Abs. 3 AEUV angenommen werden darf, obwohl der EuGH die Wirkung der Vorabentscheidung SchultzHoff auf der Grundlage des Unionsrechts nicht zeitlich begrenzt hat.[58] Die innerstaatlichen Gerichte sind als Teil der Staatsgewalt an das Rechtsstaatsprinzip des Art. 20 Abs. 3 GG gebunden. Sie haben den Grundsatz des

---

[54] Vgl. 20. Januar 2009 – C-350/06 und C-520/06 – [Schultz-Hoff] RN 48, AP Richtlinie 2003/88/ EG Nr. 1 = EzA EG-Vertrag 1999 Richtlinie 2003/88 Nr. 1.
[55] ABl. EG 1993 Nr. L 307 vom 13. Dezember 1993 S.18.
[56] ArbZRG, BGBl. I S. 1170.
[57] Vgl. zur Gesetzesgeschichte Dörner, in ErfK, § 3 BUrlG RN 1; AnwK-ArbR/Düwell, 2. Aufl. § 3 BUrlG RN 1.
[58] 20. Januar 2009 – C-350/06 und C-520/06 – AP Richtlinie 2003/88/EG Nr. 1 = EzA EG-Vertrag 1999 Richtlinie 2003/88 Nr. 1.

Vertrauensschutzes zu beachten. Der EuGH berücksichtigt solche nationalen rechtlichen Bindungen selbst. Er betont, die Pflicht der einzelstaatlichen Gerichte zur unionsrechtskonformen Auslegung werde durch die allgemeinen Rechtsgrundsätze, insbesondere den Grundsatz der **Rechtssicherheit und das Rückwirkungsverbot** begrenzt.[59] Die Frage des Vertrauensschutzes ist daher anhand der innerstaatlichen verfassungsrechtlichen Vorgaben zu beantworten. Es verstößt nicht als solches gegen Art. 20 Abs. 3 GG, eine in der Rechtsprechung bislang vertretene Gesetzesauslegung aufzugeben. Höchstrichterliche Urteile sind kein Gesetzesrecht und erzeugen keine vergleichbare Rechtsbindung. Die über den Einzelfall hinausreichende Wirkung fachgerichtlicher Gesetzesauslegung beruht nur auf der Überzeugungskraft ihrer Gründe sowie der Autorität und den Kompetenzen des Gerichts. Ein Gericht kann deshalb von seiner bisherigen Rechtsprechung abweichen, auch wenn keine wesentlichen Änderungen der Verhältnisse oder der allgemeinen Anschauungen eintreten. Es muss jedoch den im Rechtsstaatsprinzip verankerten Grundsatz des Vertrauensschutzes beachten und ihm erforderlichenfalls durch Billigkeitserwägungen Rechnung tragen. Eine Änderung der höchstrichterlichen Rechtsprechung ist grundsätzlich unbedenklich, wenn sie hinreichend begründet ist und sich im Rahmen einer vorhersehbaren Entwicklung hält.[60] Die langjährige Rspr. der Urlaubssenate des Bundesarbeitsgerichts, die seit 1982 vom Verfall von Urlaubs(-abgeltungs)ansprüchen bei fortdauernder Arbeitsunfähigkeit bis zum Ende des Übertragungszeitraums ausging, war zwar geeignet, Vertrauen der Arbeitgeberseite auf die Fortdauer dieser Rspr. zu begründen.[61] Die Vertrauensgrundlage entfiel aber mit Ablauf der Umsetzungsfrist für die erste Arbeitszeitrichtlinie 93/104/EG am 23. November 1996. Seit dem 24. November 1996 war das Vertrauen von Arbeitgebern auf den

---

[59] Vgl. 16. Juli 2009 – C-12/08 – [Mono Car Styling] Rn. 61, EzA EG-Vertrag 1999 Richtlinie 98/59 Nr. 2; 4. Juli 2006 – C-212/04 – [Adeneler] Rn. 110, Slg. 2006, I-6057; 8. Oktober 1987 – Rechtssache 80/86 – [Kolpinghuis Nijmegen] Rn. 13, Slg. 1987, 3969; zu der ausschließlichen Auslegungskompetenz der nationalen Gerichte für einzelstaatliche Rechtsvorschriften 26. Oktober 2006 – C-4/05 – [Güzeli] Rn. 36, Slg. 2006, I-10279.

[60] Vgl. für die st. Rspr. BVerfG 15. Januar 2009 – 2 BvR 2044/07 – RN 85, BVerfGE 122, 248; 26. Juni 1991 – 1 BvR 779/85, BVerfGE 84, 212; 14. Januar 1987 – 1 BvR 1052/79, BVerfGE 74, 129; siehe auch BAG, Urteil vom 23. März 2006 – 2 AZR 343/05 – RN 33, BAGE 117, 281; kritisch gegenüber einem nur deduktiven Rechtsprechungsverständnis i. S. reiner Rechtserkenntnis Buchner, Gedächtnisschrift R. Dietz S. 175, 184 ff., der die dezisionistischen und damit rechtsetzenden Züge von Rspr. insbesondere bei Gesetzeslücken und Generalklauseln hervorhebt; ihm zustimmend Tillmanns, FS Buchner S. 886 f.; für höchstrichterliche Rspr. ähnlich Höpfner, RdA 2006, 158, 161 ff.; derselbe NZA 2008, 92; derselbe NZA 2009, 421.

[61] Zu der Aufgabe der früheren Rspr., die keinen Verfall angenommen hatte, grundlegend 13. Mai 1982 – 6 AZR 360/80 – zu II 2 bis 4 der Gründe, BAGE 39, 53.

Fortbestand der bisherigen Rspr. nicht länger schutzwürdig.[62] **Das Unionsrecht bindet die nationale Rechtsanwendung grundsätzlich mit seinem Inkrafttreten.** Für Richtlinien gilt das *(spätestens)* mit Ablauf der Umsetzungsfrist. Die einzelstaatlichen Gerichte sind ab diesem Zeitpunkt verpflichtet, das innerstaatliche Recht richtlinienkonform auszulegen oder fortzubilden, um das in der Richtlinie festgelegte Ziel zu erreichen und damit Art. 288 Abs. 3 AEUV zu genügen.[63] Eine Rechtsfortbildung ist unionsrechtlich geboten, wenn die nationale Methodenlehre dieses Instrument kennt.

Nationaler Vertrauensschutz in eine bestehende, vom Richtlinienrecht abweichende nationale Rspr. ist im Privatrechtsverkehr ausnahmsweise anzuerkennen, wenn das einzelstaatliche Recht der richtlinienkonformen Rechtsbindung Grenzen setzt. In diesem Fall kann sich der nationale Vertrauensschutz durchsetzen.[64] Dieses seltene und nur ausnahmsweise anzunehmende Ergebnis wird von der Rspr. des EuGH anerkannt.[65] Die **Ermittlung nationalen Vertrauensschutzes** muss ebenso wie die richtlinienkonforme Rechtsfindung den grundsätzlichen Durchsetzungsanspruch des Unionsrechts beachten. Das System mehrerer rechtlicher Ebenen, die von Unionsrecht und nationalem Recht gebildet werden, ist dem Grundgesetz nicht fremd. Zu Gesetz und Recht, die die innerstaatliche Rspr. nach Art. 20 Abs. 3 GG binden, gehören die unionsrechtlichen Richtlinienvorgaben. Auch das Inkrafttreten einer Richtlinie ist ein vertrauensbegründender Umstand. Der durch die Richtlinie Begünstigte kann sich auf die richtlinienkonforme Auslegung oder Fortbildung des nationalen Rechts verlassen, obwohl die Richtlinie zwischen Privaten nicht unmittelbar wirkt.[66] Für die Schutzwürdigkeit des Vertrauens auf eine bisherige richtlinienwidrige nationale Rspr. **kommt es in dem Mehrebenensystem von Unionsrecht und einzelstaatlichem Recht nicht (nur) darauf an, ob sich die Rechtsunterworfenen überwiegend auf die innerstaatliche Rechtsanwendung verlassen.** Die Durchsetzung des Unionsrechts ist in gleichwertiger Weise

---

[62] Zu der nötigen zweistufigen Prüfung nach Vertrauensgrundlage und Schutzwürdigkeit des Vertrauens z. B. Höpfner, RdA 2006, 157 ff.; Löwisch, FS Arbeitsgerichtsbarkeit S. 601, 607 ff.; Tillmanns, FS Buchner S. 894 ff.

[63] Vgl. z. B. EuGH, Urteil vom 16. Juli 2009 – C-12/08 – [Mono Car Styling] RN 60, EzA EG-Vertrag 1999 Richtlinie 98/59 Nr. 2.

[64] Vgl. Riesenhuber, Anm. AP KSchG 1969 § 17 Nr. 21.

[65] Vgl. 16. Juli 2009 – C-12/08 – [Mono Car Styling] RN 61, EzA EG-Vertrag 1999 Richtlinie 98/59 Nr. 2; 26. Oktober 2006 – C-4/05 – [Güze-li] RN 36, Slg. 2006, I-10279; 4. Juli 2006 – C-212/04 – [Adeneler] RN 110, Slg. 2006, I-6057; 8. Oktober 1987 – Rechtssache 80/86 – [Kolpinghuis Nijmegen] RN 13, Slg. 1987, 3969; siehe auch die Schlussanträge der Generalanwältin Stix-Hackl vom 14. März 2006 in der Sache – C-475/03 – [Banca Popolare di Cremona] RN 147.

[66] Vgl. Riesenhuber, Anm. AP KSchG 1969 § 17 Nr. 21.

sicherzustellen wie die Durchsetzung des einzelstaatlichen Rechts (sog. Äquivalenzgrundsatz). Das bedeutet, dass das Vertrauen auf die Durchsetzung unionsrechtlich gewährleisteter Rechte ebenso zu schützen ist wie das Vertrauen auf die Beständigkeit nationaler Rechtsanwendung. Die unionsrechtlich verbürgten Rechte dürfen im Ergebnis nicht leer laufen (sog. Effektivitätsgrundsatz). Das Unionsrecht verlangt der nationalen Methodenlehre daher ab, **seine Durchsetzung so weit wie möglich sicherzustellen.**[67]

Damit kommt es nicht zu einer „verkappten" unmittelbaren Wirkung von Richtlinien im Privatrechtsverkehr. Vielmehr ist schützenswertes Vertrauen auf eine einzelstaatliche richtlinienwidrige st. Rspr. wegen der Mehrgliedrigkeit von Unionsrecht und innerstaatlichem Recht nur ausnahmsweise anzunehmen. Nationaler Vertrauensschutz setzt besondere Umstände voraus. Die richtlinienwidrige Rechtsfindung darf nur im Ausnahmefall fortgesetzt werden.

Die nötigen besonderen Umstände für innerstaatlichen Vertrauensschutz waren seit dem Ende der Umsetzungsfrist für die erste Arbeitszeitrichtlinie 93/104/EG am 23. November 1996 nicht länger gegeben.

Das BAG hat in seiner Entscheidung vom 24. März 2009[68] für die Abgeltung des gesetzlichen Mindesturlaubs angenommen, jedenfalls ab Bekanntwerden des Vorabentscheidungsersuchens des Landesarbeitsgerichts Düsseldorf in der Sache Schultz-Hoff vom 2. August 2006[69] sei eine Zäsur in der Rechtsentwicklung eingetreten. Zumindest seit diesem Zeitpunkt habe es sich im Rahmen einer vorhersehbaren Entwicklung gehalten, dass eine richtlinienkonforme Auslegung oder Fortbildung von § 7 Abs. 3 und 4 BUrlG vorzunehmen sein würde. Der Senat konnte in der Entscheidung vom 24. März 2009 offenlassen, ob Arbeitgeber vor Bekanntwerden des Vorabentscheidungsersuchens in der Sache Schultz-Hoff bei fortdauernder Arbeitsunfähigkeit bis zum Ende des Übertragungszeitraums berechtigt auf den Verfall von Urlaubsabgeltungsansprüchen vertrauen durften. Die Ansprüche der Klägerin dieses Rechtsstreits waren bei Bekanntwerden der Vorlage auch nach der früheren Auslegung von § 7 Abs. 3 und 4 BUrlG durch den Senat noch nicht verfallen.

Die Vertrauensschutzerwägungen des BAG im Urteil vom 24. März 2009[70] sind im Schrifttum auf scharfe Kritik gestoßen.[71] Beanstandet wird insbesondere die

---

[67] Vl. Riesenhuber, Anm. AP KSchG 1969 § 17 Nr. 21.
[68] 9 AZR 983/07 – RN 73 ff., AP BUrlG § 7 Nr. 39 = EzA BUrlG § 7 Abgeltung Nr. 15.
[69] 12 Sa 486/06 -LAGE BUrlG § 7 Nr. 43.
[70] 9 AZR 983/07 – RN 73 ff., AP BUrlG § 7 Nr. 39 = EzA BUrlG § 7 Abgeltung Nr. 15.
[71] Fr Vertrauensschutz Bauer/Arnold, NJW 2009, 631, 633 f.; dieselben Anm. AP BUrlG § 7 Nr. 39 zu 2; Gaul/Bonanni/Ludwig, DB 2009, 1013 f., 1017; Kock, BB 2009, 1181; Krieger/Arnold, NZA 2009, 530, 531 f.; von Steinau-Steinrück/Mosch, NJW-Spezial 2009, 338 f.; im Ergebnis offen gelassen, aber wohl für Vertrauensschutz Genenger LAGE BUrlG § 7 Abgeltung Nr. 22 zu IV

zeitliche Anknüpfung an das Bekanntwerden des Vorabentscheidungsersuchens.[72] Die Kritiker meinen, sie widerspreche der Vorgehensweise des Zweiten, des Sechsten und des Achten Senats in der Folge der Entscheidung Junk des EuGH vom 27. Januar 2005[73] Dort wurde Vertrauensschutz angenommen und nicht an das Bekanntwerden des Vorabentscheidungsersuchens oder der Schlussanträge des Generalanwalts angeknüpft.

Die Sachverhaltsgestaltungen, die den Junk-Folgeentscheidungen und der Rezeption des EuGH-Urteils in der Sache Schultz-Hoff vom 20. Januar 2009[74] zugrunde liegen, sind nicht vergleichbar.[75] Für die Schutzwürdigkeit ihres Vertrauens spricht nur, dass das BAG über das Ende der Umsetzungsfrist für die ursprüngliche Arbeitszeitrichtlinie hinaus an seiner Rspr. zum Verfall von Urlaubs(-abgeltungs)ansprüchen bei Arbeitsunfähigkeit festhielt.[76] Die Umstände, die für die Schutzwürdigkeit des Vertrauens des Klägers auf die richtlinienkonforme Fortbildung von § 7 Abs. 3 und 4 BUrlG sprechen, überwiegen gegenüber diesem einzigen, für die Beklagte sprechenden vertrauensbegründenden Moment.

Nach Ablauf der Umsetzungsfrist für die erste Arbeitszeitrichtlinie 93/104/EG am 23. November 1996 standen sich im rechtlichen Mehrebenensystem der Europäischen Gemeinschaften (heute: der Europäischen Union) die Deutungshoheit des EuGH für Art. 7 der Arbeitszeitrichtlinie und die Interpretationskompetenz des Bundesarbeitsgerichts für das Bundesurlaubsgesetz gegenüber. Insofern unterscheidet sich der Streitfall von der geänderten Rspr. des Vierten Senats zu sog. Gleichstellungsabreden.[77] Die Ankündigung einer Rechtsprechungsänderung für das natio-

---

2; Picker, ZTR 2009,230, 235 f.; offengelassen von Kamanabrou, SAE 2009, 121, 127 und SAE 2009, 233, 236 f.; gegen Vertrauensschutz Abele, RdA 2009, 312, 317; Kohte/Beetz, jurisPR-ArbR 25/2009 Anm. 1 zu B 5 aE; Rumme,l AuR 2009, 217 f.; Schlachter, RdA 2009 Sonderbeilage Heft 5, 31, 35 f., die einen zeitlich unbegrenzten Ausschluss von Vertrauensschutz erwägt.

[72] Abele, RdA 2009, 312, 317; Kock, BB 2009, 1181; Krieger/Arnold, NZA 2009, 530, 531 f.; Sedlmeier, EuZA 2010, 97 f.

[73] C-188/03 – Slg. 2005, I-885, zur Massenentlassungsanzeige nach § 17 Abs. 1 KSchG. grundlegend BAG 23. März 2006 – 2 AZR 343/05 – RN 32 ff., BAGE 117, 281; bestätigt z. B. von 12. Juli 2007 – 2 AZR 619/05 – RN 20 ff., AP KSchG 1969 § 17 Nr. 33; 8. November 2007 2 AZR 554/05 – RN 27 ff., AP KSchG 1969 § 17 Nr. 28 = EzA KSchG § 1 Betriebsbedingte Kündigung Nr. 156; dem zustimmend 22. März 2007 – 6 AZR 499/05 – Rn. 16 ff., EzA KSchG § 17 Nr. 19; 26. Juli 2007 – 8 AZR 769/06 -RN 66 f., AP BGB § 613a Nr. 324.

[74] C-350/06 und C-520/06 – AP Richtlinie 2003/88/EG Nr. 1 = EzA EG-Vertrag 1999 Richtlinie 2003/88 Nr. 1) durch die Entscheidung des Senats vom 24. März 2009 (– 9 AZR 983/07 – RN 73 ff., AP BUrlG § 7 Nr. 39 = EzA BUrlG § 7 Abgeltung Nr. 15.

[75] Ebenso LAG Berlin-Brandenburg 2. Dezember 2009 – 17 Sa 621/09 – zu II 2 d bb (2) (b) der Gründe.

[76] Vgl. etwa 11. April 2006 – 9 AZR 523/05 – RN 24, AP BUrlG § 7 Übertragung Nr. 28 = EzA BUrlG § 7 Nr. 116; 7. September 2004 – 9 AZR 587/03, EzA BUrlG § 7 Abgeltung Nr. 12.

[77] Vgl. BAG, Urteil vom 21. Oktober 2009 – 4 AZR 396/08 – RN 17.

nale Recht auf der Grundlage des Richtlinienrechts kommt hier schon im Hinblick auf die Auslegungskompetenz des EuGH für das Unionsrecht nicht in Betracht. Wegen der innerstaatlichen Bindung des Schwerbehindertenzusatzurlaubs aus § 125 SGB IX an den Mindesturlaubsanspruch scheidet auch für den Zusatzurlaub die Ankündigung einer geänderten nationalen Rspr. aus.

Mit Inkrafttreten von Art. 7 der ersten Arbeitszeitrichtlinie war unklar, ob der EuGH die frühere Auffassung des Senats, wonach Urlaubs(-abgeltungs)ansprüche bei Arbeitsunfähigkeit bis zum Ende des Übertragungszeitraums untergingen, auf der Grundlage des Richtlinienrechts teilen würde. Art. 7 der ersten Arbeitszeitrichtlinie traf nach Ablauf der Umsetzungsfrist mit dem 23. November 1996 auf eine seit über 14 Jahren bestehende Rspr. des BAG zu §§ 1, 3 Abs. 1, § 7 BUrlG. Dadurch unterschied sich die Sachlage von der Geschichte der ersten Massenentlassungsrichtlinie 75/129/EWG.[78] Art. 3 der ursprünglichen Massenentlassungsrichtlinie wurde durch § 17 KSchG in deutsches Recht umgesetzt.[79] Die nationale Rspr. zu § 17 KSchG baute von vornherein auf dem „Fundament" des Richtlinienrechts auf, während Art. 7 der Arbeitszeitrichtlinie mit einem „alten" System der Auslegung des nationalen Rechts in Einklang gebracht werden musste.

Mit Ablauf der Umsetzungsfrist für die erste Arbeitszeitrichtlinie im Jahr 1996 trat deswegen eine objektive und bedeutende Unsicherheit darin auf, wie § 7 BUrlG richtlinienkonform zu verstehen war. Der EuGH machte mit seiner ersten Entscheidung BECTU zu Art. 7 der Arbeitszeitrichtlinie seine Auslegungskompetenz für das Unionsrecht deutlich.[80] Er trat dort im Urlaubsrecht erstmals einer nationalen – britischen – Auslegung urlaubsrechtlicher Pflichten entgegen. Hinzu kommt, dass die Rspr. des Bundesarbeitsgerichts zu § 7 Abs. 3 und 4 BUrlG bei Arbeitsunfähigkeit nicht von jeher einheitlich war. Der Fünfte Senat, der vor 1982 für das Urlaubsrecht zuständig war, hatte noch angenommen, dass Urlaubsabgeltungsansprüche bei krankheitsbedingter Arbeitsunfähigkeit bis zum Ende des Übertragungszeitraums nicht verfielen.[81] Die Sachverhaltsgestaltungen, die den Junk-Folgeentscheidungen und der Schultz-Hoff-Rezeption zugrunde liegen, unterscheiden sich zudem in mehreren für die Schutzbedürftigkeit des Vertrauens der Arbeitgeberseite entscheidenden Gesichtspunkten. Diese Umstände sind in der Interessenabwägung zu berücksichtigen. **Sie schließen eine unzumutbare Härte für die Beklagte durch den Fortbestand der Ansprüche auf Abgeltung des Zusatzurlaubs aus.** Den Arbeitgeber trifft nach § 17 Abs. 1 Satz 1 KSchG die **Handlungspflicht zur Erstattung**

---

[78] ABl. EG Nr. L 48 vom 22. Februar 1975 S. 29.
[79] Wissmann, FS Bauer S. 1161 f.
[80] 26. Juni 2001 – C-173/99 – Slg. 2002, I-4881.
[81] Grundlegend BAG, Urteil vom 13. November 1969 – 5 AZR 82/69, BAGE 22, 211.

der **Massenentlassungsanzeige** gegenüber der Arbeitsverwaltung. Er muss in einer komplexen Handlungssituation darum nachsuchen, dass eine Behörde tätig wird, und damit durch aktives Tun sein Vertrauen betätigen. Der Zweite Senat differenziert in der Frage des Vertrauensschutzes selbst ausdrücklich zwischen der bloßen rechtlichen Beurteilung der Wirksamkeit eines Rechtsgeschäfts und der bereits erfolgten Ausübung eines Gestaltungsrechts. Vor der Vorabentscheidung Schultz-Hoff vom 20. Januar 2009 mussten Arbeitgeber ihr Vertrauen auf die Fortdauer der nationalen Rechtsprechung des Bundesarbeitsgerichts zum Verfall von Urlaubs- und Urlaubsabgeltungsansprüchen bei Arbeitsunfähigkeit bis zum Ende des Übertragungszeitraums dagegen nicht aktiv betätigen. Es war ihrem Einfluss entzogen, ob ein Arbeitnehmer bis zum Ende des Übertragungszeitraums arbeitsunfähig bleiben würde. Der Neunte Senat hatte sich in diesem Zusammenhang auch noch nie mit Art. 7 der Arbeitszeitrichtlinie befasst. Eine vertrauensbildende Auseinandersetzung der Rechtsprechung des BAG mit dem Unionsrecht fehlte. Es handelte sich um eine grundsätzlich neue Fragestellung.

Disziplinarische Einordnung einer Fachkraft für Arbeitssicherheit[1/2/3]

---

[1] Mit Erläuterungen von Prof. Dr. Dr. Siegfried Schwab, Mag. rer. publ. unter Mitarbeit von Diplom-Betriebswirtin (DH) Silke Schwab und Referendarin Heike Schwab.
Das ASiG regelt betriebsbezogen die Organisation der betrieblichen Sicherheit und Gesundheit. Es hilft, dass auch kleine Betriebe die geltende Pflicht, Betriebsärzte und Fachkräfte für Arbeitssicherheit zu bestellen, in die Tat umsetzen (können), Kittner/Pieper, ArbSchR § 1 ASiG – Verfestigung und Verbesserung der Organisation des betrieblichen Arbeitsschutzes zur Verbesserung der Unfallverhütung. Damit soll das gesetzgeberische Ziel, spezielles Fachwissen in Fragen der sicheren und gesundheitsgerechten Arbeitsgestaltung gerade auch in kleinen und mittleren Betrieben verwirklicht werden. Aufgabe der Fachkräfte für Betriebsärzte ist die Unterstützung des ArbG durch beratende, untersuchende, kontrollierende und sonstige verhaltensbeeinflussende Maßnahmen. Für die **Erfüllung der materiellen Arbeitsschutzpflichten** bleibt auch nach der Bestellung der Fachkräfte der ArbG verantwortlich. Bedeutsam ist insbesondere, dass das BAG der Fachkraft für Arbeitssicherheit einen unmittelbaren arbeitsvertraglichen Anspruch gegen ihren Arbeitgeber auf Umsetzung der Vorgaben des ASiG zuerkennt, soweit diese Vorgaben die Ausübung der Tätigkeit als Fachkraft für Arbeitssicherheit betreffen. Diese Rechtsprechung wird man wohl auch auf andere „Betriebsbeauftragte" wie etwa den Datenschutz- oder den Abfallbeauftragten übertragen können. Praktisch bedeutsam ist außerdem die Feststellung des BAG, dass die Fachkräfte für Arbeitssicherheit „mindestens" dem Leiter des Betriebs zu unterstellen sind und es deshalb unbedenklich sei, **sie unmittelbar im Rahmen einer Stabsstelle einer höheren Hierarchieebene, also etwa der Unternehmens- oder Konzernspitze, zu unterstellen.** Dies ermöglicht den Unternehmen ein gewisses Maß an Gestaltungsfreiheit, vgl. Merten, Beck-Fachdienst Arbeitsrecht – FD-ArbR 2010, 301030. Die Pflicht zur Bestellung von Betriebsärzten § 2 ASiG ist vom Umfang der Pflicht zur arbeitsmedizinischen und sicherheitstechnischen Betreuung abhängig. Maßgebend sind hierfür die betrieblichen Gesundheits- und Unfallgefahren, die Zahl der beschäftigten ArbN und die Zusammensetzung der ArbN bzw. die Betriebsorganisation §§ 2 Abs. 1, 5 Abs. 1 ASiG, Hamm/Faber, in HK-ArbeitsR, ASiG, RN 2. **Betriebsärzte und Fachkräfte dürfen nicht wegen ihrer betrieblichen Tätigkeit benachteiligt werden.** Sie sind weisungsfrei § 8 Abs. 1 ASiG. **Damit sie ihre Aufgabe effektiv erfüllen können, ist den Betriebsärzten bzw. Fachkräften ein unmittelbares Vortragsrecht beim ArbG eingeräumt.**

[2] BAG, Urteil vom 15.12.2009 – 9 AZR 769/08, NZA 2010, 506; vgl. auch LAG Köln, NZA-RR 2004, 319

[3] Der Arbeitsschutz umfasst den technischen und den sozialpolitischen Aufgabenbereich. Insbesondere § 3 ArbSchG ist eine zentrale Vorschrift:
§ 3 Grundpflichten des Arbeitgebers
(1) Der Arbeitgeber ist verpflichtet, die erforderlichen Maßnahmen des Arbeitsschutzes unter Berücksichtigung der Umstände zu treffen, die Sicherheit und Gesundheit der Beschäftigten bei der Arbeit beeinflussen. Er hat die Maßnahmen auf ihre Wirksamkeit zu überprüfen und er-

1. Der Arbeitgeber[4] ist gem. § 8 Abs. 2 ASiG[5] verpflichtet, im Rahmen eines Arbeitsverhältnisses beschäftigte (leitende) Fachkräfte für Arbeitssicherheit (mindestens) unmittelbar dem Leiter des Betriebs im Rahmen einer Stabsstelle fachlich und disziplinarisch zu unterstellen. Diese herausgehobene Einordnung in der betrieblichen Hierarchie gehört zu den strukturprägenden Grundsätzen des ASiG.[6]

---

forderlichenfalls sich ändernden Gegebenheiten anzupassen. Dabei hat er eine Verbesserung von Sicherheit und Gesundheitsschutz der Beschäftigten anzustreben.
(2) Zur Planung und Durchführung der Maßnahmen nach Absatz 1 hat der Arbeitgeber unter Berücksichtigung der Art der Tätigkeiten und der Zahl der Beschäftigten
1. für eine geeignete Organisation zu sorgen und die erforderlichen Mittel bereitzustellen sowie
2. Vorkehrungen zu treffen, dass die Maßnahmen erforderlichenfalls bei allen Tätigkeiten und eingebunden in die betrieblichen Führungsstrukturen beachtet werden und die Beschäftigten ihren Mitwirkungspflichten nachkommen können.
Daneben gibt es zahlreiche Verordnungen: von der ArbeitsstättenVO bis zur BetriebssicherheitsVO. Zum sozialen Arbeitsschutz gehört der individuelle Arbeitsschutz (ArbZG) und der personenbedingte Schutz für besonders gefährdete Gruppen (Mütter, Jugendliche, Heimarbeiter und Schwerbehinderte).

[4] Die **Pflichten des ASiG** zur Durchführung des Arbeitsschutzes richten sich an den ArbG und können nicht an die Fachkräfte für Arbeitssicherheit delegiert werden. Diese sollen aber Beratungs- und Unterstützungsfunktionen ausüben. Demzufolge enthält das ASiG in erster Linie auf die Durchführung des Arbeitsschutzes bezogene Verpflichtungen. Das ASiG ist die Grundlage für die wirkungsorientierte Organisation eines betriebsbezogenen Arbeitsschutzes, Kittner, u. a. § 1 RN 8.

[5] **Betriebsärzte und Fachkräfte für Arbeitssicherheit unterstehen unmittelbar dem Betriebsleiter**. Betriebsleiter kann, muss aber nicht der ArbG sein. Maßgeblich ist, dass er mit der Leitung des Betriebes betraut ist, d. h. wirtschaftlich und für Personalmaßnahmen verantwortlich ist, vgl. Aufhauser, § 8 ASiG, RN 4. Die organisatorische Einordnung in § 8 Abs. 2 ASiG verbietet nicht, dass die Fachkräfte **organisatorisch der Ebene der Unternehmensspitze** zugeordnet werden (Stabsstelle). Durch diese organisatorische Einbindung soll ein wirkungsvolles Tätigwerden durch kurze Kommunikationswege und Unabhängigkeit gegenüber betrieblichen Instanzen erreicht werden. Erforderliche Weisungen durch den Betriebsleiter können so zügig erwirkt werden. Betriebsärzte und Fachkräfte für Arbeitssicherheit sind im Rahmen ihrer fachlichen Tätigkeit weisungsfrei. In rein organisatorischen Angelegenheiten unterliegen sie dem allgemeinen Weisungsrecht § 106 GewO.

[6] Die betriebliche Umsetzung des ASiG ist mitbestimmungspflichtig. Die Auswahl eines internen oder externen Betreuermodells unterliegt der Mitbestimmung des Betriebsrates nach § 87 Abs. 1 Nr. 7 BetrVG. Betriebsärzte und Fachkräfte für Arbeitssicherheit sind mit **Zustimmung des Betriebsrates** zu bestellen und abzuberufen § 9 Abs. 3 ASiG. Das betrifft sowohl die internen wie auch die externen Fachkräfte. **Ohne Zustimmung** des Betriebsrates, der über § 9 Abs. 3 ein **vollwertiges Mitbestimmungsrecht** hat, sind die in § 9 Abs. 3 S. 1 u. 2 aufgeführten Maßnahmen **unwirksam**, Aufhauser, u. a., § 9 RN 5. Das Zustimmungsrecht des Betriebsrates bei einer beabsichtigen Abberufung besteht auch dann, wenn ein ArbG das Arbeitsverhältnis nicht fortsetzen, sondern das Beschäftigungsverhältnis beendigungskündigen will. Zwischen den Beteiligungsrechten bei Personalentscheidungen nach §§ 99, 102 BetrVG und dem Zustimmungsrecht zur Abberufung ist zu unterscheiden. Nach § 102 BetrVG ist der Betriebsrat anzuhören. Beide Beteiligungen können in demselben Schreiben erfolgen.

2. Im Bereich der öffentlichen Verwaltung ist gem. § 16 ASiG ein den Grundsätzen des ASiG gleichwertiger Arbeitsschutz zu gewährleisten. Dies beinhaltet auch das unmittelbare fachliche und disziplinarische Unterstellungsverhältnis der (leitenden) Fachkraft für Arbeitssicherheit entsprechend § 8 Abs. 2 ASiG unter den Leiter der Dienststelle oder Behörde, für die sie bestellt ist.
3. Der Arbeitgeber ist gem. § 8 Abs. 2 ASiG verpflichtet, (leitende) Fachkräfte[7] für Arbeitssicherheit (mindestens) unmittelbar dem Leiter des Betriebs zu unterstellen. Diese herausgehobene Einordnung in der betrieblichen Hierarchie dient der Stärkung des Einflusses und der Unabhängigkeit dieser Funktionsträger und gehört zu den strukturprägenden Grundsätzen des ASiG.
4. Die Verpflichtung aus § 8 Abs. 2 ASiG beinhaltet erstens die Schaffung einer Stabsstelle und zweitens die Unterstellung unter den Leiter des Betriebs in fachlicher und disziplinarischer Hinsicht, soweit die Funktion durch eigene Arbeitnehmer ausgeübt wird.
5. Im Bereich der öffentlichen Verwaltung findet zwar das ASiG keine unmittelbare Anwendung. Gem. § 16 ASiG ist dort aber ein den Grundsätzen dieses Gesetzes gleichwertiger Arbeitsschutz zu gewährleisten. Der Schutzstandard darf nicht geringer als in der Privatwirtschaft sein.
6. Aus § 16 ASiG ergibt sich für den öffentlichen Arbeitgeber die Verpflichtung, die (leitende) Fachkraft für Arbeitssicherheit entsprechend § 8 Abs. 2 ASiG sowohl fachlich als auch disziplinarisch unmittelbar dem Leiter der Dienststelle oder Behörde, für die sie bestellt ist, zu unterstellen. Dem steht das kommunale Selbstverwaltungsrecht der Gemeinden (Art. 28 Abs. 2 GG) nicht entgegen.
7. Mit der Bestellung gem. § 5 Abs. 1 ASiG bestimmen sich die Rechte und Pflichten der Fachkraft für Arbeitssicherheit aus dem Arbeitsverhältnis nach den Regelungen des ASiG, soweit diese unmittelbar deren Stellung und Tätigkeit im Betrieb betreffen. In diesem Rahmen kann die Fachkraft für Arbeitssicherheit eigene Rechte gegenüber dem Arbeitgeber geltend machen.

---

[7] Der ArbG hat Fachkräfte für Arbeitssicherheit **schriftlich**, § 126 BGB, zu bestellen und die in § 6 genannten Aufgaben zu übertragen. Maßgeblich können dabei werden
- die Betriebsart und damit für ArbN verbundene Unfall- und Gesundheitsgefahren
- die Zahl der ArbN und ihre Zusammensetzung, gemeint ist damit die Qualifikation für die Arbeitsplätze, insbesondere, ob sie selbst Gefahren erkennen, einschätzen und wirksam Abwehrmaßnahmen treffen können
- die Betriebsorganisation im Hinblick auf die Zahl der für den Arbeitsschutz Verantwortlichen und deren Fach- und Sachkunde
- die Kenntnisse und die Schulung des ArbG.

Der ArbG hat dafür zu sorgen, dass die bestellten Fachkräfte ihre Aufgaben sachgerecht erfüllen. Er muss sie bei der Erfüllung ihrer Aufgaben nachhaltig, d. h. aufgabenwirksam unterstützen. Dazu gehört auch, dass er den Fachkräften für ASi aufgabenbezogene Fortbildungen ermöglicht.

Die Parteien streiten über die organisatorische und disziplinarische Einordnung der als Sicherheitsingenieurin (**Fachkraft für Arbeitssicherheit**) beschäftigten Klägerin. Die seit 01. März 2000 bei der Beklagten beschäftigte Klägerin übt seit dem 01. Juli 2006 kraft entsprechender Bestellung als Sicherheitsingenieurin die Funktion der Fachkraft für Arbeitssicherheit bei der beklagten Landeshauptstadt aus. Seit 1999 war aufgrund Verfügung des damaligen Oberbürgermeisters der arbeitssicherheitstechnische Dienst bei der Beklagten als Stabsstelle organisatorisch unmittelbar dem Oberbürgermeister unterstellt. Im Rahmen einer Strukturreform im Jahre 2003 ist dieser dem Geschäftsbereich 1 „Zentrale Steuerung und Service" zugeordnet worden, der vom Ersten Beigeordneten geleitet wird. Innerhalb des Geschäftsbereichs erfolgte die Zuordnung zum „Servicebereich Verwaltungsmanagement".

Die Klägerin hat die Auffassung vertreten, die Funktion des Sicherheitsingenieurs gem. § 8 Abs. 2 des Gesetzes über Betriebsärzte, Sicherheitsingenieure und andere **Fachkräfte für Arbeitssicherheit (ASiG) sei fachlich und disziplinarisch unmittelbar dem Oberbürgermeister zuzuordnen.** Dies gelte gemäß § 16 ASiG auch für Gemeinden. Nur so werde den Anforderungen des ASiG im Hinblick auf die Weisungsfreiheit und die herausgehobene Stellung der Fachkraft für Arbeitssicherheit Rechnung getragen. Die Klägerin hat zuletzt beantragt, die Beklagte zu verurteilen, sie in ihrer Funktion als Fachkraft für Arbeitssicherheit im Rahmen einer Stabsstelle unmittelbar dem Oberbürgermeister zu unterstellen und festzustellen, dass diesem die Dienstaufsicht über ihre Tätigkeit zusteht.

Die Beklagte hat beantragt, die Klage abzuweisen. Sie hat die Auffassung vertreten, § 16 ASiG fordere nur die Gewährleistung eines gleichwertigen Arbeitsschutzes. Hieraus ergebe sich, dass die Unabhängigkeit der Fachkraft für Arbeitssicherheit gewährleistet sein müsse, was bei der jetzigen Anbindung der Klägerin an den Bereich „Personal" der Fall sei. Konkrete Anhaltspunkte für eine Behinderung ihrer Tätigkeit habe die Klägerin nicht vorgetragen. Die Beklagte sei im Übrigen gem. Art. 28 Abs. 2 GG im Rahmen ihrer kommunalen Selbstverwaltung frei, welche organisatorische Struktur sie wähle.

Die Klägerin hat einen Anspruch aus ihrem Arbeitsvertrag i.V.m. § 16, § 5 Abs. 1, § 8 Abs. 2 ASiG, in ihrer Funktion als Fachkraft für Arbeitssicherheit im Rahmen einer Stabsstelle unmittelbar dem Oberbürgermeister als Leiter der Dienststelle unterstellt zu werden. Diesem steht auch die Dienstaufsicht über ihre Tätigkeit zu.

Bei der Verpflichtung des Arbeitgebers, im Rahmen eines Arbeitsverhältnisses beschäftigte (leitende) Fachkräfte für Arbeitssicherheit gem. § 8 Abs. 2 ASiG unmittelbar dem Leiter des Betriebs zu unterstellen, handelt es sich um einen strukturprägenden Grundsatz dieses Gesetzes. Die **Vorschrift verpflichtet den Arbeitgeber zur Schaffung einer entsprechenden Stabsstelle** und beinhaltet die Unterstellung in fachlicher und disziplinarischer Hinsicht. Der Arbeitgeber hat gem. § 5 Abs. 1 ASiG im Rahmen der Erforderlichkeit nach den im Gesetz genannten Kriterien Fachkräfte für Arbeitssicherheit zu bestellen. Diese Verpflichtung wird regelmäßig durch Unfallverhütungsvorschriften *(UVV)* konkretisiert.[8] Solche Unfallverhütungsvorschriften dürfen die Träger der Gesetzlichen Unfallversicherung gem. § 15 Abs. 1 Satz 1 Nr. 6 SGB VII als autonomes Recht mit verbindlicher Wirkung für ihren Zuständigkeitsbereich erlassen. So trifft die UVV „Betriebsärzte, Sicherheitsingenieure und andere Fachkräfte für Arbeitssicherheit" der Unfallkasse Brandenburg unter anderem Regelungen über die von der Betriebsart abhängigen erforderlichen Einsatzzeiten der Fachkräfte für Arbeitssicherheit.[9]

Maßgeblicher Anknüpfungspunkt für die Bestellung der Fachkräfte für Arbeitssicherheit ist dabei der Betrieb, nicht das Unternehmen. Die dem Arbeitsschutz dienenden Vorschriften und Maßnahmen sollen, um einen möglichst hohen Wirkungsgrad zu erreichen, den vor Ort bestehenden besonderen Betriebsverhältnissen angepasst werden.[10] **Der Begriff des Betriebs iSd. ASiG** ist dabei grundsätzlich gleichbedeutend mit dem Betriebsbegriff des BetrVG.[11] Danach ist ein **Betrieb eine organisatorische Einheit, innerhalb derer der Arbeitgeber zusammen mit den vom ihm beschäftigten Arbeitnehmern bestimmte arbeitstechnische Zwecke fortgesetzt verfolgt.** Dazu müssen die in der Betriebsstätte vorhandenen materiellen und immateriellen Betriebsmittel zusammengefasst, geordnet und gezielt eingesetzt und die menschliche Arbeitskraft von einem einheitlichen Leitungsapparat gesteuert werden.[12] **Gesetzliche Aufgabe der Fachkräfte für Arbeitssicherheit** ist es, den Arbeitgeber beim **Arbeitsschutz und bei der Unfallverhütung** in allen Fragen der Arbeitssicherheit einschließlich der menschengerechten Gestaltung der Arbeit zu unterstützen (§ 6 Satz 1 ASiG). Sie **üben damit primär eine betriebsinterne Beratungsfunktion** aus.[13] § 8 Abs. 2 ASiG verpflichtet den Arbeitgeber, die Fachkraft für Arbeitssicherheit oder, wenn für einen Betrieb mehrere Fachkräfte für Arbeitssicherheit bestellt sind, die leitende Fachkraft für Arbeitssicherheit fachlich und diszi-

---

[8] Schmitt, SGB VII 4. Aufl. § 15 RN 4, 30.
[9] § 2 UVV GUV-V A 6/7 v. März 1975 in der Fassung v. Juni 2003, Amtlicher Anzeiger Brandenburg Nr. 9 v. 09. März 2005 S. 321.
[10] Zu UVVen: BSG, Urteil vom 1. März 1989 – 2 RU 51/88 – BSGE 65, 5.
[11] Anzinger/Bieneck, ASiG § 8 RN 32; Aufhauser, 3. Aufl. § 8 RN 5; Kliesch/Nöthlichs/Wagner, ASiG § 8 Anm. 5.2; a. A. Spinnarke/Schork Arbeitssicherheitsrecht, Stand Oktober 2009 § 1 ASiG RN 28 und § 5 RN 15: „technische Einheit", unter Hinweis auf die Möglichkeit des Zusammentreffens mehrerer Betriebsarten.
[12] BAG, Beschluss vom 07. Mai 2008 – 7 ABR 15/07 – RN 19, NZA 2009, 328.
[13] Vgl. grundsätzlich zu Rolle und Funktion der unterschiedlichen „Unternehmensbeauftragten": Rehbinder ZGR 1989, 305.

plinarisch unmittelbar dem Leiter des Betriebs zu unterstellen. Im ursprünglichen Gesetzentwurf der Bundesregierung waren Regelungen über die Stellung der Fachkräfte für Arbeitssicherheit im Betrieb nicht enthalten, sondern nur die heutigen Absätze 1 und 3 des § 8 ASiG. Im Zuge des Gesetzgebungsverfahrens ist der heutige Absatz 2 nach Beratungen im Ausschuss für Arbeit und Sozialordnung mit der Begründung eingefügt worden, diese Vorschrift solle sowohl „die Unabhängigkeit als auch den Einfluss dieser Personen stärken".[14]

Dementsprechend verpflichtet § 8 Abs. 2 ASiG den Arbeitgeber nach allgemeiner Auffassung, den Fachkräften für Arbeitssicherheit bzw. der leitenden Fachkraft für Arbeitssicherheit eine Stabsstelle zuzuweisen, die mindestens unmittelbar dem Leiter des Betriebs unterstellt ist.[15] Diese gesetzlich vorgeschriebene Zuweisung einer bestimmten Stellung innerhalb der betrieblichen Hierarchiestrukturen dient sowohl der Sicherung der fachlichen Unabhängigkeit als auch der Herausstellung der Bedeutung der Funktion der Fachkraft für Arbeitssicherheit. Ihr Einfluss als Betriebsbeauftragte zur Beratung des Arbeitgebers in Sachen des Arbeitsschutzes wird damit gestärkt.[16] Gleichzeitig wird damit ein Ausgleich dafür geschaffen, dass die Fachkräfte für Arbeitssicherheit nicht unmittelbar weisungsberechtigt gegenüber den Beschäftigten sind. Hinzu kommt, dass das System des Arbeitsschutzes in zunehmendem Maß nicht mehr (ausschließlich) auf der **Vorgabe technischer Normen** basiert, sondern das **Ziel der Sicherung und Verbesserung der Sicherheit und des Gesundheitsschutzes der Beschäftigten** (auch) über die betriebliche Implementierung von Strukturen und Verfahrensweisen erreicht werden soll. In einem kontinuierlichen Prozess sollen mögliche Gefährdungen erkannt, notwendige Maßnahmen zu deren Beseitigung ermittelt und deren Wirkung überprüft werden.[17] Geeigneten betrieblichen Strukturen mit einer entsprechend unabhängigen Stellung der beteiligten Fachkräfte für Arbeitssicherheit kommt in einem solchen Prozess besondere Bedeutung zu.

Der **direkte Zugang zum Betriebsleiter erleichtert die Kommunikation** mit demjenigen, der arbeitsschutzrechtlich gebotene Weisungen schnellstmöglich selbst bewirken und durchsetzen kann. Darüber hinaus wird durch die Herausnahme aus der Linienorganisation der Gefahr vorgebeugt, dass Vorgesetzte unterer Führungs-

---

[14] BT-Drucks. 7/1085 S. 6.
[15] LAG Köln 03. April 2003 – 10 (1) Sa 1231/02 – ZTR 2003, 520; Anzinger/Bieneck, § 8 RN 34; Aufhauser, Hk-ASiG, § 8 RN 4; Kliesch/Nöthlichs/Wagner, § 8 Anm. 5.1; Nöthlichs/Wilrich/Weber Arbeitsschutz und Arbeitssicherheit Stand Juni 2009 § 8 Anm. 6.2; Rehbinder ZGR 1989, 305, 312, 326 f.
[16] Zum leitenden Betriebsarzt: LAG Berlin 2. Februar 1998 – 9 Sa 114/97, NZA-RR 1998, 437.
[17] Vgl. beispielhaft das System der Gefährdungsbeurteilung nach §§ 5 ff. ArbSchG.

ebenen Informationen nur „gefiltert" weitergeben oder durch Anweisungen die Unabhängigkeit der Fachkräfte für Arbeitssicherheit einschränken. § 8 Abs. 2 ASiG vermeidet von vornherein solche denkbaren Konfliktlagen.[18] Eine Einordnung in eine niedrigere Hierarchieebene widerspricht daher § 8 Abs. 2 ASiG. Als unbedenklich wird hingegen allgemein die unmittelbare Unterstellung im Rahmen einer Stabsstelle auf einer höheren Hierarchieebene, regelmäßig also bei der Unternehmens- oder Konzernspitze, angesehen.[19] Mit einer solchen Einordnung wird gleichermaßen der Bedeutung der (leitenden) Fachkraft für Arbeitssicherheit Rechnung getragen und sichergestellt, dass diese ihre Funktion unabhängig ausüben kann.

Verbunden mit der Zuweisung der Stabsstelle ist bei angestellten Fachkräften für Arbeitssicherheit die Unterstellung unter den Leiter des Betriebs in disziplinarischer Hinsicht. Eine Aufspaltung des Unterstellungsverhältnisses sieht die gesetzliche Regelung nicht vor.[20] Damit wird sichergestellt, dass nicht über den Umweg disziplinarischer Anweisungen die Unabhängigkeit der Fachkräfte für Arbeitssicherheit eingeschränkt wird. Dies schließt nicht aus, dass die personalwirtschaftliche Durchführung des Arbeitsverhältnisses (wie z. B. die Bearbeitung von Urlaubsanträgen oder dergleichen) anderen Stellen übertragen wird, solange damit keine Einbindung in eine andere Organisation verbunden ist.[21] Entscheidend ist, dass der Disziplinarvorgesetzte der Leiter des Betriebs ist.

Lediglich in den Fällen, in denen eine **Fachkraft für Arbeitssicherheit daneben andere Tätigkeiten ausübt,** ist es zulässig, sie in Bezug auf diese **weitere Funktion in die Linienorganisation einzuordnen** und einem anderen Vorgesetzten zu unterstellen. Leiter des Betriebs iSd. § 8 Abs. 2 ASiG ist diejenige Person, die innerhalb des Unternehmens unmittelbar für die Führung des Betriebs verantwortlich ist, für den die (leitende) Fachkraft für Arbeitssicherheit kraft ihrer Bestellung zuständig ist. Dies muss – wie aus § 8 Abs. 3 ASiG ersichtlich ist – nicht zwingend der Arbeitgeber selbst sein. Ist eine Fachkraft für Arbeitssicherheit für mehrere eigenständige Betriebe iSd. ASiG zuständig, so ist sie mehreren Betriebsleitern unmit-

---

[18] Kohte/Faber, jurisPR-ArbR 24/2003 Anm. 5 C.
[19] Vgl. schon die Gesetzesbegründung: „mindestens unmittelbar der Leitung des Betriebes zu unterstellen" BT-Drucks. 7/1085 S. 6; Aufhauser, § 8 RN 4 f.; Kliesch/Nöthlichs/Wagner, § 8 Anm. 5.3; Nöthlichs/Wilrich/Weber, § 8 Anm. 6.2; Spinnarke/Schork, § 8 ASiG RN 43.
[20] ArbG Osnabrück 15. Juni 1993 – 3 Ca 36/93 E – AuR 1996, 29; Anzinger/Bieneck, § 8 Rn. 34; a. A. ArbG Kiel 1. Juli 1999 – ö. D. 1 Ca 2633c/98, NZA-RR 1999, 670; Spinnarke/Schork, § 8 ASiG RN 42.
[21] Vgl. LAG Köln, Urteil vom 3. April 2003 – 10 (1) Sa 1231/02 – ZTR 2003, 520; VG Münster, Urteil vom 16. Januar 2002 – 9 K 2097/99 -; Nöthlichs/Wilrich/Weber § 8 Anm. 6.2.

telbar zu unterstellen, soweit sie nicht einer übergeordneten Führungsebene unterstellt ist.

Diese Grundsätze gelten gem. § 16 ASiG auch im Bereich der öffentlichen Verwaltung. Die Fachkraft für Arbeitssicherheit oder, wenn für eine Dienststelle oder Behörde mehrere Fachkräfte für Arbeitssicherheit bestellt sind, die leitende Fachkraft für Arbeitssicherheit ist unmittelbar dem Leiter der Dienststelle oder Behörde, für die sie bestellt ist, im Rahmen einer Stabsstelle zu unterstellen. Dieser übt die Dienstaufsicht aus.

Das ASiG gilt nicht unmittelbar für die öffentliche Verwaltung. § 16 ASiG begründet aber die Verpflichtung, in Verwaltungen und Betrieben des Bundes, der Länder, der Gemeinden und der sonstigen Körperschaften, Anstalten und Stiftungen des öffentlichen Rechts einen den Grundsätzen dieses Gesetzes gleichwertigen arbeitsmedizinischen und sicherheitstechnischen Arbeitsschutz zu gewährleisten. Im Rahmen des Gesetzgebungsverfahrens ist erwogen worden, die öffentlichen Verwaltungen und Betriebe unmittelbar den für private Arbeitgeber geltenden Vorschriften des Gesetzes zu unterstellen. Im Hinblick auf die eingeschränkte Gesetzgebungskompetenz des Bundes hinsichtlich der Landesbeamten wurde dies jedoch verworfen.[22] Stattdessen sollten die öffentlichen Arbeitgeber durch die Gleichwertigkeitsklausel des § 16 ASiG verpflichtet werden, innerhalb ihres Zuständigkeitsbereichs jeweils einheitliche Regelungen unter Einbeziehung der Beamten zu schaffen. Dabei sollten den öffentlichen Arbeitgebern ausdrücklich „die gleichen Verpflichtungen wie den privaten Arbeitgebern auferlegt werden".[23] Mit der Gleichwertigkeitsklausel des § 16 ASiG hat der Gesetzgeber dem Umstand Rechnung getragen, dass Beschäftigte im öffentlichen Dienst gleichermaßen vor gesundheitlichen Gefährdungen im Arbeitsverhältnis zu schützen sind wie Beschäftigte in der Privatwirtschaft. Bezogen auf den Standard des Arbeitsschutzes wirkt sich die unterschiedliche Trägerschaft der Betriebsstätte nicht aus. **Gleichwertig** bedeutet dabei nach seinem Wortsinn nicht identisch oder gleichartig, sondern „im Wert übereinstimmend, ebenso viel wert"[24] „auf der gleichen Stufe stehend, ebenbürtig, entsprechend".[25] § 16 ASiG verlangt damit keine in jeder Beziehung gleichartige Ausgestaltung des Arbeitsschutzes im öffentlichen Dienst. Er beschränkt sich aber

---

[22] BT-Drucks. 7/1085 S. 8 f. Begr. zu § 16.
[23] BT-Drucks. 7/260 S. 16 Begr. zu § 16; näher zum Gesetzgebungsverfahren Kliesch/Nöthlichs/Wagner, § 16 Anm. 3.
[24] Wahrig, Deutsches Wörterbuch, 7. Aufl.
[25] Duden, Das Synonymwörterbuch, 4. Aufl.

auch nicht auf die Gewährleistung eines bestimmten Schutzzieles oder Ergebnisses[26] sondern verlangt ausdrücklich eine Gewährleistung nach „den Grundsätzen dieses Gesetzes". Bei der Bewertung, was als gleichwertiger Arbeitsschutz anzusehen ist, ist daher stets zu beachten, dass hinsichtlich des Inhalts der Verpflichtungen der öffentlichen Arbeitgeber kein geringerer Schutzstandard als in der Privatwirtschaft geschaffen werden sollte. Deshalb **verpflichtet § 16 ASiG die öffentliche Verwaltung, eine Regelung zu treffen,** die den in §§ 1 bis 11, 18, 19 ASiG enthaltenen Grundsätzen entspricht.[27] Dies schließt nicht aus, in Einzelheiten Anpassungen an die besonderen Strukturen des öffentlichen Dienstes vorzunehmen, solange die prägenden Grundsätze des ASiG gewahrt werden. Soweit die Unfallversicherungsträger – wie vorliegend die Unfallkasse Brandenburg – im Rahmen des § 15 SGB VII Unfallverhütungsvorschriften erlassen haben, durch die Pflichten der hieran gebundenen Mitglieder konkretisiert werden, sind diese zu beachten.

In welcher Form der öffentliche Arbeitgeber die gem. § 16 ASiG erforderlichen Regelungen trifft (Gesetz, Verordnung, Satzung, Verwaltungsanweisung, Erlass), ist hingegen **nicht vorgeschrieben.**[28] Die durch § 8 Abs. 2 ASiG bestimmte Stellung der Fachkraft für Arbeitssicherheit im Betrieb bzw. in der Dienststelle gehört zu den Grundsätzen des Gesetzes, die auch im Bereich der öffentlichen Verwaltung zu gewährleisten sind[29] Der betrieblichen Stellung der Fachkräfte für Arbeitssicherheit kommt ein strukturprägender Charakter zu. Insoweit unterscheidet sich der öffentliche Arbeitgeber nicht von dem der Privatwirtschaft. Mit der Herausnahme der Fachkräfte für Arbeitssicherheit aus der betrieblichen Hierarchie und der Betonung ihrer Eigenständigkeit im Rahmen der Beratungsfunktion für den Arbeitgeber auf der Führungsebene sollen alle Hindernisse, die sich im alltäglichen Arbeitsprozess durch die Einbindung in Hierarchien ergeben können, für den Bereich des Arbeitsschutzes beseitigt werden. Solche Hierarchien existieren – worauf das Arbeitsgericht zu Recht hingewiesen hat – im Bereich der öffentlichen Verwaltung strukturbedingt in besonderer Ausprägung. Deshalb kann auch der Auffassung des

---

[26] So aber in einem obiter dictum BVerwG, Urteil vom 25. Januar 1995 – 6 P 19.93, BVerwGE 97, 316; unklar Anzinger/Bieneck, § 16 RN 20 und 21.

[27] Anzinger/Bieneck, § 16 RN 21; Hk-ASiG/Aufhauser, § 16 RN 10; Kliesch/Nöthlichs/Wagner, § 16 Anm. 4; Nöthlichs/Wilrich/Weber, § 16 Anm. 1; Pieper Arbeitsschutzrecht 4. Aufl. ASiG RN 19.

[28] Nöthlichs/Wilrich/Weber, § 16 Anm. 1; vgl. beispielhaft: „Richtlinie zur Durchführung des Gesetzes über Betriebsärzte, Sicherheitsingenieure und andere Fachkräfte für Arbeitssicherheit in den Behörden der Landesverwaltung Sachsen-Anhalt", Gem. RdErl. v. 2. Juni 1997, MBl. LSA 1997 S. 1197.

[29] Ebenso ArbG Osnabrück, Urteil vom 15. Juni 1993 – 3 Ca 36/93 E – AuR 1996, 29; a. A. ArbG Kiel, Urteil vom 01. Juli 1999 – ö. D. 1 Ca 2633c/98, NZA-RR 1999, 670.

Landesarbeitsgerichts nicht gefolgt werden, dass es wegen der unmittelbaren Bindung der öffentlichen Verwaltung an Recht und Gesetz einer weniger formalisierten Stellung der Fachkraft für Arbeitssicherheit bedürfe. Der **Dienststellen- oder Behördenleiter im öffentlichen Dienst benötigt gleichermaßen eine geeignete Arbeitsschutzorganisation**[30] **und eine entsprechende Beratung durch die Fachkräfte für Arbeitssicherheit,** um den arbeitsschutzrechtlichen Anforderungen des § 16 ASiG gerecht zu werden.

Dementsprechend gehen auch die Träger der Gesetzlichen Unfallversicherung in den Durchführungsanweisungen zu § 1 der UVV „Betriebsärzte, Sicherheitsingenieure und andere Fachkräfte für Arbeitssicherheit" (GUV-V A 6/7) davon aus, dass ein gleichwertiger arbeitsmedizinischer und sicherheitstechnischer Arbeitsschutz dann gewährleistet ist, wenn der Unternehmer nach Maßgabe „der §§ 1 bis 11 des Arbeitssicherheitsgesetzes" Betriebsärzte und Fachkräfte für Arbeitssicherheit bestellt. Diese Durchführungsanweisungen sind zwar rechtlich für die Mitglieder der jeweiligen Unfallversicherungsträger nicht verbindlich. Sie beschreiben aber ebenso wie die sie zukünftig ersetzenden sog. BG-Regeln den Stand der Technik und des Arbeitsschutzes.[31] Im Bereich der öffentlichen Verwaltung ist als Betrieb iSd. § 8 Abs. 2 ASiG die Dienststelle oder Behörde anzusehen, für die die Fachkraft für Arbeitssicherheit bestellt ist.[32] Leiter der Dienststelle oder Behörde ist dabei derjenige, der entweder nach den einschlägigen gesetzlichen Regelungen (z. B. der Gemeindeordnungen) diese Funktion innehat oder dem aufgrund entsprechender Richtlinien diese Funktion übertragen wurde.[33] Als Arbeitnehmer beschäftigte Fachkräfte für Arbeitssicherheit haben aus ihrem Arbeitsvertrag in Verbindung mit § 5 Abs. 1 ASiG gegenüber ihrem Arbeitgeber einen Anspruch auf Einhaltung der Verpflichtungen aus dem ASiG, soweit diese ihre Stellung in der Unternehmenshierarchie und ihre Rechte und Pflichten im Zusammenhang mit ihrer Tätigkeit nach dem ASiG betreffen.

Bei den Vorschriften des ASiG handelt es sich um öffentlich-rechtliche Arbeitsschutzvorschriften, die sich zunächst an den Arbeitgeber richten. Vor diesem Hin-

---

[30] Vgl. dazu Kliesch/Nöthlichs/Wagner, § 16 Anm. 4.
[31] Bereither-Hahn/Mehrtens, Gesetzliche Unfallversicherung SGB VII Stand November 2009 § 15 Anm. 5.6, 5.7; offen gelassen von LSG Rheinland-Pfalz 20. Januar 1993 – L 3 U 168/91.
[32] Aufhauser, § 8 RN 6.
[33] Vgl. z. B. § 12 der Richtlinie für den betriebsärztlichen und sicherheitstechnischen Dienst in den Verwaltungen und Betrieben des Landes Nordrhein-Westfalen vom 23. November 1997, RdErl. d. Min. für Arbeit, Gesundheit und Soziales vom 23. November 1979 zur „Durchführung des Arbeitssicherheitsgesetzes in den Verwaltungen und Betrieben des Landes Nordrhein-Westfalen", MBl. NW Nr. 106 vom 14. Dezember 1979 S. 2458; Anzinger/Bieneck, § 8 RN 42; Spinnarke/Schork, § 16 ASiG RN 2.

tergrund ist umstritten, ob und inwieweit hieraus für die Fachkräfte für Arbeitssicherheit unmittelbar Rechte und Pflichten gegenüber dem Arbeitgeber erwachsen und worauf diese ggf. beruhen.[34] Mit der Bestellung zur Fachkraft für Arbeitssicherheit gem. § 5 Abs. 1 ASiG bestimmen sich die Rechte und Pflichten aus dem Arbeitsverhältnis auch nach den Regelungen des ASiG, soweit diese unmittelbar die Stellung und Tätigkeit der Fachkraft für Arbeitssicherheit betreffen. Grundsätzlich ist zwischen der Bestellung zur Fachkraft für Arbeitssicherheit gem. § 5 Abs. 1 ASiG und dem bestehenden Grundverhältnis (hier: Arbeitsvertrag) zu unterscheiden.[35] **Eine Bestellung nach § 5 Abs. 1 ASiG kann dabei nicht gegen den Willen der Fachkraft für Arbeitssicherheit erfolgen**, sondern bedarf derer Zustimmung.[36] Diese Zustimmung kann sich bereits aus dem Inhalt des Arbeitsvertrags ergeben, insbesondere wenn die Ausübung dieser Funktion ausdrücklich als Vertragsinhalt benannt ist. Trifft der Arbeitsvertrag hierzu keine Regelung, wird sein Inhalt durch Zustimmung zur Bestellung nach § 5 Abs. 1 ASiG dementsprechend geändert. Die Tätigkeit als Fachkraft für Arbeitssicherheit tritt – abhängig vom Tätigkeitsumfang – entweder dem bisherigen Inhalt des Arbeitsvertrags hinzu oder stellt nunmehr dessen alleinigen Inhalt dar.[37] Dementsprechend bestimmen die Regelungen des ASiG nach der Bestellung unmittelbar die Rechte und Pflichten des arbeitsvertraglichen Grundverhältnisses für Arbeitgeber und Arbeitnehmer, soweit sie die Ausübung der Tätigkeit als Fachkraft für Arbeitssicherheit betreffen.[38] In diesem Rahmen **hat die Fachkraft für Arbeitssicherheit eigene vertragliche Rechte gegenüber dem Arbeitgeber, die sie unabhängig von eventuellen aufsichtsbehördlichen Maßnahmen durchsetzen kann.**[39] Dies gilt auch für die Stellung im Betrieb gem. § 8 Abs. 2 ASiG, da durch diese Norm unmittelbar Status und Tätigkeit der Fachkraft für Arbeitssicherheit im Betrieb festgelegt werden.[40] Ausgehend von diesen Grundsätzen hat die Klägerin einen arbeitsvertraglichen Anspruch auf die direkte – auch dienstaufsichtliche – Unterstellung in Form einer Stabsstelle. Gem. § 16 ASiG gehören zur öffentlichen Verwaltung u. a. die Gemeinden. Um eine solche handelt es sich bei der

---

[34] Vgl. zum Meinungsstand Rehbinder, ZGR 1989, 305, 319 ff.
[35] Zum Datenschutzbeauftragten: BAG, Beschluss vom 22. März 1994 – 1 ABR 51/93, BAGE 76, 184; zum Gegenakt der Abberufung eines Betriebsarztes: 24. März 1988 – 2 AZR 369/87 –, BAGE 58, 69.
[36] Zum Abfallbeauftragten: BAG, Urteil vom 26. März 2009 – 2 AZR 633/07 – RN 20, AP BImSchG § 58 Nr. 2 = EzA BImSchG § 58 Nr. 2.
[37] Zum Datenschutzbeauftragten: BAG, Urteil vom 13. März 2007 – 9 AZR 612/05 – RN 21 f., BAGE 121, 369.
[38] Rehbinder, ZGR 1989, 321.
[39] Ebenso für alle „Betriebsbeauftragten": Weber, Der Betriebsbeauftragte S. 243 ff.
[40] Kohte/Faber, jurisPR-ArbR 24/2003 Anm. 5 C.

Beklagten. Die Klägerin ist bei ihr als Fachkraft für Arbeitssicherheit gem. § 16, § 5 Abs. 1 ASiG bestellt und übt diese Funktion für die Stadtverwaltung aus. Diese ist – wovon auch die Parteien übereinstimmend ausgehen – als Dienststelle i.S.v. § 16 ASiG anzusehen.

Leiter der Dienststelle im Sinne des § 16, § 8 Abs. 2 ASiG ist nach den kommunalrechtlichen Vorschriften der Oberbürgermeister. Die Klägerin ist dem Oberbürgermeister nach den obigen Grundsätzen im Rahmen einer Stabsstelle unmittelbar zu unterstellen. Diesem obliegt dabei die Dienstaufsicht über die Tätigkeit der Klägerin. Eine Zuordnung zum Geschäftsbereich des Ersten Beigeordneten, noch dazu auf untergeordneter Ebene, genügt den sich aus § 16, § 8 Abs. 2 ASiG ergebenden Anforderungen nicht.

Die Gewährleistung der **kommunalen Selbstverwaltung** durch Art. 28 Abs. 2 GG steht dem nicht entgegen. Art. 28 Abs. 2 Satz 1 GG **sichert den Gemeinden einen grundsätzlich alle Angelegenheiten der örtlichen Gemeinschaft umfassenden Aufgabenbereich sowie die Befugnis zu eigenverantwortlicher Führung der Geschäfte** in diesem Bereich zu. Zu der Befugnis eigenverantwortlicher Führung der Geschäfte gehören auch die Organisations- und Personalhoheit. Die Gewährleistung eigenverantwortlicher Aufgabenwahrnehmung besteht indes „im Rahmen der Gesetze". Dementsprechend sind auch die den Gemeinden zur Hand stehenden Organisationsbefugnisse durch die Vorgaben des Gesetzgebers gebunden. Diesem sind aber in doppelter Hinsicht Grenzen gesetzt: Zunächst setzt der Kernbereich der Selbstverwaltungsgarantie dem Gesetzgeber eine Grenze. Hiernach darf der Wesensgehalt der gemeindlichen Selbstverwaltung nicht ausgehöhlt werden. Auch im Vorfeld der Sicherung des Kernbereichs entfaltet die Gewährleistung des Art. 28 Abs. 2 Satz 1 GG aus ihrer normativen Intention, den Gemeinden die Möglichkeit eigenverantwortlicher Aufgabenwahrnehmung zu garantieren, Rechtswirkungen.[41]

---

[41] BVerfG, E. vom 26. Oktober 1994 – 2 BvR 445/91, BVerfGE 91, 228.

Kündigungsschutz vor Beginn der Elternzeit[1] und Mutterschutz[*]

---

[*] Mit Hinweisen von Prof. Dr. Dr. Siegfried Schwab unter Mitarbeit von Diplom-Betriebswirtin (DH) Silke und Referendarin Heike Schwab.
Der Kündigungsschutz gem. § 9 Abs. 1 MuSchG hat völkerrechtliche und europarechtliche Grundlagen. Die Regelung setzt das Übereinkommen der Internationalen Arbeitsorganisation über die Beschäftigung der Frauen vor und nach der Niederkunft vom 29.11.1919 um (RGBl 1927 II S. 497; Rolfs, in Ascheid/Preis/Schmidt, § 9 MuSchG, RN 44. Europarechtlich ist Art. 10 der Richtlinie 92/85 maßgebend; danach sind die Mitgliedsstaaten verpflichtet, die erforderlichen Maßnahmen zu treffen, um Kündigungen von Beginn der Schwangerschaft bis zum Ende des Mutterschaftsurlaubs zu verbieten. § 9 Abs. 1 MuSchG enthält ein **zeitlich befristetes Kündigungsverbot mit Erlaubnisvorbehalt, Schollmann, in Rancke, RN 2, das nicht disponibel ist. Die Frau kann nicht im Vorhinein auf den Kündigungsschutz verzichten.** Ein Verzicht nach Zugang der Kündigung wird demgegenüber als zulässig angesehen, vgl. Rolfs, in A/P/S, § 9 MuSchG, RN 15. Durch das weit reichende Kündigungsverbot soll der Bestand des Arbeitsverhältnisses während der Schwangerschaft und nach der Entbindung sichergestellt werden. Die schwangere Frau soll ihre Existenzgrundlage nicht wegen der Schwangerschaft verlieren. Durch den Kündigungsschutz soll verhindert werden, dass die werdende Mutter aus Sorge um ihre materielle Existenz auf ihr zustehende Rechte verzichtet bzw. in eine psychische Zwangssituation gerät, vgl. BAG, NZA 1992, 925. Rechtspolitisch ist der Kündigungsschutz ein wichtiger Teil des Frauenarbeitsschutzrechts und Beitrag zur Verbesserung der Vereinbarkeit von Familie und Beruf, Heinze, DVBl 1994, 908. Die **Kündigung ist nach § 9 MuSchG unwirksam, wenn die Schwangerschaft zur Zeit der Kündigung bekannt war oder innerhalb von zwei Wochen nach Kündigung mitgeteilt wird § 134 BGB.** Erfasst wird jede Kündigung. Der Sonderkündigungsschutz besteht **während der Schwangerschaft und bis vier Monate nach der Entbindung.** Der Zeitraum von 280 Tagen markiert die äußerste zeitliche Grenze innerhalb der eine Schwangerschaft vorliegen kann. Erfolgt der Zugang der Kündigung vor dem Zeitpunkt, greift das Kündigungsverbot des § 9 MuSchG nicht ein, vgl. Fiebig, § 9 MuSchG, RN 20. Darlegungs- und beweispflichtig für das Vorliegen der Schwangerschaft ist die ArbN. Sie genügt aber ihrer Darlegungslast durch Vorlage einer ärztlichen Bescheinigung nach § 5 Abs. 2 MuSchG. Unionsgrundrechte binden nicht nur die Institutionen der EU, sondern auch die mit der Durchführung rechtlicher Vorgaben betrauten mitgliedstaatlichen Stellen, vgl. Schmahl, EuR 2007, 11 f.; Callies, JZ 2009, 115; Augsburg, DÖV 2010, 159. Das Verhältnis des europäischen Gemeinschaftsrechts zum nationalen Recht ist so aufzulösen, dass grundsätzlich das europäische Gemeinschaftsrecht in der Normenhierarchie bei Kollisionsfällen vorrangig Anwendung findet. Das **Gemeinschaftsrecht verdrängt das nationale Recht im Kollisionsfall,** EuGH, EuZW 1998, 719; Wissmann, in ErfK, Vorbem EGV, RN 30; Schlachter, ZfA 2007, 256. **Der EuGH begründet dies mit der Funktionstüchtigkeit der Gemeinschaft.** Das BVerfG bejaht ebenfalls den Vorrang des Gemeinschaftsrechts und ein Kooperationsverhältnis zwischen BVerfG und EuGH, BVerfG, NJW 2005, 2289; NJW 2000, 3124. Zum **primären Gemeinschaftsrecht gehören auch die vom EuGH entwickelten allgemeinen Rechtsgrundsätze.** Zu ihnen gehören u. a. die rechtsstaatlich gebotene Garantie des Verwaltungsverfahrens und der Vertrauensschutz. In der

„Der gegenwärtige Reformstaat ist orientierungslos, seine Reformzyklen sind Gegenstand einer grundlegenden Schwäche."

(Karl-Heinz Ladeur)

Rechtsnormen sind aus einem kulturgebundenen kognitiven, erfolgsbezogenen Prozess entstanden, die aus einer „unentscheidbaren Frage" eine entscheidbare macht. Dieser Prozess wird durch die Entwicklungen in der Gesellschaft selbst verstärkt und fortgesetzt. Eine liberal ausgerichtete Rechtsordnung verknüpft dabei mit der Freiheit des Willens des einzelnen Individuums (Privatautonomie) auch eine kollektive Rechtsordnung. Zwischen den einzelnen Individuen wird in der liberalen-freiheitlichen Gesellschaft aufgrund der ordnungsbildenden Regeln ein Beziehungsnetzwerk verwirklicht. Aus dem kontinuierlichen Prozess entsteht durch neues Wissen. In der liberalen Zivilgesellschaft i. S. Kants oder von Hayeks wird die persönliche Freiheit jedes Individuums durch Institutionen wie Privateigentum, Vertragsfreiheit, Kapitalverkehrsfreiheit und Gewerbefreiheit geprägt.

Der Staat als Vereinigung von Menschen unter Rechtsgesetzen hat die Pflichtaufgabe, die Bedingungen zu schützen, unter denen die Willkür einzelner Individuen mit der Willkür anderer Individuen nach einem allgemeinen Gesetz der Freiheit zusammen bestehen kann.

---

[1] Mangoldt Entscheidung wurde der Schutz vor Diskriminierung über den bloßen Willkürschutz hinaus aus dem ungeschriebenen Recht auf Gleichbehandlung abgeleitet.
LAG Köln, Urteil vom 29.01.2010 – 4 Sa 943/08 (ArbG Köln 29.04.2008 – 11 Ca 902/07) BeckRS, 2010, 71758 mit Anm. Gerstner, ArbRAktuell 2010, 307141 – Das LAG Köln geht zutreffend davon aus, dass **die im Elternzeitantrag formulierte Bedingung das Verlangen nicht unwirksam macht**. Insoweit hat das BAG, NZA, 2008, 998, **die gleichzeitige Inanspruchnahme von Elternzeit und die Beantragung von Elternteilzeit für zulässig erachtet.** Gerade der Schutzzweck des § 18 BEEG, die Betreuung eines Kindes in der ersten Lebensphase durch einen Elternteil zu fördern, kann nur erreicht werden, wenn für den Fall eines bedingten Verlangens der Kündigungsschutz ebenfalls gilt. Mit der Berechnung der Acht-Wochenfrist ab dem prognostizierten Geburtstermin wird eine Schutzlücke geschlossen, denn sie verringert die Wahrscheinlichkeit, dass der Kündigungsschutz nach § 18 BEEG versagt, wenn die Entbindung später erfolgt. Anders das LAG Niedersachsen, NZA-RR 2006, 346, das § 612a BGB bei einer Kündigung heranzieht. Allerdings trägt hier der Arbeitnehmer die Beweislast der Benachteiligung wegen der Inanspruchnahme seiner Rechte. Die Kündigungssperre des § 18 BEEG erst aufzuheben, wenn dem Arbeitnehmer zuvor die Ablehnung des Teilzeitverlangens zugegangen ist, ergibt sich aus dem Schutzzweck des § 18 Abs. 1 S. 1 BEEG. Ansonsten würde das Ende des besonderen Kündigungsschutzes dem willkürlichen Entschluss des Arbeitgebers überlassen, wann er dem Arbeitnehmer die Ablehnungserklärung hinsichtlich seines Teilzeitbegehrens zukommen lasse. Der maßgebliche Zeitpunkt für den besonderen Kündigungsschutz ist der Zugang der Kündigungserklärung, vgl. Gallner, in ErfK, § 18 BEEG, RN 9.

„Die liberale Gesellschaft erneuert sich ständig selbst unter Bruch mit den Traditionen und stellt diese Anforderungen an die Bürger."

„Ein von den Möglichkeiten und Zwängen der flexiblen gesellschaftlichen Selbstorganisation abgekoppelter Sozialstaat verschärft die Selbstblockierung der Gesellschaft und damit den Reformstau."

„Der Staat trägt durch die Steigerung seiner Ausgaben und die Vermehrung seiner Aufgabenbereicht mehr zur Verschärfung als zur Lösung gesellschaftlicher Probleme bei."

(Karl-Heinz Ladeur)

1. Die Acht-Wochenfrist des § 18 BEEG berechnet sich nach dem zur Zeit des Elternzeitverlangens vom Arzt prognostizierten Entbindungstermins.[2]
2. Auch ein bedingtes Verlangen der Elternzeit[3/4] löst den Kündigungsschutz aus.[5]

---

[2] Geschützt sind alle anspruchsberechtigten ArbN einschließlich der zu ihrer Berufsbildung oder in Heimarbeit Beschäftigten und der nach § 20 Gleichgestellten, wenn sie Elternzeit bereits wirksam verlangt oder angetreten haben (§§ 15, 16). Der ArbN ist darlegungs- und beweispflichtig, dafür, dass die Voraussetzungen des § 18 BEEG erfüllt sind und der Antrag auf Elternzeit fristgerecht gestellt wurde, vgl. Gallner, RN 16.

[3] Der Sonderkündigungsschutz des § 18 BEEG setzt in **persönlicher Hinsicht einen Anspruch auf Elternzeit** voraus, vgl. Fiebig, RN 18. Dies ist in § 15 Abs. 1 S. 1 BEEG geregelt, vgl. Fiebig, § 18 BEEG, RN 3. Die **biologische Elternschaft** ist trotz der Begrifflichkeit Elternzeit nicht erforderlich. Maßgebend ist die **tatsächliche Personensorge** für das Kind. Diese Auslegung wird auch vom **primären Schutzzweck des Sonderkündigungsschutzes** getragen. Der Personenkreis ist deshalb im Vergleich zu § 9 MuSchG erweitert, Fiebig, RN 4. Auch die Großelternzeit begründet den besonderen Kündigungsschutz gemäß § 18 Abs. 2 Nr. 1, berechtigt aber im Regelfall nicht zum Bezug von Elterngeld, Ausnahme: § 1 Abs. 4 BEEG, vgl. Genenger, ZRP 2008, 181. Das gesetzliche Kündigungsverbot gilt bereits von dem Zeitpunkt an, zu dem Elternzeit verlangt wurde. Für diesen Fall greift das Kündigungsverbot allerdings **frühestens acht Wochen vor Beginn der EZ**. Diese Frist gilt auch auf Adoptiveltern (und Pflegeeltern, auch hier entscheidet die Personensorge), bei denen sich im Kündigungsschutz nach § 18 Abs. 1 eine Rechtsschutzlücke durch Verzögerungen bei der Inobhutnahme des Kindes, die objektiv außerhalb ihres Einflussbereichs liegt (z. B durch schleppende Arbeitsweise von Behörden im Ausland). Diese Lücke kann über § 612 a BGB geschlossen werden, LAG NI, NZA-RR 2006, 346 – Dies gilt auch für Adoptiveltern, die sich allerdings in einem besonderen Interessenkonflikt befinden, dem die gesetzliche Konzeption des § 18 Abs. 1 S. 1 BEEG nur unzureichend Rechnung trägt. Denn die Annahme des Kindes und damit der Eintritt des Kündigungsschutzes hängt von Entscheidungen ab, die außerhalb der Einflusssphäre der im Arbeitsverhältnis stehenden Eltern liegen. Haben die Adoptiveltern einen Kindervorschlag angenommen, hängt der Zeitpunkt der Aufnahme eines Kindes z.B. von der Gesetzeslage und Arbeitsweise der Behörden in dem Staat ab, aus dem das Adoptivkind stammt. Trotz dieses bei Adoptiveltern gegenüber leiblichen Eltern tatsächlich schwächer ausgestalteten Kündigungsschutzes in § 18 Abs. 1 BEEG bleibt **eine Angleichung allein dem Gesetzgeber vorbehalten und ist nicht im Wege einer teleologischen Reduktion** des Fristerfordernisses in § 18 Abs. 1 BEEG vorzunehmen. Erklärt ein Arbeitgeber im zeitlichen

3. Der Arbeitgeber kann in diesem Falle nicht uno actu mit der Ablehnung des Elternzeitbegehrens ohne Zulässigkeitserklärung nach § 18 BEEG kündigen.

Der Kläger war seit dem 01.04.2000 bei der Beklagten aufgrund eines Arbeitsvertrages vom 27.07./26.08.2000 (Bl. 10 ff. d. A.) beschäftigt. Der Kläger war zunächst internationaler Director Human Resources. Er verfügte über Prokura.

Mit der Begründung diverser Umstrukturierungen kündigte die Beklagte das Arbeitsverhältnis des Klägers erstmals am 31.12.2003 betriebsbedingt zum 30.06.2004. Da im Rahmen dieser Umstrukturierungen die Position des nationalen Personalleiters durch dessen Eigenkündigung freigeworden war, einigten sich die Parteien spä-

---

Zusammenhang mit der Inanspruchnahme von Elternzeit eine Kündigung, so kann diese nach § 612a BGB i. V. mit § 18 Abs. 1 BEEG noch nicht greifen. Die umgehend nach Geltendmachung für Elternzeit ausgesprochene Kündigung des Arbeitsverhältnisses durch den Arbeitgeber indiziert, dass die Kündigung wegen der Elternzeit erfolgt ist. Diese tatsächliche Vermutung muss der Arbeitgeber durch **substanziierten Sachvortrag widerlegen und nachweisen**, dass er die Kündigung aus sachgerechten Gründen ausgesprochen hat.

[4] § 18 schützt mittelbar, „flankierende Maßnahme", KR/Bader RN 4, die Realisierung des Anspruchs auf EZ oder „GroßEZ2" nach §§ 15, 16; Düwell, Elternschaft und Arbeitsrecht – Neue Entwicklungen, NZA 2009, 759 – § 15 a Abs. 2 BEEG ist ausdrücklich der Anspruch der Großeltern für Zeiten ausgeschlossen, in denen einer der Elternteile des Kindes selbst Elternzeit beansprucht. Dann hält der Gesetzgeber einen Anspruch der Großeltern für entbehrlich. Der ArbG darf im Schutzzeitraum das Arbeitsverhältnis nicht kündigen, vgl. auch Rancke, § 18 BEEG, RN 1 – flankierende Maßnahme zum Schutz der Familie. Deshalb greifen auch einseitig auf die Belastungen des ArbG abstellende Überlegungen zu kurz, zumal der ArbG für ihn entstehende wirtschaftliche Belastungen durch befristete Arbeitsverhältnisse begrenzen kann und in besonderen Fällen die Zustimmung zur Kündigung beantragt werden kann. Es handelt sich insoweit um ein **gesetzliches Verbot, das für alle Kündigungen des ArbG** greift. Andere Beendigungstatbestände werden nicht erfasst. Damit ist beispielsweise auch ein Aufhebungsvertrag zulässig, vgl. Fiebig, RN 5. Der **geschützte ArbN, der die Elternzeit in Anspruch genommen hat, kann das Arbeitsverhältnis zum Ende der Elternzeit nur unter Einhaltung einer Kündigungsfrist von drei Monaten** kündigen; dabei ist für die Fristberechnung vom planmäßigen Ende der Elternzeit auszugehen, im Regelfall also von dem Tag vor dem dritten Geburtstag des Kindes. **Die Dreimonatsfrist wird dann gemäß §§ 187 Abs. 1, 188 Abs. 2 zurück gerechnet. Längere tarif- oder vertragliche Kündigungsfristen werden verkürzt.** Der erziehungsberechtigte ArbN soll die Arbeit nicht wieder aufnehmen müssen, BAG 2 AZR 19/98. Die Dreimonatsfrist gibt dem ArbG hinreichend Planungssicherheit.

[5] Der **Sonderkündigungsschutz gem. § 18 Abs. 1 und 2 Ziff. 1 gilt während der gesamten Elternzeit.** Im Hinblick auf den bestehenden Mutterschutz gem. § 9 Abs. 1 S. 1 MuSchG bis zum Ablauf von vier Monaten nach der Entbindung ist durch die Verbotswirkung in erster Linie der Vater geschützt. Die Erklärung des ArbN zur Elternzeit hat rechtsgestaltende Wirkung, BAG, NZA 1994, 1354. Sie muss schriftlich erfolgen § 126 Abs. 1 BGB und angeben für welche Zeiten Elternzeit genommen werden soll. Bei abschnittsweiser Elternzeit besteht das Kündigungsverbot allerdings nur für die Zeit, in der Elternzeit besteht. Für die Zeit, in der der ArbN arbeitet, ist der ArbN nur durch § 612 a BGB (Maßregelverbot) vor Eingriffen des ArbG in das Arbeitsverhältnis geschützt. Ist die Elternzeit auf zwei Abschnitte verteilt § 16 Abs. 1 S. 5 BEEG, gilt für das dritte Jahr ebenfalls die Vorwirkung, wenn der ArbN die Elternzeit ordnungsgemäß acht Wochen vorher beantragt.

ter auf die Rücknahme der Kündigung und die Weiterbeschäftigung des Klägers als nationalen Personalleiters. Gleichzeitig vereinbarten sie besonderen Kündigungsschutz bis zum 31.12.2004. ...
Am ... 2003 war der erste Sohn des Klägers geboren worden. Mit Schreiben vom 17.01.2005 begehrte der Kläger **Elternzeit mit Elternteilzeitbeschäftigung** im Umfang von 30 Wochenstunden. Die Parteien einigten sich hernach auf eine entsprechende Elternteilzeit bis zum 15.03.2007.
Seit dem 01.01.2006 stellte die Beklagte den Kläger unter Fortzahlung der Vergütung von der Arbeit frei.
Am 15.08.2006 kündigte die Beklagte zum zweiten Mal, diesmal fristlos und vorsorglich fristgemäß. Die Beklagte begründete diese Kündigung zum einen im Wesentlichen damit, der Kläger **habe bei der Neuverteilung der Arbeitszeit von 30 Stunden ohne hinreichende Abstimmung mit der Beklagten die Arbeitszeit auf montags bis donnerstags acht Stunden verteilt** und sich dadurch zum Ausgleich einen zusätzlichen Urlaubstag pro Monat verschafft. Zum anderen berief sich die Beklagte darauf, sie werde künftig auf einen Personalleiter verzichten, so dass die Kündigung auch aus betriebsbedingten Gründen gerechtfertigt sei.
...

In dem Rechtsstreit über diese Kündigungen (Arbeitsgericht Köln – 19 (12) Ca 11986/05; Landesarbeitsgericht Köln – 3 Sa 358/07) stritten die Parteien im Wesentlichen darüber, **ob es für diese beiden Kündigungen einer Zustimmung der Bezirksregierung nach § 18 Abs. 1 BErzGG bedurft hätte.** ...
Mit Schreiben vom 14.03.2007, das am selben Tage dem Geschäftsführer der Beklagten, Herrn K., übergeben wurde, **beanspruchte der Kläger Elternzeit aus Anlass der Geburt seiner Tochter S. für die Zeit vom 10.05.2007 bis zum 28.02.2010** unter der Bedingung, dass seinem gleichzeitig gestellten Antrag auf Elternteilzeit im Umfang von 30 Wochenarbeitsstunden entsprochen werde. Wegen der Einzelheiten des Schreibens wird auf Bl. 25 d. A. Bezug genommen.
Die Geburt der Tochter des Klägers war von dem Gynäkologen der Ehefrau auf den ... 2007 errechnet worden und so im Mutterpass eingetragen. Tatsächlich erfolgte die Geburt aber erst am ... 2007 ...[6/7]

---

[6] Hinsichtlich der Kündigungsschutzanträge hat das Arbeitsgericht ausgeführt, dass zwar für die Kündigung vom 30.04.2007 der Sonderkündigungsschutz nach § 18 BEEG eingreife und diese Kündigung mangels Zustimmung der Bezirksregierung unwirksam sei, dass dieses jedoch nicht für die Kündigung vom 16.03.2007 gelte, da die 8-Wochen-Frist des § 18 BEEG von der Geburt des Kindes an zurückzurechnen sei und der 16.03.2007 bei der Geburt am ... 2007 nicht innerhalb dieser 8-Wochen-Frist liege. Beide Kündigungen seien indes materiell unwirksam, da die Beklagte die Kündigungsgründe nicht ordnungsgemäß vorgetragen habe. Die Beklagte habe sich nicht pauschal auf den Schriftsatz aus dem früheren Verfahren beziehen können. Sie habe auch den

Die Wirksamkeit der Kündigung scheitert an § 18 BEEG. Nach dessen Satz 1 darf der Arbeitgeber das Arbeitsverhältnis ab dem Zeitpunkt, von dem an Elternzeit[8] verlangt worden ist, höchstens jedoch 8 Wochen vor Beginn der Elternzeit, und während der Elternzeit nicht kündigen. Die Ausnahme in § 18 Abs. 1 S. 2 und 3

Schriftsatz nur in Kopie für das Gericht eingereicht. Wegen der Begründung der Entscheidung für die weiteren Klageanträge wird auf Bl. 375-377 d. A. Bezug genommen.

[7] Die Kündigung ist nichtig, es handelt sich um einen sonstigen Unwirksamkeitsgrund gem. § 13 Abs. 3 KSchG, sodass eine punktuelle Feststellungsklage innerhalb der Dreiwochenfrist erhoben werden muss.

[8] **§ 15 [1] Anspruch auf Elternzeit**
(1) ¹Arbeitnehmerinnen und Arbeitnehmer haben Anspruch auf Elternzeit, wenn sie
1. mit einem Kind, für das sie die Anspruchsvoraussetzungen nach § 1 Abs. 3 oder 4 erfüllen, oder
mit einem Kind, das sie in Vollzeitpflege nach § 33 des Achten Buches Sozialgesetzbuch aufgenommen haben, in einem Haushalt leben und
2. dieses Kind selbst betreuen und erziehen.

Nach § 15 BEEG kann der Arbeitnehmer, dessen Arbeitsverhältnis nicht schon aus einem anderen Grund ruht für längstens drei Jahre Elternzeit in Anspruch nehmen, wenn er in seinem Haushalt ein Kind selbst betreut und erzieht. Während der Elternzeit darf er bei seinem Arbeitgeber oder mit dessen Zustimmung bei einem anderen Arbeitgeber einer Erwerbstätigkeit von bis zu 30 Wochenstunden nachgehen.

Einen Anspruch auf Teilzeitarbeit bei seinem eigenen Arbeitgeber hat, wer seine Arbeitszeit für mindestens zwei Monate auf mindestens 15 und höchstens 30 Stunden reduzieren will, sofern der Arbeitgeber in der Regel mehr als 15 Arbeitnehmer beschäftigt. Diese Voraussetzung knüpft nicht an den Betrieb, sondern an das Unternehmen an. Die Arbeitnehmer zählen nach Köpfen, nicht etwa zeitanteilig nach ihrem Beschäftigungsumfang. Der Arbeitnehmer kann den Teilzeitanspruch erst nach einer Mindestbeschäftigungsdauer von mindestens sechs Monaten geltend machen. Die Wartezeit ist entsprechend derjenigen bei § 1 Abs 1 KSchG zu berechnen (BT-Drs 14/3553, 22): Abzustellen ist auf den Bestand des Arbeitsverhältnisses, nicht auf die **Dauer der tatsächlichen Beschäftigung**. Die Wartezeit beginnt mit dem Tag der Arbeitsaufnahme, nicht schon mit einem eventuell früher liegenden Vertragsschluss. Kurzzeitige Unterbrechungen sind unschädlich, insbesondere wenn sie unverschuldet sind, vgl. BAG 22.8.2001 AP EntgeltFG § 3 Nr. 11; Ricken, in Rolfs/Giesen/Kreikebohm/Udsching, Beck'scher Online-Kommentar, § 3 EFZG RN 60. Für das Ende der Wartezeit ist der Zugang des Anspruchsschreibens maßgebend, nicht der gewünschte Zeitpunkt für die Reduzierung der Arbeitszeit, Lindemann/Simon, Die neue Elternzeit, NJW 2001, 261 – auch bei der Wartezeit nach § 1 Abs. 1 KSchG wird auf den Zeitpunkt des Kündigungszugangs und nicht etwa den Beendigungstermin abgestellt. Bei Vorbeschäftigungszeiten in einem anderen Beschäftigungsstatus, etwa als Beamter oder als freier Mitarbeiter, sind diese Zeiten nicht bei der Wartezeit zu berücksichtigen. Beide erwerbstätige Berechtigte können ganz oder anteilig Elternzeit in Anspruch nehmen. Das gilt für die Gesamtdauer der Elternzeit auch mit der Folge, dass beide Partner zur selben Zeit für dasselbe Kind für 3 Jahre Elternzeit nehmen können, es besteht bei paralleler Elternzeit nicht nur ein Anspruch von 1½ Jahren für jeden Elternteil, Sowka, Bundeserziehungsgeldgesetz – Änderungen zur Elternzeit ab 01.01.2004, NZA 2004, 82 – Anspruch auf Elternzeit haben nunmehr gem. § 15 Abs. 1 S. 1 Nr. 1c) auch Pflegeeltern im Rahmen einer Vollzeitpflege nach § 33 SGB VIII. Muster für eine Elternzeiterklärung:
Ich werde nach Ablauf der Mutterschutzfrist Elternzeit für unser Kind, geboren am ... nehmen. Die Elternzeit soll zunächst bis zur Vollendung des zweiten Lebensjahrens andauern. Eine etwaige Verlängerung der Elternzeit werde ich rechtzeitig beantragen.

BEEG liegt nicht vor. Die Kündigung ist nicht von der für den Arbeitsschutz zuständigen obersten Behörde (Regierungspräsident) für zulässig erklärt worden. Die Voraussetzungen des § 18 BEEG liegen vor: Der Kläger hat vor dem 16.03.2007, nämlich am 14.03.2007 dem Geschäftsführer der Beklagten W. K. das in Kopie auf Bl. 25 d. A. befindliche Schreiben vom 14.07.2007 übergeben. Dieses Schreiben lautet wie folgt:

„Sehr geehrter Herr K,
gemäß den Bestimmungen des Gesetzes zum Elterngeld und zur Elternteilzeit beanspruche ich Elternzeit aus Anlass der Geburt meiner Tochter S. gemäß § 15 Abs. 1, Abs. 2 Satz 1 BEEG für den Zeitraum vom 10.05.2007 bis 28.02.2010 unter der Bedingung, dass Sie meinem hiermit ebenfalls gestellten Antrag auf Elternteilzeitarbeit im Umfang von 30 Wochenarbeitsstunden gemäß § 15 Abs. 4, Abs. 5 BEEG entsprechen. Für die zeitliche Verteilung der zu leistenden verringerten Arbeitszeit schlage ich unter Bezugnahme auf § 15 Abs. 5 Satz 1 BEEG vor, dass die Arbeitszeit von Montag bis Donnerstag innerhalb der Geschäftsstunden der M. I. G. in deren Betriebsräumen abgeleistet wird. Die zeitliche Vorlauffrist des § 15 Abs. 7 Ziff. 5 BEEG wird mit meinem heutigen Antrag eingehalten. Für den Fall der Ablehnung der Elternteilzeitarbeit biete ich meine Arbeitskraft im vollen vertraglichen Umfang an. Falls Sie dieses Angebot annehmen wollen, bitte ich im Hinblick auf die von Ihnen erklärte Freistellung vom 30.01.2006 um schriftliche Rückmeldung.
Mit freundlichem Gruß

Danach hat der Kläger Elternzeit für die Zeit vom 10.05.2007 bis zum 28.02.2010 verlangt. **Dem steht nicht entgegen, dass der Kläger das Verlangen unter die Bedingung gestellt hat, dass seinem gleichzeitig gestellten Antrag auf Elternteilzeit im Umfang von 30 Wochenstunden gemäß § 15 Abs. 4, Abs. 5 BEEG entsprochen wird.** Die Kündigung vom 16.03.2007 ging auch innerhalb der 8-Wochenfrist des § 18 Abs. 1 Satz 1 BEEG dem Kläger zu.[9]

Die vom Kläger im Schreiben vom 14.03.2007 formulierte Bedingung macht das Verlangen nicht unwirksam und steht dem Kündigungsschutz nach § 18 BEEG[10]

---

[9] Eine Obliegenheit zur Offenbarung einer geplanten Elternzeit besteht nicht, da sonst die familienpolitische Zielsetzungen unterlaufen würden. Falsche Angaben führen nicht zur Anfechtungsberechtigung des ArbG, vgl. Rancke, RN 4.

[10] Der Sonderkündigungsschutz gilt auch für Arbeitsverhältnisse, die erst nach der Geburt des Kindes begründet werden, vgl. Fiebig, RN 9.

nicht entgegen. Das Bundesarbeitsgericht[11] hat diesen Weg den Arbeitnehmern ausdrücklich gewiesen, um nicht dem Risiko ausgesetzt zu sein, dass die begehrte Elternteilzeit aufgrund fehlenden Beschäftigungsbedarfs verweigert wird und der Arbeitnehmer in Elternzeit ohne die beantragte Elternteilzeit verbleibt. Nach dieser Rechtsprechung des Bundesarbeitsgerichts hat der Arbeitnehmer deshalb die Möglichkeit, die Inanspruchnahme von Elternzeit unter die Bedingung zu stellen, dass der Arbeitgeber der gleichzeitig beantragten Elternteilzeit zustimmt. Die grundsätzliche Bedingungsfeindlichkeit von Gestaltungsrechten stehe dem nicht entgegen. Der Arbeitgeber habe als Erklärungsempfänger den Eintritt der Bedingung nach Auffassung des BAG selbst in der Hand. **Die Ausübung eines Gestaltungsrechts unter einer solchen Potestativbedingung** sei zulässig, da beim Erklärungsempfänger keine Unklarheit über den Bedingungseintritt vorliege. Das Bundesarbeitsgericht geht mit dieser Begründung („selbst in der Hand", „**Potestativbedingung**") offenbar davon aus, dass es für den Bedingungseintritt nicht relevant ist, ob der Arbeitgeber die Elternteilzeit zu Recht verweigert und ob seine Verweigerung in einem Prozess dem Urteil eines Gerichts standhält. Ob diese Sichtweise zutrifft, kann hier dahinstehen. Denn auch dann, wenn man das bedingte Verlangen so auslegt, dass es auf die rechtmäßige Verweigerung der Elternteilzeit ankommt, steht die Bedingungsfeindlichkeit der Wirksamkeit des Verlangens nicht entgegen. Es handelt sich insofern um eine Rechtsbedingung. Das Verlangen ist wirksam.

Der Wortlaut des § 18 Satz 1 BEEG differenziert nicht nach bedingtem und unbedingtem Verlangen. Auch ein bedingtes Verlangen löst damit den Kündigungsschutz des § 18 Abs. 1 Satz 1 BEEG aus. Erst recht spricht der Schutzzweck für eine solche Auslegung des § 18 Abs. 1 S. 1 BEEG: Mit der Einführung des Kündigungsschutzes in § 18 BErzGG wollte der Gesetzgeber das Ziel des Gesetzes unterstützen, die ständige Betreuung eines Kindes in der ersten Lebensphase durch einen Elternteil zu fördern und mehr Wahlfreiheit für die Entscheidung zwischen Tätigkeit in der Familie und außerhäuslicher Erwerbstätigkeit zu schaffen. Dieses kann nach Auffassung des Gesetzgebers nur erreicht werden, wenn die Mutter oder der Vater in der Regel während der Zeit des Erziehungsurlaubs keine Kündigung zu befürchten brauchen. Deshalb wurde mit § 18 BErzGG eine Regelung geschaffen, die die „bisher für die ersten 8 bzw. 12 Wochen nach der Geburt geltende Kündigungsschutzregelung des Mutterschutzgesetzes auch für den Erziehungsurlaub" einführen sollte (BT-Drucks. 10/3792, Seite 20). **Die Vorverlegung des Kündigungs-**

---

[11] BAG, Urt. vom 05.06.2007 – 9 AZR 82/07; 15.04.2008 – 9 AZR 340/07.

schutzes im Gesetz vom 06.12.1991 (BGBl. I, Seite 2142) sollte den Kündigungsschutz insbesondere für Väter verbessern (BT-Drucksache 12/1125, Seite 9).[12/13] Der Schutzzweck, die Betreuung eines Kindes in der ersten Lebensphase durch einen Elternteil, insbesondere auch durch den Vater, zu fördern und mehr Wahlfreiheit für die Entscheidung zwischen der Tätigkeit in der Familie und außerhäuslicher Erwerbstätigkeit zu schaffen, der nach Auffassung des Gesetzgebers „nur erreicht werden" kann, wenn die Mutter oder der Vater in der Regel während der Zeit des Elternurlaubs keine Kündigung zu befürchten brauchen, gebietet es, für den Fall eines bedingten Verlangens keine Ausnahme von § 18 Abs. 1 Satz 1 Abs. 1 zu machen. Denn gerade auch dann, wenn das Begehren auf eine Teilzeitarbeit hinausläuft, die – was der Gesetzgeber mit der Berücksichtigung dringender betrieblicher Bedürfnisse anerkennt – für ein Unternehmen in der Regel noch schwieriger zu gestalten ist als die völlige Freistellung, muss der Arbeitnehmer ebenso wie bei einem unbedingten Verlangen vor einer Kündigung geschützt werden. Da ausweislich der Rechtsprechung des BAG gerade das bedingte Verlangen den Arbeitnehmer schützen soll, der nur an Teilzeitarbeit interessiert ist, wäre es widersinnig, ihm aufgrund dieser Bedingung den Schutz des § 18 BEEG zu nehmen.

Auch die 8-Wochenfrist des § 18 BEEG ist eingehalten.

Für die Berechnung der 8-Wochenfrist ist der vom Arzt prognostizierte Entbindungstermin maßgebend.

Der Wortlaut des § 18 Abs. 1 Satz 1 ist insoweit nicht eindeutig. Zwar spricht er von „8 Wochen vor Beginn der Elternzeit", er legt jedoch nicht fest, ob dieser Zeitpunkt ex ante oder ex post zu bestimmen ist. Schutzzweck und Systematik des § 18 Abs. 1 Satz 1 sprechen dafür, den „Beginn der Elternzeit" prognostisch im Zeitpunkt des Verlangens zu bestimmen.

Durch die Einführung der Vorverlegung des Kündigungsschutzes soll der Vater, der den Elternurlaub verlangt, wie die Mutter zu diesem Zeitpunkt geschützt werden. Schon in der ursprünglichen Fassung hat der Gesetzgeber einen Gleichlauf des

---

[12] Die **nichtige Kündigung kann nicht nach § 140 BGB in eine Kündigung zum Ende der Elternzeit umgedeutet werden**, BAG, NZA 1999, 1047 – Der Verstoß gegen das gesetzliche Verbot des § 134 BGB führt zur völligen Nichtigkeit der von der Bekl. erklärten Willenserklärung, d.h. es besteht auch keine Möglichkeit der Umdeutung in eine Beendigung zum Ende der durch den Erziehungsurlaub verlängerten Probezeit; Ascheid, in ErfK, § 18 RN 9. Das Kündigungsverbot hat auch Auswirkungen für das Insolvenzverfahren des ArbG, BAG, NZA 2004, 1064.

[13] Der Anspruch auf Elternzeit kann vertraglich weder ausgeschlossen noch begrenzt werden, § 15 Abs. 2 S. 6 BEEG. Im Hinblick auf die familienpolitischen Zielsetzungen ist auch ein vorheriger Verzicht des ArbN auf seinen besonderen Kündigungsschutz unwirksam, Rancke, RN 4. Ein nachträglicher Verzicht ist rechtswirksam, Ascheid, in ErfK, § 18 BEEG, RN 9.

Schutzes des Mutterschutzgesetzes mit der Zeit des Erziehungsurlaubs bzw. mit der Zeit nach Verlangen des Erziehungsurlaubs gewollt. Die ursprünglich in § 18 Abs. 1 Satz 1 BErzGG vorgesehenen 6 Wochen vor Beginn des Erziehungsurlaubs entsprachen der Schutzfrist des § 3 Abs. 2 MuSchG. Im Mutterschutzgesetz aber werden die Schutzfristen prognostisch berechnet: Gemäß § 5 Abs. 2 MuSchG gilt Folgendes: „**Für die Berechnung der in § 3 Abs. 2 bezeichneten Zeiträume vor der Entbindung ist das Zeugnis des Arztes oder einer Hebamme maßgebend; das Zeugnis soll den mutmaßlichen Tag der Entbindung angeben. Irrt sich der Arzt oder die Hebamme über den Zeitpunkt der Entbindung, so verkürzt oder verlängert sich diese Frist entsprechend.**"

Würde man nicht auf **die prognostischen Berechnungen des Arztes** abstellen, so bestünde für den Vater eine gefährliche Schutzlücke. Reagiert der Arbeitnehmer – wie hier – sofort mit einer Kündigung, so besteht angesichts der typischen Prognoseunsicherheiten eine nicht niedrige Wahrscheinlichkeit dafür, dass der Kündigungsschutz nach § 18 BEEG versagt, wie der vorliegende Fall zeigt. Gerade aber in der ersten Zeit nach dem Verlangen ist das Schutzbedürfnis besonders hoch. Der Arbeitnehmer hat es **auch nicht in der Hand, aus Gründen der Sicherheit mit seinem Verlangen längere Zeit zuzuwarten**. Er muss nämlich das **Verlangen bis spätestens 7 Wochen vor Beginn der Elternzeit** abgegeben haben (§ 16 Abs. 1 Satz 1 BEEG).

Durch § 612 a BGB kann der von § 18 Abs. 1 Satz 1 BEEG intendierte Schutzzweck nicht aufgefangen werden. Denn bei § 612 a BGB liegt die Beweislast für die Benachteiligung wegen der Inanspruchnahme der Rechte beim Arbeitnehmer. Die Rechtspraxis zeigt, dass § 612 a BGB eine sehr stumpfe Abwehrwaffe für die Arbeitnehmer in Situationen wie der vorliegenden ist. Die Intention des Gesetzgebers bei § 18 BEEG (bzw. § 18 BErzGG) war, dem Vater wie der Mutter in der Zeit des Erziehungsurlaubs (und in der Zeit nach dem Verlangen) die Sorge vor einer Kündigung weitestgehend zu nehmen. Es ging nicht nur um Kündigungen wegen der Inanspruchnahme des Erziehungsurlaubs sondern generell darum, durch die Reduzierung der Gefahr eines Arbeitsplatzverlustes die Bereitschaft der Eltern zu fördern, das Kind in der ersten Lebensphase zu betreuen.

Auch grundsätzliche rechtssystematische Erwägungen sprechen dafür, die 8-Wochenfrist prognostisch im Zeitpunkt des Verlangens zu bestimmen: Denn bei § 18 BEEG geht es um die Wirksamkeit einer Willenserklärung. Für normative Anforderungen an die Wirksamkeit einer Willenserklärung kommt es grundsätzlich auf den Zeitpunkt ihres Ausspruchs an. Nachträgliche Geschehnisse haben grundsätzlich keine, jedenfalls keine unmittelbare Wirkung auf die ursprüngliche Wirksamkeit der Kündigung. So geht das Bundesarbeitsgericht in ständiger Rechtsprechung davon aus, dass die Wirksamkeit einer **Kündigung nur nach den objektiven Verhältnissen zum Zeitpunkt der Kündigung beurteilt werden kann.** Später eintretende Veränderungen bezüglich der Kündigungsgründe können die Wirksamkeit der Kündigung nicht hindern.[14]

Auch für Formerfordernisse einer Willenserklärung kommt es auf die Rechtslage zum Zeitpunkt ihrer Abgabe an.[15] Auch für sonstige Wirksamkeitsvoraussetzungen eines Rechtsgeschäftes kommt es auf den Zeitpunkt des Rechtsgeschäftes an. So kommt es nach ständiger Rechtsprechung des BAG für die Wirksamkeit einer vereinbarten Befristung ausschließlich auf die Verhältnisse zum Zeitpunkt des Vertragsschlusses an.[16] Ebenso kommt es auf die Frage einer interessengerechten Auslegung einer Willenserklärung auf den Zeitpunkt der Abgabe der Willenserklärung an.[17] Auch die Voraussetzungen der Sittenwidrigkeit (§ 138 BGB) sind nach dem Zeitpunkt der Vornahme des Rechtsgeschäfts zu beurteilen.[18] Die Wirksamkeit gerade eines einseitigen Rechtsgeschäfts wie einer Kündigung nach dem Eintritt von Geschehnissen zu beurteilen, die erst geraume Zeit nach Abgabe der Willenserklärung eintreten, widerspricht nicht nur der Rechtssicherheit, sondern grundlegenden Prinzipien des Rechts der Rechtsgeschäfte.[19/20]

---

[14] Vgl. z. B. BAG, Urt. vom 10.10.1996 – 2 AZR 477/95; 27.02.1997 – 2 AZR 160/96.
[15] Vgl. z. B. für § 623 BGB: BAG, Urteil vom 01.12.2004 – 7 AZR 135/04; für § 14 Abs. 4 TzBfG, BAG, Urt. vom 27.07.2005 – 7 AZR 443/04.
[16] Vgl. z. B. BAG, Urt. vom 15.08.2001 – 7 AZR 144/00.
[17] BGH, Urt. vom 10.07.1998 – V ZR 360/96.
[18] BGHZ 7, 111; 100, 359; 123, 281.
[19] Zustimmung zur Kündigung während der Elternzeit[19]
1. Die Stilllegung (Schließung) eines Betriebs ist in der Regel ein besonderer Fall i. S. von § 18 Abs. 1 S. 2 BEEG, bei dem es im Ermessen der Arbeitsschutzbehörde steht, eine Kündigung des Arbeitsverhältnisses während der Elternzeit ausnahmsweise für zulässig zu erklären.
2. Die Erhaltung der beitragsfreien Mitgliedschaft des Arbeitnehmers in der gesetzlichen Krankenversicherung stellt dabei keinen beachtlichen Ermessensgesichtspunkt dar.
Der Kl. begehrt als Insolvenzverwalter von dem Bekl., die Kündigung des Arbeitsverhältnisses der in Elternzeit befindlichen Beigel. uneingeschränkt für zulässig zu erklären.
Die Beigel. war seit 2002 bei der M-GmbH als Trainerin für Computerprogramme beschäftigt. Im Jahre 2003 wurde die M-AG gegründet, um die Geschäfte der M-GmbH zu übernehmen. Der Geschäftsbetrieb der M-GmbH wurde 2005 eingestellt und ihre Aktiva wurden auf die M-AG übertragen. Mit Schreiben vom 18.12.2006 erklärte die Beigel. gegenüber ihrer Arbeitgeberin, dass sie für ihr im Januar 2007 erwartetes Kind im Anschluss an den Mutterschutz drei Jahre Elternzeit in Anspruch nehme. ... Im Januar 2007 eröffnete das AG das Insolvenzverfahren über das Vermögen der M-GmbH und der M-AG und bestellte jeweils den Kl. zum Insolvenzverwalter. In dieser Funktion beantragte der Kl. mit Schreiben vom 09.02.2007 bei der Bekl., die ordentliche Kündigung des Arbeitsverhältnisses mit der Beigel. für zulässig zu erklären.
Dem Kl. steht gem. § 18 Abs. 1 S. 2 BEEG ein Anspruch gegen den Bekl. zu, die Kündigung des mit der Beigel. bestehenden Arbeitsverhältnisses uneingeschränkt für zulässig zu erklären.
Die Verpflichtungsklage § 42 Abs. 1 VwGO ist die statthafte Klageart. Denn bei der im Streit stehenden Einschränkung in Nr. 2 des Bescheids vom 05.04.2007 handelt es sich um eine so ge-

nannte **Inhaltsbestimmung,** die einer **gesonderten Anfechtung** nicht zugänglich ist.[19] Der Bekl. hat nämlich mit der Einschränkung in Nr. 2 des Bescheids erkennbar eine Regelung darüber getroffen, wie der Kl. von der ihm in Nr. 1 des Bescheids eingeräumten Kündigungsmöglichkeit Gebrauch machen darf. Diese Einschränkung **ändert den Inhalt der Hauptregelung qualitativ, indem sie das genehmigte Verhalten selbst näher bestimmt.** Sie enthält – ungeachtet der ausdrücklichen Bezeichnung als „Auflage" – nach ihrem objektiven Erklärungsgehalt weder eine gesonderte Leistungsverpflichtung, die selbstständig zum Hauptinhalt des Verwaltungsakts hinzutritt, noch macht sie – wie es für eine Bedingung oder Befristung kennzeichnend wäre – die behördliche Zustimmung zur Kündigung vom Eintritt eines künftigen Ereignisses abhängig. Der Kl. hat nach § 18 Abs. 1 S. 2 BEEG einen Anspruch darauf, dass der Bekl. die Kündigung des Arbeitsverhältnisses mit der Beigel. uneingeschränkt für zulässig erklärt (§ 113 Abs. 5 S. 1 VwGO). Es liegt ein besonderer Fall vor, wenn ein **Betrieb dauerhaft stillgelegt worden** ist und der Bekl. daher eine Ermessensentscheidung über die Zulässigkeitserklärung der Kündigung zu treffen hatte. Nach § 18 Abs. 1 S. 1 BEEG **darf** der Arbeitgeber das Arbeitsverhältnis ab dem Zeitpunkt, von dem an Elternzeit verlangt worden ist, **höchstens jedoch acht Wochen vor Beginn der Elternzeit,** und während der Elternzeit **nicht kündigen.** In besonderen **Fällen** kann von der zuständigen Arbeitsschutzbehörde eine Kündigung aber ausnahmsweise für zulässig erklärt werden (§ 18 Abs. 1 S. 2 BEEG). Das VG hat – wie auch der Bekl. in seinem angegriffenen Bescheid – zu Recht angenommen, dass der auf der Tatbestandsseite des § 18 Abs. 1 S. 2 BEEG genannte unbestimmte Rechtsbegriff des „besonderen Falls", der in vollem Umfang verwaltungsgerichtlicher Prüfung unterliegt, hier erfüllt ist.

Ein **besonderer Fall** im Sinne dieser Vorschrift ist nur anzunehmen, wenn außergewöhnliche Umstände es rechtfertigen, dass die vom Gesetz grundsätzlich als vorrangig angesehenen Interessen des Elternzeit in Anspruch nehmenden Arbeitnehmers hinter die Interessen des Arbeitgebers an der Auflösung des Arbeitsverhältnisses zurücktreten.[19] Dies ist bei einer **dauerhaften Betriebsstilllegung** in aller Regel der Fall.

Die ursprünglich zu § 9 MuSchG entwickelte Auslegung des Begriffs des besonderen Falls hat sich der Gesetzgeber des Bundeselterngeld- und Elternzeitgesetzes – gerade im Hinblick auf die rechtliche Bewertung der Betriebsstilllegung – ausweislich der Gesetzgebungsmaterialien ausdrücklich zu Eigen gemacht. Soweit das Bundeselterngeld- und Elternzeitgesetz in seinem zweiten Abschnitt arbeitsrechtliche Bestimmungen über die Elternzeit bzw. Elternteilzeit enthält, knüpft es an die entsprechenden (Vorgänger-)Regelungen des Gesetzes über die Gewährung von Erziehungsgeld und Erziehungsurlaub (Bundeserziehungsgeldgesetz – BErzGG) an. Dabei entspricht § 18 BEEG weitgehend der Sonderkündigungsvorschrift des § 18 BErzGG. Der Gesetzgeber hat schon in der Gesetzesbegründung zum Entwurf des Bundeselterngeld- und Elternzeitgesetzes (BT-Dr 16/1889 S. 27) darauf hingewiesen, dass „die Regelungen der §§ 17 bis 21 des Bundeserziehungsgeldgesetzes inhaltlich unverändert übernommen" werden. In der Begründung zur Kündigungsschutzregelung des § 18 BErzGG des Regierungsentwurfs zum Bundeserziehungsgeldgesetz vom 16.08.1985 (BR-Dr 350/85) sind der Zweck der Ausnahmeregelung vom Kündigungsschutz und der Begriff des besonderen Falls dahingehend umschrieben worden: „Dieser Kündigungsschutz kann aber nicht uneingeschränkt gelten. Es muss insbesondere ausgeschlossen werden, dass die wirtschaftliche Existenz des Betriebs gefährdet wird. Deshalb sieht Satz 2 vor, dass die für den Arbeitsschutz zuständige oberste Landesbehörde oder die von ihr bestimmte Stelle in besonderen Fällen ausnahmsweise die Kündigung für zulässig erklären kann. An die Stelle der starren Regelung, die bisher nach § 9 MuSchG eine Kündigung für die Dauer des Mutterschaftsurlaubs und zwei Monate danach ausnahmslos ausschloss, tritt die seit langem während der Schwangerschaft und bis acht bzw. zwölf Wochen nach der Entbindung geltende Regelung des § 9 Abs. 3 MuSchG des Mutterschutzgesetzes. Ein besonderer Fall, in dem die zuständige Behörde die Kündigung auch während des Erziehungsurlaubs für zulässig erklären kann, ist z.B. die Einstellung des Betriebs oder einer Betriebsabteilung, wenn der Arbeitnehmer nicht in

einen anderen Betrieb des Unternehmens oder eine andere Betriebsabteilung umgesetzt werden kann. (...)"
Die **dauerhafte Stilllegung** (Schließung) eines Betriebs kennzeichnet damit nach dem Willen des Gesetzgebers in aller Regel eine Lage, in der – auch während der Schutzzeit des § 18 Abs. 1 S. 1 BEEG – ein besonderer Fall vorliegt, in welchem dem Interesse des Arbeitgebers an der Auflösung des Arbeitsverhältnisses Vorrang vor dem Interesse des Arbeitnehmers an der Erhaltung seines Arbeitsplatzes gebührt und die Beendigung des Arbeitsverhältnisses durch Kündigung zugelassen werden kann. Denn die **dauerhafte Betriebsstilllegung bewirkt, dass eine Beschäftigungsmöglichkeit für die Zukunft nicht mehr besteht, die Arbeitsvertragsparteien ihren wesentlichen Verpflichtungen (Arbeitsleistung auf der einen und Lohnzahlung auf der anderen) damit auf Dauer nicht mehr nachkommen können** und deshalb eine wesens- und sinngerechte Fortsetzung der arbeitsvertraglichen Rechtsbeziehungen nicht mehr möglich ist.[19] Nach diesem – auch vom *VG* herangezogenen – Maßstab liegt hier ein besonderer Fall i. S. des § 18 Abs. 1 S. 2 BEEG vor, der den Bekl. ausnahmsweise zur Zulässigkeitserklärung der Kündigung ermächtigt. Denn nach den bindenden (§ 137 Abs. 2 VwGO) und vom Bekl. nicht bestrittenen tatsächlichen Feststellungen des VG ist der Betrieb der M-GmbH bereits 2005 eingestellt und der Betrieb der M-AG, welche die Geschäfte der M-GmbH übernommen hatte und für welche die Beigel. damit zuletzt tätig war, Ende 2006 auf Dauer stillgelegt worden. Auch der Bekl. hat im Bescheid vom 05.04.2007 keinerlei Anhaltspunkte dafür gesehen oder bezeichnet, dass der Betrieb in irgendeiner Form ganz oder teilweise weitergeführt werden kann oder soll.
Zwar ist auch bei Vorliegen eines „besonderen Falls" i. S. von § 18 Abs. 1 S. 2 BEEG eine Ermessensentscheidung zu treffen, die es grundsätzlich nicht ausschließt, die Zustimmung zur Kündigung mit Neben- oder Inhaltsbestimmungen zu versehen. Der Bekl. hat allerdings sein Ermessen fehlerhaft ausgeübt, indem er die Zulässigkeitserklärung der Kündigung in der im Streit stehenden Weise inhaltlich eingeschränkt hat. Er hat verkannt, dass seine für die Einschränkung als tragend angeführte Erwägung, der Beigel. die beitragsfreie Mitgliedschaft in der gesetzlichen Krankenversicherung zu erhalten, im Falle der dauerhaften Betriebsstilllegung nicht mehr vom Zweck der Ermächtigung gedeckt und daher ermessensfehlerhaft ist. § 18 Abs. 1 S. 2 BEEG, der hier zur **Ermessensausübung** ermächtigt und verpflichtet, ist auf den Bestand des Arbeitsverhältnisses selbst bezogen und soll vor der Kündigung als solcher und dem damit verbundenen Verlust des Arbeitsplatzes schützen. Die Vorschrift umfasst aber nicht den Schutz vor etwaigen nachteiligen sozialversicherungsrechtlichen Folgen einer Kündigung und sichert damit bei dauerhaft entfallender Beschäftigungsmöglichkeit auch nicht isoliert das Interesse der Beigel. am Fortbestand der beitragsfreien Mitgliedschaft in der gesetzlichen Krankenversicherung.
Der Wortlaut des § 18 BEEG gibt zwar keinen Aufschluss darüber, welche Gesichtspunkte die zuständige Behörde ermessensfehlerfrei bei der Entscheidung über eine Zustimmung zur Kündigung berücksichtigen darf. Eine Beschränkung auf solche Gesichtspunkte, die auf den Fortbestand des Arbeitsverhältnisses selbst bezogen sind, folgt jedoch aus dem Sinn und Zweck des Kündigungsverbots nach § 18 Abs. 1 BEEG. Der mit dieser Vorschrift gewährte Kündigungsschutz zielt darauf ab, den Arbeitnehmerinnen und Arbeitnehmern bei der Inanspruchnahme von Elternzeit die Sorge um ihren Arbeitsplatz zu nehmen. § 18 Abs. 1 BEEG soll gewährleisten, dass ihr Arbeitsverhältnis während der Elternzeit grundsätzlich im rechtlichen Bestand durch Kündigung unverändert bleibt, vgl. LAG Schleswig-Holstein, Urt. v. 01.03.2007, BeckRS 2009, 60192. Dieser Schutzzweck umschreibt und begrenzt auch die Gesichtspunkte, die bei der im Ausnahmefall eröffneten Befugnis, der Kündigung zuzustimmen, berücksichtigt werden dürfen. Der Fortbestand des Arbeitsverhältnisses soll jedenfalls in den Fällen, in denen das Arbeitsverhältnis nicht ohnehin befristet ist, für die Dauer der Elternzeit den Eltern Planungssicherheit eröffnen. Ihnen soll die Perspektive gegeben werden, nach Ablauf der Elternzeit wieder in dem Arbeitsverhältnis tätig werden zu können. Der Gewährleistung dieser Zielsetzung entspricht während der Dauer der Elternzeit auch die rechtliche Möglichkeit, diese vorzeitig zu beenden oder zu unterbrechen, soweit der Arbeitgeber zustimmt (§ 16 Abs. 3 S. 1 BEEG). Der Kündigungsschutz nach § 18 Abs. 1

S. 1 BEEG setzt mithin ein Arbeitsverhältnis voraus, das – die Inanspruchnahme der Elternzeit hinweggedacht – sinnvoll Bestand haben kann. Nur in diesem Rahmen wird dem Elternteil eine – an den Fortbestand des Arbeitsverhältnisses anknüpfende – Planungssicherheit gewährleistet. Nicht mehr geschützt ist das Interesse eines Elternteils an einer sozialversicherungsrechtlichen Absicherung, die nur an den Fortbestand des Arbeitsverhältnisses anknüpft. **Die Gesetzgebungsgeschichte bestätigt, dass diese auf den Fortbestand eines inhaltlich nicht sinnentleerten Arbeitsverhältnisses bezogene Zweckbestimmung die inhaltliche Reichweite der Ermächtigungsnorm begrenzt.** Im Regierungsentwurf vom 16. 8. 1985 (BR-Dr 350/85) heißt es in der Begründung zur Regelung des Sonderkündigungsschutzes für im Erziehungsurlaub befindliche Arbeitnehmer (§ 18 BErzGG), die – wie oben dargelegt – in § 18 Abs. 1 BEEG der Sache nach übernommen wurde:

„Das Ziel des Gesetzes, die ständige Betreuung eines Kindes in der ersten Lebensphase durch einen Elternteil zu fördern und mehr Wahlfreiheit für die Entscheidung zwischen Tätigkeit in der Familie und außerhäuslicher Erwerbstätigkeit zu schaffen, kann nur erreicht werden, wenn die Mutter oder der Vater in der Regel während der Zeit des Erziehungsurlaubs keine Kündigung zu befürchten braucht. (...)"

Es fehlt danach jeder Anhaltspunkt dafür, dass der Gesetzgeber mit der ausnahmsweisen Möglichkeit in § 18 Abs. 1 S. 2 BEEG, zu Gunsten des Arbeitgebers die Kündigung von in Elternzeit befindlichen Arbeitnehmern zu gestatten, die betroffenen Arbeitnehmer auch vor etwaigen sozialversicherungsrechtlichen Folgen einer Kündigung eines im Übrigen sinnvoll nicht mehr fortzusetzenden Arbeitsverhältnisses hat schützen wollen. Hätte der Gesetzgeber den Schutz der Arbeitnehmer bei der Ermessensentscheidung nach § 18 Abs. 1 S. 2 BEEG hierauf erweitern und damit auch auf die erst an das Arbeitsverhältnis anknüpfende und in diesem Sinne außerhalb des Arbeitsverhältnisses stehende, vgl. OVG Lüneburg, Beschl. v. 15.02.2000, BeckRS 2005, 21880, isolierte krankenversicherungsrechtliche Absicherung erstrecken wollen, die nur Folge und nicht Zweck des fortbestehenden Arbeitsverhältnisses ist, hätte dies im Gesetz selbst oder zumindest in den Gesetzesmaterialien seinen Niederschlag finden müssen. Dies ist jedoch nicht der Fall. **Die Aufrechterhaltung eines im Übrigen sinnentleerten Arbeitsverhältnisses allein wegen des Fortbestands eines eigenständigen, beitragsfreien Krankenversicherungsschutzes wäre auch nicht der einzige Weg, Arbeitnehmerinnen und Arbeitnehmern, die sich für die Inanspruchnahme von Elternzeit entschieden haben, einen (beitragsfreien) Krankenversicherungsschutz zu gewährleisten.** Der Gesetzgeber hätte hierfür – was ihm freistünde und systematisch auch näher läge – das Fortbestehen der Mitgliedschaft in der gesetzlichen Krankenversicherung nicht nur für die Dauer des Bezugs von Elterngeld und die Inanspruchnahme von Elternzeit anordnen (§ 192 Abs. 1 Nr. 2 SGB V), sondern auch dann auf die gesamte Elternzeit erstrecken können, wenn das Beschäftigungsverhältnis vor Ablauf der Inanspruchnahmefristen des § 15 BEEG vom Arbeitgeber zulässig aufgelöst wird. Dies hat der Gesetzgeber – anders als in den von § 192 Abs. 2 SGB V erfassten Fällen – aber nicht getan. Es begegnet auch keinen verfassungsrechtlichen Bedenken, dass der Gesetzgeber Personen, die über die Bezugsdauer von Elterngeld hinaus Elternzeit in Anspruch nehmen wollen, bei denen dann aber – aus welchen Gründen auch immer – wegen Beendigung des Arbeitsverhältnisses und damit auch der Elternzeit der (beitragsfreie) Fortbestand der Krankenversicherung entfällt, nicht anderweitig einen eigenständigen (beitragsfreien) Krankenversicherungsschutz eröffnet. Mit der **Beendigung des Arbeitsverhältnisses durch Kündigung** sind diese Personen, soweit sie im Übrigen die Voraussetzungen des § 119 SGB III erfüllen, arbeitslos. Nach der auf die Elternzeit übertragbaren Rechtsprechung des BSG, NZA-RR 2000, 205 = SozR 3-2500 § 192 Nr. 6, zu § 15 BErzGG, ist es nicht verfassungswidrig, dass bisher versicherungspflichtige Arbeitslose während einer dem Erziehungsurlaub entsprechenden Zeit der Kindesbetreuung nicht nach § 192 Abs. 1 Nr. 2 SGB V Pflichtmitglieder bleiben. Dann aber ist es auch nicht verfassungsrechtlich geboten, zur Aufrechterhaltung des Krankenversicherungsschutzes die Interessen und Belange, die zu Gunsten des Arbeitnehmers bei der Ermessensent-

Zusammenfassend: Das BEEG will durch sozialpolitische Leistungen und Schutzvorschriften die Vereinbarkeit von Familie und Erwerbstätigkeit fördern, um die demografische Entwicklung in der Gesellschaft positiv zu beeinflussen. § 18 BEEG begründet ein grundsätzliches Kündigungsverbot mit Erlaubnisvorbehalt.[21] Eine behördlich nicht erlaubte Kündigung ist nichtig § 134 BGB. Der ArbN kann auf die Schutzwirkung der öffentlich-rechtlichen Zulässigkeitserklärung nicht verzichten. § 18 gilt für jede Beendigung durch Kündigung, d. h. für außerordentliche mit und ohne Auslauffrist, ordentliche, Änderungskündigung, Massenentlassungen. § 18 schließt aber andere Beendigungstatbestände nicht aus.[22] In Betracht kommen: Eigenkündigung, Auflösungsvertrag, Ablauf einer Befristung oder Eintritt einer auflösenden Bedingung und schließlich Anfechtung des Arbeitsvertrages. Die rechtliche Schutzwirkung entfällt, wenn eine Verlängerung der Elternzeit beantragt wird

---

scheidung nach § 18 Abs. 1 S. 2 BEEG berücksichtigt werden dürfen, auf den isolierten Fortbestand des (beitragsfreien) Krankenversicherungsschutzes zu erweitern.
Der systematische Vergleich mit § 9 MuSchG bestätigt ebenfalls, dass der Kündigungsschutz nach § 18 BEEG **nicht dem Interesse am Fortbestand eines sinnentleerten Arbeitsverhältnisses dient.** § 18 BEEG ist – wie die oben dargestellten Gesetzesmaterialien belegen – in Anlehnung an die rechtsähnliche Regelung des § 9 MuSchG als präventives Kündigungsverbot mit Erlaubnisvorbehalt ausgestaltet, wobei nur die behördliche Zulässigkeitserklärung die grundsätzliche Sperre des Kündigungsverbots beseitigen und so erst die Voraussetzung für eine zulässige Ausübung schaffen kann. Zu § 9 MuSchG hat das BVerwGE 54, 276 = AP MuSchG 1968 § 9 Nr. 5 = BeckRS 1977, 30441061 ausgeführt:
„**Der mutterschutzrechtliche Kündigungsschutz dient nicht der Versorgung der Arbeitnehmerin,** vgl. BAGE 3, 72. Auf eine solche Versorgung liefe es aber faktisch hinaus, wenn der Arbeitgeber grundsätzlich verpflichtet bliebe, trotz Stilllegung des Betriebs während der Schutzfrist unter wirtschaftlich sinnwidriger Aufrechterhaltung eines seines Wesens endgültig entkleideten Arbeitsverhältnisses weiter Lohn (Gehalt) zu zahlen." **Die Erwägung, dass der Kündigungsschutz nicht der Aufrechterhaltung eines sinnwidrigen Arbeitsverhältnisses dient, gilt sinngemäß** auch für § 18 Abs. 1 S. 2 BEEG. Zwar geht es im Rahmen der Elternzeit nicht um eine – den Arbeitgeber belastende – Lohnfortzahlung, weil die Hauptpflichten aus dem Arbeitsvertrag ohnehin ruhen. Dies ändert aber nichts daran, dass bei einer vollständigen Betriebsstilllegung und dem damit verbundenen Wegfall der Beschäftigungsmöglichkeit auch für § 18 Abs. 1 S. 2 BEEG eine Betrachtung, die allein auf die krankenversicherungsrechtlichen Konsequenzen bei Beendigung des Arbeitsverhältnisses abstellte, lediglich dem Schutz eines sinnentleerten Arbeitsverhältnisses diente und deshalb nicht mehr vom Regelungszweck der Schutznorm und damit vom Sinn und Zweck dieser Ermessensermächtigung gedeckt ist. Insoweit hat der Gesetzgeber im Übrigen mit einer speziellen Regelung in dem bereits erwähnten § 192 Abs. 2 SGB V das Fortbestehen der Krankenversicherung während der Schwangerschaft auch für den Fall angeordnet, dass der Arbeitgeber das Beschäftigungsverhältnis zulässig auflöst. Zur Kündigung während der Elternzeit vgl. OVG Münster, NJOZ 2009, 2372. Eine Zwischenbilanz zur ersten Rechtsprechung zu Elterngeld und BEEG zieht Röhl, NJW 2010, 1418.

[20] Liegt die Zustimmung vor, muss der ArbG lediglich die allgemeinen Kündigungsfristen beachten. Eine soziale Auslauffrist zum Ende der Elternzeit wird abgelehnt, BAG, NZA 2005, 687 ff.; Rancke, RN 2.
[21] Reinecke, in Däubler, § 18 RN 3.
[22] Reinecke, § 18 RN 5.

oder eine Verteilung auf weitere Abschnitte gewünscht wird, die nur mit Zustimmung des ArbG gem. § 16 Abs. 1 S. 5 2. HS möglich ist bzw. auf die kein Rechtsanspruch besteht.[23] Wird die Elternzeit abschnittsweise aufgeteilt, beginnt sie mit jedem Abschnitt neu.[24] Die Beschränkung auf den erstmaligen Beginn ist nicht mit dem Schutzbedürfnis des ArbN und den sozialpolitischen Zielen vereinbar. Wird die Elternzeit vorzeitig wegen eines Härtefalls oder mit Zustimmung des ArbG vorzeitig beendet, endet auch der Sonderkündigungsschutz.[25]

---

[23] Reinecke, in Küttner, 2006, Elternzeit, RN 35.
[24] Das BEEG kennt aber keinen nachwirkenden Sonderkündigungsschutz, Rolfs, in A/P/S, § 18 RN 16; Fiebig, § 18 RN 28.
[25] Rolfs, § 18 RN 16.

Aktuelles zur Diskriminierung bei Stellenbesetzungen

Höhe der Entschädigung wegen altersbezogener Benachteiligung[1/2]

---

[1] Mit vertiefenden Hinweisen von Prof. Dr. Dr. Siegfried Schwab, Mag. rer. publ. unter Mitarbeit von Diplom-Betriebswirtin (DH) Silke und Referendarin Heike Schwab.
Vgl. zur Diskriminierung bei Stellenausschreibungen die Entscheidung des BAG, Urteil vom 19.08.2010 – 8 AZR 530/09: Eine Stellenausschreibung, mit der ein Unternehmen einen „jungen" Bewerber sucht, verstößt gegen § 11 AGG. Die unzulässige Stellenausschreibung stellt ein Indiz dafür dar, dass ein abgelehnter älterer Bewerber wegen seines Alters nicht eingestellt worden ist. Der 1958 geborene Kläger ist Volljurist. Er bewarb sich im Jahr 2007 auf eine von der Beklagten geschaltete Stellenanzeige in einer juristischen Fachzeitschrift. Die Beklagte suchte für ihre Rechtsabteilung „zunächst auf ein Jahr befristet eine(n) junge(n) engagierte(n) Volljuristin/Volljuristen". Der Kläger erhielt eine Absage, ohne zu einem Vorstellungsgespräch eingeladen worden zu sein. Eingestellt wurde eine 33-jährige Juristin. Der Kläger verlangte von der Beklagten wegen einer unzulässigen Benachteiligung aufgrund seines Alters eine Entschädigung in Höhe von 25.000 Euro. § 11 AGG verbietet, dass eine Stelle unter Verstoß gegen das Benachteiligungsverbot des § 7 Abs. 1 AGG ausgeschrieben wird. Stellen sind danach grundsätzlich „altersneutral" auszuschreiben. **Das BAG geht davon aus, die unzulässige Stellenausschreibung stelle ein ausreichendes Indiz dafür dar, dass die Bewerbung des Klägers wegen seines Alters keinen Erfolg hatte.** Das BAG stellt klar, dass nicht nur konkrete Altersbeschränkungen in Stellenausschreibungen (z B „Sie sind nicht älter als ..." oder „Sie sind zwischen ... und ... alt ..."), sondern auch allgemein gehaltene Angaben zum Alter von Bewerbern gegen das Gebot einer altersneutralen Ausschreibung verstoßen. Vorsicht ist deshalb auch mit indirekt auf das Alter bezogenen Aussagen in Stellenanzeigen geboten, die im Sinne einer altersmäßigen Beschränkung verstanden werden könnten, etwa dem nach wie vor nicht seltenen Satz „Wir suchen für unser junges Team ...", vgl. Däubler/Bertzbach/Buschmann, AGG, § 11 RN 15; vgl. Krieger, ArbR Aktuell 2010, 307710.
Ein nicht berücksichtigter Bewerber um eine Stelle eines öffentlichen Arbeitgebers kann verlangen, eingestellt zu werden. Voraussetzung ist, dass sämtliche Einstellungsvoraussetzungen in seiner Person erfüllt sind und seine Einstellung die einzig rechtmäßige Entscheidung der Behörde wäre, weil jede andere Entscheidung sich als rechtswidrig oder ermessensfehlerhaft darstellen würde, Hessische Landesarbeitsgericht mit Urteil vom 23.04.2010 – 19/3 Sa 47/09. Hintergrund des Rechtsstreits war die Tätigkeit des schwerbehinderten Klägers im Rahmen einer Arbeitsgelegenheit nach dem SGB II (1-Euro-Job). Der Mitarbeiter hatte bei der beklagten Kommune im Archiv gearbeitet und gehofft, eine neu geschaffene, befristete Archivstelle zu erhalten. Tatsächlich hat der Arbeitgeber jedoch einen anderen, ebenfalls im Archiv tätigen 1-Euro-Jober auf dieser Stelle eingestellt. Der Kläger muss die Besteignung mangels schriftlichen Anforderungsprofils nicht belegen, weil der Arbeitgeber auch im Verfahren das fehlende Anforderungsprofil nicht

1. Ist eine Nichtzulassungsbeschwerde erfolgreich, so wird das Verfahren als Revisionsverfahren fortgesetzt, § 72a Abs. 6 Satz 1 ArbGG. Die Revision gilt als mit der Nichtzulassungsbeschwerde eingelegt, § 72a Abs. 6 Satz 2 ArbGG. Mit der Zustellung des Beschlusses über die Nichtzulassungsbeschwerde beginnt für den Revisionskläger die Revisionsbegründungsfrist zu laufen. In dieser Frist ist die Revisionsbegründung vorzunehmen. Mit der Zustellung dieser Begründung an den Revisionsbeklagten beginnt dessen Frist für die Anschlussrevision nach § 554 Abs. 2 Satz 2 ZPO. Zusätzlich eingelegte Revisionen oder erfolgte Revisionsbegründungen sind nicht maßgeblich, weil eine Partei gegen ein Urteil nur einmal ein Rechtsmittel einlegen kann.
2. Die **objektive Eignung einer Stellenbewerberin ist keine Tatbestandsvoraussetzung** für einen Anspruch nach § 15 Abs. 1 oder 2 in Verb. mit § 6 Abs. 1 Satz 2 AGG. Die Benachteiligung des Arbeitnehmers muss aber in einer vergleichbaren Situation erfolgen, § 3 Abs. 1 Satz 1 AGG. Die Situation von Bewerbern ist nur dann vergleichbar, wenn sie objektiv für die zu besetzende Stelle geeignet sind. Maßgeblich sind dabei die Anforderungen, welche an die jeweilige Tätigkeit nach der im Arbeitsleben herrschenden Verkehrsanschauung gestellt werden.
3. Eine zunächst erfolgte Benachteiligung entfällt nicht schon dadurch, dass sie später korrigiert wird. Dies kann sich aber bei der Höhe einer Entschädigung nach § 15 Abs. 2 AGG auswirken.
4. Der Entschädigungsanspruch nach § 15 Abs. 2 AGG setzt **keinen schuldhaften Verstoß** des Arbeitgebers gegen ein Benachteiligungsverbot[3] voraus. Auch eine schwerwiegende Verletzung des allgemeinen Persönlichkeitsrechts oder eine erhebliche Benachteiligung sind nicht erforderlich. Der Grad eines etwaigen Ver-

---

nachreichte, war von der Besteignung des Klägers im Sinne von Art. 33 Abs. 2 GG für die fragliche Stelle auszugehen.

[2] BAG, Urteil vom 18.03.2010 – 8 AZR 1044/08, BeckRS 2010, 72015 mit Anm. Göpfert, ArbRAktuell 2010, 308347 – Insbesondere die Interpretation der „vergleichbaren Situation" gem. § 3 Abs. 1 AGG als objektive Eignung für die Beschäftigung erleichtert für Arbeitgeber die Verteidigung gegen sog „AGG-Hopper". Für Arbeitgeber ist weiterhin relevant, dass sich das Anforderungsprofil an den objektiv tatsächlich notwendigen Voraussetzungen orientieren sollte.

[3] Eine Benachteiligung liegt nach dem unmissverständlichen Gesetzwortlaut auch dann vor, wenn die Person, die die Benachteiligung begeht, das Vorliegen eines Diskriminierungsmerkmals bei der Benachteiligung **nur annimmt**, § 7 Abs. 1 Halbs. 2 AGG. Auch der „Versuch am untauglichen Objekt" stellt grundsätzlich eine verbotene Benachteiligung dar, Bauer/Göpfert/Krieger, AGG 2. Aufl. § 7 RN 11; Schaub/Linck, ArbR-Hdb. 13. Aufl. § 33 RN 72a; Schleusener in Schleusener/Suckow/Voigt AGG 2. Aufl. § 7 Rn. 3; Adomeit/Mohr AGG § 7 Rn. 2 [sog. „Putativbenachteiligung"]). Nach der Gesetzesbegründung trägt die Bestimmung nach § 7 Abs. 1 Halbs. 2 AGG dem Umstand Rechnung, dass Menschen oft bestimmte Eigenschaften oder Verhaltensweisen zugeschrieben werden, z. B. allein aufgrund ihres äußeren Erscheinungsbildes (BT-Drucks. 16/1780 S. 34), BAG, Urteil vom 17.12.2009, 8 AZR 670/08, NZA 2010, 383.

schuldens und die Schwere der Beeinträchtigung können sich aber wiederum auf die Höhe des Entschädigungsanspruchs auswirken.

Die Parteien streiten um einen Entschädigungsanspruch der Klägerin wegen Benachteiligung aufgrund des Alters. Die Beklagte bietet Objektschutz, Messe- und Veranstaltungsdienste an und hat dafür auf dem Gelände der Messe H ein sog. Messebüro eingerichtet. Von dort aus organisierte sie Dienstleistungsaufträge, die ihr von der D AG H, der vormaligen Beklagten zu 2), erteilt wurden. Während der Hmesse vom 16. bis 20. April 2007 sollte die Beklagte die Besucherregistrierung durchführen, mit der die exakte Besucherzahl ermittelt und die persönlichen Besucherdaten erfasst wurden. Die Besucherregistrierung erfolgte dabei nach einem genau festgelegten System, das deutschlandweit alle Messeveranstalter anerkannt haben und praktizieren. Dafür suchte die Beklagte mit einer Zeitungsanzeige vom 4. April 2007 „**Mitarbeiter** mit mindestens einer Fremdsprache zur Aushilfe". Die am 24. Februar 1959 geborene Klägerin hat ein Hochschulstudium als Diplomübersetzerin für Französisch und Spanisch absolviert und verfügt über gute Englischkenntnisse. Seit 1986 ist sie bei einem Arbeitgeber des öffentlichen Dienstes im Fremdsprachendienst beschäftigt, war jedoch im April 2007 bereits über einen längeren Zeitraum ohne Bezüge beurlaubt. Auf die Zeitungsannonce bewarb sich die Klägerin noch am 4. April 2007 telefonisch. Ihr Gesprächspartner bei der Beklagten war Herr L, der an diesem Tag wegen eines kurzfristigen Personalmangels bei den Einstellungsgesprächen aushalf. Wegen der Fremdsprachenkenntnisse der Klägerin merkte Herr L sie zunächst für eine Tätigkeit in der „Vollregistrierung" vor, die mit 9,05 Euro pro Stunde vergütet wird. Bei der persönlichen Vorstellung im Messebüro der Beklagten noch am selben Tag erklärte Herr L, nachdem er die Eingabe der Personaldaten der Klägerin in die EDV unterbrochen hatte, für die vorgesehene Tätigkeit in der Vollregistrierung sei die Klägerin zu alt. Dies habe eine Rücksprache mit der Beschäftigten Frau M der Beklagten ergeben und basiere auf einer entsprechenden Vorgabe der D AG H. Die Klägerin komme jedoch für eine andere Tätigkeit mit geringerer Vergütung in Betracht. Die Klägerin wies sofort auf eine aus ihrer Sicht vorliegende Altersdiskriminierung hin und bat sich wegen der anderen Tätigkeit Bedenkzeit aus.[4/5]

---

[4] Die Klägerin hat die Auffassung vertreten, die Beklagte und die D AG H als vormalige Beklagte zu 2) hätten sie als Gesamtschuldnerinnen wegen Altersdiskriminierung zu entschädigen. Der Anspruch nach § 15 Abs. 2 AGG setze keine schwerwiegende Persönlichkeitsrechtsverletzung voraus. Die Höhe der Entschädigung müsse abschreckend sein, um präventiv zu wirken und den Arbeitgeber von künftigen Benachteiligungen abzuhalten. 3/5 einer hochgerechneten Jahresvergütung seien angemessen. Dem Entschädigungsanspruch könne nicht ihr – ruhendes – Arbeitsverhältnis zu einem Arbeitgeber des öffentlichen Dienstes entgegengehalten werden, da hinsichtlich einer Nebentätigkeit für sie nur eine Anzeige-, keine Genehmigungspflicht bestanden habe. Das

Ein höherer Entschädigungsanspruch nach § 15 Abs. 2 AGG steht der Klägerin nicht zu. Das Landesarbeitsgericht hat seine Entscheidung im Wesentlichen wie folgt begründet: Wegen Altersdiskriminierung bei der Einstellung stehe der Klägerin ein Entschädigungsanspruch iHv. 1.000,00 Euro aus § 15 Abs. 2 Satz 1 AGG zu. Dieser setze weder eine schwerwiegende Persönlichkeitsrechtsverletzung der Klägerin noch ein Verschulden der Beklagten voraus. Die zunächst wegen ihres Alters verweigerte Einstellung der Klägerin in der Vollregistrierung verstoße gegen das Benachteiligungsverbot des § 7 Abs. 1 AGG. Das Verhalten des Herrn L sei der Beklagten zuzurechnen. Die später doch erfolgte Einstellung der Klägerin lasse die unmittelbare Benachteilung i.S.v. § 3 Abs. 1 AGG nicht entfallen. Diese sei nicht nach den §§ 8 ff. AGG gerechtfertigt. Unter Berücksichtigung aller Umstände des Einzelfalles sei eine Entschädigung von 1.000,00 Euro angemessen. Zu Lasten der Beklagten sei

---

Arbeitsgericht hat die (ursprünglich auch gegen die D AG gerichtete) Klage abgewiesen. Auf die Berufung der Klägerin hat das Landesarbeitsgericht nach Beweisaufnahme die Beklagte verurteilt, an die Klägerin eine Entschädigung iHv. 1.000,00 Euro zu zahlen und die weitergehende Berufung der Klägerin zurückgewiesen.

[5] **Abgelehnte Bewerber haben keinen berechtigten Auskunftsanspruch aus einem vorvertraglichen Schuldverhältnis bzw. nach den Grundsätzen von Treu und Glauben.** Aus § 242 BGB ergibt sich eine Auskunftspflicht, wenn die zwischen den Parteien bestehenden Rechtsbeziehungen es mit sich bringen, dass der Berechtigte in entschuldbarer Weise über Bestehen und Umfang seines Rechts im Ungewissen ist und der Verpflichtete die zur Beseitigung der Ungewissheit erforderliche Auskunft unschwer geben kann, BAG, NZA 2005, 983 = AP BGB § 242 Auskunftspflicht Nr. 39 = EzA BGB 2002 § 242 Auskunftspflicht Nr. 1. Der **Auskunftsanspruch setzt eine Sonderverbindung** zwischen den Parteien voraus BGH, NJW 1978, 1002. Allein die Tatsache, dass eine Person Informationen besitzt, die das Informationsbedürfnis einer Partei begründen, begründet keine Auskunftspflicht der anderen Person, BAGE 96, 274 = NZA 2001, 1093 = NJW 2001, 3804 = AP BGB § 242 Auskunftspflicht Nr. 35 = EzA BGB § 242 Auskunftspflicht Nr. 6. Bei der Sonderverbindung kann es sich z. B. um einen Vertrag, um ein gesetzliches Schuldverhältnis oder eine Rechtsbeziehung bei der Anbahnung eines Vertragsverhältnisses handeln. Außerhalb von Vertragsverhältnissen wird von der Rechtsprechung für einen Auskunftsanspruch grundsätzlich ein dem Grunde nach bereits feststehender Leistungsanspruch gefordert, BAGE 96, 274 = NZA 2001, 1093 = NJW 20013804 = AP BGB § 242 Auskunftspflicht Nr. 35 = EzA BGB § 242 Auskunftspflicht Nr. 6. **Im Rahmen eines bestehenden Vertragsverhältnisses reicht es aus, dass mit dem Auskunftsanspruch auch der Bestand eines Leistungsanspruchs geklärt werden soll,** sofern der Berechtigte die Wahrscheinlichkeit seines Anspruchs dargelegt hat, vgl. BAGE 96 274 = NZA 2001, 1093 = NJW 2001, 3804. Das BAG hat innerhalb eines Arbeitsverhältnisses Auskunftsansprüche auch bejaht, wenn dieser Auskunftsanspruch (auch) die Funktion hat, dem Berechtigten Informationen über das Bestehen des Anspruchs dem Grunde nach zu verschaffen, BAGE 113, 55 = NZA 2005, 289= AP BGB § 242 Auskunftspflicht Nr. 38 = EzA BGB 2002 § 242 Gleichbehandlung Nr. 5. Dieser weitergehende Auskunftsanspruch wird damit begründet, dass es sich dabei um eine Nebenpflicht aus dem Arbeitsverhältnis handelt und der Inhalt dieser Nebenpflicht durch eine besondere persönliche Bindung der Vertragspartner geprägt ist, und dass sich aus dem Arbeitsverhältnis spezifische Pflichten zur gegenseitigen Rücksichtnahme ergeben, vgl. BAGE 113, 55.

zu berücksichtigen, dass die Benachteiligung vorsätzlich erfolgt und keine Rechtfertigung erkennbar sei. **Für die Beklagte spreche die kurze Dauer der Diskriminierung, der Ersatz des materiellen Schadens und die ausdrückliche Entschuldigung.** Die Entschädigung müsse abschreckende Wirkung haben, jedoch sei auch die zu erwartende Bruttomonatsvergütung zu berücksichtigen, was sich aus § 15 Abs. 2 Satz 2 AGG ableiten lasse.

Ein Urteil kann von einer Partei nur mit einem Rechtsmittel angegriffen werden, so dass auch bei zwei Einlegungsakten nur von einem Rechtsmittel auszugehen ist.[6] Über dieses Rechtsmittel ist einheitlich zu entscheiden, selbst wenn eine Partei gegen eine bestimmte Entscheidung mehrfach Berufung oder Revision eingelegt hat.[7] Ihre Revision vom 25. November 2008 hat die Klägerin frist- und formgemäß begründet. Der Beschluss des Senats über die Zulassung der Revision auch für sie wurde der Klägerin am 26. März 2009 zugestellt, ihr Schriftsatz zur Revisionsbegründung vom 17. April 2009 wahrt die gesetzliche Begründungsfrist nach § 72a Abs. 6 Satz 3, § 74 Abs. 1 Satz 1 ArbGG.[8]

Nach § 15 Abs. 2 AGG kann eine angemessene Entschädigung in Geld verlangt werden. Dem Gericht wird damit hinsichtlich der Höhe der Entschädigung ein Beurteilungsspielraum eingeräumt.[9] Ist die Höhe des Betrages nach billigem Ermessen des Gerichts zu bestimmen, ist ein unbezifferter Zahlungsantrag zulässig. **Die Klägerin muss allerdings Tatsachen, die das Gericht bei der Bestimmung des Betrages heranziehen soll, benennen und die Größenordnung der geltend gemachten Forderung angeben.**[10] Diese Voraussetzungen sind erfüllt. Die Klägerin hat einen Sachverhalt dargelegt, der dem Gericht die Festsetzung der Höhe einer

---

[6] GK-ArbGG/Mikosch, Stand März 2010 § 74 RN 22.
[7] St. Rspr. des Bundesarbeitsgerichts und des Bundesgerichtshofs, vgl. BAG 18. November 2009 – 5 AZR 41/09 – EzA ArbGG 1979 § 66 Nr. 43; 13. September 1972 – 2 AZB 32/71 – BAGE 24, 432 = AP ZPO § 519b Nr. 8; BGH 15. Februar 2005 – XI ZR 171/04, MDR 2005, 824; 29. Juni 1966 – VI ZR 86/56 – BGHZ 45, 383.
[8] Auch die Anschlussrevision der Beklagten ist zulässig. Die Revisionsbegründung der Klägerin vom 17. April 2009 wurde ihr am 24. April 2009 zugestellt. Die Anschließung der Beklagten ging am Montag, den 25. Mai 2009 und damit innerhalb eines Monats beim Bundesarbeitsgericht ein (§ 554 Abs. 2 Satz 2 ZPO). Auf die bereits früher erfolgte Begründung der zusätzlich eingelegten Revision der Klägerin kommt es nicht an. Da sich die Revision der Klägerin als Fortsetzung des Beschwerdeverfahrens darstellt, § 72a Abs. 6 Satz 1 ArbGG, kommt es auf die innerhalb der Revisionsbegründungsfrist nach § 72a Abs. 6 Satz 3 ArbGG erfolgte Revisionsbegründung und ihre Zustellung an den Gegner für den Beginn der Anschließungsfrist nach § 554 Abs. 2 Satz 2 ZPO an.
[9] Vgl. BT-Drucks. 16/1780 S. 38.
[10] BAG, Urteil vom 22. Januar 2009 – 8 AZR 906/07 – RN 22, AP AGG § 15 Nr. 1 = EzA AGG § 15 Nr. 1; 16. September 2008 – 9 AZR 791/07 – BAGE 127, 367 = AP SGB IX § 81 Nr. 15 = EzA SGB IX § 81 Nr. 17; 12. September 2006 – 9 AZR 807/05 – RN 12, BAGE 119, 262 = AP SGB IX § 81 Nr. 13 = EzA SGB IX § 81 Nr. 14.

Entschädigung ermöglicht, und Angaben zur Größenordnung dieser Entschädigung gemacht.[11]

Die Parteien unterfallen dem persönlichen Anwendungsbereich des AGG.[12] Die Klägerin galt schon im Zeitpunkt ihrer Benachteiligung als **Beschäftigte**, § 6 Abs. 1 Satz 1 in Verb. mit Satz 2 AGG, ohne dass es dabei darauf ankäme, ob sie für die Tätigkeit in der Vollregistrierung objektiv geeignet war. Die **objektive Eignung einer Bewerberin ist keine Tatbestandsvoraussetzung für einen Anspruch nach § 15 Abs. 1 oder 2 in Verb. mit § 6 Abs. 1 S. 2 AGG.**[13] Der Wortlaut des § 6 Abs. 1 Satz 1 AGG bietet keinen Anhaltspunkt für das Erfordernis eines solchen Tatbestandsmerkmals. Für eine Auslegung über den Wortlaut hinaus besteht auch angesichts des § 3 Abs. 1 AGG kein Bedürfnis. Ob die **subjektive Ernsthaftigkeit der Bewerbung Voraussetzung der Aktivlegitimation** ist.[14] kann hier offenbleiben.

Nach § 15 Abs. 2 S. 1 AGG hat die Klägerin wegen ihres Schadens, der nicht Vermögensschaden ist, einen Anspruch auf eine angemessene Entschädigung in Geld, weil die Beklagte sie entgegen § 7 Abs. 1 in Verb. mit § 1 AGG wegen ihres Alters benachteiligt hat.[15] Die Beklagte hat die Klägerin wegen ihres Alters unmittelbar i.S.d. § 3 Abs. 1 AGG benachteiligt.

Eine **unmittelbare Benachteiligung** i.S.d. § 3 Abs. 1 AGG liegt vor, wenn eine Person bei einer Maßnahme i.S.d. § 2 Abs. 1 AGG wegen eines in § 1 AGG genannten Grundes eine weniger günstige Behandlung erfährt als eine andere Person in

---

[11] Die Klage ist jedoch unbegründet, soweit die Klägerin nach § 15 Abs. 2 Satz 1 AGG eine höhere Entschädigung als die vom Landesarbeitsgericht festgesetzten 1.000,00 Euro beansprucht.
[12] Die Beklagte ist Arbeitgeberin iSd. AGG, weil sie mittels einer Zeitungsanzeige um Bewerbungen, also um Beschäftigte iSd. § 6 Abs. 1 AGG geworben hat, § 6 Abs. 2 Satz 1 AGG.
[13] BAG, Urteil vom 18. März 2010 – 8 AZR 77/09 –; offengelassen BAG, Urteil vom 28. Mai 2009 – 8 AZR 536/08 – AP AGG § 8 Nr. 1 = EzA AGG § 8 Nr. 1 – Anspruchsteller nach § 15 Abs. 2 AGG kann ein Beschäftigter oder eine Beschäftigte sein, wobei als solche nach § 6 Abs. 1 S. 2 und Abs. 3 AGG auch Bewerber und Bewerberinnen für ein Beschäftigungsverhältnis gelten. In Rechtsprechung und Schrifttum wird neben einer Bewerbung verlangt, **dass die Person objektiv für die zu besetzende Stelle in Betracht kommt** und sich subjektiv ernsthaft bewirbt, BAG, NZA 2009, 1016 = NJW 2009, 3672 RN 25; Schleusener, in: Schleusener/Suckow/Voigt, § 2 RN 7; Bauer/Göpfert/Krieger, § 6 RN 10 ff.; Walker, NZA 2009, 5; Schlachter, in ErfK, 10. Aufl., § 6 AGG, RN 3. Richtigerweise wird man die objektive Geeignetheit für die zu besetzende Stelle nicht angesichts des klaren Wortlauts als ungeschriebenes Tatbestandsmerkmal des Entschädigungsanspruchs voraussetzen dürfen, da ansonsten der angestrebte Schutzzweck der Diskriminierungsvorschriften unterlaufen würde. Als Korrektiv und zur Verhinderung missbräuchlicher Berufung auf das AGG ist darauf abzustellen, dass der Bewerber nicht von vornherein für die Stelle offensichtlich ungeeignet war bzw. subjektiv die Stelle gar nicht antreten wollte.
[14] Vgl. BAG 27. April 2000 – 8 AZR 295/99 , BGleiG E.II.2.1 BGB § 611a Nr. 2.
[15] BAG, Urteil vom 22. Januar 2009 – 8 AZR 906/07 – RN 28, AP AGG § 15 Nr. 1 = EzA AGG § 15 Nr. 1.

einer vergleichbaren Situation, wobei die sich nachteilig auswirkende Maßnahme direkt an das verbotene Merkmal anknüpfen muss.[16] Die auf die Bewerbung der Klägerin hin am 4. April 2007 erfolgte Entscheidung der Beklagten, die Klägerin wegen ihres Alters nicht in der Vollregistrierung einzustellen, betraf den Zugang der Klägerin zu unselbständiger Erwerbstätigkeit, stellte also eine Maßnahme i.S.d. § 2 Abs. 1 Nr. 1 AGG dar.

Dabei hat die Klägerin wegen ihres **Alters**, also wegen eines in § 1 AGG genannten Grundes, eine weniger günstige Behandlung erfahren als eine andere Person in einer vergleichbaren Situation, § 3 Abs. 1 Satz 1 AGG. Die Klägerin wurde **ungünstiger behandelt als tatsächliche oder potentielle Bewerberinnen**, denn ihre Bewerbung für eine Beschäftigung in der Vollregistrierung wurde – zunächst – am 4. April 2007 abgelehnt. Dies stellt eine ungünstige Behandlung dar, **unabhängig davon, ob die Klägerin bei „passendem" Alter eingestellt worden wäre**.[17] **Die ungünstigere Behandlung der Klägerin erfolgte in einer vergleichbaren Situation** i.S.d. § 3 Abs. 1 Satz 1 AGG, denn die Klägerin erfüllte die Voraussetzung, objektiv für die Beschäftigung in der Vollregistrierung geeignet zu sein. Vergleichbar i.S.d. § 3 Abs. 1 Satz 1 AGG ist die Auswahlsituation nur für Arbeitnehmer, die gleichermaßen die objektive Eignung für die zu besetzende Stelle aufweisen. Zu Recht wird für das **Vorliegen einer Benachteiligung** verlangt, dass eine Person, die an sich für die Tätigkeit geeignet wäre, nicht ausgewählt oder schon nicht in Betracht gezogen wurde.[18] Könnte auch ein objektiv ungeeigneter Bewerber immaterielle Entschädigung nach § 15 Abs. 2 AGG verlangen, stünde dies nicht im Einklang mit dem Schutzzweck des AGG. Das AGG will vor ungerechtfertigter Benachteiligung schützen, nicht eine unredliche Gesinnung des (potentiellen) Arbeitgebers sanktionieren. Die objektive Eignung ist also keine ungeschriebene Voraussetzung der Bewerbereigenschaft, sondern Kriterium der „vergleichbaren Situation" i.S.d. § 3 Abs. 1 AGG.[19] Maßgeblich für die objektive Eignung ist dabei nicht das formelle Anforderungsprofil des jeweiligen Arbeitgebers, sondern die Anforderungen, welche an die jeweilige Tätigkeit nach der im Arbeitsleben herrschenden

---

[16] BAG, Urteil vom 14. August 2007 – 9 AZR 943/06 – BAGE 123, 358 = AP AGG § 33 Nr. 1 = EzA BGB 2002 § 611a Nr. 5.
[17] BAG, Urteil vom 28. Mai 2009 – 8 AZR 536/08 -AP AGG § 8 Nr. 1 = EzA AGG § 8 Nr. 1; BVerfG 16. November 1993 – 1 BvR 258/86 – BVerfGE 89, 276.
[18] So ausdrücklich BAG, Urteil vom 5. Februar 2004 – 8 AZR 112/03 – BAGE 109, 265 = AP BGB § 611a Nr. 23 = EzA BGB 2002 § 611a Nr. 3; Däubler, in Bertzbach-Däubler, AGG 2. Aufl. § 7 RN 9; Adomeit/Mohr, AGG § 22 RN 27; Schlachter, in ErfK, 10. Aufl. § 6 AGG, RN 3; a. A.: vgl. Schiek/Kocher, AGG § 22 RN 25, § 3 RN 7; LAG Berlin-Brandenburg 26. November 2008 – 15 Sa 517/08 – LAGE AGG § 22 Nr. 1.
[19] BAG, Urteil vom 18. März 2010 – 8 AZR 77/09.

Verkehrsanschauung gestellt werden.[20] Dass die Klägerin für eine Beschäftigung in der Vollregistrierung objektiv geeignet war, steht zwischen den Parteien nicht im Streit und angesichts ihrer später doch erfolgten Beschäftigung außer Frage.

Die Benachteiligung der Klägerin erfolgte nach der von dem Beschäftigten L am 4. April 2007 gegebenen Begründung wegen ihres Alters. **Es reicht für die Kausalität des verbotenen Merkmals i.S.d. § 7 Abs. 1, § 3 Abs. 1 AGG aus, wenn in einem Motivbündel, das die Entscheidung beeinflusst hat, das Merkmal als Kriterium enthalten gewesen ist.**[21] Die Klägerin wurde am 4. April 2007 wegen ihres Alters nicht für die Vollregistrierung eingestellt, selbst dann nicht, als sie umgehend darauf hinwies, sie werde wegen ihres Alters diskriminiert. Eine Einstellung erfolgte vielmehr erst, nachdem sie mit ihrem Schreiben vom 14. April 2007 einen Entschädigungsanspruch geltend gemacht hatte. Damit war für die Ablehnungsentscheidung vom 4. April 2007 gerade das Lebensalter der Klägerin entscheidend.[22]

Bedient sich der **Arbeitgeber bei der Anbahnung eines Arbeitsverhältnisses eigener Mitarbeiter oder Dritter** (z. B. der Bundesagentur für Arbeit),[23/24] so trifft

---

[20] Bauer/Göpfert/Krieger, AGG 2. Aufl. § 3 RN 15.

[21] BAG, Urteil vom 18. März 2010 – 8 AZR 77/09 –; 21. Juli 2009 – 9 AZR 431/08 – RN 40, AP SGB IX § 82 Nr. 1 = EzA SGB IX § 82 Nr. 1; BVerfG 16. November 1993 – 1 BvR 258/86 – BVerfGE 89, 276.

[22] Die ungünstigere Behandlung der Klägerin am 4. April 2007 wird weder durch die später vorgenommene Einstellung noch durch die tatsächliche Beschäftigung der Klägerin ab 18. April 2007 aufgehoben. Die unmittelbare Benachteiligung ist auch nicht nach § 8 oder § 10 AGG gerechtfertigt oder nach § 5 AGG zulässig gewesen.

[23] Unternehmen schalten häufig Dritte bei der Personalbeschaffung ein, sei es durch die Platzierung von Anzeigen in Zeitungen und Internetportalen oder durch die Einschaltung professioneller Personalberater („Headhunter") bzw. Inanspruchnahme der Agenturen für Arbeit. Bei Stellenausschreibungen von Personalberatern tritt der Auftraggeber der Personalvermittlung, also der zukünftige Arbeitgeber, im Regelfall überhaupt nicht in Erscheinung. Der Bewerber weiß demnach bei Erscheinen einer Personalanzeige und Einreichung seiner Bewerbung bei der Personalvermittlung nicht, welches Unternehmen hinter der Stellenausschreibung steht. Kommt es zu **Stellenausschreibungen mit diskriminierenden Inhalten,** Verstoß gegen § 11 AGG, und verlangt ein abgelehnter Bewerber die Zahlung einer Entschädigung, stellen sich schwierige Zurechnungs- und Verfahrensfragen, vgl. Diller, Einstellungsdiskriminierung durch Dritte – Im Irrgarten von Entschädigung, Auskunft, einstweiliger Verfügung, Ausschlussfrist und Rechtsweg, NZA 2007, 649. § 11 AGG verlangt, dass ein Arbeitsplatz nicht unter Verstoß gegen die Benachteiligungsverbote des § 7 Abs. 1 AGG ausgeschrieben wird. Ein Verstoß gegen § 11 AGG nur mittelbare Rechtsfolgen aus, nämlich die Indizwirkung im Rahmen des § 22 AGG: Ist eine Stelle unter Verstoß gegen § 11 AGG ausgeschrieben worden, begründet dies nach der Rechtsprechung ein Indiz dafür, dass eine Benachteiligung bei der Stellenauswahl vorliegt, BAG, NZA 2004, 543 = NJW 2004, 2112; BAG, EzA Nr. 3 zu § 611a BGB 2002 mit ausf. Anm. Herresthal; Simon/Greßlin, AGG: **Haftung des Arbeitgebers bei Benachteiligungen durch Beschäftigte und Dritte,** BB 2007, der Arbeitgeber hat Schadensersatz und Entschädigung für Benachteiligungen zu leisten, die er selbst bzw. seine Organe (Vorstand, Geschäftsführer) begangen haben. Aber auch Benachteiligungen durch Vorgesetzte treffen den Arbeitgeber, weil sie ihm in aller Regel zuzurechnen sind. Entgegen einer in der Praxis anzutreffenden Fehlvorstellung kann sich der Arbeitgeber auch

ihn die volle Verantwortlichkeit für deren Verhalten.[25] Der Anspruch auf Entschädigung nach § 15 Abs. 2 AGG setzt **keinen schuldhaften Verstoß des Arbeitgebers**

---

[24] nicht durch Mitarbeiterschulungen zum AGG einer Haftung wegen Benachteiligungen durch Vorgesetzte entziehen. Kommt es zu Benachteiligungen zwischen Arbeitskollegen ohne Vorgesetztenfunktion, wobei praktisch nur (sexuelle) Belästigungen in Betracht kommen, haftet der Arbeitgeber hierfür nicht nach dem AGG. Bei der Einschaltung eines Personalberaters spielt die Inanspruchnahme eines besonderen persönlichen Vertrauens eine große Rolle. Personalberater werden von Unternehmen typischerweise deshalb eingeschaltet, weil sie einen besseren Überblick über den Markt und die möglichen Kandidaten haben, Diller, NZA 2007, 652. Die am Einstellungsverfahren Beteiligten verlassen sich darauf, dass der Personalberater nicht nur die Vorzüge einzelner Kandidaten bzw. des suchenden Unternehmens preist, sondern auch offen auf Probleme und Schwächen hinweist. Sie begründen Vertrauen in dessen Tätigkeit. Vertrauen, dass bei diskriminierendem Verhalten unmittelbar durch dieses Verhalten enttäuscht wird. Die unmittelbare Haftung des Personalberaters aus culpa in contrahendo entspricht auch den wirtschaftlichen Interessen aller Beteiligten. Das AGG fingiert weder das Bestehen eines Arbeitsverhältnisses zwischen dem Bewerber und dem Arbeitgeber noch bestimmt es, dass einem Bewerber allgemein die gleichen Rechte und Pflichten wie einem Arbeitnehmer in einem bestehenden Arbeitsverhältnis zukommen. § 6 Abs. 1 S. 2 AGG regelt nur, dass Bewerber für ein Beschäftigungsverhältnis als Beschäftigte im Sinne des AGG gelten. Allerdings ist von einem Zustandekommen eines Schuldverhältnisses nach § 311 Abs. 2 Nr. 2 BGB (Anbahnung eines Vertrags) zwischen einem Bewerber und einem potentiellen ArbG auszugehen, so dass vorvertragliche Schutz- und Fürsorgepflichten entstehen. Diese verletzt der Personalberater in Erfüllung seiner Aufgaben, die er als Erfüllungsgehilfe des ArbG wahrnimmt. Dem ArbG ist das Fehlverhalten des Personalberaters nach § 278 BGB zuzurechnen. In der Literatur wird der Anspruch gegen den Arbeitgeber zumeist ebenfalls aus § 278 BGB hergeleitet, weil der Personalvermittler als Erfüllungsgehilfe des Arbeitgebers tätig wird, s. etwa Schwab, NZA 2007, 179, und Stein, in: Wendeling-Schröder/Stein, AGG, 2008, § 15 RN 7; vgl. auch BAG, NJW 2004, 2112 = NZA 2004, 540 = AP BGB § 611a Nr. 23 (Stellenausschreibung durch die BA).

Unabhängig von der fehlenden gesetzlichen Anspruchsgrundlage für einen Auskunftsanspruch gegen den Personalvermittler auf Mitteilung seines Auftraggebers, um einen Entschädigungsanspruch vorzubereiten, ist die Geltendmachung eines Entschädigungsanspruchs gegen den Arbeitgeber über den Umweg des Auskunftsanspruchs gegen den Personalvermittler fast unmöglich, da die **zweimonatige Frist des § 15 Abs. 4 AGG** verstrichen sein dürfte, bis ein Gericht entschieden hat. Der Personalberater haftet wegen der aufgezeigten Interessenlage bei vorvertraglicher Schlechterfüllung m. E. unmittelbar; vgl. aber Fischer, Diskriminierung durch Dritte bei der Bewerberauswahl, NJW 2009, 3547 – es fehlt an einer gesetzlichen Grundlage. Die entscheidende Frage ist, mit wem im Falle der Personalsuche über Personalberater ein Vertragsanbahnungsverhältnis zu Stande kommt. Besteht es zwischen dem Bewerber und dem Personalberater oder dem Arbeitgeber? Die besseren Argumente sprechen dafür, dass das Vertragsanbahnungsverhältnis unmittelbar zwischen dem Bewerber und dem Personalberater besteht. Aus Sicht des Bewerbers ist der eingeschaltete Personalberater nicht nur eine unselbständige Hilfsperson des Arbeitgebers, sondern der Hauptakteur, der dem Bewerber gegenüber auch eine eigene geschäftliche Leistung erbringt, Diller, a.a.O. Mit der Kontaktaufnahme des Bewerbers auf eine Personalanzeige kommt spätestens bei Rückantwort des Personaldienstleisters ein Vertragsanbahnungsverhältnis mit Fürsorge, Aufklärungs- und Loyalitätspflichten § 241 Abs. 2 BGB zu Stande. Verstößt der Personaldienstleister gegen bewerberbezogene gesetzliche Vorschriften verletzt er diese nichtleistungsbezogenen Nebenpflichten schuldhaft.

[25] Zu § 611a BGB aF BAG, Urteil vom 5. Februar 2004 – 8 AZR 112/03, BAGE 109, 265 = AP BGB § 611a Nr. 23 = EzA BGB 2002 § 611a Nr. 3; Stoffels, RdA 2009, 207 f.

gegen ein Benachteiligungsverbot voraus.[26] Weder aus dem Wortlaut noch aus der Gesetzessystematik ergibt sich zwingend, dass ein Entschädigungsanspruch nur bei Vorliegen der in § 15 Abs. 1 Satz 1 und 2 AGG genannten Voraussetzungen gegeben ist. Auch die Entstehungsgeschichte des Gesetzes spricht dafür, dass mit § 15 Abs. 2 AGG eine verschuldensunabhängige Haftung begründet werden sollte. Dies entspricht auch einer gemeinschaftsrechtskonformen Auslegung.[27] Daher kann im Rahmen von § 15 Abs. 2 AGG dahinstehen, ob das Berufungsgericht zutreffend erkannt hat, das strittige Vorbringen der Beklagten zur Schulung des Beschäftigten L sei nicht hinreichend substanziiert. Darauf kann es nur bei einem verschuldensabhängigen Schadensersatzanspruch ankommen.

Die Beklagte ist wegen des ihr zurechenbaren Verstoßes gegen das Benachteiligungsverbot nach § 15 Abs. 2 AGG verpflichtet, der Klägerin eine angemessene Entschädigung in Geld zu zahlen. Eine schwerwiegende Verletzung ihres allgemeinen Persönlichkeitsrechts oder eine erhebliche Benachteiligung sind nicht erforderlich. Dem steht bereits der Wortlaut des § 15 AGG entgegen, nach dem nur ein „Schaden, der nicht Vermögensschaden ist", vorliegen muss. § 15 Abs. 2 AGG enthält eine eigenständige Anspruchsgrundlage für einen Entschädigungsanspruch. Die Grundsätze, die für den Anspruch auf Schmerzensgeld bei Verletzung des allgemeinen Persönlichkeitsrechts gelten, sind nicht anzuwenden.[28] Vielmehr ist vom Vorliegen eines immateriellen Schadens auszugehen, wenn ein Verstoß gegen das Benachteiligungsverbot feststeht. Der Gesetzgeber wollte mit der Schaffung des § 15 Abs. 2 AGG die Forderungen der Richtlinien sowie der Rechtsprechung des Europäischen Gerichtshofs nach einer wirksamen und verschuldensunabhängig ausgestalteten Sanktion bei Verletzung des Benachteiligungsverbotes erfüllen. In der Gesetzesbegründung wurde klargestellt, dass die Entschädigung ausschließlich für immaterielle Schäden gewährt wird, die regelmäßig bei einer ungerechtfertigten Benachteiligung aus den in § 1 AGG genannten Gründen vorliegen, wobei § 15 Abs. 2 AGG gegenüber § 253 BGB die speziellere Norm ist.[29] Es kann dabei auch dahinstehen, ob in bestimmten Ausnahmefällen ein immaterieller Schaden deswegen zu verneinen ist, weil die Benachteiligung so geringe Auswirkungen hatte, dass die Zahlung einer Entschädigung nicht mehr in angemessenem Verhältnis zur Benachteiligung stünde. Denn vorliegend wurde die Klägerin bewusst und unmittelbar

---

[26] BAG, Urteil vom 22. Januar 2009 – 8 AZR 906/07 – RN 61 ff., AP AGG § 15 Nr. 1 = EzA AGG § 15 Nr. 1.
[27] BAG, Urteil vom 22. Januar 2009 – 8 AZR 906/07 – RN 67.
[28] BAG, Urteil vom 22. Januar 2009 – 8 AZR 906/07 –RN 70f, AP AGG § 15 Nr. 1 = EzA AGG § 15 Nr. 1.
[29] BT-Drucks. 16/1780 S. 38.

wegen ihres Alters ungünstiger behandelt, obwohl sie unverzüglich Diskriminierung geltend machte und sie wurde erst tatsächlich eingestellt, nachdem sie Entschädigung verlangt hatte. Zu einer tatsächlichen Beschäftigung kam es nur an drei der ursprünglich vorgesehenen fünf Tage. Diese Auswirkungen lassen eine Entschädigung nicht als unangemessen erscheinen..

Bei der Entscheidung der Frage, welche **Entschädigung angemessen** i.S.v. § 15 Abs. 2 AGG ist, besteht für die **Gerichte ein Beurteilungsspielraum**, innerhalb dessen sie die Besonderheiten jedes einzelnen Falles zu berücksichtigen haben.[30] § 15 Abs. 2 AGG entspricht der Regelung zum Schmerzensgeld in § 253 BGB. Hängt die Höhe des Entschädigungsanspruchs von einem Beurteilungsspielraum ab, dann ist die Bemessung des Entschädigungsanspruchs grundsätzlich Aufgabe des Tatrichters.[31] Die Festsetzung der angemessenen Entschädigung obliegt demnach nur einer eingeschränkten Überprüfung durch das Revisionsgericht. Das Berufungsurteil muss das Bemühen um eine angemessene Berücksichtigung aller maßgeblichen Umstände erkennen lassen und darf nicht gegen Rechtssätze, Denkgesetze und Erfahrungssätze verstoßen haben.[32]

Innerbetriebliche Stellenausschreibung[33]: Unwirksamkeit bei ungerechtfertigter Benachteiligung wegen des Alters[34]

1. Für die Annahme einer mittelbaren Benachteiligung wegen des Alters i. S. d. § 3 Abs. 2 AGG ist kein statistischer Nachweis erforderlich, dass eine bestimmte

---

[30] BT-Drucks. 16/1780 S. 38.
[31] BAG, Urteil vom 22. Januar 2009 – 8 AZR 906/07 – RN 80, AP AGG § 15 Nr. 1 = EzA AGG § 15 Nr. 1; zu einem Schmerzensgeldanspruch nach § 253 Abs. 2 BGB 25. Oktober 2007 – 8 AZR 593/06 – BAGE 124, 295 = AP BGB § 611 Mobbing Nr. 6 = EzA BGB 2002 § 611 Persönlichkeitsrecht Nr. 7; 16. Mai 2007 – 8 AZR 709/06 – BAGE 122, 304 = AP BGB § 611 Mobbing Nr. 5 = EzA BGB 2002 § 611 Persönlichkeitsrecht Nr. 6.
[32] BGH, Urteil vom12. Mai 1998 – VI ZR 182/97 – BGHZ 138, 388.
[33] Die Begrenzung einer innerbetrieblichen Stellenausschreibung auf Arbeitnehmer im ersten Berufsjahr kann eine nach § 3 Abs. 2 AGG unzulässige mittelbare Benachteiligung wegen des Alters sein, BAG, Beschluss vom 18.08.2009 – 1 ABR 47/08 (LAG Hessen 06.03.2008 – 9 TaBV 251/07), Bauer, ArbRAktuell 2009, 288215 – Arbeitnehmer mit mehreren Berufsjahren würden typischerweise gegenüber Arbeitnehmern im 1.Bj ein höheres Lebensalter aufweisen. Eine solche Beschränkung wäre gerechtfertigt, wenn der Arbeitgeber mit ihr ein rechtmäßiges Ziel verfolge und sie zur Erreichung dieses Ziels angemessen und erforderlich sei
[34] BAG, Beschluss vom 18.08.2009 – 1 ABR 47/08; Bauer, ArbRAktuell 2009, 45 – das Merkmal „1.Bj" ist zwar **scheinbar altersneutral, da es für sich gesehen kein bestimmtes Lebensalter nennt.** Dennoch führt es mittelbar zu einer Benachteiligung älterer Bewerber/innen. Diese Benachteiligung ist nicht nach § 3 Abs. 2 AGG gerechtfertigt, weil kein rechtmäßiges Ziel vorliegt. Die Absicht des Arbeitgebers, durch die Einstellung von Verkaufs-/Kassierkräften im 1.Bj Kosten zu sparen, kann die Ungleichbehandlung nicht rechtfertigen.

Altersgruppe durch die in Frage stehenden Kriterien tatsächlich wegen ihres Alters benachteiligt[35] wird. Es ist ausreichend, wenn das Kriterium hierzu typischerweise geeignet ist.[36] Dies folgt aus dem Gesetzeswortlaut und entspricht dem gemeinschaftsrechtlichen Gebot des effet-utile, wonach die Regelungen einer Richtlinie innerhalb ihres Geltungsbereichs tatsächliche Wirksamkeit entfalten sollen.

2. Eine mittelbare Ungleichbehandlung wegen eines in § 1 AGG genannten Merkmals[37] kann durch ein legitimes Ziel[38] und die Wahl von verhältnismäßigen Mitteln zu seiner Durchsetzung gerechtfertigt werden.

---

[35] Eine **unmittelbare Benachteiligung** wegen eines vom AGG verpönten Merkmals kommt nur in einer vergleichbaren Situation in Betracht, d h wenn der Bewerbung eines Kandidaten mit der anderer Bewerber vergleichbar ist. Maßgeblich hierfür ist das vom Arbeitgeber entwickelte Anforderungsprofil, wenn es nach allgemeiner Verkehrsanschauung plausibel erscheint, BAG, Urteil vom 19.08.2010 – 8 AZR 466/09, mit Anm. Lingemann. Die Klägerin, ausgebildete Reisekauffrau mit Erfahrungen in Integrationsprojekten für Menschen mit Migrationshintergrund, verfügt nicht über eine Hochschulausbildung. Sie ist türkischer Herkunft und Muslimin. Sie wurde von der Beklagten auch auf ihre Religions- und Kirchenzugehörigkeit nach Eingang ihrer Bewerbung angesprochen. Schon eine gegen § 11 i V m §§ 7 Abs. 1, 1 AGG verstoßende Ausschreibung begründet die Vermutung des § 22 AGG für die Benachteiligung desjenigen Bewerbers, der das Merkmal erfüllt und abgelehnt wurde, vgl. BAG, NZA 2004, 540; PWW/Lingemann, 5. Aufl. 2010, § 7 AGG RN 3,5. Aber: Benachteiligt werden kann im Stellenbesetzungsverfahren bei einer solchen Ausschreibung nur derjenige, der objektiv für die zu besetzende Stelle überhaupt in Betracht kommt, also die in der Stellenausschreibung offen gelegten Anforderungen erfüllt.

[36] **Auskunftsanspruch eines abgelehnten Stellenbewerbers** gegen den Arbeitgeber? Dem EuGH wird folgende Frage zur Vorabentscheidung vorgelegt: „Gebietet es das Gemeinschaftsrecht, einem Bewerber, der darlegt, dass er die Voraussetzungen für eine von einem Arbeitgeber ausgeschriebene Stelle erfüllt, dessen Bewerbung jedoch nicht berücksichtigt wurde, gegen den Arbeitgeber einen Anspruch auf Auskunft einzuräumen, ob dieser einen anderen Bewerber eingestellt hat und wenn ja, aufgrund welcher Kriterien diese Einstellung erfolgt ist?", BAG, Beschl. v. 20.05.2010, 8 AZR 287/08 mit Anm. Bauer, ArbRAktuell 2010, 304282 – einen Anspruch eines nicht eingestellten Bewerbers auf Auskunft gegen den verhinderten ArbG, ob diese einen anderen Bewerber eingestellt habe und gegebenenfalls auf Grund welcher Kriterien, gibt es nach nationalem Recht nicht. s an der Kausalität der durch die Auskunft erreichbaren Tatsachen für geltend gemachte Entschädigung fehlen. Was gewänne eine abgelehnte ältere, katholische Bewerberin, würde sie mit Hilfe des Auskunftsrechts erfahren, dass sich der Arbeitgeber für einen jüngeren, evangelischen Mann entschieden hat? Ein **Indiz i.S.d § 22 AGG liegt erst dann vor, wenn sich aus echten Hilfstatsachen (z.B. einer entsprechenden Stellenanzeige) ergibt, dass der Arbeitgeber nur Männer, Protestanten und/oder jüngere Personen einstellen will.**

[37] Gruber, NZA 2009, 1247, beschreibt zwei problematische Punkte des AGG, die Anforderung von **Passbildern** und die Suche nach „muttersprachlichen" Mitarbeitern/innen als mögliche Diskriminierungsform. Zu den Diskriminierungsmerkmalen nach § 1 AGG zählen unter anderem die Kriterien „Rasse" und „ethnische Herkunft". Weder der Begriff „Rasse" noch der Begriff „ethnische Herkunft" wird im AGG erläutert. Beide Merkmale wurden aus der Richtlinie 2000/43/EG des Rates vom 29. 6. 2000 zur Anwendung des Gleichbehandlungsgrundsatzes ohne Unterschied der Rasse oder der ethnischen Herkunft übernommen, ABlEG 2000 Nr. L 180, S. 22. Die Aufforderung, der Bewerbung ein Lichtbild beizufügen, könnte zu einer Diskriminierung auf Grund der Rasse führen, Vgl. z.B. den Warnhinweis bei Lingemann, in: Prütting/Wegen/Weinreich, BGB, 4.

3. Ein „grober Verstoß" des Arbeitgebers[39] gegen seine aus dem AGG ergebenden Pflichten liegt vor, wenn es sich um eine objektiv erhebliche und offensichtlich schwerwiegende Pflichtverletzung handelt, wobei es auf ein Verschulden nicht ankommt.[40] Die für das Merkmal des „groben" Verstoßes i. S. v. § 23 Abs. 3 S.

[38] Aufl. (2009), § 2 AGG RN 6. Die Anforderung eines Lichtbildes ist ein – allerdings nur sehr schwaches – Indiz für eine Diskriminierung wegen der „Rasse", zumal spätestens bei einem Vorstellungsgespräch die Hautfarbe bzw. Ethnie sichtbar wird, schließlich wird kaum ein Bewerber mit Maske ein solches Gespräch aufsuchen. Ob bereits die Herkunft als Spanier die Ethnie betrifft, ist bereits fraglich. Staatsangehörigkeit und/oder Sprache kennzeichnen für sich alleine die Ethnie nicht, ArbG Berlin, AuR 2008, 112.
Im Palandt heißt es kurz und knapp: „Die Nichtberücksichtigung eines Bewerbers wegen **fehlender Deutschkenntnisse ist keine ethnische Diskriminierung.**" Die Frage nach **Sprachkenntnissen** ist nur dort zulässig, wo diese Kenntnisse für die erfolgreiche Ausübung der Tätigkeit notwendig sind, Gruber, a.a.O.; Däubler, in: Däubler/Bertzbach, § 7 RN 24. Wird ohne sachlichen Grund auf besondere Sprachkenntnisse Wert gelegt, kann dies zu einer Diskriminierung wegen der ethnischen Herkunft führen. Dieser Punkt ist somit für die Frage der Diskriminierung entscheidend. Verlangt der Arbeitgeber allerdings von seinen Arbeitnehmern Kenntnisse der deutschen Schriftsprache, **damit sie schriftliche Arbeitsanweisungen verstehen** und die betrieblichen Aufgaben so gut wie möglich erledigen können, so verfolgt er ein sachlich gerechtfertigtes Ziel. BAG, Urteil vom 28.1.2010 2 AZR 764/08, DB 2010, 1071 = BB 2010, S. 1733; Die **Forderung von Sprachkenntnissen, die der optimalen Erledigung der Arbeit dienen, verstößt nicht gegen das AGG**, Leder, BB 2010, 1733. Das BAG schränkt die Freiheit von Arbeitgebern bei der Festlegung von Anforderungsprofilen für Arbeitsplätze zu Recht nicht weiter ein, als dies vom Sinn und Zweck der Diskriminierungsverbote geboten ist. Ein Arbeitgeber kann ohne zu diskriminieren das Vorhandensein solcher Qualifikationsmerkmale von seinen Arbeitnehmern verlangen, die – wie Sprachkenntnisse – nicht unmittelbar an ein in § 1 AGG genanntes Merkmal anknüpfen. Hieran ändert sich selbst dann nichts, wenn dadurch Merkmalsträger – etwa Angehörige einer bestimmten Ethnie – überproportional (mittelbar) betroffen werden, solange der Arbeitgeber mit dem Qualifikationsmerkmal eine Optimierung der Arbeitsleistung bezweckt.

[39] Arbeitgeber **sollten bei jeder Stellenausschreibung genauestens prüfen, ob nicht eine Benachteiligung eines potenziellen Bewerbers aus Gründen der Rasse oder wegen der ethnischen Herkunft, des Geschlechts, der Religion oder Weltanschauung, einer Behinderung, des Alters oder der sexuellen Identität vorliegt.** Dabei ist wegen der Möglichkeit einer mittelbaren Benachteiligung kritisch zu durchleuchten, ob die in der Stellenbeschreibung genannten Kriterien sich auch nicht mittelbar auf Benachteiligungsmerkmale beziehen, Lipinski, BB 2010, 836.

[40] Nach dem deutschen Zivilprozessrecht einschließlich des arbeitsgerichtlichen Urteilsverfahrens trägt derjenige, der ein Recht für sich in Anspruch nimmt, die Beweislast für die anspruchsbegründenden Tatsachen. Die Darlegungslast entspricht dabei grundsätzlich der Beweislast, d. h. derjenige, dem die Beweislast obliegt, muss zunächst die anspruchsbegründenden Tatsachen darlegen. Zu diesen gehört bei der Geltendmachung eines Anspruchs auf Zahlung einer Entschädigung wegen eines Verstoßes gegen das Benachteiligungsverbot der Umstand der Tatsache, dass die ungünstigere Behandlung wegen eines in § 1 AGG genannten Grundes erfolgt ist. Der im arbeitsgerichtlichen Urteilsverfahren geltende Beibringungsgrundsatz verlangt einen schlüssigen Tatsachenvortrag der Parteien. Für einen solchen genügt es nicht, wenn eine Partei lediglich **Mutmaßungen aufstellt. Unzulässig ist es grundsätzlich, wenn eine Partei eine Behauptung lediglich „ins Blaue hinein"** aufstellt, ohne dass sie tatsächliche Anhaltspunkte für ihre Behauptung darlegt (vgl. BAG, AP BGB § 615 Nr. 106 = EzA BGB 2002 § 615 Nr. 2. Hinsichtlich der inneren Tatsachen, nämlich der Kausalität zwischen Nachteil und einem oder mehreren der in § 1 AGG genannten Gründe hat der deutsche Gesetzgeber in § 22 AGG eine Beweislastregelung getroffen,

1 BetrVG bestehenden Grundsätze gelten insoweit auch im Rahmen des § 17 Abs. 2 S. 1 AGG.

Die Beschränkung des Bewerberkreises in einer innerbetrieblichen Stellenausschreibung auf Arbeitnehmer im ersten Berufs-/Tätigkeitsjahr kann eine mittelbare Benachteiligung[41] wegen des Alters darstellen. Die Beteiligten streiten über den Inhalt

---

die sich auf die Darlegungslast auswirkt. Der Gesetzgeber wollte mit dieser Vorschrift u. a. Art. 8 der Richtlinie 2000/43/EG und Art.10 der Richtlinie 2000/78/EG umsetzen, vgl. BT-Dr 16/1780, S. 47. § 22 AGG lautet: § 22. Beweislast. Wenn im Streitfall die eine Partei Indizien beweist, die eine Benachteiligung wegen eines in § 1 genannten Grundes vermuten lassen, trägt die andere Partei die Beweislast dafür, dass kein Verstoß gegen die Bestimmungen zum Schutz vor Benachteiligung vorgelegen hat". Aus § 22 AGG ergibt sich, dass es nicht ausreichend für ein schlüssiges Klagevorbringen ist, wenn diejenige Person, die sich auf eine Benachteiligung beruft, im Prozess lediglich vorträgt, auf sie treffe ein in § 1 AGG genanntes Merkmal zu und sie habe wegen dieses Merkmals eine ungünstigere Behandlung als eine andere Person erfahren. Für die Erfüllung der Darlegungslast genügt, wenn Indizien vorgetragen werden, die eine Benachteiligung wegen eines in § 1 AGG genannten Grundes vermuten lassen. Dies ist der Fall, wenn die vorgetragenen Tatsachen aus objektiver Sicht mit überwiegender Wahrscheinlichkeit darauf schließen lassen, dass die Benachteiligung aus einem dieser Gründe erfolgte. Durch die Verwendung der Wörter „Indizien" und „vermuten" wird zum Ausdruck gebracht, dass es hinsichtlich der Kausalität zwischen einem in § 1 AGG genannten Grund und einer ungünstigeren Behandlung genügt, Hilfstatsachen vorzutragen, die zwar nicht zwingend den Schluss auf die Kausalität zulassen, die aber die Annahme rechtfertigen, dass die Kausalität gegeben ist. Ein abgelehnter Stellenbewerber, der meint unter Verstoß gegen § 7 AGG diskriminiert worden zu sein, genügt seiner Darlegungslast bzgl. der behaupteten Benachteiligung nicht dadurch, dass er lediglich vorträgt, er habe sich beworben, sei unberücksichtigt geblieben und erfülle das in der Ausschreibung geforderte Anforderungsprofil sowie zumindest eines der in § 1 AGG genannten Merkmale. Allein ein solcher Sachvortrag verpflichtet den Arbeitgeber nicht zur Darlegung, welche Personalentscheidung er letztlich getroffen hat und aus welchen Gründen. Diese Auslegung des § 22 AGG bezogen auf die Darlegungslast des Benachteiligungsgrundes entspricht der bisherigen Rechtsprechung des BAG zu den früheren § 611 a Abs. 1 S. 3 BGB und dem § 81 Abs. 2 Nr. 1 S. 3 SGB IX, vgl. BAG, NZA 2008, 1351. Es gibt keinen Grundsatz, wonach diejenige Person die Darlegungs- und Beweislast trägt, die über die maßgeblichen Informationen verfügt. Die Beweislastverteilung bedarf grundsätzlich einer normativen Regelung, BGH, NJW-RR 1997, 892 = WM 1997, 591. § 22 AGG trägt der Situation Rechnung, dass dem Anspruchsteller im Regelfalle die **vollständige Beweisführung**, dass das Motiv für die ungünstigere Behandlung ein in § 1 AGG genannter Grund ist, nicht möglich ist und er damit regelmäßig keine Tatsachen vortragen kann, die dazu führen, dass das Gericht das Vorliegen des Benachteiligungsgrundes als wahr erachtet. Der Umstand, dass ein Bewerber von ArbG nicht zu einem Vorstellungsgespräch eingeladen worden ist, lässt sich nicht zwingend darauf schließen, dies sei kausal auf einen der in § 1 AGG genannten Gründe zurückzuführen, etwa auf das Geschlecht, Lebensalter oder Herkunft, vgl. BAG, NZA 2010, 1006.

[41] Die in einem Bewerbungsgespräch gestellten Fragen nach näher bezeichneten gesundheitlichen Beeinträchtigungen können auf die Nachfrage, ob eine Behinderung vorliege, schließen lassen, BAG, Urteil vom 17.12.2009 – 8 AZR 670/08, mit Anm. Bauer, beck-fachdienst Arbeitsrecht – FD-ArbR 2010, 296235. Nach § 7 Abs. 1 S. 2. Halbs. AGG ist die Benachteiligung eines Beschäftigten auch dann untersagt, wenn der Benachteiligende ein Diskriminierungsmerkmal nur annimmt. Die Unterscheidung zwischen Behinderung und Krankheit ist. Voraussetzung für einen Entschädigungsanspruch nach § 15 Abs. 2 AGG. Die Nichteinstellung **muss zwingend wegen ei-**

von Stellenausschreibungen. Die Arbeitgeberin betreibt bundesweit Drogeriemärkte. Sie schrieb wiederholt Stellen für Verkäufer/Kassierer (männlich/weiblich) aus für Tarifgruppe A Bj. bzw. I/1 oder I/2. Bei den genannten Gehaltsgruppen handelt es sich um die niedrigste der jeweiligen Gehaltstarifverträge. Die Vergütungshöhe der dort eingruppierten Arbeitnehmer erhöht sich mit der Anzahl der zurückgelegten Berufs/Tätigkeitsjahre. Der für den Betrieb „Bezirk 302(R)" errichtete Betriebsrat hat erfolglos der Aufnahme der Berufsjahre in den Text der Stellenausschreibungen widersprochen, weil dadurch Arbeitnehmer, die sich bereits in einem höheren Berufsjahr befänden, von einer Bewerbung abgehalten würden.

Die Beurteilung der innerbetrieblichen Stellenausschreibung ist eine mittelbare Benachteiligung wegen des Alters. Der Betriebsrat[42] kann nach § 17 Abs. 2 Satz 1 AGG, § 23 Abs. 3 Satz 1 BetrVG beanspruchen, dass die Arbeitgeberin in ihren innerbetrieblichen Stellenausschreibungen zukünftig die Angabe des ersten Berufs-/Tätigkeitsjahres i. S. einer als Höchstanforderung verstandenen Voraussetzung unterlässt. Die Arbeitgeberin hat in den Stellenausschreibungen vom 9. und 14.02.2007 sowie vom 25.06.2007 Arbeitnehmer, die sich nicht im ersten Berufs-/Tätigkeitsjahr der niedrigsten Vergütungsgruppe der jeweils einschlägigen Einzelhandelstarifverträge befinden, von einer Bewerbung auf die ausgeschriebenen Arbeitsplätze ausgeschlossen. Die Beschränkung der innerbetrieblichen Stellenausschreibung auf Arbeitnehmer im ersten Berufs-/Tätigkeitsjahr stellt eine mittelbare Benachteiligung wegen des Alters i. S. des § 3 Abs. 2 AGG und damit eine Zuwiderhandlung gegen die sich für die Arbeitgeberin aus § 11 AGG i. V. mit § 7 Abs. 1 AGG ergebende Pflicht zur benachteiligungsfreien Stellenausschreibung dar. Der Verstoß der Arbeitgeberin war auch grob i. S. von § 17 Abs. 2 Satz 1 AGG. Die Vorinstanzen haben die Stellenausschreibungen vom 09. und 14.02.2007 sowie vom

---

nes in § 1 AGG genannten Grundes erfolgen. Entscheidend für eine Benachteiligung ist das Vorliegen «innerer Tatsachen», d.h. die **Motivation des Benachteiligenden.** Ob das Merkmal in der Person des **Benachteiligten tatsächlich vorliegt, ist unerheblich.** Das ergibt sich aus der Formulierung des § 7 Abs. 1 S. 2. Halbs. AGG, vgl. Bauer/Göpfert/Krieger, AGG, 2. Aufl. 2008, § 7 RN 10. Die Krankheit als solche stellt aber kein verbotenes Diskriminierungsmerkmal dar. Erst wenn die Krankheit den Grad der Behinderung erreicht, wird sie vom Diskriminierungsverbot erfasst, vgl. BAG, Urteil vom 03.4.2007 – 9 AZR 823/06, NZA 2007, 1098, Anmerkung Bauer, FD-ArbR 2007, 220228. **Nicht jede Krankheit kann daher mit einer Behinderung gleichgesetzt werden.** Maßgebliches Unterscheidungsmerkmal ist insoweit die Dauerhaftigkeit, vgl. EuGH, Urteil vom 11.07.2006 – C-13/05, NZA 2006, 839. Die Übergänge sind allerdings fließend, wobei bei „Morbus Bechterew" als chronischer Krankheit die Annahme der Dauerhaftigkeit durchaus nicht fern lag.

[42] Lipinski, a.a.O., bei Vorliegen einer diskriminierenden Stellenausschreibung **kann der Betriebsrat hiergegen nicht nur gemäß § 17 Abs. 2 AGG gerichtlich vorgehen, sondern auch die Zustimmung zu einer vom Arbeitgeber geplanten Einstellung verweigern,** wenn diese auf einer diskriminierenden Stellenausschreibung beruht.

25.06.2007 zutreffend dahingehend gewürdigt, dass sie sich entsprechend der betrieblichen Gepflogenheiten nur an betriebsangehörige Arbeitnehmer richten, die sich im ersten Berufs-/Tätigkeitsjahr der niedrigsten Vergütungsgruppe der jeweils regional einschlägigen Gehaltstarifverträge befinden. Für diese Sichtweise spricht die Angabe des Tarifgehalts in den Stellenausschreibungen, das dem eines in die niedrigste Vergütungsgruppe des einschlägigen Gehaltstarifvertrags im ersten Berufs-/Tätigkeitsjahr eingruppierten Arbeitnehmers entspricht. Andere Beschäftigte, die diese Voraussetzungen nicht erfüllen, sollen durch die Stellenausschreibungen nicht zu einer Bewerbung aufgefordert werden.[43] Die der Arbeitgeberin zur Beschränkung des Bewerberkreises angeführte Rechtfertigung, sie könne zur Sicherung der Altersstruktur und aus wirtschaftlichen Gründen die ausgeschriebenen Stellen nur mit Personen besetzen, die in das erste Berufs-/Tätigkeitsjahr der niedrigsten Tarifgruppe eingruppiert sind, bestätigt diese Auslegung. Die Angabe des ersten Berufs-/Tätigkeitsjahres in den vom Betriebsrat beanstandeten Stellenausschreibungen stellt eine mittelbare Benachteiligung wegen des Alters i. S. des § 3 Abs. 2, § 1 AGG dar, **weil Arbeitnehmer mit einem höheren Lebensalter von einer Bewerbung ausgeschlossen werden**. Bei dem von der Arbeitgeberin verwandten Merkmal des ersten Berufs-/Tätigkeitsjahres handelt es sich um ein neutrales Kriterium i. S. von § 3 Abs. 2 AGG, von dessen Verwendung die bei der Arbeitgeberin beschäftigten Arbeitnehmer wegen ihres Lebensalters unterschiedlich betroffen werden. Das i. S. einer Höchstanforderung verwandte Merkmal schließt typischerweise Arbeitnehmer mit einem höheren Lebensalter von der Bewerbung auf die ausgeschriebenen Arbeitsplätze aus. Die von der Arbeitgeberin angeführten Gründe für die Beschränkung des betriebsinternen Bewerberkreises rechtfertigen die mittelbar auf dem Alter beruhende Ungleichbehandlung nicht. Für die Annahme einer mittelbaren Benachteiligung wegen des Alters i. S. des § 3 Abs. 2 AGG ist kein statis-

---

[43] Entschädigung wegen Benachteiligung auf Grund angenommener Behinderung, BAG, NZA 2010, 383 ff:
1. Die ungerechtfertigte Benachteiligung eines Beschäftigten ist nach dem eindeutigen Wortlaut von § 7 Abs. 1 Halbs. 2 AGG auch dann untersagt, wenn der Benachteiligende ein Diskriminierungsmerkmal nach § 1 AGG nur annimmt.
2. Die in einem Bewerbungsgespräch gestellten Fragen nach näher bezeichneten gesundheitlichen Beeinträchtigungen können je nach den Einzelfallumständen auf die Nachfrage, ob eine Behinderung vorliege, schließen lassen bzw. darauf, dass der Fragesteller eine solche Behinderung mutmaßt.
3. Bedient sich der Arbeitgeber bzw. Dienstherr bei der Anbahnung eines Arbeits- oder Beschäftigungsverhältnisses eigener Mitarbeiter oder Dritter, so ist ihm deren Verhalten in der Regel zuzurechnen, Adomeit/Mohr, Verantwortung von Unternehmen für diskriminierende Stellenanzeigen durch Dritte, NJW 2007, 2522; Fischer, Diskriminierung durch Dritte bei der Bewerberauswahl, NJW 2009, 3547.

tischer Nachweis erforderlich, dass eine bestimmte Altersgruppe durch die in Frage stehenden Kriterien tatsächlich wegen ihres Alters benachteiligt wird. Es ist ausreichend, wenn das Kriterium hierzu typischerweise geeignet ist. Dies folgt aus dem Gesetzeswortlaut und entspricht dem gemeinschaftsrechtlichen Gebot des effet-utile, wonach die Regelungen einer Richtlinie innerhalb ihres Geltungsbereichs tatsächliche Wirksamkeit entfalten sollen. Eine mittelbare Ungleichbehandlung wegen eines in § 1 AGG genannten Merkmals kann aber durch ein legitimes Ziel und die Wahl von verhältnismäßigen Mitteln zu seiner Durchsetzung gerechtfertigt werden (§ 3 Abs. 2 2. Halbs. AGG). In einem solchen Fall fehlt es bereits an den tatbestandlichen Voraussetzungen einer mittelbaren Benachteiligung. Dieses Normverständnis des § 3 Abs. 2 AGG folgt der gemeinschaftsrechtlichen Regelungssystematik. Art. 2 Abs. 2 RL 2000/78/EG unterscheidet zwischen Diskriminierungen, die unmittelbar auf den in Art. 1 RL 2000/78/EG angeführten Merkmalen beruhen, und den mittelbaren Diskriminierungen. Während eine unmittelbar auf dem Merkmal des Alters beruhende Ungleichbehandlung nur nach Maßgabe von Art. 6 Abs. 1 RL 2000/78/EG gerechtfertigt werden kann, können diejenigen Vorschriften, Kriterien oder Verfahren, die mittelbare Diskriminierungen[44] bewirken können, nach Art. 2 Abs. 2 Buchst. b RL 2000/78/EG schon der Qualifikation als Diskriminierung entgehen, sofern sie durch ein rechtmäßiges Ziel sachlich gerechtfertigt und die Mittel zur Erreichung dieses Ziels angemessen und erforderlich sind.[45] Danach bewirkt das als

---

[44] Eine **mittelbare Benachteiligung** i. S. d. § 3 Abs. 2 AGG liegt nicht vor, wenn die unterschiedliche Behandlung durch ein **rechtmäßiges Ziel** sachlich gerechtfertigt ist und die Mittel zur Erreichung dieses Ziels angemessen und erforderlich sind. **Als rechtmäßiges Ziel** kommt die möglichst optimale Erledigung der anfallenden Arbeit in Betracht, BAG, NZA 2010, 625; Lingemann, in: ArbRAktuell 2010, 90 – Wenn ein Arbeitgeber Arbeitsanweisungen erteilt, deren Befolgung Kenntnisse der deutschen Schriftsprache verlangt, um die optimale Erledigung der im Betrieb anfallenden Arbeit zu sichern, so ist eine damit verbundene Benachteiligung nicht ausreichend sprachkundiger Arbeitnehmer nach § 3 Abs. 2 AGG gerechtfertigt. Die Einhaltung der Anforderungen der ISO-Norm ist bei einem Automobilzulieferer zweifellos ein rechtmäßiges und sachlich gerechtfertigtes Ziel; vgl. Kocher, Diskontinuität von Erwerbsbiografien und das Normalarbeitsrecht – Der Umgang mit Unsicherheiten, NZA 2010, 841 – **Beschäftigten, die sich als Unternehmer/innen ihrer Arbeitskraft sehen (sollen), müssen Qualifizierungsmöglichkeiten und Sicherheiten in der Beschäftigungsfähigkeit geboten werden, aber diese auch wahrnehmen,** vgl. Natzel, Unwissenheit ist freiwilliges Unglück – Qualifizierung als Herausforderung beider Arbeitsvertragsparteien, BB 2010, 697; Wisskirchen/Bissels/Schmidt, „Der unzeitgemäße Arbeitnehmer": Die Änderung von Anforderungen an Mitarbeiter als Kündigungsgrund, NZA 2008, 1386 – **mit der verändernden Arbeitswelt wandeln sich auch mit zunehmender Geschwindigkeit die Anforderungen, die Arbeitgeber an ihre Arbeitnehmer stellen.** Es gebieten Vertragszweck, Interessenlage, Verkehrssitte sowie der Grundsatz von Treu und Glauben, den Inhalt des Arbeitsverhältnisses im Sinne der neuen tatsächlichen Gegebenheiten auszulegen. Was bleibt, ist Fairness als Regelungsaufgabe

[45] EuGH, Urteil vom 05.03.2009 – C-388/07, Age Concern England, RN 59, EzA EG-Vertrag 1999 RL 2000/78 Nr. 9.

neutrales Kriterium formulierte Merkmal des ersten Berufs-/Tätigkeitsjahres in den internen Stellenausschreibungen vom 09. und 14.02.2007 sowie vom 25.06.2007 eine mittelbare Benachteiligung der im Betrieb R beschäftigten Arbeitnehmer wegen des Alters. Die Beschränkung des Bewerberkreises führt zu einer mittelbaren Ungleichbehandlung aufgrund des Lebensalters. Das Merkmal „Erstes Berufs-/Tätigkeitsjahr" schließt die bei der Arbeitgeberin beschäftigten Arbeitnehmer von dem Bewerbungsverfahren aus, die nach den einschlägigen Gehaltstarifverträgen des Einzelhandels in ein höheres Berufs-/Tätigkeitsjahr eingestuft sind. Mit zunehmender Berufstätigkeit steigt auch das Lebensalter. Arbeitnehmer mit einer höheren Anzahl von Berufs-/Tätigkeitsjahren weisen gegenüber Berufsanfängern daher typischerweise ein höheres Lebensalter auf. Die Arbeitgeberin hat die Indizwirkung der hypothetischen Betrachtungsweise auch nicht in Frage gestellt.

Die mittelbare Ungleichbehandlung ist offenkundig nicht gerechtfertigt. Die Arbeitgeberin hat die Beschränkung des Bewerberkreises damit begründet, dass berufserfahrene Arbeitnehmer nicht für die Besetzung der Stellen in den Filialen F oder O in Betracht kommen. Sie wolle durch die Beschäftigung von Berufsanfängern eine ausgewogene Altersstruktur im Betrieb sichern und ihre Personalkosten begrenzen. Ungeachtet dessen, ob es sich bei den von der Arbeitgeberin angeführten Gründen um ein legitimes Ziel i. S. des § 3 Abs. 2 AGG handelt, war die Besetzung der ausgeschriebenen Arbeitsplätze mit Arbeitnehmern im ersten Berufs-/Tätigkeitsjahr schon nicht geeignet, die von der Arbeitgeberin verfolgten Ziele zu erreichen.

Die Versetzung eines Arbeitnehmers im ersten Berufs-/Tätigkeitsjahr auf einen der ausgeschriebenen Arbeitsplätze hat keine Auswirkungen auf die bestehende Altersstruktur im Betrieb R. Die altersmäßige Zusammensetzung der dortigen Belegschaft wird durch einen Wechsel eines Arbeitnehmers, der über ein höheres Berufs-/Tätigkeitsjahr verfügt, auf den zu besetzenden Arbeitsplatz in den Filialen F oder O nicht verändert. Die Besetzung der ausgeschriebenen Arbeitsplätze durch einen innerbetrieblichen Bewerber führt auch nicht zu der von der Arbeitgeberin angestrebten Reduzierung der zukünftig anfallenden Personalkosten. Die Stellenbesetzung mit einem bereits im Betrieb beschäftigten Berufsanfänger ist kostenneutral. Ein grober Verstoß des Arbeitgebers gegen seine sich aus dem AGG ergebenden Pflichten liegt vor, wenn es sich um eine objektiv erhebliche und offensichtlich schwerwiegende Pflichtverletzung handelt, wobei es auf ein Verschulden nicht ankommt.[46] Die für das Merkmal des „groben" Verstoßes i. S. von § 23 Abs. 3 BetrVG bestehenden Grundsätze gelten insoweit auch im Rahmen des § 17 Abs. 2 Satz 1

---

[46] Zu § 23 Abs. 3 BetrVG: BAG, Beschluss vom 29.04.2004 – 1 ABR 30/02, BAGE 110 S. 252 = DB 2004 S. 2220.

AGG.[47] Ein grober Verstoß ist regelmäßig zu bejahen, wenn der Arbeitgeber mehrfach und erkennbar gegen seine sich aus dem AGG ergebenden Pflichten verstoßen hat.

Der Pflichtverstoß der Arbeitgeberin ist objektiv erheblich. Die Beschränkung der Stellenausschreibungen auf Arbeitnehmer im ersten Berufs-/Tätigkeitsjahr führt dazu, dass bestimmte Arbeitsplätze für den überwiegenden Teil des im Bezirk R beschäftigten Verkaufspersonals verschlossen bleiben.

Es handelt sich auch nicht nur um eine einmalige Pflichtverletzung. Die Arbeitgeberin hat ihre **Ausschreibungspraxis** trotz der hiergegen vom Betriebsrat erhobenen Einwendungen fortgesetzt. Die Verknüpfung der Dauer der Berufs-/Tätigkeitszeit mit dem Lebensalter und die damit verbundenen Auswirkungen auf den Bewerberkreis der innerbetrieblichen Stellenausschreibungen war offensichtlich untauglich, die von der Arbeitgeberin verfolgten Ziele, die Sicherung einer ausgewogene Altersstruktur oder eine Begrenzung von Personalkosten, zu erreichen.[48]

---

[47] BT-Drucks. 16/2022 S. 12.
[48] BAG zur **Wirksamkeit einer betriebsbedingten Kündigung, der ein Interessenausgleich mit Namensliste** zugrunde liegt: Keine **Altersdiskriminierung** durch „lineare" Berücksichtigung des Lebensalters bei der Sozialauswahl im Rahmen einer Namensliste **1. Die gesetzliche Vermutung in § 1 Abs. 5 S. 1 KSchG bleibt bestehen, wenn bei der Aufstellung einer Namensliste gegen das Verbot der Altersdiskriminierung verstoßen wird. Ein solcher Verstoß kann aber zur groben Fehlerhaftigkeit der Sozialauswahl führen.** Ein möglicher Verstoß gegen das Verbot der Altersdiskriminierung kann allenfalls zur groben Fehlerhaftigkeit der Sozialauswahl führen. Er hat nicht die „Unwirksamkeit" der Namensliste und des Interessenausgleichs insgesamt und damit den Wegfall der gesetzlichen Vermutung der Betriebsbedingtheit der Kündigung zur Folge, BAG, Urteil vom 12. März 2009 – 2 AZR 418/07 – RN 18, AP KSchG 1969 § 1 Soziale Auswahl Nr. 97 = EzA KSchG § 1 Interessenausgleich Nr. 17; 6. November 2008 – 2 AZR 523/07 – RN 21, AP KSchG 1969 § 1 Betriebsbedingte Kündigung Nr. 182 = EzA KSchG § 1 Soziale Auswahl Nr. 82; Lingemann/Beck, NZA 2009, 581; Adomeit/Mohr, NJW 2009, 2256; Schiefer, DB 2009, 734. Wenn die in dem Interessenausgleich benannten Arbeitnehmer nach anderen Kriterien auszuwählen sind als von den Betriebsparteien vorgesehen, ändert das nichts daran, dass diese ein gesunkenes Arbeitsvolumen erkannt und für die in dem Interessenausgleich vorgesehene Anzahl von Entlassungen einen betriebsbedingten Grund angenommen haben. **2. Die Berücksichtigung des Lebensalters bei der Sozialauswahl verstößt nicht gegen das AGG.** Die Sozialauswahl ist grob fehlerhaft, wenn ein evidenter, ins Auge springender schwerer Fehler vorliegt und der Interessenausgleich jede Ausgewogenheit vermissen lässt. § 1 Abs. 5 Satz 2 KSchG räumt den Betriebsparteien einen weiten Spielraum bei der Sozialauswahl ein, BAG, Urteil vom 12. März 2009 – 2 AZR 418/07 – RN 32, AP KSchG 1969 § 1 Soziale Auswahl Nr. 97 = EzA KSchG § 1 Interessenausgleich Nr. 17; 3. April 2008 – 2 AZR 879/06 – AP KSchG 1969 § 1 Namensliste Nr. 17. Dies gilt nicht nur für die sozialen Indikatoren und deren Gewichtung selbst, sondern auch für die Bildung der auswahlrelevanten Gruppen, BAG, Urteil vom 12. März 2009 – 2 AZR 418/07 – RN 32. **3. Die in einer Auswahlrichtlinie gem. § 95 BetrVG und in einer Namensliste festgelegte Berücksichtigung des Lebensalters kann auch „linear" erfolgen,** BAG, Urteil vom 05.11.2009 – 2 AZR 676/08, NJW 2010, 1395 = BeckRS 2010, 67455 mit Anm. Bauer, GWR 2010, 301336 – mit der Entscheidung setzt der Senat seine bisherige Rechtsprechung, BAG, GWR 2009, 234 [Walk], AP KSchG 1969, § 1 Soziale Auswahl Nr. 97; NZA 2009, 361, AP KSchG 1969 § 1 Be-

triebsbedingte Kündigung Nr. 182, nahtlos fort. Von zentraler Bedeutung ist die Aussage, dass die Betriebspartner das Lebensalter „linear" bei der Sozialauswahl berücksichtigen können. Sie müssen also nicht bei der Vergabe von Sozialpunkten nach Altersgruppen differenzieren. Die Diskriminierungsvorschriften verlangen eine Differenzierung nach Altersstufen. Die **lineare Vergabe von Sozialpunkten orientiert sich typisierend an den bei steigendem Lebensalter schlechteren Arbeitsmarktchancen und verfolgt somit ein legitimes Ziel** i. S. von § 10 AGG und Art. 6 RL 2000/78/EG, vgl. auch Bauer/Göpfert/Krieger, AGG, 2. Aufl. 2008, § 10 RN 45. Die Chancen für Arbeitnehmer, die Fehlerhaftigkeit der Sozialauswahl wegen eines Verstoßes gegen das Verbot der Altersdiskriminierung geltend zu machen, sinken mit dieser Entscheidung erneut. Erfolgversprechender, aber nicht weniger schwierig wird es sein, entweder sehr substantiiert eine Weiterbeschäftigungsmöglichkeit bzw. das Fehlen der dringenden betrieblichen Erfordernisse vorzutragen, vgl. Gerstner, ArbRAktuell 2010, 301795. **4. Wie die in § 1 Abs. 3 Satz 1 KSchG aufgeführten Kriterien unter- einander zu gewichten sind, ist gesetzlich nicht vorgegeben. Keinem von ihnen kommt eine Priorität gegenüber den anderen zu.** Göpfert, beck-fachdienst Arbeitsrecht – FD-ArbR 2010, 299419 – Die Ungleichbehandlung wegen des Alters ist nach § 10 S. 1 AGG nur zulässig, wenn sie objektiv gerechtfertigt und angemessen ist. Objektiv gerechtfertigt ist sie, wenn Arbeitnehmer mit zunehmendem Alter hinsichtlich Umsetzungen schutzbedürftiger sind als jüngere Arbeitnehmer. Der Begriff „objektiv" in § 10 S. 1 AGG erfordert die Prüfung, ob das verfolgte Interesse auf tatsächlichen und nachvollziehbaren Erwägungen beruht. Bloße Vermutungen oder subjektive Einschätzungen sind nicht ausreichend.
Die Diskriminierungsverbote des AGG sind im Rahmen der Prüfung der Sozialwidrigkeit zu beachten. Eine Kündigung kann deshalb sozialwidrig sein, weil sie gegen eines der im AGG näher ausgestalteten Diskriminierungsverbote verstößt, BAG, Urteil vom 6. November 2008 – 2 AZR 523/07 – Rn. 28 ff., AP KSchG 1969 § 1 Betriebsbedingte Kündigung Nr. 182 = EzA KSchG § 1 Soziale Auswahl Nr. 82. Die in § 2 Abs. 4 AGG geregelte Bereichsausnahme, nach **der für Kündigungen ausschließlich die Bestimmungen zum allgemeinen und besonderen Kündigungsschutz gelten**, steht dem nicht entgegen. Die Norm zielt darauf ab, den Diskriminierungsverboten in Übereinstimmung mit dem Gemeinschaftsrecht für das Kündigungsrecht dadurch Geltung zu verschaffen, **dass sie bei Anwendung der Regelungen zum allgemeinen und besonderen Kündigungsschutz berücksichtigt werden**, BAG, Urteil vom 6. November 2008 – 2 AZR 523/07 – RN 40). Dementsprechend sind die Diskriminierungsverbote und die gesetzlich vorgesehenen Rechtfertigungen für unterschiedliche Behandlungen nach dem AGG als Konkretisierungen des Begriffs der Sozialwidrigkeit zu beachten. Das **Lebensalter darf trotz des Verbots der Altersdiskriminierung als Auswahlkriterium bei der Sozialauswahl berücksichtigt werden**, BAG, Urteil vom 6. November 2008 – 2 AZR 523/07 – RN 40, AP KSchG 1969 § 1 Betriebsbedingte Kündigung Nr. 182 = EzA KSchG § 1 Soziale Auswahl Nr. 82. Das führt bei der Anwendung eines Punkteschemas zwar zu einer an das Alter anknüpfenden unterschiedlichen Behandlung. Durch sie werden ältere Arbeitnehmer tendenziell bevorzugt und jüngere Arbeitnehmer benachteiligt. Diese Ungleichbehandlung und unmittelbare Benachteiligung jüngerer Arbeitnehmer i.S.v. § 3 Abs. 1 AGG, ist aber nach § 10 Satz 1 und 2 AGG gerechtfertigt. Sie verfolgt ein legitimes Ziel. Die Mittel zur Erreichung dieses Ziels sind angemessen und erforderlich, BAG, Urteil vom 12. März 2009 – 2 AZR 418/07 – RN 39, AP KSchG 1969 § 1 Soziale Auswahl Nr. 97; 6. November 2008 – 2 AZR 523/07 – RN 43). Durch die Berücksichtigung des Lebensalters werden ältere Arbeitnehmer, die typischerweise schlechtere Chancen auf dem Arbeitsmarkt haben, besser geschützt. Darin liegt **ein legitimes Ziel**, BAG, Urteil vom 12. März 2009 – 2 AZR 418/07 – RN 39; 6. November 2008 – 2 AZR 523/07 – RN 44. Das **Lebensalter ist ein geeignetes und erforderliches Kriterium, um auf die individuellen Arbeitsmarktchancen bei der sozialen Auswahl** Bedacht zu nehmen. Mildere Mittel sind nicht ersichtlich, BAG, Urteil vom 12. März 2009 – 2 AZR 418/07 – RN 40. Dass die Chancen auf dem Arbeitsmarkt auf diese Weise typisierend und nicht individuell berücksichtigt werden, ist – will man sie überhaupt einbeziehen – unvermeidbar. Jede Aussage über sie muss sich an Wahrscheinlichkeiten orientieren, die

ihrerseits nicht ohne Berücksichtigung von Erfahrungswerten ermittelt werden können. Nach aller Erfahrung sinken mit steigendem Lebensalter die Vermittlungschancen auf dem Arbeitsmarkt. Zudem wird älteren Arbeitnehmern ein Arbeitsplatzwechsel mit den damit verbundenen Folgen regelmäßig mehr Schwierigkeiten bereiten als jüngeren. Selbst bei einer individuellen Chancenbewertung könnte dieser Umstand nicht außer Betracht bleiben, BAG, Urteil vom 6. November 2008 – 2 AZR 523/07 – RN 46. Die **Bestimmungen des § 10 Satz 1 und 2 AGG sind gemeinschafts-rechtskonform.** Nach Art. 6 Abs. 1 Satz 1 Richtlinie 2000/78/EG können die Mitgliedstaaten ungeachtet des Art. 2 Abs. 2 „vorsehen, dass Ungleichbehandlungen wegen des Alters keine Diskriminierung darstellen, sofern sie objektiv und angemessen und im Rahmen des nationalen Rechts durch ein legitimes Ziel, worunter insbesondere rechtmäßige Ziele aus den Bereichen Beschäftigungspolitik, Arbeitsmarkt und berufliche Bildung zu verstehen sind, gerechtfertigt sind und die Mittel zur Erreichung dieses Ziels angemessen und erforderlich sind". Von dieser Möglichkeit hat der deutsche Gesetzgeber mit § 10 AGG Gebrauch gemacht, ohne dabei Ziele aus den Bereichen Beschäftigungspolitik, Arbeitsmarkt und berufliche Bildung, um deren Erreichung willen eine Ungleichbehandlung gerechtfertigt sein könne, besonders zu erwähnen. Da solche Ziele aber nach der Richtlinie nicht als einzige legitim sind, wie die Hervorhebung durch „insbesondere" zeigt, ist dies schon deshalb unbedenklich, EuGH, Urteil vom 5. März 2009 – C-388/07 – [Age Concern England] RN 43 ff., EzA EG-Vertrag 1999 Richtlinie 2000/78 Nr. 9; BAG, Urteil vom 26. Mai 2009 – 1 AZR 198/08 – RN 37, AP BetrVG 1972 § 112 Nr. 200 = EzA BetrVG 2001 § 112 Nr. 31. Auch muss der Gesetzgeber die wegen eines sozialpolitischen Ziels für geboten erachtete Ungleichbehandlung nicht im Detail selbst regeln, sondern kann den zur Ausgestaltung berufenen Tarifvertrags- und Betriebsparteien Gestaltungs- und Beurteilungsspielräume einräumen. Dies wird sowohl in Art.16b Richtlinie 2000/78/EG selbst als auch an ihrem 36. Erwägungsgrund deutlich, vgl. auch EuGH 16. Oktober 2007 – C-411/05 – [Palacios de la Villa] RN 68, 74, Slg. 2007, I-8531. Die Frage, ob nach Art. 6 Abs. 1 der Richtlinie **auch reine Arbeitgeberinteressen als legitime Ziele in Betracht kommen**, stellt sich im vorliegenden Fall nicht. Die Berücksichtigung der Höhe des Lebensalters zugunsten der Betroffenen diente nicht etwa allein den Interessen der Schuldnerin.

Mannheimer Schriften zur Gesundheitswirtschaft

Frank Deikert, Björn Maier, Siegfried Schwab (Hg.)

Erfolgsfaktor Personal
Zukunft des Gesundheitswesen
Mannheimer Schriften zur Gesundheitswirtschaft
Band 1, 2010, 212 S., br.,
ISBN 978-3-86226-008-9, € 24,80

Der Rückgang der Fördermittel stellt Krankenhäuser zunehmend vor Probleme. Notwendige Investitionen bleiben aus, wirtschaftliches Arbeiten wird schwerer. Die langfristigen Folgen sind Einbußen bei der Qualität. Damit befasst sich der Beitrag »Strategische Investitionsplanung im Krankenhaus«. Weitere Themen: Balanced Scorecard – Ansatz eines strategischen Managementinstruments im Krankenhaus; Die Optimierung des internen Berichtswesens am Bsp. des Klinikums Mittelbaden GmbH; Das Critical Incident Reporting System als präventives Instrument des Risikomanagements am Bsp. des Krankenhauses Hetzelstift sowie viele Kommentierungen zu aktuellen arbeitsrechtlichen Urteilen.

☞ **Besuchen Sie unsere Internetseite!**

www.centaurus-verlag.de

Mannheimer Schriften zur Verwaltungs- und Versorgungswirtschaft

Becker, Thomas / Bühring, Wolfgang / Förster, Reiner / Oehler, Eberhard / Schwab, Siegfried / Stihl, Hanspeter (Hg.):
Herausforderungen und Veränderungen im Öffentlichen Sektor IV
Band 12, 2007, 348 S., br., ISBN 978-3-8255-0669-X, € 24,90

Becker, Thomas / Bühring, Wolfgang / Förster, Reiner / Oehler, Eberhard / Schwab, Siegfried / Stihl, Hanspeter (Hg.):
Probleme der postindustriellen Bürgergesellschaft I
Band 13, 2008, 298 S., br., ISBN 978-3-8255-0712-1, € 24,90

Becker, Thomas / Oehler, Eberhard / Schwab, Siegfried / Stihl, Hanspeter (Hg.):
Probleme der postindustriellen Bürgergesellschaft II
Band 14, 2008, 324 S., br., ISBN 978-3-8255-0714-5, € 24,90

Becker, Thomas / Oehler, Eberhard / Schwab, Siegfried / Stihl, Hanspeter (Hg.):
Probleme der postindustriellen Bürgergesellschaft III
Band 15, 2009, 328 S., br., ISBN 978-3-8255-0719-0, € 25,–

Arbeiter, Martin / Bühring Wolfgang / Schwab, Siegfried / Stihl, Hanspeter (Hg.):
Probleme der postindustriellen Bürgergesellschaft IV
Band 16, 2009, 356 S., br., ISBN 978-3-8255-0738-1, € 25,–

Schwab Silke / Schwab, Siegfried (Hg.):
Probleme der postindustriellen Bürgergesellschaft V
Band 17, 2010, 354 S., br., ISBN 978-3-8255-0757-2, € 25,–

Martin Arbeiter / Wolfgang Bühring / Clemens Körner / Siegfried Schwab (Hg.):
Technik- und Rechtsentwicklung I
Band 18, 2010, 348 S., br., ISBN 978-3-8255-0758-9, € 25,–

Rüdiger Höche / Reiner Liebich / Siegfried Schwab (Hg.):
Technik- und Rechtsentwicklung II
Band 19, 2010, 378 S., br., ISBN 978-3-8255-0745-9, € 25,–

Martin Arbeiter / Wolfgang Bühring / Siegfried Schwab / Hanspeter Stihl / Wolfgang Zipperle (Hg.):
Technik- und Rechtsentwicklung III
Band 20, 2010, 344 S., br., ISBN 978-3-86266-006-5, € 24,80

Martin Arbeiter / Wolfgang Bühring / Siegfried Schwab / Hanspeter Stiehl (Hg.):
Technik- und Rechtsentwicklung IV
Band 21, 2011, 345 S., br, ISBN 978-3-86226-023-2, € 24,80

Martin Arbeiter / Wolfgang Bühring / Rüdiger Höche / Siegfried Schwab (Hg.):
Technik und Rechtsentwicklung V
Band 22, 2011, 345 S., br. ISBN 978-3-86226-028-7, € 24,80

www.centaurus-verlag.de

MIX
Papier aus verantwortungsvollen Quellen
Paper from responsible sources
FSC® C105338

If you have any concerns about our products,
you can contact us on
ProductSafety@springernature.com

In case Publisher is established outside the EU,
the EU authorized representative is:
**Springer Nature Customer Service Center GmbH
Europaplatz 3, 69115 Heidelberg, Germany**

Printed by Libri Plureos GmbH
in Hamburg, Germany